全/国/高/等/教/育/金/融/系/列/精/品/教/材

# Project Finance

# 项目融资

主　编◎杨开明

副主编◎陈　梅　付海艳

经济管理出版社

ECONOMY & MANAGEMENT PUBLISHING HOUSE

# 《金融学系列教材》总序

我国的高等教育在飞速发展的同时，也呈现出多样性，如有的人将我国高等学校分为：研究型大学、研究教学型大学、教学研究型大学、教学型大学、高职高专等；或分为普通本科、成人本科、函授本科、自修本科；或分为一本、二本、三本等。

不同的高等院校，其办学思想和理念可能存在比较大的差距。但是，它们所开展的高等教育活动是相同的，例如都需要进行包括师资队伍建设在内的学科建设、都需要进行课程改革建设、都需要进行教材改革建设等。

长期以来，由于各方面的原因，我国高等学校教材的编写工作都集中在研究型大学，教学型大学很少编写教材。而研究型大学所开展的教材编写工作，基本上都沿袭了计划经济时期精英教育的需要，没有考虑到不同层次高等学校对教材的特殊需要。过去，我们只有一个层次的大学，即综合性大学或专科学院。现在，由于研究型大学编写的教材不可能满足不同层次高等学校的需要，一些高等学校已经开始编写适合自己的教材，如自修大学、高职高专都有了自己的教材。

独立学院是我国高等教育发展的产物，按照产权划分，其属于民办大学；按照学术水平划分，其目前属于教学型大学；按照高考录取的安排划分，其属于第三批录取的本科院校；按照教学目标划分，其目前主要是培养应用型人才的院校。

我国民办高等教育包括独立学院的历史都比较短，但实践证明，民办高等学校、独立学院也应该有自己的教材。民办高等学校、独立学院组织编写适合自己的教材，不仅有利于教师开展科研工作，提高自身水平、有利于教学活动的顺利开展和教学质量的保证，也是对研究型大学、公办大学的一种促进，促进其开发新教材、研究新问题、开拓新领域，推动我国高等教育事业的发展。

我国民办高等学校、独立学院的历史比较短，各个学校的力量也都比较薄弱。但是，如果现有民办高等学校、独立学院能联合起来，其力量就可以壮大。为此，我们发起组织了独立学院金融学专业系列教材的编写。

由于多方面原因，民办高等学校、独立学院之间往来很少，"鸡犬之声相闻、老死不相往来！"虽然每个学校、每个专业都有自己的方法，但其目的是一致的，都是为了我国民办教育事业的发展、为了独立学院的发展。所以，我国有许多可以合作的平台和项目。我们相信，民办高等学校、独立学院之间通过合作可以相互促进、相互提高，为我国高等教育的发展做出自己的贡献。

　　《国家中长期教育改革与发展规划纲要》(2010~2020) 征求意见稿提出,教育工作的根本要求是:培养造就数以亿计的高素质劳动者、数以千万计的专门人才和一大片拔尖创新人才;高等教育的战略目标是,到 2020 年高等教育大众化水平进一步提高,毛入学率达到 40%。中国是人口大国,也是教育大国,要实现高等教育的战略目标仅依靠国家办学是很难的,我们需要发展民办高等教育。

　　我国的民办高等学校、独立学院需要社会的浇灌培养!

中南财经政法大学

杨开明

2010 年春

# 前　言

　　项目融资是经济主体在金融市场的活动。在市场经济条件下，任何一个经济主体都面临四个市场：金融市场、商品市场、人才市场和技术市场。经济主体在金融市场的基本活动就是融资，包括资金需求方融入资金和资金供给方融出资金。任何一个经济主体都是为了某个特定目的而进入金融市场，我们可以把"某个特定目的"统称为"项目"，如资金需求方的目的是获得所需要的资金，进而从事某项工作；资金供给方的目的，是获得某个经济组织的股票，成为公司的股东。然而，要达到自己的目的就必须付出一定的代价，如资金需求方为了取得所需要的资源，必须放弃一部分权益；而资金供给方为了取得经济组织的某种权利或利益，就必须让渡其所拥有的资源。这样，项目融资就是一种"优势互补"交易，就是一种"钱权"交易。在"优势互补"交易中，资金需求方与资金供给方不再是"富者"和"穷者或贫者"，不再是"余缺调剂"，而是互有优势、实现优势的相互利用。在"钱权"交易中，其所说的"钱"就是资源，"权"就是所有权、收益权等。资金需求方是以"权"换取"钱"，如发行股票、让出股权取得所需要的股本资金或股本，发行债券、转让部分收益取得所需要的债务资金；资金供给方则是以"钱"换取"权"，如用所拥有的资金购买股票以取得公司股东的地位，用所拥有的资金购买债券以获得一定比率的收益权。融资不仅涉及资源的调节与配置，还关系到企业或公司的法人治理结构，关系到企业制度的改革与完善。所以，研究融资不仅要研究资源的调节配置，还要研究公司的法人治理结构或企业制度。

　　项目融资是技术。相对计划经济时期的财政拨款和银行信贷而言，项目融资是一种技术。作为技术，项目融资可以流传和延续传递交流；作为技术，项目融资不仅需要满足资源交易主体的偏好或要求，体现项目相关者的意愿，还需要经济师、会计师、律师、资产评估师、金融顾问、财务顾问、投资顾问、法律顾问、管理大师、信息大师、经营大师等高科技高技能人才的参与，需要运用多种理论知识和专业知识。

　　项目融资是创新。项目融资不同于一般融资或传统融资的地方，就是不断创新，包括投资结构创新、融资结构创新、资金结构创新和信用结构创新。项目融资创新不是凭空想象，而是根据项目的特点、投资者的意愿或偏好，在法律允许的范围内，对基本金融工具功能进行开发和运用。本书介绍了比较多的项目融资案例，其目的不是照搬照套，而是学习已有项目融资成果的新思路和新观念，争取有新的成果，有所创新。

　　我们正是基于上述思想，编写了《项目融资》这本教材。本书第一、二、三、八、

九、十、十一、十二、十三、十四、十五、十六、十七、十八、十九章由杨开明编写，第四、五、六、七章由陈梅编写，第二十、二十一章由付海艳编写。

　　本书在编写过程中引用了大量的研究成果，不能在此一一列举，我们表示歉意。由于时间仓促、水平有限，本书一定存在许多不足，希望得到专家的指导和帮助。

*作者*

2010 年 5 月

# 目　录

## 第一篇　项目融资总论

## 第二篇　项目投资结构

# 第三篇 项目融资结构

# 第四篇　项目资金结构

# 第五篇　项目融资信用结构

## 第六篇　项目融资文件

# 第七篇　政府投资工程项目融资

# 第一篇 项目融资总论

# 第一章 项目融资的方式与原则

**案例**

江南市计划对其主干道进行翻新、将主干道由水泥路面改造成柏油路面，需要投资3亿元。该城市每年可用于城市道路建设的财政拨款为2000万元。由于财政经费有限，该市决定引进非公有资本对主干道进行改造。

某融资中介向江南市政府提出，采用BOT模式引进非公有资本。

## 第一节 融资的概念

### 一、现有研究成果

在中国，对融资的研究是从20世纪90年代开始的。

在众多有关融资问题的研究成果中，学者们根据自己的研究对融资的含义提出了各自的看法。

方晓霞在其博士论文《中国企业融资》中说："广义的融资是指资金在持有者之间流动，以余补缺的一种经济行为。它是资金双向互动过程，不仅包括资金的融入，还包括资金的融出，也就是说，它不仅包括资金来源，还包括了资金运用。""狭义的融资主要指资金的融入，也就是通常所说的资金来源，具体是指企业从自身生产经营状况及资金运用情况出发，根据企业未来经营策略和发展需要，经过科学的预测和决策，通过一定渠道、采用一定方式，利用内部积累或向企业的投资者及债权人筹集资金，组织资金供应，保证企业生产经营需要的一种经济行为。它既包括不同资金持有者之间的资金融通，也包括某一经济主体通过一定的方式在自身体内进行的资金融通，即企业自我组织与自我调节资金的活动。"[1]

---

[1] 方晓霞：《中国企业融资：制度变迁与行为分析》，北京大学出版社，1999年。

刘彪在其博士论文《企业融资机制分析》中指出："融资即资金融通，具体指资金在持有者之间流动以调剂余缺……广义的融资既指不同资金持有者之间的资金融通，也指某一经济主体通过一定的方式在自身体内进行资金的融通。"[①]

张昌彩在其博士论文《中国融资方式研究》中说："融资有两方面的含义：一方面融资者作为债权人贷出资金；另一方面融资者作为债务人借入资金。换言之，它包括资金供给者融出资金和资金需求者融入资金。……不包括内部资金筹集。"[②]

裴平在其博士论文《中国上市公司股权融资研究》中说："企业融资的概念有广义和狭义之分，前者是指企业资金融入与融出，即企业通过不同渠道筹集所需要的资金，并按照不同目的运用所拥有的资金。……狭义的融资与筹资（筹集资金）的含义一致，但也有区别。……融资讲求经济效益和资本结构变动，而筹集资金只是简单地强调资金的获得。"[③]

宋涛在陈享光的博士论文《融资均衡论》的《序》中指出："融资过程，是融资主体借助于融资工具动员储蓄并将其导入投资领域的过程，这对储蓄者来说，是其储蓄形成和转移的过程，对投资者来说，是其吸收、利用他人储蓄的过程。"[④]

上述论述一个共同的优点是，认为融资涉及两个方面：资金需求方和资金供给方，融资是指资金在资金需求方和资金供给方之间的流动。但上述论述没有指出融资的前提、目的、基础、基本手段和实质。

我们认为，对融资的认识应透过现象，直达其本质。生活在同一"地球村"的不同地区的人们，其生存的环境条件存在着巨大的差异，包括国与国之间、企业与企业之间、人与人之间在技术、经济、文化、风俗、传统上的区别。从经济建设、生产经营以及人民生活的角度看，有的资金比较富余，有的资金比较缺乏；有的资源丰富，有的资源贫乏；有的生产落后，有的生产发达；有的生活已经比较富裕，有的生活暂时还比较困难；有的市场饱和，有的市场潜力广阔；有的人才济济，有的劳动力短缺；等等。

但是，人们为什么能够运用诸如货币借贷、证券买卖、合资合作、并购和租赁等方式来实现"有与无"、"富与贫"的交流，其基础是什么？货币所有者为什么愿意将拥有的货币交付给缺钱的"穷人"，或者说缺钱的"穷人"为什么敢于借钱？发达国家的企业与个人为什么愿意将自己的先进技术和有限的外汇投向一些发展中国家，或者说一个国家为什么会允许另一个国家的投资者到本国来"淘金"？……我们研究发现，人与人之间的借贷、企业与企业之间的合资合作、国家与国家之间的经济交往，其基础不是"有与无"或者"富与贫"，而是借贷双方或合作双方都有相对的资源优势。这里所说的资源优势包括自然资源优势、人力资源优势、生产技术优势、货币资本优势和市场潜力方面的优势等。有的有资源优势，但缺乏技术和资金；有的有技术和资金优势，但缺乏

① 刘彪：《企业融资机制分析》，中国人民大学出版社，1995 年。
② 张昌彩：《中国融资方式研究》，中国财政经济出版社，1999 年。
③ 裴平：《中国上市公司股权融资研究》，南京大学出版社，2000 年。
④ 陈享光：《融资均衡论》，中国金融出版社，1997 年。

广阔的市场；有的有潜力巨大的市场，但缺少相应的物资资源；等等。但是，优势资源是相对的，资源如果不加以运用，就无所谓资源优势，闲置资源不会给资源所有者带来任何好处；货币所有者之所以愿意将拥有的货币交付给缺钱的"穷人"，是因为缺钱的"穷人"能给货币所有者带来利益，缺钱的"穷人"之所以敢于借钱，是因为他具有生产经营的盈利能力或者获取投资收益的能力；发达国家的企业或个人之所以愿意将自己的先进技术和有限的外汇投向发展中国家，是因为发展中国家具有广阔的市场，能为自己带来巨大的利润，而发展中国家通过引进技术和外资，能够充分开发和利用现有的资源优势，快速发展本国经济。

　　长期以来，在社会生产过程中，人们依据现有的法律和金融法规，以平等的精神，通过借贷、证券买卖、租赁、合资合作等方式实现优势互补，使闲置的资金得以利用，使丰富的资源和广阔的市场得以开发，使生产技术水平的距离和贫富差距逐渐缩小，实现了经济的共同发展、社会的共同进步、生活水平的共同提高。因此，我们认为所谓融资（Financing）是指社会经济各个方面在优势互补的前提下、为达到互利互惠的目的，依法通过或借助金融市场，运用货币借贷、证券买卖、合资合作、并购紧缩、保险、租赁等手段调节配置所拥有资源的金融活动。融资活动不仅涉及资源的调节配置，而且关系到资金需求方的法人治理结构。①

## 二、融资与筹资

　　融资与筹资有联系，也有区别。筹资（Raise Money）是我们已经使用了较长时间的一个概念，它是指资金需求方（如企业）通过各种途径和相应手段取得资金的过程。筹资是筹资者以取得货币使用权或占有权为目的、为特征的活动，是单方面的行为。

　　融资这一概念在我国使用的时间并不长，其目的是实现融资交易双方的优势互补和互利互惠。筹资把货币借贷、证券买卖等活动视为转瞬即逝的交易。有的人将筹资视为非营利性机构的活动，认为非营利性机构的筹资活动有5种模式：面向全体公众的筹资活动、拍卖、剧院演出或艺术画廊开幕聚会、体育活动（如高尔夫球赛和网球赛）和表彰活动（颁奖晚宴）。筹资活动可以以捐助项目或奖励项目（早餐会、午餐会、晚餐会或招待会）、年度理事会会议、网球或高尔夫球大赛、1万米赛跑或竞走比赛、拍卖会等形式出现。② 融资则将货币借贷、证券买卖、合资合作视为一种长期存续的经济关系，融资过程不仅包括资源使用权的让渡，还包括资源开发运用、资源使用权的归还和收益的分配。

---

① 杨开明：《企业融资理论、实务与风险管理》，武汉理工大学出版社，2004年。
② ［美］阿伦·L. 温德若夫：《项目融资活动管理》，周晶、刘祥亚译，机械工业出版社，2003年，第42页。

### 三、融资与投资

融资与投资既有联系，又有区别。投资（Investment）是一定的经济主体为了获取预期不确定的收益而将现期一定的资源或经济要素转化为资本的行为或过程，其包括实物投资、金融投资和人力投资。实物投资主要是指将资金用于购置固定资产和流动资产，所以融资是实物投资的前提条件。金融投资是指股票、债券、基金和外汇的买卖，所以金融投资是融资的一种方式。人力投资是指居民或社会在人才的培养方面所发生的开支，所以融资也是人力投资的重要前提条件。

## 第二节 融资的渠道

融资渠道（Financing Channel）是指资金从供给方向需求方流动或转移所涉及的路径，概括地讲融资渠道包括以下几个方面。

### 一、国家财政

国家财政是指国家为了维持其存在和实现其社会管理职能，凭借政权的力量参与国民收入分配的活动。国家财政收支包括财政收入和财政支出两个方面。我国的财政收入包括预算收入和预算外收入两部分。根据《预算法》第十九条的规定，预算收入包括税收收入、依照规定应当上缴的国有资产收益、专项收入和其他收入。除预算收入外，按照我国财政管理体制的规定，各地方、各部门、各单位还有一部分不纳入国家预算，自行管理使用的财政性资金，称预算外收入，如各种附加和其他不纳入预算的基金收入等。这些基金是国家预算资金的补充，是国家财政资金来源的重要组成部分，也是国家的财政收入。我国财政支出也包括预算支出和预算外支出两部分。根据《预算法》第十九条规定，预算支出包括：经济建设支出；教育、科学、文化、卫生、体育等事业发展支出；国家管理费用支出；国防支出；各项补贴支出和其他支出。预算外支出是指财政性预算外资金的支出，如各地方、各部门、各单位自行管理使用的、不纳入国家预算的那部分财政性资金的支出。国务院各部门和地方各级人民政府及其各部门的财政收支是指按照我国财政管理体制和权限的划分，由国务院各部门和地方各级人民政府及其各部门具体负责的本部门、本地方的财政收支。

财政资金作为项目融资的来源渠道，其供给方式主要包括预算内拨款、财政贷款、政策性银行贷款、预算外专项建设基金、财政补贴等。

## 二、国内商业性金融机构

在项目融资的实践中，商业银行是各类项目融资的主要渠道。按照《商业银行法》的规定，商业银行根据国民经济和社会发展的需要，在国家产业政策指导下开展贷款业务。商业银行贷款，应当对借款人的借款用途、偿还能力、还款方式等情况进行严格审查。商业银行贷款，应当实行审贷分离、分级审批的制度。商业银行贷款，借款人应当提供担保。商业银行应当对保证人的偿还能力，抵押物、质物的权属和价值以及实现抵押权、质权的可行性进行严格审查。经商业银行审查、评估，确认借款人资信良好，确能偿还贷款的，可以不提供担保。商业银行贷款，应当与借款人订立书面合同。合同应当约定贷款种类、借款用途、金额、利率、还款期限、还款方式、违约责任和双方认为需要约定的其他事项。商业银行应当按照中国人民银行规定的贷款利率的上下限，确定贷款利率。商业银行贷款，应当遵守下列资产负债比例管理的规定：①资本充足率不得低于8%。②贷款余额与存款余额的比例不得超过75%。③流动性资产余额与流动性负债余额的比例不得低于25%。④对同一借款人的贷款余额与商业银行资本余额的比例不得超过10%。⑤中国人民银行对资产负债比例管理的其他规定。

商业银行不得向关系人发放信用贷款；向关系人发放担保贷款的条件不得优于其他借款人同类贷款的条件。前款所称关系人是指：①商业银行的董事、监事、管理人员、信贷业务人员及其近亲属。②前项所列人员投资或者担任高级管理职务的公司、企业和其他经济组织。任何单位和个人不得强令商业银行发放贷款或者提供担保。商业银行有权拒绝任何单位和个人强令要求其发放贷款或者提供担保。经国务院批准的特定贷款项目，国有独资商业银行应当发放贷款。因贷款造成的损失，由国务院采取相应补救措施。

借款人应当按期归还贷款的本金和利息。借款人到期不归还担保贷款的，商业银行依法享有要求保证人归还贷款本金和利息或者就该担保物优先受偿的权利。商业银行因行使抵押权、质权而取得的不动产或者股票，应当自取得之日起一年内予以处分。借款人到期不归还信用贷款的，应当按照合同约定承担责任。

商业性金融机构作为公司融资的来源渠道，其主要供给方式包括信用贷款、抵押贷款、担保贷款、贴现贷款、项目贷款、信托贷款、融资租赁和证券投资等。

## 三、国外资金

国外资金指中国境外的企业、大学、国际组织、民间组织、金融机构及外国政府提供给中国境内注册的各类项目的资金。包括从国外获得的合作研究经费、国外贷款以及由国外机构或个人无偿提供的捐助和赠款等。按照资金渠道，包括国际金融市场和外国政府。

项目通过国际金融市场获得所需资金的主要方式包括外国政府贷款、国际金融组织贷款、国外商业银行贷款、出口信贷、国际债券、国际股票、外国直接投资、国际租赁融资、国际贸易融资（如福费廷融资和保付代理融资）、国际投资基金和项目融资等。

项目还可获得外国政府资金，包括外国政府贷款、外国政府援助或捐赠。

## 四、国内金融市场

金融市场是指资金供应者和资金需求者双方通过信用工具进行交易而融通资金的市场，广而言之，是实现货币借贷和资金融通、办理各种票据和有价证券交易活动的市场，是项目融资的主要渠道。

金融市场又称为资金市场，包括货币市场和资本市场，是资金融通市场。所谓资金融通，是指在经济运行过程中，资金供求双方运用各种金融工具调节资金盈余的活动，是所有金融交易活动的总称。在金融市场上交易的是各种金融工具，如股票、债券、储蓄存单等。资金融通简称为融资，一般分为直接融资和间接融资两种。直接融资是资金供求双方直接进行资金融通的活动，也就是资金需求者直接通过金融市场向社会上有资金盈余的机构和个人筹资；与此对应，间接融资则是指通过银行所进行的资金融通活动，也就是资金需求者采取向银行等金融中介机构申请贷款的方式筹资。

金融市场的形态有两种：一种是有形市场，即交易者集中在有固定地点和交易设施的场所内进行交易的市场，证券交易所就是典型的有形市场；另一种是无形市场，即交易者分散在不同地点（机构）或采用通信手段进行交易的市场，如场外交易市场和全球外汇市场就属于无形市场。

金融市场有五个功能：有效地动员筹集资金；合理配置和引导资金；灵活调度和转化资金；实现风险分散、降低交易成本；实现宏观调控。

金融市场是统一市场体系的一个重要组成部分，属于要素市场。它与消费品市场、生产资料市场、劳动力市场、技术市场、信息市场、房地产市场、旅游服务市场等各类市场相互联系、相互依存，共同形成统一市场的有机整体。在整个市场体系中，金融市场是最基本的组成部分之一，是联系其他市场的纽带。因为在现代市场经济中，无论是消费资料、生产资料的买卖，还是技术和劳动力的流动等，各种市场的交易活动都要通过货币的流通和资金的运动来实现，都离不开金融市场的密切配合。

## 五、第三条融资渠道：商业信用①

在现代经济生活中，商业信用具有稳定市场，优化资源配置，为经济调控提供手段，节约交易成本，提高交易效率，发现价格，规避交易风险，促进销售，规范经营者

①  林加奇：《第三条融资渠道  解读现代商业信用》，江西人民出版社，2002 年。

行为等多方面的重要功能，可以为人们提供聚财、用财、生财之道。在西方国家，商业信用已成为与证券融资、银行信贷融资并列的第三条融资渠道。

商业信用融资的方式包括延期付款、分期付款、预付货款、租赁、补偿贸易和典当等。

# 第三节　融资方式

融资方式（Financial Mothod）是融资双方为实现资源优势互补所采取的手段、途径和渠道。随着经济的发展以及政府、企业和银行等的融资活动的不断扩大，融资方式被不断创新，融资手段也日益多样化、复杂化。融资方式按照不同的标准，可以分为以下若干种类。

## 一、直接融资和间接融资

融资方式按照融入和融出资金双方在融资过程中互相接触和联系方式的不同，分为直接融资和间接融资。

1. 直接融资是指拥有暂时闲置资金的单位、个人与资金短缺、需要补充资金的单位，相互之间直接进行协议，或者在金融市场上，前者购买后者发行的有价证券，将资金提供给需要补充资金的单位使用，从而完成资金融通的过程。最常见的直接融资形式有债券、股票和海外投资基金。

2. 间接融资是指拥有闲置资金的单位、个人通过存款或购买金融机构发行的有价证券，将闲置资金先提供给金融机构，然后由这些金融机构以贷款、贴现，或者购买需要资金单位发行的有价证券等形式，把资金提供给这些单位使用，从而实现资金的融通过程。在这种融资关系中，最初的资金所有者（即存款人）与最终的资金使用者（即借款人）不发生直接联系，而要通过商业银行或其他银行等信用中介机构产生联系，换言之，最初的存款人将货币存入银行，存款人与银行之间发生第一重债权债务关系；然后，银行再把货币资金贷给最终的借款人，于是银行与借款人之间发生第二重债权债务关系。这样，在这种借贷关系中，最初的存款人与最终的借款人之间，存在着一种理论上的债权债务关系，这是一种间接的债权债务关系，故称其为间接融资。

## 二、纵向融资与横向融资

融资方式按照融资机制，分为纵向融资和横向融资。

1. 纵向融资是指国家借助政权的力量，通过其隶属的行政系统和企业对国家的依赖关系，集中积累资金和提供分配资金的体制。在纵向融资中，政府是融资主体，企业是附属；资金实行无偿分配和使用，故其也被称为政府导向型融资或封闭型融资。

2. 横向融资是通过金融机构或金融市场把资金供给方与资金需求方联系起来，实行资金余缺调剂和优势互补的资金融通的体制。也被称为市场导向型融资或开放型融资。在这种融资体制中，资金供给方和资金需求方以及政府都是融资主体，融资地位平等，实行"等价交换"。

### 三、内源融资和外源融资

融资方式按照资金是否来自资金需求内部，分为内源融资和外源融资。

1. 内源融资（External Finance）是指资金需求方自行积累储蓄并利用自身储蓄的过程。

2. 外源融资（Internal Finance）就是资金需求方动员、利用他人积累储蓄的过程，或者是资金需求方通过一定的途径获得他人积累储蓄的过程，其主要通过债务—资产体系来实现，如贷款、援助、捐赠。

内源融资和外源融资的划分是美国经济学家格利和肖提出来的，按照这种划分方法，我们可以把企业融资分为内部融资和外部融资。前者是指企业对利润和折旧基金的利用过程，后者是指企业通过金融市场融通资金的过程。本书将在有关章节中，重点研究与内源融资有关的问题。

### 四、股本融资与债务融资（或股权融资与债权融资）

融资方式按照融资所形成的经济关系，分为股本融资和债务融资（或股权融资和债权融资）。

1. 股本融资或股权融资是所有权融资，指经济主体以其所有权换取他人资源的融资活动，或者说是以资源的所有权换取企业所有权的活动。按照国家法律制度的规定，股本融资是企业必须开展的一项融资活动，股本融资在数量上有最低限额的要求，没有股本融资经济主体就不能取得企业法人的资格，没有股本融资就不能开展相应的债务融资。

2. 债务融资或债权融资是指经济主体以其收益换取他人资源使用权的融资活动，或者说是相关资源的所有者为了获得较固定的收益或利益而让渡其资源使用权的活动。

### 五、扩张性融资、紧缩性融资与调整性融资

融资方式按照融资对资金需求方的资本结构的影响，分为扩张性融资、紧缩性融资和调整性融资。

1. 扩张性融资是指经济主体因扩大生产经营规模或扩大对外投资的需要而产生的一种融资活动。

2. 紧缩性融资是指经济主体（主要是企业）对股本的减少和对债务的清偿。企业为了缩小生产经营规模、缩减业务范围和提高自身股票价格而减少其股本，其缩减的方式主要有公司分立、分拆上市和股票回购。

3. 调整性融资是指经济主体（主要是企业）因调整现有资本结构的需要而进行的融资活动，其主要方式有股转债和债转股。

## 六、保持距离型融资和控制取向型融资

融资方式按照融资与公司治理结构的关系，分为保持距离型融资和控制取向型融资。

1. 保持距离型融资是指出资者只有在特定情况下才能对企业的资产和现金流量行使所有权的融资方式。如债权人只有在债务人不能履行清偿债务的情况下，才能行使所有权，通过出售抵押品或申请破产，威胁到企业的经理人员。又如股东只有在无法获得预期的股息收入的情况下，才能通过出让股份（即用脚投票），威胁到企业经理人员。

2. 控制取向型融资是指出资者享有一定控制权的融资方式。如持有股份是为了获得对企业的控制权，又如贷款银行依据贷款协议享有一定的企业控制权，在日本的主银行制度中，主银行享有对企业的控制权。

## 七、配合性融资、保守性融资和激进性融资

融资方式按照融入资金在企业流动资金中所占比例或融入资金与企业资产的匹配程度，可以分为配合性融资、保守性融资和激进性融资。

1. 配合性融资。又称匹配性融资或正常性融资，其特点是：运用临时性负债满足企业临时性流动资产的资金需求，运用长期负债和权益资本满足企业永久性流动资产和固定资产的资金需求。即短期资产的资金占用由短期资金的来源来匹配，长期资产由长期资金来形成，融入资金与企业资产的占用时间相匹配，如图1-1所示。

2. 保守性融资。又称稳健性融资，其特点是：临时性负债只满足部分临时性流动资产的资金需求，另一部分临时性流动资产或永久性流动资产和固定资产的资金需求由长期负债和权益资本来解决。这种融资方式是将长期资金来源用于短期资产的形成，融资成本高；但它能使企业的短期债务减少，近期内无法偿还借款的风险降低，所以其被称为保守性融资，如图1-2所示。

3. 激进性融资。又称冒险性融资，其特点是：临时性负债被用于永久性流动资产，甚至是固定资产的形成。此融资方式虽然可以降低企业的融资成本，但可能会增大企业按期偿还债务的风险，如图1-3所示。

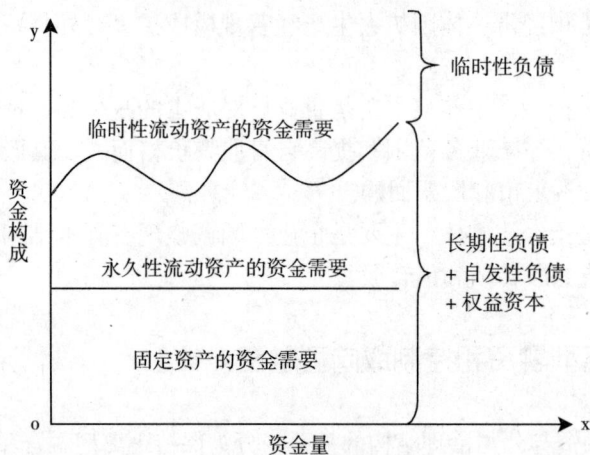

**图 1-1　配合性融资**

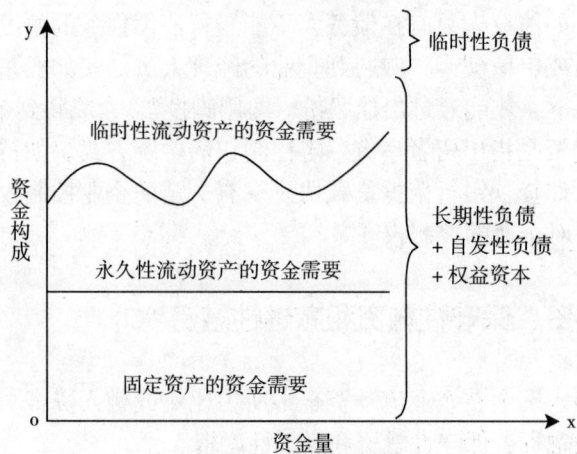

**图 1-2　保守性融资**

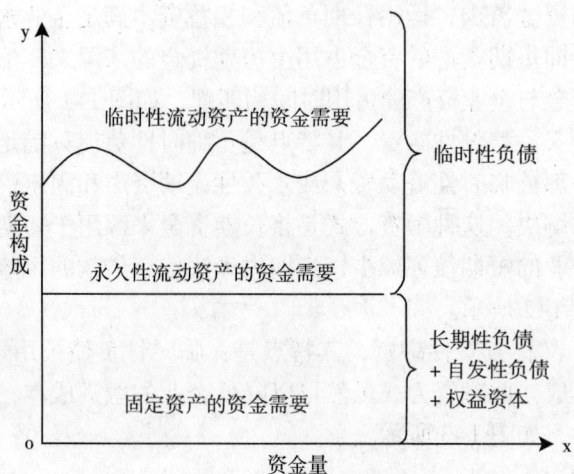

**图 1-3　激进性融资**

# 第四节 融资的原则

融资原则是指对融资各方的基本要求，或者说融资各方都应持有的融资立场。它包括互利性原则、合法性原则、公平性原则、灵活性原则、诚信原则、风险管理原则和适度性原则。[①]

## 一、互利性原则

互利性原则即资金的融通应以融资双方都能获得所预期的利益为目的，融资对双方都有利可图。这些利益可能表现为政治的，如国际借贷可能涉及和平友好，股票融资涉及经营主权，但归根到底都是经济的。资金供给方通过让渡货币使用权和技术，直接分享利润和取得占有市场；资金需求方通过割让利润和市场，换取所需的资金和技术。

融资是双方"互让"与"互利"的结合。在融资中，资金供给方应该按国际公认的标准提供资金、转让技术，不能借融资转移对环境有害的技术，掠夺他人资源（包括自然资源、人力资源和知识产权），窃取情报、危及他国安全与主权；资金需求方应恪守合同，保证资金供给方的利益得到实现，在货币借贷融资中应保证按期还本付息，在资源合作开发融资中应按合同交付开发产品，在基础设施建设的 BOT 融资中应按协议使用项目产品、支付费用，不能设障碍，制造麻烦。

但是，互利不是平均分配利益或好处。融资各方的利益好处是通过协商或者竞争来确定的，也可以根据国家有关法律法规的规定确定，还可以根据国际惯例确定。

## 二、合法性原则

合法指融资活动应符合有关法律的规定，要遵守法纪，应经有关机构或部门审核同意。融资合法性原则包括融资方式的合法性、融资方法的合法性、融资资格的合法性和融资条件的合法性等。按照合作性原则，借贷融资应遵守有关借贷条例的规定，股票融资应遵守公司法以及上市公司和股票交易的规定，债券融资应遵守债券发行交易的规定，贸易融资应遵守商业信用以及进出口方面的规定，国际融资应遵守引进外资、利用外资、外汇管理、外债管理以及国际金融机构的规定，彩票融资应遵守国家有关发行彩票的规定，租赁融资应遵守金融租赁条例的规定，BOT 融资以及资产证券化融资等都要

---

[①] 杨开明：《企业融资理论、实务与风险管理》，武汉理工大学出版社，2004 年。

依法办事。上述法律法规包括资金需求方所在国的法律法规，也包括资金供给方所在国的法律法规，还包括国际组织所达成的协议和章程规定。在融资中，资金需求方和资金供给方都应严格遵守有关法规，不得进行非法集资和参加非法集资，也不得超额、超标准融资。

当然，融资的合法性是建立在法律法规健全和执法严明的基础之上的。我们应加强法律法规的建设，严格执法，促进融资活动的健康发展。

## 三、诚信原则

诚信是指按照约定、承诺、惯例、道德，以及当事人的良知、正义感开展融资等经济活动。市场经济是发达的商品经济，是建立在信用基础之上的交换经济。信用已成为现代市场经济的一个基本构成要素，一切经济活动的开展都离不开信用，这不仅要有完备的信用形式、发达的信用工具，而且需要构建起健全的信用制度，形成规范的信用关系，从而确立起现代市场经济正常运行所要求的信用秩序和信用环境。

诚信是企业生存和发展的根本，是国家兴旺发达的根基。我国人际交往的传统以"诚信"为本，讲究"人无信则不立"。子贡问孔子，国家最需要什么？孔子说，"足食、足兵、民信之也"。子贡问到，如果必须去掉一项呢？孔子说去掉兵。子贡又问，如果还要去掉一项呢？孔子说去掉食。虽然没有粮食人就会饿死，但人迟早都会死，然而，"人无信则不立"。

诚信是一种无形资产，是国家、企业和个人的一种财富，这种财富要靠企业和个人在长期的经济活动中逐步积累，不可能一蹴而就。在推进我国社会主义市场经济的过程中，坚持诚信原则应从培育信用观念、健全信用制度着手，形成良好的社会信用环境。要加快立法进程，为信用管理提供法律依据。要加大执法力度，使法律真正成为维护信用关系的有力武器。要建立企业和个人的公共信用信息库、完善信用评价制度和信用信息披露制度，让"诚实守信"、"履约践诺"的观念深入人心，使"讲诚信"成为每一个企业和个人的自觉行为。

## 四、公平性原则

公平性是指融资双方地位平等，交易必须坚持等价交换。从法律角度看，融资双方都应是独立的经济实体，具有法人资格，随着经济的运行其在融资中所处的位置会经常变动，此时是资金供给方，彼时可能成为资金需求方。资金供给方从来就不是救世主，资金需求方也不是一只任人宰割的羊，资金供给方不能以强凌弱，资金需求方也不必卑躬屈膝，更不能来日得志便猖狂。按照融资公平性原则，融资双方应互相尊重，在交易中心平气和地报价、谈判、签约，平等地履行合同或协议，谁也不能欺骗谁，谁也不能强制谁，谁也不能歧视谁。

融资双方地位平等是法律赋予交易当事人的一种权利，但是这种权利的获得或者行使是建立在交易当事人守法守纪守信的基础之上的，它不能成为交易当事人违约的借口。如果交易当事人一方违约、不讲信誉，就破坏了平等的基础，违约一方将为此付出较大的代价，如交易成本上升或者进入破产清算。

## 五、灵活性原则

灵活性是指融资双方应本着互谅的精神协商解决履约过程中可能出现或产生的纠纷和争议。融资具有长期性、复杂性的特点，由于生产经营波动和经济发展的周期性，融资的这些特点加大了资金运动的不确定性，违约在所难免。形成违约的原因很多，也很复杂，除了欺诈外，无论何种违约，融资双方都应以互谅、互利、互补、友好合作的精神和灵活的态度，研究协商解决的办法，避免双方都得不偿失，两败俱伤。如发生债务危机时，双方可以采取破产清算的方式解决债权债务，也可以采取债务重组的方式解决争议。而采用破产清算的方式处理债务危机，借贷双方都可能受到较大的损失；采用债务重组的方式处理债务危机，则可以保全资产，减轻或避免损失，所谓"退一步海阔天空"。

当然，灵活性也不是无原则的让步，它也是建立在诚信的基础之上的。融资交易的当事人不能把灵活性作为逃避责任的挡箭牌，更不能把灵活性当作蒙骗对方的手段。

## 六、风险管理原则

风险管理是指融资双方应了解认识融资风险，并采取相应措施对风险予以化解和分散。由于市场的不确定性和融资的复杂性，融资活动不仅面临道德风险、政治风险，而且还面临利率风险、汇率风险和信用风险，资金需求方可能面临所有权风险、使用权风险和收益权风险等。风险是客观的，融资双方必须有清楚的认识，并共同采取相应措施加以防范、转移和化解。如通过保证、抵押防范信用风险，采用互换交易转移利率和汇率风险，通过政府特许、保险等方式化解道德风险和政治风险，通过调整资本结构降低所有权风险、使用权风险和收益权风险。

风险管理是融资管理中的一项长期、复杂的工作，由于客观环境的多变性，融资风险管理工作不可能一劳永逸，所以融资风险管理工作一是要从思想上重视，二是要加强风险管理的组织建设。

在融资的五个综合原则中，互利性原则是融资的目的，合法性原则是融资的保证、诚信原则是融资的基础，公平性原则是融资的条件，灵活性原则是融资的战略，风险管理原则是融资实施过程中应采取的基本措施，它们是相互联系的一个整体，缺一不可。

## 七、适度性原则

在融资活动中，资金需求的适度性原则包括融资金额的适度性、融资期限的适度性、融资方式的适度性、融资保证的适度性和约定条款的适度性。融资金额的大小或多少的适度性是由以下因素决定的，即资金运行的缺口、资金需求方的管理运用能力、负债比例和资金供给等。在融资期限上，融资双方的要求是相反的，资金需求方趋向于长期，资金供给方趋向短期，决定资金需求融资期限适度性的因素是资金的用途，如贸易融资、流动资金融资的融资期限可以较短，而开发建设项目融资的期限较长。融资方式的适度性是指所采用的融资工具能够满足资金需求方资金来源广泛、资金运用稳定、资金成本低、偿还压力小的要求，一般来讲，长期借贷融资是融资方式适度性较高的一种，其不仅融资成本低，而且来源广泛、稳定，使用限制较少。融资保证的适度性应根据融资期限、额度来确定，融资保证分为信用保证、财产抵押保证和第三方保证，融资期短、金额较小时，可采用信用保证，不必采用财产抵押保证，以减少财产评估等费用。融资中资金供给方为保证其资金的安全性，往往在合同或协议中向资金需求方提出若干约定事项，规定资金需求方必须做什么、不得做什么，融资约定条款的适度性就是资金需求方在谈判和签约时应根据实际情况，尽量使约定事项对自己有利，以免自身的生产经营等活动受到约束和限制。

### 本章小结：

融资是指社会经济各个方面在优势互补的前提下，为达到互利互惠的目的，依法通过或借助金融市场并运用货币借贷、证券买卖、合资合作、并购紧缩、保险、租赁等手段调节配置所拥有资源的金融活动。融资活动不仅涉及资源的调节配置，还关系到资金需求方的法人治理结构。

融资渠道是指资金从供给方向需求方流动或转移所涉及的路径，概括地讲融资渠道包括以下几个方面：国家财政、金融机构、金融市场、商业信用。

融资方式是融资双方实现资源优势互补所采取的手段、途径和渠道。随着经济金融的发展以及政府、企业和银行等的融资活动的不断扩大，融资方式被不断创新，融资手段也日益多样化、复杂化。

融资的基本原则是：互利性原则、合法性原则、公平性原则、灵活性原则、诚信原则、风险管理原则和适度性原则。

### 本章重要概念：

融资  项目融资  第三条融资渠道  股本融资  股权融资  互利性原则  保持距离型融资  控制取向型融资

**思考题：**

1. 融资主体、融资条件、融资目的、融资基础、融资保证、融资内容、融资实质、融资效率。

2. 在融资交易中，资金需求方与资金供给方应遵循哪些主要原则？

3. 在实际工作，配合性融资、保守性融资和激进性融资，你认为哪一种更适用？

4. 请你为江南市政府设计主干道改造工程的融资方案（具体内容见本章案例）。

# 第二章 项目融资的框架与特点

---

[①] 张极井：《项目融资》，中信出版社，1998年。

作用,它们是:项目工程由国际著名的 ABB 工程公司在美国的子公司以固定价格的"交钥匙"合同形式承包,工期两年,合同规定一旦两年时间的工程建设目标没有实现,赔偿金额可高达建设成本的 50%;项目的经营是专门聘请一个项目管理公司负责,由南卡罗来纳天然电力公司承担;项目发电所需的燃料——天然气,由项目合伙人之一的能源运输公司通过其子公司——能源运输市场公司以一个为期 15 年的长期合约负责供应;项目的最终产品——电力,则由一个为期 25 年的长期购买协议供应给弗吉利亚电力公司,电力购买协议是一个具有"提货与付款"性质的合约;项目的副产品——热蒸汽,则供应给当地一家用户阿魁伦公司。

霍普威尔电站项目的投资结构、融资结构与参与者如图 1 所示。

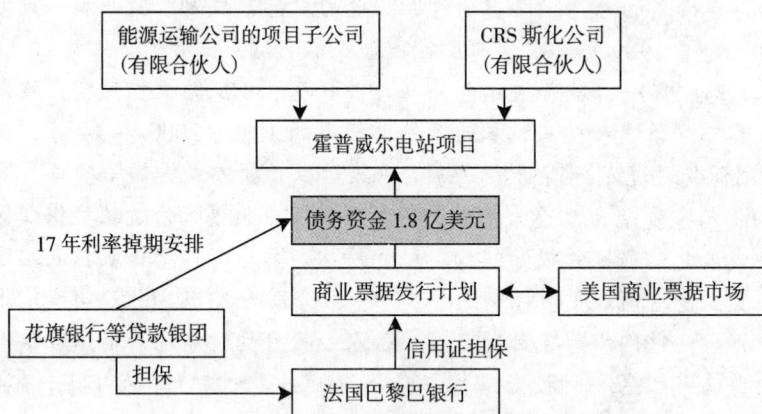

**图 1　霍普威尔电站项目的投资结构与融资结构**

4. 霍普威尔电站项目融资的参与者及其与项目公司的关系如图 2 所示。

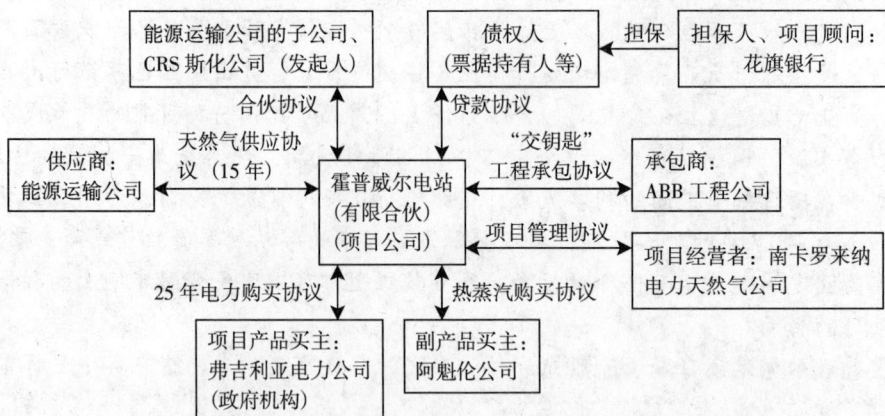

**图 2　霍普威尔电站项目融资的参与者及其与项目公司的关系**

## 第一节　项目融资的定义

项目融资有广义与狭义之分。广义的项目融资是指一切针对具体项目所作的资金安排，包括股本资金的安排和债务资金的安排以及相关工作。"项目融资是融资、财务模型、设计、经济、环境和法律等多学科的有趣交融。"[①]

狭义的项目融资指具有无追索或有限追索形式的融资活动。如美国银行家彼德·内维特在其《项目融资》一书中指出，项目融资是为一个特定经济实体所安排的融资，其贷款人在最初贷款时，满足于使用该经济实体的现金流量和收益作为偿还贷款的资金来源，并且满足于使用该经济实体的资产作为贷款的安全保障。英国的 Clifford Chance 法律公司在其《项目融资》一书中说，项目融资有一个共同的特征，即融资不是主要依赖项目发起人的信贷或所涉及的有形资产，而是依赖项目本身的效益。我国原国家计委、国家外汇管理局在其制定的《境外进行项目融资管理暂行办法》（1997）中指出：项目融资是以境内建设项目的名义在境外筹措外汇资金，并仅以项目自身预期收入和资产对外承担债务偿还责任的融资方式。

## 第二节　项目融资的框架

项目融资的框架是指开展项目融资所涉及的基本工作环节。按照现有的研究成果，项目融资的框架包括：项目投资结构、项目融资结构、项目资金结构和项目信用结构四个方面。[②]

### 一、项目投资结构

1. 什么是项目投资结构。项目投资结构就是指项目发起人对项目资产权益的法律拥有形式及发起人之间的法律关系。从静态看，项目的投资结构，即项目资产的所有权结构，是项目投资者对项目资产权益的法律拥有形式和投资者之间的法律合作关系。项目资产的所有权结构与如下组织形式相关：独资、一人有限责任公司、有限责任公司、股份有限公司、普通合伙企业、有限合伙企业、特殊的普通合伙企业、租赁、信托等，这

---

① ［美］M.Fouzul Kabir Khan 等：《大项目融资》，朱咏等译，清华大学出版社，2005 年。
② 张极井：《项目融资》，中信出版社，1998 年。

些组织形式体现了不同的所有权结构，如图 2-1 所示。

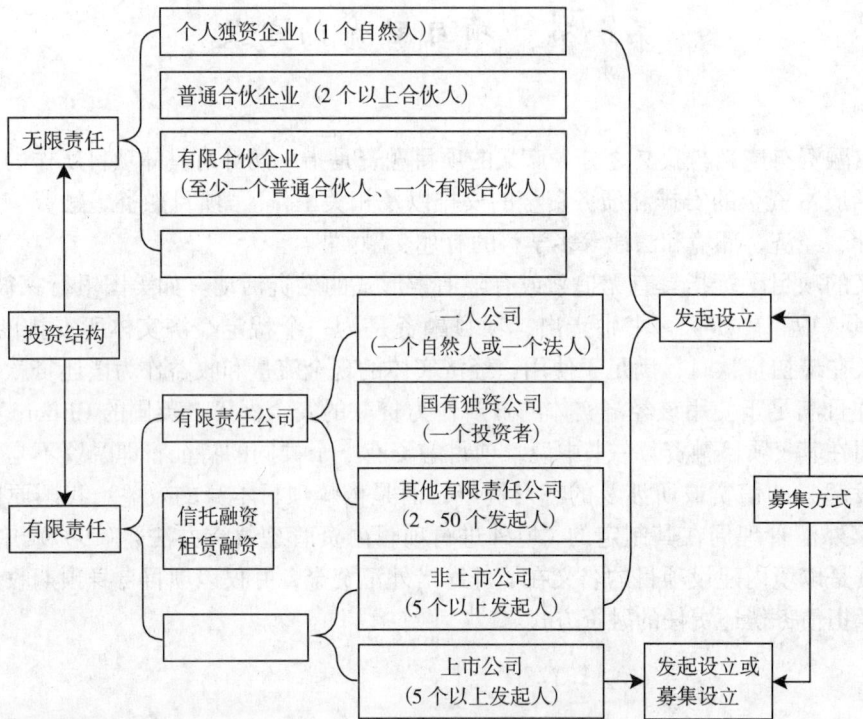

图 2-1 项目资产的所有制结构与组织形式

一般情况，项目融资采用什么样的投资结构直接关系到发起人对资产的拥有形式、对现金流量的控制程度以及在项目中承担的责任，等等，进而会影响到项目融资的其他结构。因此，我们应该根据具体项目状况设计出符合项目融资要求的投资结构。从动态看，是项目发起人投入股本。项目投资结构在项目融资中具有重要作用，它是项目融资的第一步。确定项目投资结构，既要满足项目发起人的特殊需要，也要符合国家法律的要求以及其他投资者的偏好。

2. 影响项目投资结构的主要因素。选择项目投资结构，是指在项目所在国的法律、法规、会计、税务等客观因素的制约下，寻求一种能够最大限度地实现其投资目标的项目资产所有权结构。确定项目单位的组织结构或项目投资结构是项目前期开发阶段的核心环节。因为，项目单位不同的组织结构将影响诸如项目融资文件的谈判与签订、项目管理等项目开发和融资的各个方面。如特许权授予项目发起人之后再转让给项目公司，这在有些国家是不被法律承认的。又如，如果项目开发协议中有禁止项目转让条款，项目发起人则无法将该项目转让给实际经营该项目的法律实体——项目公司，这表明最初选择的项目投资结构——公司型投资结构是不理想的。所以，无论以何种形式组建项目单位，都应在项目进行全面的可行性研究之前的前期开发阶段尽早确定下来。

当然，并不是任何项目融资中都面临着这一问题。如果项目发起人想单独从事项目的开发与建设，其他单位只是以一般参与者的身份参与项目的建设（如以工程承包商角色建设项目取得承包费后就撤离该项目）而不是投资该项目时，就不存在选择投资结构的问题。

但是，在大多数项目融资中，都会面临两个以上的项目发起人，这是因为由多个投资者共同投资具有以下优势：①共同投资、共担风险。项目融资使用更为广泛的领域是一些基础设施项目和资源性开发项目，这些项目的共同特点是资金占用量大，投资回收期长，受政治性因素或国际市场周期性波动影响大，任何一个投资者都很难全面承担起项目的风险。如果由多个投资者共同投资，项目的风险就可以由多个投资者共同承担。②充分利用不同背景投资者之间所具有的互补性效益。如有的投资者可为项目提供长期稳定的市场，有的拥有资源，有的可以提供技术和管理技能。尤其是到一个不熟悉的国家去投资，如果有一个了解当地情况的公司作为合作伙伴无疑将会提高投资成功的机会。③利用不同投资者的信誉等级吸引优惠的贷款条件。投资者之间不同优势的结合可以为项目争取到较为有利的贷款条件。例如，有的投资者具备较好的生产、管理和财务资信，可以构成对项目融资有力的信用支持，从而有可能在安排项目融资时获得较为有利的贷款条件，包括贷款利率、贷款期限、贷款限制等方面的优惠。④通过合理的投资结构设计来充分利用各合资方国内的有关优惠政策。各国税法规定的内容不尽相同，但可以通过在合资企业中作出某种安排，使其中一个或几个投资方可以充分利用项目可能带来的税收优惠，而后以某种形式将这些优惠和利益与其他投资方分享，以提高投资者实际的投资收益。

项目投资结构的设计是一个非常复杂的过程，针对一个具体的投资项目，哪一种投资结构是最优方案并没有一个统一的标准和尺度。但是，任何事物都有其规律性，项目投资结构的选择也不例外。概括起来，在选择项目投资结构时，应考虑以下基本因素：

（1）项目风险和项目债务隔离程度的要求。项目融资的有限追索性是其重要的特征。因此，许多项目投资者在设计项目投资结构时，都会考虑如何实现风险和债务的有限追索性。但是，各个发起人会有不同的背景和不同的要求，因而他们会根据具体的情况设计出一种最符合其要求的项目风险和债务责任承担形式。例如，如果项目发起人愿意承担间接的风险和责任，则多偏好于有限责任公司投资结构，成立一个法人实体——项目公司。在这种投资结构中，项目融资是以项目公司的资产和项目未来现金流量为基础进行的，投资者的风险只包括已投入的股本资金和一些承诺性的担保责任。而如果投资者有能力且愿意承担更多的风险和责任，以期获得更大的投资回报的话，则可能会选择契约型的投资结构。在这种投资结构中，投资者承担的是一种直接的债务责任，投资风险大。因为投资者是以其直接拥有的项目资产来安排融资的。到底选择哪一种债务承担形式，由投资者根据其收益与风险的对称关系决定。

（2）补充资本注入的灵活性要求。项目融资的另一个明显特点就是较高的债务股本比例，这样，当项目经营出现困难时，可能会要求注入一定的补充资本；另外，根据项目的投资等级不同，也会有不同的注入补充资本金的要求，如果投资项目具有较高的经济强度，则要求注入补充资本的可能性不大；反之，在设计项目投资结构时，就要格外重视这一问题。因此，当可能经常要求注入补充资本时，一般倾向于选择公司型投资结构，这样，在增资扩股时比较便利。而如果项目出现财务困境的概率较小时，则可能会偏向选择契约型投资结构。

（3）对税务优惠利用程度的要求。利用精心设计的项目投资结构来充分利用税务优惠，从而降低项目的投资成本和融资成本是国际投资活动的一个重要特点。因为，在一定条件下，不同公司之间的税收可以合并、统一纳税，这就为投资者设计投资结构提供了一种有益的启示，即通过设计一种合理的投资结构以利用一个公司的税务亏损去冲抵另一个公司的盈利，从而降低其总的应缴税额，提高其总体的综合投资效益。因此，如何充分利用税务优惠就成为项目融资中选择投资结构的重要影响因素，尤其是在项目的开发建设阶段，这个阶段存在大量的项目亏损而没有利润可以冲抵。例如，在有限责任公司投资结构中，项目公司是纳税主体，其应纳税收入或亏损以项目公司为单位计算。如果盈利，项目公司需要缴纳所得税；如果亏损，项目公司可以按照规定将亏损结转到以后若干年冲抵未来的收入但不能冲抵投资者的其他经营收入。在契约型的投资结构中，项目资产由投资者分别直接拥有，项目的产品也是由投资者直接分配，销售收入也直接归投资者所有，此时，投资者可以自行决定其纳税收入问题，这就为冲抵税务亏损提供了可能。因此，投资者可根据自己投资的要求和融资的需要，设计符合其要求的税务结构。

（4）财务处理方法的要求。不同的投资结构，在财务处理上是不同的，这些不同主要体现在两个方面：一是财务资料的公开披露程度；二是财务报表的账务处理方法。如果投资者不愿意将项目资料公布于众，则可能会对有限责任股份公司投资结构持谨慎态度。因为，各国证券法规都要求股份公司必须满足信息公开披露原则。而财务报表的账务处理，也是投资者十分关注的问题。因为，如采用不同的投资结构，或者虽然投资结构相同，但是采用不同的投资比例，最后在投资者自身的财务报表上所反映出来的结果可能会不一样，这就会对投资者的资产负债状况带来不同的影响。因为，在设计项目投资结构时，也应注意对投资结构作适当的会计处理。例如，对契约型投资结构而言，不管投资比例大小，该项投资全部资产负债和损益状况都必须在投资者自身的公司财务报表中全面反映出来。而对于有限责任公司投资结构而言，情况就比较复杂一些，大致可以分三种情况进行不同的账务处理：①如果投资者在项目公司中持股比例超过50%以上，此时，投资者被认为拥有被投资公司的控制权，该项目公司的资产负债表需要全面合并到投资者自身公司的财务报表中去，以达到全面真实反映该投资者财务状况的目的。②如果投资者在项目公司中持股比例介于20%~50%之间，此时，投资者对公司没有控制权，不存在合并财务报表的问题，但由于持股比例比较大，对公司的决策可以起很大的影响，因此，应在投资者自身公司的财务报表中按投资比例反映出该项投资的实际盈亏情况。③如果投资者在一个项目公司中持股比例低于20%，对公司决策的影响有限，所以只要求在其自身公司的财务报表中反映出实际投资成本，而不需要反映任何被投资公司的财务状况。因此，投资者应根据实际要求，在设计项目投资结构时，设计出对自己有利的税务结构。假如投资者不希望将新项目的融资安排反映在自身的财务报表上同时又不失去对项目的实际控制权，就需要小心处理投资者在项目公司中的投资比例。反之，如果投资者尽管在一个项目中所占比例较小，但仍希望能够将其投资合并进入自身的资产负债表中以增强公司的形象，可适当选择合伙制投资结构等。

（5）产品分配形式和利润提取的难易程度。项目投资者进行项目开发、建设，最终是要取得投资利润的。这一要求对项目投资结构的影响体现在以下两个方面：①投资者的不同背景的影响。不同的投资结构，对利润的提取形式有不同的规定。如在有限责任公司投资结构中，由项目公司统一对外销售、统一结算、统一纳税，在弥补项目经常性支出和资本性支出后，在投资者之间进行利润分配。而在契约型投资结构中，项目产品是直接分配给各投资者自己支配的，投资者如果拥有较广泛的销售渠道和市场知名度，就很容易将产品变现，取得收入，赚取利润。因此，从这个意义上说，大型跨国公司参与项目融资时，会偏向于选择契约型投资结构，而中小型公司参与项目融资时往往采取公司型投资结构的更多。②投资项目的不同性质也对项目投资结构有重要影响作用。例如，在资源性开发项目中，多数投资者愿意直接获得项目产品。因为这些项目产品可能是其后续工业的原材料，也可能是其特定客户或特定市场所必需的一些关键性资源。这是大多数跨国公司在资源丰富的发展中国家和地区从事投资活动的一个重要原因。而在基础设施项目投资中，多数投资者一般不会十分重视对项目产品的直接拥有形式，而只是为了开拓公司的业务活动领域，增加公司利润。因此，在资源性开发项目中，一般以契约型投资结构从事项目的开发与建设，而在基础设施项目中则以公司型投资结构为主要投资形式。

（6）融资的便利与否要求。无论怎样设计投资结构，最终还是要面对融资问题的。项目投资结构不同，项目资产的法律拥有形式就不同，投资者融资时所能提供的抵押担保条件就会不同，从而直接影响到项目的融资活动。在有限责任公司投资结构中，项目公司是全部资产的所有人，它可以较容易地将项目资产作为一个整体抵押给贷款银行来安排融资，并且可以利用一切与项目投资有关的税务好处及投资优惠条件来吸引资金。同时，项目公司又完全控制着项目的现金流量，因此，以项目公司为主体安排融资就比较容易。在契约型投资结构中，项目资产由多个投资者分别直接拥有，它很难作为一个整体来向贷款银行申请项目贷款，只能由各个投资者将其所控制的项目资产分别地或者联合地（也并非是一个整体的项目公司）抵押给贷款银行，并且分别地享有项目的税务好处和其他投资优惠条件、分别地控制项目现金流量。这时，融资的安排就较为复杂。所以，从融资便利与否来看，选择公司型投资结构比选择契约型投资结构更有优势。当然如果一些投资者本身资信较高，能够筹集到较优惠的贷款，此时，契约型投资结构会更受青睐。同时，在考虑融资便利与否时，还要顾及各国对银行留置权的法律规定，如有些国家法律规定，银行要对合伙制结构的抵押资产行使留置权时，要比对公司型投资结构更为困难。

（7）资产转让的灵活性要求。投资者在一个项目中的投资权益能否转让，转让程度以及转让成本是评价一个投资结构有效与否的又一重要因素。其结果对于项目融资的安排起着非常重要的影响。因为，作为项目融资的贷款银行，需要投资人提供抵押的资产或权益可以较方便地转让，这样，一旦借款人违约，贷款银行就可以通过出售用作抵押的资产或权益以抵销贷款本息，减少贷款的违约风险。反之，如果投资者用作融资抵押的资产或权益无法转让或转让困难，项目融资风险就相应增加，贷款银行在安排融资时就会要求增加融资成本，增加信用保证以减少贷款风险，这样，对投资者来说就增加了财务负担，相应地会降低投资收益。因此，从某种意义上说，公司型投资结构比契约型投资结构更受银行欢迎，在公司型投资结构中，项目资产或股份抵押给银行，一旦项目公司违约，贷款银行即可很方便地在公开市场上抛售项目资产或股份，以弥补贷款本息。而在契约型投资结构中或合伙制结构中，项目资产或权益的出售要经过所有投资者的一致同意等限制，转让成本较高。

## 二、项目融资结构

1. 什么是项目融资结构。项目融资结构有广义与狭义之分。广义的项目融资结构是指投资结构确定后，各种融资工具和方式的运用与组合，包括股本融资与债务融资。狭义的项目融资结构是指项目的债务融资或债务融资方案。

在项目融资的整体结构中，融资结构是核心部分。具体来说，项目融资模式是指项目采用什么样的融资手段来实现融资人对发起人的有限追索权和实现项目风险的合理分担。通常项目融资模式需要解决以下两个方面的问题：①项目公司该如何安排融资，其中包括确定借款主体及如何使融资人对发起人仅有有限追索权等。②如何使融资人对项目进行融资的风险得到合理的分担。风险分担一般遵循的原则是谁能控制风险，谁就应该承担风险。如项目完工的风险由承建商承担，项目成本超支的风险由发起人来承担，项目最终产品的销售及价格风险由最终产品的购买者来承担等，这样就保证了项目按时按量地实现预期的现金流收入，从而也使得融资人只承担最低限度的风险。

相对于投资结构来说，项目融资普遍采用的融资模式，主要是发起人通过项目公司安排融资模式，其操作方法是发起人共同投资成立一个项目公司，以项目公司的名义拥有项目资产，经营项目和安排融资。项目融资由项目公司直接安排，还款责任由项目公司直接承担，其通常有以下两个特点：①项目融资中，发起人通常根据股东协议成立项目公司，按投资比例投入资本金，其对项目的责任限于其投资或其承诺承担的成本超支部分，项目融资通常只有有限的责任追索权。②发起人所成立的项目公司作为独立的法人，与其他投资者签订融资协议及担保协议，直接安排融资并负责所融资金的偿还；与承建商签订项目工程承包合同，由承建商承担工程完工风险；与专业管理公司签订项目经营管理合同，由管理公司承担经营风险；与项目产品的购买者签订长期购买合同，由购买者承担项目产品的市场风险等。

2. 决定影响项目融资结构的因素主要包括以下三个方面：

（1）债务人对债务融资的要求包括：债务融资的利益、债务融资的成本、债务融资的责任。债务融资的利益是指债务资金的使用可以降低发起人的风险，提高每股盈利水平，即由于利息减税而增加每股盈利，如表 2-1 所示。一般来讲，债务融资成本越低，债务人对债务资金的需求越旺。资金成本包括：筹资成本（如手续费）、使用资金成本（如利息）等。按照一般规律，债务资金的使用者应该对债务承担无限责任，但在实际工作中通过特殊安排，债务资金的使用者可以只承担有限责任或不承担任何责任，如无追索的项目融资安排或有限追索的项目融资安排。

表 2-1　利息费用减税增加每股盈利

| 项　　目 | 无负债企业 | 负债企业 |
| --- | --- | --- |
| 资本总额 | 1000 万元 | 1000 万元 |
| 股本 | 1000 万股 | 500 万股 |
| 债务 | 0 | 500 万元 |
| 利率 | 0 | 10% |
| 利息费用 | 0 | 50 万元 |
| 息税前利润 | 300 万元 | 300 万元 |
| 应税利润 | 300 万元 | 250 万元 |
| 所得税率 | 25% | 25% |
| 应纳所得税 | 75 万元 | 62.5 万元 |
| 净利润 | 225 万元 | 187.5 万元 |
| 每股盈利 | 0.225 元 | 0.375 元 |

（2）债权人对债务融资的要求。债权人对债务融资的要求主要考虑如下几个方面：融资额度的大、小；期限长、短；收益、利率的高低；债务融资的风险；有关法律的规定等。

（3）我国对债务融资的法律制度，主要包括《商业银行法》和《贷款通则》。如《商业银行法》规定，商业银行贷款，应当对借款人的借款用途、偿还能力、还款方式等情况进行严格审查。商业银行贷款，应当实行审贷分离、分级审批的制度。商业银行贷款，借款人应当提供担保。经商业银行审查、评估，确认借款人资信良好，确能偿还贷款的，可以不提供担保。商业银行贷款，应当与借款人订立书面合同。合同应当约定贷款种类、借款用途、金额、利率、还款期限、还款方式、违约责任和双方认为需要约定的其他事项。商业银行应当按照中国人民银行规定的贷款利率的上下限，确定贷款利率。商业银行贷款，应当遵守下列资产负债比例管理的规定：资本充足率不得低于百分之八；贷款余额与存款余额的比例不得超过百分之七十五；流动性资产余额与流动性负债余额的比例不得低于百分之二十五；对同一借款人的贷款余额与商业银行资本余额的比例不得超过百分之十；中国人民银行对资产负债比例管理的其他规定。商业银行不得向关系人发放信用贷款；向关系人发放担保贷款的条件不得优于其他借款人同类贷款的条件。前款所称关系人是指：①商业银行的董事、监事、管理人员、信贷业务人员及其近亲属。②前项所列人员投资或者担任高级管理职务的公司、企业和其他经济组织。《贷款通则》规定，贷款期限应该根据借款人的生产经营周期、还款能力和贷款人的资金供给能力由借贷双方共同商议后确定，并在借款合同中载明。自营贷款期限最长一般不得超过 10 年，超过 10 年应当报中国人民银行备案。票据贴现的贴现期限最长不得超过 6 个月，贴现期限为从贴现之日起到票据到期日止。不能按期归还贷款的，借款人应当在贷款到期日之前，向贷款人申请贷款展期。是否展期由贷款人决定。申请保证贷款、抵押贷款、质押贷款展期的，还应当由保证人、抵押人、出质人出具同意的书面证明。已有约定的，按照约定执行。短期贷款展期期限累计不得超过原贷款期限；中期贷款展期期限累计不得超过原贷款期限的一半；长期贷款展期期限累计不得超过 3 年，国家另有规定者除外。借款人未申请展期或申请展期未得到批准，其贷款从到期日次日起，转入逾期贷款账户。未经中国人民银行批准，不得对自然人发放外币币种的贷款。

## 三、项目资金结构

1. 什么是项目资金结构。项目融资结构有广义与狭义之分。狭义的项目资金结构是指如何安排和选择项目资金构成和来源。项目融资的资金构成一般有三个部分：股本资金、准股本资金和债务资金。这三个部分在一个项目中的构成受到项目的投资结构、融资模式和项目的信用保证结构等限制，同时这三部分之间的比例在项目融资中也会起到特殊的作用。而项目中债务资金和股本资金之间的比例关系是确定项目资金结构和资金形式的一个非常重要的指标。

广义的项目资金结构包括以下几层比例关系：①内源融资与外源融资的比例。②股本融资与债务融资的比例。③普通股融资与优先股融资的比例。④短期债务融资与长期债务融资的比例。⑤权益资本与债务资本的比例。

项目的资金结构如图 2-2 所示。

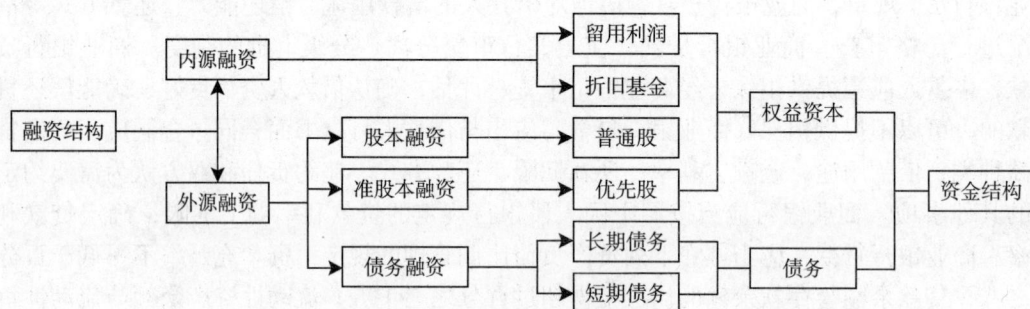

图 2-2　项目的资金结构

2. 影响项目资金结构的因素。影响项目资金结构的因素比较多，其中最主要的因素包括：①投资体制。在计划经济时期，项目投资资金主要来源于财政拨款或银行贷款，因此项目资金结构比较简单，项目的资金结构可能是 100%财政拨款，也可能是 100%银行贷款；在市场经济条件下，项目资金结构则可以多元化。②金融市场的发展与金融工具的种类。金融市场的发展滞后、金融工具稀少，则项目资金结构比较单一；反之，项目资金结构复杂。③财税政策。如低税率政策，有利于项目的内源融资；反之，项目只能依赖外源融资。④传统、惯例与行业。如有的国家企业负债率较高，有的国家企业负债率较低（如表 2-2、表 2-3、表 2-4、表 2-5 所示）；有的行业负债率较高，有的行业负债率较低。

表2-2　1995~2003年中国上市公司融资结构一览

| 年份 | 公司数 | 内源融资比率（%） | 外源融资比率（%） | |
| --- | --- | --- | --- | --- |
| | | | 股本融资 | 债务融资 |
| 1995 | 214 | 17.84 | 52.70 | 29.45 |
| 1996 | 375 | 17.17 | 52.60 | 30.23 |
| 1997 | 562 | 20.42 | 54.27 | 25.31 |
| 1998 | 658 | 20.48 | 55.21 | 24.32 |
| 1999 | 751 | 18.59 | 22.39 | 26.02 |
| 2000 | 885 | 17.19 | 57.10 | 25.71 |
| 2001 | 963 | 17.28 | 55.70 | 27.02 |
| 2002 | 961 | 17.35 | 53.51 | 29.31 |
| 2003 | 952 | 18.80 | 48.46 | 32.74 |

注：内源融资 = 盈余公积 + 未分配利润 + 折旧（1998 年后，来自现金流量表中的固定资产折旧，1998 年以前，来自财务情况变动表）。外源融资包括股本融资（股本 + 资本公积金）和债务融资（银行贷款 + 债券），其中，债券融资为应付债券，银行信贷为短期借款和长期借款之和。

资料来源：《中国上市公司融资结构与公司绩效》，中国经济出版社，2005 年。

表2-3　1998~2006年中国上市公司融资结构比例

| 年份 | 公司数 | 融资总额（亿元） | 内源融资占比（%） | 债券融资占比（%） | 银行借款占比（%） | 股本融资占比（%） |
| --- | --- | --- | --- | --- | --- | --- |
| 1998 | 822 | 2801.9 | 0.11 | 0.43 | 72.07 | 27.39 |
| 1999 | 919 | 3422.3 | 0.12 | 0.53 | 76.88 | 22.47 |
| 2000 | 1055 | 5409.7 | 0.19 | 2.56 | 74.24 | 23.01 |
| 2001 | 1137 | 8947.2 | 0.18 | 0.00 | 85.53 | 14.27 |
| 2002 | 1197 | 9892.4 | 0.24 | 0.15 | 91.04 | 8.57 |
| 2003 | 1257 | 11680.9 | 0.12 | 0.14 | 91.13 | 8.61 |
| 2004 | 1344 | 14726.9 | 0.21 | 0.46 | 91.29 | 8.04 |
| 2005 | 1341 | 17785.8 | 0.28 | 0.00 | 93.31 | 6.41 |
| 2006 | 1343 | 15381.2 | 0.31 | 1.20 | 91.41 | 6.68 |

注：表中数据由国泰安数据库与中国证监会网站统计数据计算得出。其中，内源融资按照法定和任意盈余公积本年减少数的口径统计。

表2-4 1975~2005年美、英、德、日公司内源融资/总资金来源（%）

| 国名 | 1975~1979年 | 1980~1985年 | 1986~1989年 | 1990~1994年 | 1995~2005年 |
|------|------------|------------|------------|------------|------------|
| 美国 | 61.0 | 58.5 | 59.8 | 65.1 | 64.1 |
| 英国 | 65.7 | 69.4 | 50.0 | 59.1 | 63.8 |
| 德国 | 34.5 | 46.5 | 43.6 | 62.4 | 66.2 |
| 日本 | 56.0 | 56.3 | 64.1 | 60.9 | 62.8 |

注：根据各国FFA计算得出。

表2-5 1975~2005年美、英、德、日非金融公司外部融资结构的变化（%）

| 外部资金来源 | 1975~1979年 | | | | 2002~2005年 | | | |
|------|------|------|------|------|------|------|------|------|
| | 美国 | 英国 | 德国 | 日本 | 美国 | 英国 | 德国 | 日本 |
| 银行融资 | 25.7 | 55.8 | 61.3 | 58.8 | 11.1 | 16.0 | 39.2 | 40.1 |
| 债券融资（1） | 20.3 | 3.3 | 1.7 | 9.2 | 16.4 | 10.6 | 10.9 | 16.2 |
| 股本融资（2） | 9.3 | 21.2 | 5.2 | 4.6 | 48.7 | 58.3 | 32.2 | 25.5 |
| 市场融资（1）+（2） | 29.6 | 24.5 | 6.9 | 13.8 | 65.1 | 68.9 | 43.1 | 41.7 |
| 其他 | 44.7 | 19.7 | 31.8 | 27.4 | 23.8 | 15.1 | 17.7 | 18.2 |

注：根据各国FFA计算得出。

## 四、项目信用结构

1. 什么是项目信用结构。在项目融资的运作程序中，债权人等投资者对项目发起人的追索权是有限的。因此，债权人等投资者会要求项目的有关方提供有效的担保。广义的项目信用结构是指在项目融资中所有资金安全的保证与措施，包括债务资金安全的保证措施和股本资金安全的保证措施。狭义的项目信用结构是指项目融资中债务资金安全的保证与措施。

项目信用担保结构通常包括项目本身的担保和来自项目之外的担保两个方面。所谓项目本身担保就是指以项目的经济强度为担保，其中包括以项目未来的现金流量和项目的资产为担保。项目融资用以保证所融资金偿还的首要来源是项目本身的经济强度，因此，以项目本身经济强度作担保是融资人进行融资的一道保障，通常表现在以下几个方面：①项目不动产和有形动产的抵押。②无形动产（银行账户、专利权等）的抵押。③项目权益的转让等来自项目之外的担保。来自项目之外的担保是相对于项目本身的担保而言，即如果项目的经济强度不足以支持贷款的偿还，那么融资人就会要求项目借款人以直接担保、间接担保或其他形式给予项目附加的担保支持。这些担保可以是发起人提供的，也可以是由与项目有直接或间接利益关系的其他方提供。主要包括以下几个方面：①项目发起人提供的成本超支担保。②项目承建商提供的完工担保。③项目设备供应商的质量（运营）担保。④项目原材料供应商对项目的支持（主要指长期、稳定、价格优惠的原材料供应协议）。⑤项目产品购买者的担保。购买者从保障项目产品市场的角度为项目融资提供一定的担保。

2. 影响项目信用结构的因素。①项目自身的经济强度。项目自身的经济强度越高，项目信用结构就越简单；反之，就越复杂。②项目参与者控制项目风险的能力，谁控制风险的能力强，谁就将成为项目风险最主要的分担者。③项目参与者承担项目风险的能力，在项目融资的实际工作中，往往是将项目风险转移给最具有承担或抗御项目风险的参与者。

# 第三节　项目融资的当事人

项目融资的参与主体，主要包括以下当事人和关系人：项目发起人、项目公司、项目债权人、项目产品购买者、项目承建商、项目供应商、融资担保机构、融资顾问、管理公司、法律税务顾问等。

## 一、项目发起人

项目发起人是项目的创立者、申请人，是需要对项目融资说明书的内容的真实性、准确性承担法律责任的人。项目发起人是项目的实际投资者，通过组织项目融资、进行项目投资活动和经营活动，以获取投资收益和经营收益。在有限追索的项目融资中，项目发起人提供股本金，拥有项目的股权，并且以直接担保或间接担保的形式为项目提供一定的信用支持。项目发起人可以是一家单独的公司，也可以是许多与项目有关的公司组成的投资财团，还可以是与项目有着间接利益关系的实体。它可以是项目所在国境内的企业，也可以是境外的企业或投资者。项目发起人一般都在所投资的项目方面具备较强的实力，其中至少有一个发起人具有丰富的项目经营管理经验，因此项目建成后都交由发起人或委托其中之一进行经营。如果项目发起人纯粹是为了获得投资收益进行投资，而不具备经营的实力和经验，项目建成后会委托一家专业管理公司来负责经营，发起人（或项目公司）向专业管理公司支付一定的委托交易费用，而获取项目还本付息后的投资回报。

项目发起人在项目融资中的主要作用：一是提供资金（包括股本资金与准股本资金）；二是提供担保（包括项目完工担保和间接担保）。

## 二、项目公司

项目公司是直接承担项目债务责任和项目风险的法律实体。项目发起人为控制自身的风险，实现风险隔离、破产隔离，一般都不以自己的名义进行借款，而是共同成立一个项目公司，以该公司的名义借款，由该公司来负责项目的建设和经营管理，偿还债务及承担相关风险。这样，项目公司融资的债务风险和经营风险大部分限制在项目公司中，项目公司对偿还贷款承担直接责任，贷款人对发起人的追索权仅限于其投资部分或其所作的信用保证。成立项目公司来进行项目融资是比较通行的手法，这样可以避免将具有有限追索权的融资安排作为债务列入项目发起人自身的资产负债表上，而且便于贷款人在项目资产上设定整体抵押担保权益。

项目公司一般应该按照企业法（如《公司法》、《合伙企业法》、《个人独资企业法》等）的要求和发起人的愿望设立，如股份有限公司、有限责任公司、合伙企业等，其主要的功能作用是负责项目的融资建设、生产经营、贷款的还本付息、利润分配等活动，实现风险隔离、破产隔离。

项目公司是市场经济条件下项目融资的产物。在计划经济时期和目前政府投资工程项目的融资中，建设单位、项目法人是项目融资的主体。建设单位是按照基本建设法规设立的负责工程项目建设等基层管理组织。如工程建设指挥部、工程建设筹建处、基本建设处（科、办公室）等。

项目公司与项目法人、建设单位的关系如表2-6所示。

表2-6　项目公司与项目法人、建设单位的关系

| 比较项目 | 项目公司 | 项目法人 | 建设单位 |
|---|---|---|---|
| 地位 | 工程出包方 | 工程出包方 | 工程出包方 |
| 设立的法律依据 | 合伙企业法、公司法 | 基本建设法规 | 基本建设法规 |
| 组织形式 | 合伙企业、有限责任公司、股份有限公司 | 国有企业 | 指挥部、筹建处、基建处（科、室） |
| 持续时间 | 长期存在 | 长期存在 | 拥有基本建设资金的期间 |
| 职责与工作 | 建设、生产经营、投资回收等决策、管理工作 | 建设、生产经营、投资回收等管理工作 | 建设管理工作，或借、用、还分离 |

## 三、项目的债权人

项目的债权人包括货币借贷融资中的债权人、债券（票据）融资中的债权人、商业信用融资中的债权人。项目债权人可以成为项目发起人。

货币借贷融资中的债权人主要是商业银行、非银行金融机构（如租赁公司或投资基金等）和一些国家政府的出口信贷机构。由于基建项目的规模十分庞大，贷款人一般由若干家银行组成的银团来充当，有时甚至是国际银团，通过银团贷款的方式来减小和分散每家参与银行的风险。选择国际银团应有一定的广度，其成员应尽量来自多个不同的国家，最好能包括项目所在国的银行，以增强银团的贷款信心和方便项目的执行。在项目融资的实践中，项目贷款银团既可以直接为项目提供贷款，也可以根据实际需要，通过提供担保的方式安排项目融资。

债券（票据）融资中的债权人主要是社会公众和机构投资者，商业信用融资中的债权人主要是与项目相关的企业或公司，如项目公司的供应商、工程承包商。

## 四、工程承包商

工程承包商包括：工程公司、建设公司、建筑公司、安装公司、装饰公司等。承建商负责工程项目的设计和建设，通常签订固定价格的一揽子承包合同来完成"交钥匙"工程。承建商一般通过招标投标确定，其必须在规定的工期内完成各项工程，达到预期的各项性能指标，否则要为延误工期或质量达不到规定要求而赔偿相应的损失。选择信誉卓著的承建商是项目融资的重要环节，对融资人而言，可以保障项目按质按期顺利完工以投入正常的商业运行；对发起人而言，可以减少发起人在项目建设期间所承担的风险和责任，使得融资人对发起人的追索权在建设期间就仅为有限的形式。

工程承包商为工程建设提供劳务（建筑劳务和安装劳务）；同时也为工程建设提供商业信用，为工程建设提供完工担保，可以成为项目发起人。

## 五、项目的器材供应商

供应商包括设备供应商和原材料供应商。设备供应商提供的设备是项目建成后正常经营产生现金流量的基础，因此对设备的选择除了要求设备报价合适外，设备的工程可行性与否及价格性能比指标等都是需要重点考虑的问题。目前项目融资的发展趋势是，设备供应商和项目承建商由同一家机构来担任，既提供设备，又承建项目，这时的设备供应商或项目承建商都是从事多种经营的大型集团公司。为保证项目投产后有稳定的原材料，以便能正常运行，融资人要求项目公司寻找原材料供应商并与之签订原材料长期供应合同，保证在一定条件下长期以合适的价格为项目供应原材料。

项目的器材供应商在项目融资中除了为项目建设提供物资、材料、设备外，还可以提供商业信用融资、提供出口信贷融资、提供间接担保。

## 六、项目产品买主或项目实施使用者

项目产品买主，指如水、电等项目产品的收购方；项目实施使用者，指如高速公路、机场、港口、冷藏库等设施的使用者。项目产品的购买者是项目融资的关键主体，在一定程度上项目产品的购买者决定着融资的成功与否及融资的成本。项目建成后若正常经营会生产产品，这些产品能否以合适的价格顺利销售出去，以实现项目预期的现金流量，直接关系到融资人能否顺利收回贷款本息。因此，融资人在融资前，会要求项目公司寻找合适的项目产品的购买者，由项目公司与购买者签订长期的购买合同。这样既解决了项目产品的市场问题，保证了项目的现金流量，又可以此作为项目融资强有力的间接担保。项目产品的购买者一般是由某一项目发起人或者有关政府机构来充当。

项目产品买主或项目实施使用者可以为项目融资提供间接担保，也可以是项目的发起人。

## 七、管理公司

项目管理公司是根据项目发起人的意愿或受项目公司的委托，具体负责项目建设以及生产经营的经济组织。其可以是项目发起人的子公司，也可以是与项目发起人无关的第三方。如美国霍普威尔电站的管理公司、南卡罗来纳电力天然气公司等。

## 八、融资担保机构

由于项目融资的风险比较大，故融资担保成了项目融资成败的关键。项目融资担保的形式很多，概括起来有直接担保、间接担保、有担保和意向性担保等几类。融资担保机构主要是指专业的融资担保公司，如美国的专门为市政债券提供担保的"美国市政债券保险公司"和专门为资产证券化提供担保的"美国资本市场担保公司"。

## 九、融资顾问

融资顾问在项目融资中起着重要的作用，是项目融资能否成功的关键。融资顾问通常由投资银行或商业银行来担任，它们拥有一定的专业技能和各种关系，通过融资的安排组织，包装项目并把项目推荐给融资人，以顺利实现融资。融资顾问是项目融资的设计师，他负责在准确详细了解项目发起人的目标和要求、项目所在国的政治经济结构、投资环境、法律和税务、项目本身的技术发展趋势、成本结构、费用等后，撰写项目备忘录，对项目进行适度的包装和整容，然后利用自己良好的社会关系，向潜在的融资人推荐该项目，并通过安排谈判，周旋于各利益主体之间，以促成各方达成协议，完成融资。

## 十、法律税务顾问

项目融资是非常复杂的工作，涉及面很广，需要法律专家、财务专家、税务专家等提供咨询服务。

此外，有关政府机构也能够在项目融资中发挥多方面重要的作用。如政府部门可以为项目的开发提供土地、良好的基础设施、长期稳定的能源供应、某种形式的经营特许权，减少项目建设风险和经营风险；还可以为项目提供条件优惠的出口信贷和其他类型的贷款或贷款担保以及创造一种良好的投资环境。

## 十一、项目融资当事人之间的关系

上述项目当事人有的是项目融资的交易主体，有的是项目融资的辅助机构。其根据各自的优势与利益，通过签订相关合同协议建立合作关系，既明确合作的内容，也确定各方的权责利；确定各方权责利，是项目融资成功的关键。项目融资当事人之间的关系如图 2-3 所示。

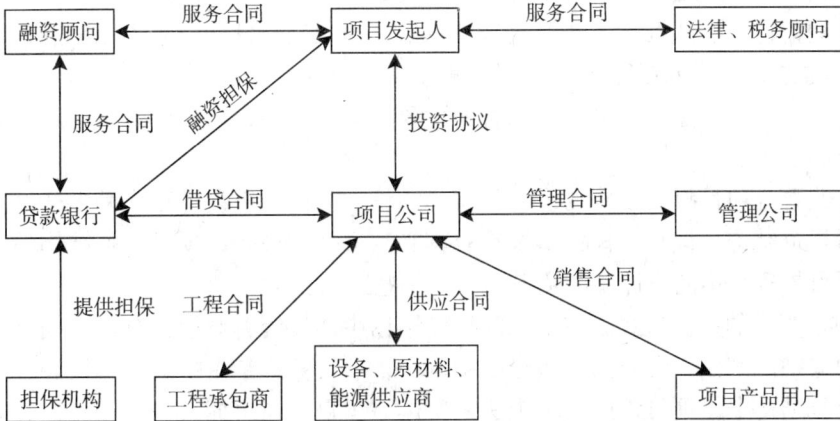

**图 2-3　项目融资参与者之间的基本关系**

资料来源：张极井：《项目融资》，中信出版社，1998 年。

# 第四节　项目融资的基本程序

融资程序是指资金融通活动全过程中各项工作的基本步骤和主要环节。从资金需求方的角度看，企业融资程序主要包括以下内容：确定项目投资结构、聘用中介机构、编制融资说明书、融资谈判、签订融资协议、履行融资协议。

## 一、确定项目投资结构

项目投资结构是指项目资产的所有权结构，是指项目投资者对项目资产权益的法律拥有形式，以及项目投资者之间的法律合作关系。目前，国际上通常采用的项目投资结构有：独资结构、公司型合资结构、合伙制和有限合伙制结构、非公司型合资结构、信托基金结构等。确定项目投资结构是经济主体实施对外融资方案的第一个环节，任何项目的融资都必须首先确定融资主体、明确投资结构。即为了融资的方便，项目的发起人一般都要设立项目公司，并确定投资者之间的法律合作关系。

项目的投资结构可以是独资，也可以是合资。然而，项目投资结构的发展趋势是，越来越多的项目是由具有互利的目标、能力和资源的多个投资者组成的合资集团。出现这种趋势的原因可以归纳为以下三点：①单个投资者的财务、管理或风险承受能力有限。②不同背景、不同优势投资者之间的结合能够为项目带来巨大的互补性效益。合资是项目投资结构的最佳选择，但合资的形式较多，针对一个具体项目究竟选择哪一种合资形式，没有统一标准。③投资者在选择项目投资结构时，除了需要考虑一种投资结构所具备的其他结构无法取代的特征外，更重要的是需要根据项目的特点和合资各方的发展战略、利益追求、融资方式、资金来源以及其他限制条件，设计出能够满足各方投资目标要求的方案。西方银行界流行着一种说法，认为设计合资结构基本上是没有上限的，所受到限制仅仅是来自项目投资者的想象能力、耐心，以及中介机构的计算机文字处理系统的能力。

从实践看，项目投资结构的设计具有灵活性，我们可以设计出多种多样的、各具特色的项目投资结构。但是，任何事物都有其必须遵循的规律，项目投资结构的设计也不例外。项目投资结构的设计，必须考虑以下一些因素：

1. 项目资产的拥有形式。在不同的投资结构中，投资者对项目资产的拥有形式可以有很大的差别。例如，在非公司型合资结构中，项目资产是由投资者直接拥有的；而在公司型合资结构中，项目资产由一个法人实体（项目公司）拥有，投资者拥有的只是项目公司的一部分股份，而不是项目资产的一部分；在合伙制结构中，投资者对项目资产的拥有形式可以说是介于公司型合资结构和非公司型合资结构之间的。

项目资产的拥有形式对项目的融资安排有直接的影响。在公司型合资结构中，项目公司作为项目全部资产的所有者，可以较容易地将未被分割的项目资产作为一个整体抵押给银行来安排融资，并且可以利用与项目投资有关的税务好处及投资优惠条件。与之相比，如果项目资产是由若干个投资者分别直接拥有，在融资安排上可能就会复杂一些。

此外，投资者以其拥有的一部分项目资产作为抵押安排融资，与其以持有的一部分公司股份作为融资保证，两者是有本质区别的。这是因为投资者虽然拥有项目公司的一定股份，但这并不代表投资者直接拥有项目公司的资产。除非投资者持有100%的项目公司股份，否则投资者不能控制或者完全控制项目公司的业务活动和资金流向，因而贷款银行很少愿意接受合资公司中某一个投资者为其本身持有的股份所需投入资金而提出的有限追索项目融资的贷款要求，而会更趋向于把项目公司作为一个整体进行融资的安排。

2. 项目产品的分配形式。项目产品的分配形式是与项目资产的拥有形式相联系的。投资者是愿意直接获得其投资份额的项目产品并按照自己的意愿去处置，还是愿意项目作为一个整体去销售产品然后将项目的净利润分配给投资者，这是决定项目投资结构的一个重要因素。在公司型合资结构中，投资者很难按照自己的意愿去独立处理一部分项目产品，这样很可能会给投资者的投资收益带来一定的影响。但是在非公司型合资结构中，投资者直接拥有项目产品，其可以独立处置自己所拥有的项目产品。

在资源性项目投资中，能否直接取得项目产品对于多数投资者来说往往是十分重要的。有一些投资者可能希望通过投资直接取得产品作为后序工业的原材料，也有一些投资者可能是希望通过投资控制一些关键性资源以供应某些特定的客户或者特定的市场。这也是大多数跨国公司在资源丰富的国家或地区从事投资活动的一个重要原因，即能够直接获得项目产品的投资结构，对投资者具有较大的吸引力。

3. 项目管理的决策方式与程序。项目管理的决策方式与程序的关键是在充分保护少数投资者权益的基础上，建立一个有效的决策机制。决策方式与程序涉及不同投资者在合资结构的不同层次中所拥有的管理权和决策权，以及这些权利的性质和实际参与管理的形式及程度。在生产管理方面，无论哪种合资方式，都是任命其中一个主要投资者（其应具备管理生产技术的能力）或者一个独立的管理公司作为项目经理，负责项目日常生产工作，其他投资者则只能参与不同层次的管理委员会（或董事会），对项目公司的重大问题拥有决策权。在生产管理和财务管理方面，决策问题与投资结构有更直接的联系，例如在非公司型合资结构中，财务管理和产品销售的控制权分别掌握在各个投资者手中，基本上不存在集中统一决策的问题；但是在公司型合资结构中，财务管理和产品销售的控制权都由项目公司掌握，因而事先确定项目管理的决策方式与程序是十分重要的。

项目管理的决策方式与程序，一般都要在合资协议中准确地规定下来。其基本原则是，最重要的问题需要 100% 的投资者同意才能决策，次要问题要求绝大多数投资者（如 2/3 多数或 3/4 多数投资者）同意才能决策，一般性问题只要简单多数同意就可以决策。这种机制对有些投资者可能起到一种吸引作用，对其他一些投资者可能会起到一种制约作用。

4. 债务责任。投资者在不同的投资结构中所承担的债务责任在性质上是有区别的。在公司型合资结构中，以项目公司安排的融资，主要债务责任将限制在项目公司中，投资者的风险只包括已投入的股本以及一些承诺的债务责任（如财务担保等）。因而，在公司型合资结构中投资者承担的是一种间接的债务责任。但是，在非公司型合资结构中，投资者以其直接拥有的项目资产安排融资，所承担的债务责任是一种直接责任。

在融资实践中，投资者大多都希望将债务责任最大限度地限制在项目公司之内，实现所谓的资产负债表外融资或非公司负债型融资。

5. 项目现金流量的控制。能否直接控制项目公司的现金流量涉及投资者的投资利益，是决定融资安排的又一个重要因素。投资者必须根据自身的总体资金构成和对投资的要求，选择符合自己投资目标要求的项目现金流量分配形式和分配方法。在直接拥有项目资产的投资结构中，项目的现金流量由投资者直接掌握，产品销售收入在扣除了项目生产的共同成本和资本再投入之后，投资者可以自由地支配现金流量。在持有公司股份的投资结构中，项目公司控制项目的现金流量，投资者即使拥有项目公司的多数控股权，对于项目现金流量的控制也是间接的，项目公司现金的一切分配和调动都必须符合公司法的规定和限制，投资者很难实现对项目公司现金流量 100%控制的要求。

6. 税务结构。税务问题是设计项目投资结构和融资结构时必须考虑的又一个重要因素，因为不同的税务结构对投资成本和融资成本将产生不同的影响，特别是在国际投资和国际融资中，由于各国税法之间存在较大差别，税务结构就成为投资决策中最为复杂的问题之一。

在公司型合资结构中，项目公司是纳税主体。公司如果盈利需要缴纳所得税；如果出现亏损，公司可以按照规定将亏损结转到以后年度、冲减未来的收入，或者冲抵过去几年中已经缴纳的所得税。在一定条件下，不同公司之间的税收可以合并，统一纳税。这为投资者安排税务结构提供了一种可能，即投资者可以利用一个公司的税务亏损去冲抵另一个公司的盈利，从而提高总体的综合投资效益。对于公司间的税务合并问题，每个国家都有各自不同的、具体明确的规定。例如，大多数国家规定只有同一投资者 100%持股的公司之间才能合并纳税，但是也有一些国家规定只要 2/3 以上或 3/4 以上相互持股的公司之间的税务责任就可以合并。此外，也有个别国家（如加拿大）规定无论公司之间的相互持股比例多少，税务责任均不能合并，每个公司必须单独申报纳税。

在合伙制和有限合伙制投资结构中，各个合伙人是纳税主体，合伙人应当将分配到自己名下的收入（或亏损）与其他收入合并，确定最终的纳税义务。

在非公司型合资结构中，由于不存在收入的分配问题，投资者可以自行决定其应税收入和应税金额。

7. 会计处理。不同的投资结构，投资者在会计处理上也是有所区别的，这些区别主要表现为资产负债表和损益表的合并问题上。同样一个项目投资，如果采用不同的投资结构，或者虽然投资结构相同，但采用不同的投资比例，最后在投资者自身的财务报表上对项目公司财务状况是否反映、怎样反映，其结果可能会很不一样。一般说来，如果投资者不希望将项目公司的融资安排反映在自身的财务报表上，而同时又不失去对项目公司的实际控制权，就需要小心处理其在项目公司的投资比例，或者对投资结构加以特殊设计，使其成为一种非公司负债型融资；如果投资者在项目公司的投资比例较小，但其希望能够将其投资合并进入自身的财务报表中以增强自身的形象，在决策时也需要对调整结构加以适当的选择。

8. 投资的可转让性和投资者的发展战略。投资者在一个项目中对投资权益能否转让、转让程序和转让时的难易程度是评价一个投资结构有效性的重要因素之一，其结果对于融资安排也会产生一定的影响。一般而言，投资的可转让程度越高，项目公司越能吸引投资者。

投资者的长远发展计划也会直接影响到项目的投资结构。例如，如果投资者的发展战略是准备将其投资的项目在适当的时机推向资本市场，通过发行股票为下一步的发展筹集资金，其在考虑投资结构时就会倾向于选择类似公司型的合资结构，因为这类结构在条件许可时较容易被资本市场所接受。

## 二、聘用中介机构

在融资活动中，聘用中介机构不仅是投融资主体的需要，也是有关法律法规的要求。例如，我国的《证券法》规定："向社会公开发行的债券票面总额超过人民币五千万元的，应当由承销团承销。"再如，中国证监会发文规定："拟公开发行股票的股份有限公司应符合《公司法》的各项规定，在向中国证监会提出股票发行申请前，均需（接受）具有主承销资格的证券公司的辅导，辅导期限一年。"

1. 中介机构的作用。融资中介机构的种类较多，不同的中介机构在融资中的作用也各不相同。

（1）证券公司。证券公司主要为经济主体提供融资服务，如帮助企业上市、寻找贷款人、联系出租人和承租人、协助企业兼并收购等，其中以帮助企业上市为主。在融资中发挥上述作用的中介机构，在别的国家被称为"投资银行"。融资是这类中介机构的专长，它们拥有庞大的资金渠道，它们掌握着各类资金的投资领域和对项目的要求等具体情况，其强有力的服务是企业融资特别需要的。

（2）财务顾问。财务顾问为经济主体提供有关私募融资或上市融资，以及资产重组、兼并收购等以企业增资为目的的资本运营与扩张活动的战略计划，并完成相关的前期调查、财务评估、方案设计、条件谈判、协议执行以及配套的融资安排等专业化工作。财务顾问除了就具体项目提供策略性服务外，还可以为企业提供长期的有关计划、财务、营销、技术、人才等方面的渠道和资源上的支持。

（3）投资顾问。投资顾问主要以境内外的机构投资者为服务对象，为机构投资者物色、评估、选择投资项目，设计和执行投资工具和操作计划，并协作投资者进行必要的参与控制，以帮助投资者控制投资风险，实现投资回报。

（4）政策法律顾问。在融资活动中，政策法律顾问主要为投融资者提供金融、税务等方面的政策、法律咨询服务。

（5）招商引资顾问。招商引资顾问主要为项目公司寻找战略合作伙伴，同时也为投资者提供相关服务。

2. 聘用中介机构的程序。聘用中介机构是一个复杂的过程，其程序主要包括如下三个内容：①确定中介机构。聘用人应尽可能寻找著名的中介机构，或者大型的中介机构，或者是有成功案例和经验的中小中介机构作为自己融资的代理人。②向中介机构明确提出自己的要求，如协助完成商业计划书、参与谈判、完善企业管理等，询问中介机构能否满足这些要求。③签订聘用协议，明确双方的权利、义务，确定费用的计算方式、数额与支付方法。

### 三、编制融资说明书

融资说明书是经济主体为了寻求合作伙伴或投资者而编制的反映资金用途、投资回报与风险的具有法律效力的文件，如招股说明书、商业计划书、借款申请书、债券募集说明书等。募资文件是投资者决策的基础，其编写应遵循真实性、准确性和完整性的基本原则，发起人应对融资说明书内容的真实性、准确性和完整性承担法律责任。

### 四、融资协议的签订与履行

在市场融资中，交易双方通过直接接触、面对面进行交流，就融资的一些具体问题进行进一步商讨、商议。通过交易双方的谈判、交流和交换意见，加深了解、促进合作。融资交易双方应该根据谈判的结果，签订融资协议或融资合同。融资协议或融资合同是明确融资交易双方权利和义务的法律文件，签订融资协议是融资前期工作的结束，是履行融资权利和义务的开始。融资协议的履行包括资金的投入和投资的收回，如借贷融资包括借款的借入与借款的按期还本付息。

## 第五节　项目融资说明书（或融资计划书）

### 一、项目融资说明书

项目融资说明书是项目发起人为了吸引投资者按照规定或惯例对项目及其商机所作的一种描述和规划，是打开金库的钥匙。如股本融资说明书、债务融资说明书、准股本融资说明书、商业计划书等。

### 二、编写融资说明书的基本要求

编写融资说明书的基本要求是：清晰、简明、符合逻辑、真实，在必要时使用数据支持说明书的观点。

### 三、招股说明书的内容

按照我国的法律制度，招股说明书应当按照证监会规定的格式制作，并载明下列事项：①公司的名称、住所。②发起人、发起人简况。③筹资的目的。④公司现有股本总额，拟发行的股票种类、总额、每股的面值、售价，发行前的每股净资产值和发行结束后的每股净资产值，发行费用和佣金。⑤初次发行的发起人认购股本的情况、股权结构及验资证明。⑥承销机构的名称、承销方式与承销数量。⑦发行的对象、时间、地点及股票认购和股款缴纳的方式。⑧所筹资金的运用计划及效益、风险预测。⑨公司近期发展规划和经注册会计师审核并出具审计意见的公司下一年度盈余预测文件。⑩公司的重要合同。⑪涉及公司的重大诉讼案件。⑫公司董事、监事名单及其简历。⑬近三年或成立以来公司的生产经营状况和有关业务发展的基本情况。⑭经会计师事务所审计的公司近三年或成立以来的财务报告和由两名以上注册会计师及其所在事务所签字、盖章的审计报告。⑮增资发行的公司前次公开发行股票所筹资金的运用情况。⑯证监会要求载明的其他事项。

招股说明书的有效期为六个月，自招股说明书签署完毕之日起计算。

## 四、借款申请书的内容

企业向银行借入资金，必须向银行提出申请，填写《借款申请书》，申请书的主要内容包括：借款金额、借款用途、偿还能力以及还款方式等。同时，企业还要向银行提供以下资料：借款人及保证人的基本情况；财政部门或会计事务所核准的上年度财务报告；抵押物清单及同意抵押的证明，保证人同意保证的有关证明文件；项目建议书及可行性研究报告；贷款金融机构认为需要提供的其他资料。

## 五、可转换公司债券募集说明书的内容

按我国有关法规的要求，可转换公司债券募集说明书应按中国证监会规定的格式制作，并载明下列事项：发行人的名称；批准发行可转换公司债券的文件及其文号；发行人的基本情况介绍；最近 3 年的财务状况；发行的起止日期；可转换公司债券的票面金额及发行总额；可转换公司债券的利率及付息日期；募集资金的用途；可转换公司债券的承销及担保事项；可转换公司债券的偿还方式；申请转股的程序；转股价格的确定及调整方法；转换期；转换年度有关利息、股利的归属；赎回条款及回售条款；转换时不足一股金额的处理；中国证监会规定的其他事项。

可转换公司债券募集说明书的有效期为 6 个月，自可转换公司债券募集说明书签署之日起计算。

## 六、商业计划书的基本内容[①]

商业计划书是创业者为了吸引投资者或者商业合作者而编写的描述商业机会的文件。商业计划书有比较固定的格式，其内容包括四个部分：第一部分是联系方式与保密要求；第二部分是摘要；第三部分是综述；第四部分是附录。

"摘要"是商业计划书的第一部分，是对整个计划的概括和对计划核心的提炼，是商业计划书的精华。摘要一定要有感召力，一定要引起阅读者阅读商业计划书全文的兴趣。其主要内容包括：公司简介、联系方法和主要联系人、公司业务范围和类型、管理团队和管理组织、产品或服务及其竞争情况、资金需求状况、市场状况、资金运用计划、财务计划、生产经营计划等。

"正文"是商业计划书的重要组成部分，是对商业机会的具体说明，其内容包括：公司的宗旨和公司管理；公司的技术及其持有状况；公司产品及其种类和生产；产品市场分析；行业垄断与竞争风险；市场营销计划与策略；资金需求及投资方式、担保、还款计划与回报；各种风险分析；公司的组织与管理制度；增资后的经营预测；财务分析。

"附录"是对商业计划书的补充说明，其由附件和附表两类文件组成。附件包括：营业执照影本、董事会名单及简历、主要经营团队名单及简历、专业术语说明、各种证书（如专利证书、鉴定证书、生产许可证书等）、注册商标、工艺流程图、简报及报道、产品市场成长预测图等。附表包括：主要产品目录、主要客户名单、主要供货商名单、主要经销商名单、主要设备清单、市场调查表、各种财务报表及财务预估表等。

近年来，创业融资的程序日益规范，作为投资公司进行项目审批的正式文件之一，制作商业计划书已经成为越来越多创业者的"必修课程"。

作为一份标准性的文件，商业计划书之间的架构大同小异。但是，有的商业计划书能迅速抓住投资人目光，有的商业计划书却只能以进入"回收站"作为终结。客观地说，项目自身素质是最关键、最核心的原因，但是，一个完美的、专业的表现形式也同样重要，"酒香不怕巷子深"的逻辑在竞争激烈的现代商业运转中并不适用。一份成功的商业计划书涵盖了潜在投资人对于融资项目所需了解的绝大部分信息，并对其中投资方通常关注的要点进行重点陈述分析。这样的商业计划书可以大大减少投资者在进入尽职调查之前的工作量，便于双方迅速进入后期实质运作。

不同的融资项目，由于项目性质不同，项目所处阶段不同等各种因素，被投资人关注的侧重点也会有所不同。一般而言，商业计划书中项目的市场、产品、管理团队、风险、项目价值等方面是投资人评审项目的要点。

一份完善的商业计划书的重点和创业人员在商业计划书写作中经常面对的问题包括

---

①《商业计划书》[EB/OL].文黑网（优秀的免费文档下载网站），wenHei.com，All rights reserved。

以下几个方面：

1. 商业计划书执行摘要。商业计划书执行摘要是投资人最先阅读的部分，却是在商业计划书写作中最后完成的部分，它是整个商业计划书精华的浓缩，旨在引起投资人的兴趣，有进一步探究项目详细的渴望。执行摘要的长度通常以 2~3 页为宜，内容力求精练有力，重点阐明公司的投资亮点，尤其是相对于竞争对手的抢眼之处。一般来讲，净现金流入、广泛的客户基础、市场快速增长的机会、背景丰厚的团队都是可能引起投资人兴趣的亮点。

2. 商业计划书产品和服务介绍。产品和服务介绍主要是对公司现有产品和服务的性能、技术特点、典型客户、盈利能力等的陈述，以及对未来产品研发计划的介绍。我们接触到的众多商业计划书中最常见的毛病就是对于产品技术的介绍过于专业和生僻，占用了过多的篇幅。在大多数情况下，商业计划书的执笔者就是创业者本身，他们大多是技术出身，对于自有产品和技术有着一种自然而然的自豪和亲近感，所以经常进入"情不自禁"和"滔滔不绝"的情绪之中。而另一方面投资人本质上是极为看重收益和回报的商人，而且他们多是经济或金融背景，对于技术方面的专业介绍也不是特别在行，他们更加认同市场对于公司产品的反应。所以，本书建议在商业计划书产品和服务部分只需讲清楚公司的产品体系，向投资人展示公司产品线的完整和可持续发展性即可，而应将更多的笔墨放置在产品的盈利能力、典型客户、同类产品比较等内容的介绍上。

3. 商业计划书市场与竞争分析。与其他融资方式不同，风险投资者的超额收益更多来源于未来的增长，所以，投资者对于项目所处市场的未来发展非常重视。在市场竞争部分，我们重点分析市场整体发展趋势、细分市场的容量、未来增长估计、主要的影响因素等。竞争分析主要包括：主要竞争对手的优劣势分析和自身的 SWOT 分析等内容。对于市场容量的估算，未来增长预测的数据最好来源于中立第三方的调查或研究报告，避免自行估计。对于特殊市场，在商业计划书中预估时则力求保持客观中肯的态度，不免有"自吹自擂"之嫌，令人不能信服。

4. 商业计划书战略规划与实施计划。拥有了优质的产品和良好的市场机遇，还需要一个切实可行的实施计划来配合，才能保证最后的成功。在这一部分内容中，我们要着力举证为了实现战略目标而在人员团队、资金、资源、渠道、合作等各方面所作的配置。制订的实施计划要与商业计划书中其他章节保持一致，例如产品计划与产品服务中的未来研发一致、资金配置与资金使用计划一致、人员配置与人力资源规划一致等。

5. 商业计划书管理团队介绍。美商中经合的总裁刘宇环先生曾经说过："就像做房地产位置是最重要的一样，做 VC（Venture Capital）的三个要素就是：people，people，people。"风险投资家把人的因素在整个项目中的作用看得至关重要，再好的商业计划若没有执行能力强大的团队也可能沦为美丽的泡影，对于初创企业，人的因素尤为重要。

对于管理团队的描述，除了常规介绍整个团队的专业背景、学历水平、年龄分布外，最重要的是核心团队的经历。一个稳定团结的核心团队可以帮助企业渡过种种难关，是企业最宝贵的资源，而且核心团队的过往经历直接影响企业的发展路径。所以，团队成员的成功创业经历对于赢取投资人的资金而言往往是极有分量的筹码。

6. 商业计划书财务预测与融资方案。任何投资中，影响企业价值评估的财务情况总是投资人最为关心的地方。财务预测是对于商业计划书中的所有定性描述进行量化的一个系统过程。许多创业者，在技术方面是专家，而对于财务和融资却是门外汉。所以，往往提交出来的是一份数据粗糙、取舍随意、预测基础不合理的预测数据，难以取得投资人的认可。除了借助内部财务人员和财务预测软件的帮助外，也可以尝试寻求专业顾问人士的帮助。专业人员的经验可以保证整个财务预测体系的规范性、合理性、专业性。财务预测的合理性直接影响着融资方案的设计和取舍，这在与投资人的直接谈判中至关重要。投资人极为关注的另一个方面，就是融资后的资金使用计划。在通过前面的资料了解到企业资金的缺口及来源后，投资人最想知道的就是企业是否有能力管好这笔资金，而一份详细、合理的资金使用计划能很好地给出这个答案。

7. 商业计划书风险控制。虽然每一份商业计划书都会对项目的方方面面做出一番美好规划，但是当风险投资一方面对一个项目时，不确定的因素太多。风险分析部分的目的就是说明各种潜在的风险，向投资人展示针对风险的规避措施。对投资人而言，风险并不可怕，可怕的是那些对于风险盲目乐观或根本无视于风险存在的创业者。所以，很多创业者对于风险这一部分"避重就轻"的做法并不可取。在创业者之中，技术出身的占非常大的比例，对于融资这一套专业程序他们总是觉得"雾里看花"。在时间和精力有限的情况下，创业者不妨尝试外包，即委托专业机构或专业人士来制作商业计划书，这也不失为一种可行的选择。

**案例 小型项目融资说明书①**

我叫亚力·巴比斯特，熟练的细木工，希望贷款 500 英镑作开业之用。

我的叔叔乔治·巴比斯特，作为自主经营的细木工已有 20 年，他决定退休，将客户名单、合同转给我，并将工具卖给我。过去两年，他每月的营业额至少为 850 英镑。我有把握在每周工作不到 20 小时的情况下，将月营业额增加到 1000 英镑。

我现年 27 岁，经过完整的细木工培训，学徒期满后已工作九年。我现在在本地的技校上装饰课。我已婚，有一子。

我不能用自家的房子当作坊，但我叔叔同意我使用他家的旧场地，直到我找到合适的场地。我每周付给他 5 英镑的租金。

我将聘请格雷女士担任簿记和秘书服务工作，每月付费 50 英镑。

每份活我都会签订书面协议，以免日后发生争议。

我不会与其他人合伙。

我在住宅互助委员会存有 950 英镑，申请透支贷款 500 英镑。以上资金的使用

---

① [英]爱德华·布莱克威尔：《融资与创业，如何写好融资计划书》，詹强译，西南财经大学出版社，2004 年。

安排为：购小货车 500 英镑，工具 375 英镑，申请执照等杂项费 150 英镑，广告费 100 英镑，运作资金 325 英镑。现金流量预测表 [略]。

我将在半年期间清偿全部贷款本息。

# 第六节 项目融资的特点

项目融资与传统融资方式相比，具有以下特点：

## 一、项目导向

项目融资主要依赖于项目的现金流量和资产而不是依赖于项目的投资者或发起人的资信来安排融资，这是项目融资的第一个特点。项目融资，顾名思义，就是以项目为主体安排的融资，贷款者在项目融资中的注意力主要放在项目的贷款期间能够产生多少现金流量用于贷款，贷款的数量、融资成本的高低以及融资结构的设计都是与项目的预期现金流量和资产价值直接联系在一起的。

项目导向可以使有些对于投资者来说很难借到的资金则通过项目来安排，有些投资者很难得到的担保条件则通过组织项目融资来实现；项目导向可以使项目融资的贷款期限根据项目的具体需要和项目的经济生命周期来安排设计，可以做到比一般商业贷款期限长。实例表明，有的项目贷款期限可以长达 20 年之久。

## 二、融资主体的排他性

项目融资主要依赖项目自身未来现金流量及形成的资产，而不是依赖项目的投资者或发起人的资信及项目自身以外的资产来安排融资。融资主体的排他性决定了债权人关注的是项目未来现金流量中可用于还款的有多少，其融资额度、成本结构等都与项目未来现金流量和资产价值密切相关。

## 三、追索权的有限性

传统融资方式，如贷款，债权人在关注项目投资前景的同时，更关注项目借款人的资信及现实资产，追索权具有完全性；而项目融资方式是就项目论项目，债权人除和签约方另有特别约定外，不能追索项目自身以外的任何形式的资产，也就是说项目融资完全依赖于项目未来的经济强度。

有限追索是项目融资的一个主要特点。追索是指在借款人未按期偿还债务时贷款人要求以抵押资产之外的其他资产偿还债务的权力。在某种意义上，贷款人对项目借款人的追索形式和程度是区分融资是属于项目融资还是传统形式融资的重要标志。对于后者，贷款人为项目借款人提供的是完全追索形式的贷款，即贷款人更主要依赖的是自身的资信情况，而不是项目本身；而前者，作为有限追索的项目融资，贷款人可以在贷款的某个特定阶段（例如项目的建设期和试生产期）对项目借款人实行追索，或者在一个规定的范围内（这种范围包括金额和形式的限制）对项目借款人实行追索，除此之外，无论项目出现何种问题，贷款人均不能追索到项目借款人除该项目资产、现金流量以及所承担的义务之外任何形式的财产。

有限追索的极端是"无追索"，即融资百分之百地依赖于项目的经济强度，在融资的任何阶段，贷款人均不能追索到项目借款人除项目之外的资产。然而，在实际工作中是很难获得这样的融资结构的。

## 四、项目风险的分散性

融资主体的排他性、追索权的有限性决定着项目签约各方对各种风险因素和收益的充分论证。确定各方参与者所能承受的最大风险及合作的可能性，利用一切优势条件，设计出最有利的融资方案。

项目主办人通过融资，将原来应由自己承担的还债义务，部分地转移到该项目身上，也就是将原来由借款人承担的风险部分地转移给贷款人，由借贷双方共担项目风险。

## 五、项目信用的多样性

项目信用的多样性是将多样化的信用支持分配到项目未来的各个风险点，从而规避和化解不确定的项目风险。如要求项目"产品"的购买者签订长期购买合同（协议），原材料供应商以合理的价格供货等，以确保强有力的信用支持。为了实现项目融资的有限追索，对于与项目有关的各种风险要素，需要以某种形式在项目投资者（借款人）、与项目开发有直接或间接利益关系的其他参与者和贷款人之间进行分担。一个成功的项目融资应该是在项目中没有任何一方单独承担起全部项目债务的风险责任，这一点构成了项目融资的第三个特点。在组织项目融资的过程中，项目借款人应该学会如何识别和分析项目的各种风险因素，确定自己、贷款人以及其他参与者所能承受风险的最大能力及可能性，充分利用与项目有关的一切可以利用的优势，最后设计出对投资者具有最低追索的融资结构。

一般来说，风险分担是通过出具各种保证书或做出承诺来实现的。保证书是项目融资的生命线，因为项目公司的负债率都很高，保证书可以将财务风险转移到一个或多个对项目有兴趣但又不想直接参与经营或直接提供资金的第三方。

保证人主要有两大类：业主保证人和第三方保证人。当项目公司是某个公司的子公司时，项目公司的母公司是项目建成后的业主，贷款方一般都要求母公司提供保证书。当项目公司无母公司，或母公司及发起方其他成员不想充当保证人时，可以请他们以外的第三方充当保证人。可以充当保证人的主要有五类人：材料或设备供应商、销售商、项目建成后的产品或服务的用户、承包商和对项目感兴趣的政府机构。

## 六、项目融资程序的复杂性

项目融资数额大、时限长、涉及面广，涵盖融资方案的总体设计及运作的各个环节，需要的法律性文件也多，其融资程序比传统融资复杂。且前期费用占融资总额的比例与项目规模成反比，其融资利息也高于公司贷款。

项目融资虽比传统融资方式复杂，但可以达到传统融资方式实现不了的目标。一是有限追索的条款保证了项目投资者在项目失败时，不至于追索危机投资方其他的财产；二是在国家和政府建设项目中，对于"看好"的大型建设项目，政府可以通过灵活多样的融资方式来处理债务可能对政府预算造成的负面影响；三是对于跨国公司进行的海外合资投资项目，特别是对没有经营控制权的企业或投资于风险较大的国家或地区的企业来说，项目融资可以有效地将公司其他业务与项目风险实施分离，从而限制项目风险或国家风险。

可见，项目融资作为新的融资方式，对于大型建设项目，特别是基础设施和能源、交通运输等资金密集型的项目具有更大的吸引力和运作空间。

## 七、融资成本较高

与传统的融资方式相比，项目融资存在的一个主要问题，是相对筹资成本较高，组织融资所需要的时间较长。项目融资涉及面广，结构复杂，需要做好大量有关风险分担、税收结构、资产抵押等一系列技术性的工作，融资文件比一般公司融资要多处几倍，需要几十个甚至上百个法律文件才能解决问题，这就使得组织项目融资花费的时间要长一些。而项目融资的大量前期工作和有限追索性质，导致融资的成本要比传统融资方式高。融资成本包括融资的前期费用和利息两个主要组成部分。

## 八、非公司负债型融资

亦称资产负债表之外的融资，是指项目的债务不表现在项目投资者（即实际借款人）的公司资产负债表中的一种融资形式。根据项目融资风险分担的原则，贷款人对于项目的债务追索权主要被限制在项目公司的资产和现金流量上，借款人所承担的是有限责任，因而有条件使融资被安排为一种不需要进入借款人资产负债表的贷款形式。

项目融资与传统融资的区别主要表现在：①贷款对象不同。②筹资渠道不同。③追索性质不同。④还款来源不同。⑤担保措施不同。项目融资与传统融资的区别如图 2-4 所示。

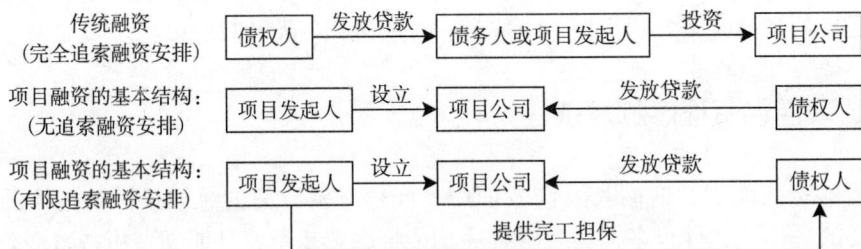

图 2-4　项目融资与传统融资的比较

## 本章小结：

项目融资的框架是指开展项目融资所涉及的基本工作环节。按照现有的研究成果，项目融资的框架包括：项目投资结构、项目融资结构、项目资金结构和项目信用结构四个方面。从静态看：项目的投资结构，即项目资产的所有权结构，是项目投资者对项目资产权益的法律拥有形式和投资者之间的法律合作关系。项目资产的所有制结构与如下组织形式相关：独资、一人有限责任公司、有限责任公司、股份有限公司、普通合伙企业、有限合伙企业、特殊的普通合伙企业、租赁、信托等都体现了不同的所有权结构。从动态看：是项目发起人投入股本。项目投资结构在项目融资中的作用：是项目融资的第一步；满足项目发起人的特殊需要。广义的项目融资结构，是指投资结构确定后，各种融资工具和方式的运用与组合，包括股本融资与债务融资。狭义的项目融资结构，是指项目的债务融资或债务融资方案。项目融资结构是项目融资的重点，其目标是实现项目贷款的无追索或有限追索。项目的资金结构是指项目中的股本资金、准股本资金和债务资金的形式、相互之间的比例关系以及相应的来源。广义地讲，项目的信用结构是指在项目融资中有关资金安全的保证与措施，包括债务资金安全的保证措施和股本资金安全的保证措施。狭义地讲，项目的信用结构是指项目融资中债务资金安全的保证与措施。

项目融资的参与主体，主要包括以下当事人和关系人：项目发起人、项目公司、项目债权人、项目产品购买者、项目承建商、项目供应商、融资担保机构、融资顾问、管理公司、法律税务顾问等。上述参与者，在项目融资中都可以发挥其独特的作用，如提供项目资本、提供项目风险担保等。

融资程序是指资金融通活动全过程中各项工作的基本步骤和主要环节。从资金需求方的角度看，企业融资程序主要包括以下内容：确定项目投资结构、聘用中介机构、编制融资说明书、融资谈判、签订融资协议、履行融资协议。

项目融资说明书是项目发起人为了吸引投资者按照规定或惯例对项目及其商机所作的一种描述和规划，是打开金库的钥匙。编写融资说明书的基本要求是：图表清晰；文字简明；叙述符合逻辑；内容真实；在必要时使用附件支持说明书的观点。

项目融资不同于传统融资，其主要区别表现在：①贷款对象不同。②筹资渠道不同。③追索性质不同。④还款来源不同。⑤担保措施不同。

**本章重要概念：**

项目投资结构 项目融资结构 项目资金结构 项目信用结构 融资说明书 项目公司 有限追索融资与无追索融资

**思考题：**

1. 项目融资的参与者在项目融资中的地位与作用。
2. 项目融资应该包括哪些工作？其中最主要的工作是什么？
3. 请你为江南市主干道改造工程编写一份融资说明书。

# 第三章 项目融资金额的测算

资金是一种稀有资源。为了确保融资目的的实现，避免稀有资源的闲置和浪费，充分发挥稀有资源的作用，降低融资风险，融资主体在融资之前应采用一定的方法测算其资金的融通量。[①]

## 第一节 融资数量测算的主要依据

融资数量的测算，是融资活动的第一个环节。在融资数量的测算过程中，融资主体应从以下几个方面测算决定其融资的数量。

### 一、法律法规的要求

为了加强对融资活动的管理，维护融资各方的利益，国家通过制定法律法规对各个融资主体的融资数量作出了较具体的要求。

1. 注册资本数额的规定。如我国《公司法》规定，设立有限责任公司的注册资本，以生产经营为主或以商品批发为主的公司不低于 50 万元，零售商业企业不低于 30 万元，科技开发、咨询、服务性公司不低于 10 万元；设立股份有限公司，其注册资本最低为 1000 万元；上市公司的股本总额不少于 5000 万元。又如国务院关于《固定资产投资项目试行资本金制度的通知》规定，从 1996 年开始，各种经营性投资项目试行资本金制度，投资项目必须先落实资本金；资本金金额按投资额的一定比例计算，交通运输、煤炭投资的资本金为其总投资的 35% 以上，钢铁、邮电、化肥等项目的资本金为其总投资的 25%，其他项目（如电力、机电、建材、化工、石油加工、有色、轻工、纺织、商贸等项目）的资本金为其总投资的 20% 以上。

2. 债务资本融资额规定。如我国《公司法》规定，股份有限公司、国有独资公司发行公司债券，累计债券总额不超过公司净资产的 40%；我国《外资金融机构管理条例》

---

① 杨开明：《企业融资理论、实务与风险管理》，武汉理工大学出版社，2004 年。

规定，外资银行、合资银行、外资财务公司、合资财务公司对一个企业及其关联企业的放款，不得超过其实收资本加储备金之和的 30%；外资银行、合资银行、外资财务公司、合资财务公司的投资总额不得超过其实收资本加储备金之和的 30%；我国《可转换公司债券管理暂行办法》规定，上市公司发行可转换公司债券，其可转换公司债券发行后，资产负债率比高于 70%，累计债券余额比超过公司净资产的 40%；重点国有企业发行可转换公司债券，其累计债券余额不超过其净资产的 40%。

## 二、融入资金的用途

经济主体融入资金的目的，是为了改善现有的生产经营条件，或是为了扩大生产经营规模，或是为了新建某个项目，或是为了收购一家企业，等等。经济主体融入资金的用途不同，其融资数额也不相同。

## 三、影响融资数额的其他因素

在实际工作中，决定影响融资数额的因素是多方面的，除了上述两个因素外，还有其他一些因素，如收益率、负债的偿还能力、融入资金方的信誉、融资担保程度等。

融资数额测算的方法很多，在这里我们按照融入资金的用途，分类说明融资数额测算的各种方法。

# 第二节　企业扩大生产经营规模所需融资数额的测算方法

现有企业在一定限度内扩大生产经营规模，其所需资金（主要是生产资金）的测算方法主要有以下几种：定性测算法、趋势测算法、因素测算法、资金习性测算法和销售百分比测算法。

## 一、定性测算法

这种测算方法是利用有关资料，依靠个人的经验和主观的分析、判断能力，对企业未来资金的需求量进行测定。

定性测算法的基本程序是，首先，由熟悉财务情况和生产经营情况的专家，根据以往积累的经验，进行分析判断，提出测算的初步意见；其次，通过召开座谈会或发出各种表格等形式，对专家们提出的"测算初步意见"进行修改补充；最后，反复进行"修正补充"，得出最终的测算结果。

定性测算法的优点是，在资金的测算过程中，能够广泛地听取专家的意见和建议。但其耗用的时间较长，有些好的意见或建议可能被修正。

## 二、趋势测算法

趋势测算法是根据企业历史上资金量的变化趋势来推测其未来的资金需要量和需要融通的资金量（包括融入资金量和融出的资金量）。按照计算方式的不同，趋势测算法可以分为三种：增长趋势测算法、移动平均测算法和指数平稳测算法。

1. 增长趋势测算法。这种资金需要量测算方法是根据企业过去或者历史上资金量的变动情况，预测本期资金量和融资量的一种方法。

例如，某企业 1996~2002 年的资金量分别为：381.5 万元、420 万元、460 万元、506 万元、556.6 万元、613.9 万元、685.8 万元。要求测算该企业 2003 年的资金量和融资量。

首先，计算该企业历史上资金量变化的情况。该企业历史上资金量变化的情况可列表计算如表 3-1 所示。

表 3-1　某企业 1996~2002 年资金量变化计算汇总

|  | 1996 年 | 1997 年 | 1998 年 | 1999 年 | 2000 年 | 2001 年 | 2002 年 |
|---|---|---|---|---|---|---|---|
| 资金量（万元） | 381.5 | 420 | 460.1 | 506.1 | 556.6 | 613.9 | 685.8 |
| 增长幅度（%） |  | 10 | 9.8 | 10.1 | 9.9 | 10.3 | 11.7 |

其次，根据该企业历史上资金变化的情况，测算该企业 2003 年的资金量。从表 3-1 的计算结果可以看出，该企业历史上资金增长的幅度在 10% 左右，因而我们可以得出该企业 2003 年的资金量为 754.38 万元 ［= 685.8 万元 ×（1 + 10%）］。

最后，计算该企业 2003 年的融资量。根据以上计算结果，该企业 2003 年需融入资金约 69 万元（= 685.8 万元 × 10%或 = 754.38 - 685.8）。

趋势测算法的优点是，计算方法比较简便，其主要适用于生产经营状况长期比较稳定的企业。

2. 移动平均（Moving Average）测算法。这种测算方法是以某个目标参数一系列前期时间序列的平均值作为某一给定时期（月、季、年等）的时间序列的测算值。如在三期的移动平均中，可将前三期时间序列的平均值作为下一期时间序列的预测值；同理，六期时间序列的预测值等于前六期时间序列的平均值。

例如，某企业去年 10、11、12 三个月的资金量分别为 23 万元、20 万元和 17 万元。按照三期移动平均测算法，该企业本年 1 月的资金需要量应为去年最后 3 个月资金需要量之和的平均数，即 20 万元 ［=（23 + 20 + 17）/3］；由此类推企业今年 2 月的资金需要量应为去年 11、12 与今年 1 月资金需要量之和的平均数，即为 19.3 万元

[＝（20 + 17 + 21）/3]。这种预测方法，可以列表计算如表 3-2 所示。

表 3-2　某企业 2003 年各期资金需要量测算（移动平均测算法）

单位：万元

| 时间 | 实际值 | 三期移动平均测算 | 三期误差均方根 | 六期移动平均测算 | 六期误差均方根 |
|---|---|---|---|---|---|
| 2002 年 9 月 | 22 | | | | |
| 2002 年 10 月 | 23 | | | | |
| 2002 年 11 月 | 20 | | | | |
| 2002 年 12 月 | 17 | | | | |
| 2003 年 1 月 | 21 | 20 | | | |
| 2003 年 2 月 | 22 | 19.3 | | | |
| 2003 年 3 月 | 19 | 20 | | 20.8 | |
| 2003 年 4 月 | 21 | 20.7 | | 20.3 | |
| 2003 年 5 月 | 20 | 20.7 | | 20 | |
| 2003 年 6 月 | 23 | 21.3 | | 20 | |
| 2003 年 7 月 | 22 | 21.7 | | 21 | |
| 2003 年 8 月 | 18 | 21 | | 21.2 | |
| 误差均方根 | | | 2.89 | | 1.414 |

　　误差均方根（Root Mean Square Error，RMSE）是指各个预测误差的平方之和除以其个数的平均值的平方根，其作用是比较不同期数移动平均值的稳定性。一般来讲，误差均方根越小，预测值越稳定、越接近实际值。在本例中，六期误差均方根小于三期误差均方根，说明该企业资金需要量的预测值应选用六期预测值。误差均方根的公式为：

$$RMSE = \left[ \Sigma (A_t - F_t)^2 \div N \right]^{1/2}$$

式中：$A_t$ 为时间序列的实际值；

　　　　$F_t$ 为时间序列的预测值；

　　　　$N$ 为所计算预测误差平方的个数。

　　3. 指数平稳测算法。这种方法是指在按照不同权数（W，介于 0~1 之间）对前期的预测结果（$F_t$）和实际值（$A_t$）进行加权平均的基础上，选取误差均方根最小的预测值作为预测结果（$F_{t+1}$）的一种技术。其数学表达式为：

$$F_{t+1} = W \times F_t + (1 - W) \times A_t$$

　　例如，在本例中，我们分别赋予预测值 0.3 和 0.6 的权重，并以该企业去年 7~12 月各期资金占用额的算术平均值 19.8 作为该企业今年 1 月资金需要量的预测值，采用指数平稳技术预测各期的资金需要量。根据计算公式，该企业今年 2 月资金需要量的预测值，按权重 0.3 计算为 19.3 万元，按权重 0.6 计算为 18.7 万元。其计算如下：

　　19.3（万元）＝ 0.3 × 18 +（1 − 0.3）× 19.8

　　18.7（万元）＝ 0.6 × 18 +（1 − 0.6）× 19.8

　　该企业今年其他各期资金需要量预测值的计算结果，如表 3-3 所示。

表 3-3　某企业 2003 年各期资金需要量测算（指数平稳测算法）

| 时间及项目 | 实际值（万元） | W=0.3 时的预测值（万元） | W=0.3 时的误差均方根 | W=0.6 时的预测值（万元） | W=0.6 时的误差均方根 |
|---|---|---|---|---|---|
| 1 月 | 18.0 | 19.8 | | 19.8 | |
| 2 月 | 20.0 | 19.3 | | 18.7 | |
| 3 月 | 22.0 | 19.5 | | 19.5 | |
| 4 月 | 15.0 | 20.3 | | 21.0 | |
| 5 月 | 23.0 | 18.7 | | 17.4 | |
| 6 月 | 22.0 | 20.0 | | 20.8 | |
| 7 月 | 18.0 | 20.6 | | 21.5 | |
| 8 月 | 20.0 | 19.8 | | 19.4 | |
| 9 月 | | 19.9 | | 19.8 | |
| 误差均方根 | | | 2.88 | | 3.40 |

比较两种权重所计算的预测值的误差均方根，权重为 0.3 时预测值的误差均方根是 2.88，权重为 0.6 时预测值的误差均方根是 3.40。这说明权重为 0.3 的预测结果比权重为 0.6 的预测结果好。

## 三、因素测算法

这种资金需要量测算方法是以企业上年度的实际平均资金需要量为基础，根据测算年度企业生产经营任务的变动和资金周转速度的变化等因素预测企业在测算年度的资金需要量和融资量的一种方法。该计算方法的特点：一是以企业上年度的资金实际占用量为计算基础，但需要剔除不合理的占用部分，如呆滞积压、待处理损失、闲置资产等所占用的资金；二是考虑企业资金需要量与资金周转速度的反比例关系；三是假定企业资金需要量与生产经营任务成正比例的关系。

运用因素测算法测算资金需要量和融资量的基本计算公式如下：

（1）资金需要量的计算公式。

$$Y = (R_0 - Q)(1 + S)(1 + H)$$

式中：Y 为预测年度资金需要量；

$R_0$ 为上年度的实际资金平均占用量；

Q 为上年度不合理的资金占用额；

S 为预测年度生产增减幅度；

H 为预测年度资金周转速度变动率。

（2）融资量的计算公式。

$$R = Y - R_0$$

式中：R 为预测年度的融资量。

例如，假设某企业上年度资金的实际平均占用量为300万元，其中不合理的资金占额为20万元；预计该企业本年度的生产增产幅度为5%，资金周转速度加快2%。则：

$$该企业本年度的资金需要量（Y）=（300-20）（1+5\%）（1-2\%）$$
$$=288.12（万元）$$

$$该企业本年度的融资量（R）=288.12-300=-11.88（万元）$$

即根据上述计算结果，该企业本年度不仅不需要融入资金，而且可以融出资金11.88万元。

因素测算法的优点是计算比较简便，但是未考虑价格变动等因素，也未考虑生产经营的变动对固定资产和流动资产影响的不同。

## 四、资金习性测算法

融资数量的资金习性测算法，也称为线性回归分析测算法，这种测算方法是假定企业的融资需要量与企业的产品产销量之间存在线性关系，并建立数学模型，然后根据有关历史资料，用回归直线方程确定参数，进而测算企业资金需要量和融资数量的方法。

该测算方法的一个重要特点是，将企业的资金分为可变资金和不变资金。

不变资金是指在一定的产销量范围内，不受产销量变动影响而保持固定不变的那部分资金。这部分资金主要包括为维持营业而占用的最低数额的现金、原材料的保险储备、必要的成品或商品储备以及机器设备、厂房等固定资产占用的资金。

可变资金是指随产销量的变动而同比例变动的那部分资金。这部分资金主要包括：直接构成产品实体的原材料、外购件等占用的资金。此外，在最低储备以外的现金、存货、应收账款等也具有可变资金的特性。

该测算方法的计算过程与公式如下：

（1）融资数量的计算公式。

$$R=Y-R_0$$

式中：R为融资数量；

　　　$R_0$为上期的资金占用量；

　　　Y为资金需要量。

上期的资金占用量既可以是本期以前的某一期的实际资金占用量，也可以是本期以前的若干期实际资金占用量的平均数。

（2）资金需要量的计算公式。

$$Y=a+bx$$

式中：a为不变资金；

　　　b为单位产销量所需的可变资金；

　　　x为产销量。

（3）不变资金和单位可变资金的计算。

式中 a、b（即不变资金和单位产销量的可变资金）的值，可以运用回归线性方程、根据历史上该企业实际的资金占用数额和实际产销量之间的关系来计算确定。即通过如下联立方程计算确定：

$$\sum Y_i = na + b\sum X_i$$

$$\sum X_iY_i = a\sum X_i + b\sum X_i^2$$

现举例说明资金习性测算法的计算过程。

1）资料：例如，已知甲企业 1997~2002 年的资金占用数量和产销量（如表 3-4 所示）。假定 2003 年甲企业预计产销量为 200 万件，试计算甲企业 2003 年的资金需要量和融资量。

表 3-4 甲企业 1997~2002 年资金占用量与产销量汇总

| 年度 | 产销量（X）（万件） | 资金占用量（Y）（万元） |
|------|------|------|
| 1997 | 168 | 140 |
| 1998 | 154 | 133 |
| 1999 | 140 | 126 |
| 2000 | 168 | 140 |
| 2001 | 182 | 147 |
| 2002 | 196 | 154 |

2）甲企业 2003 年资金占用量和融资量的计算过程如下：

第一，运用回归线性方程计算不变资金和单位产销量可变资金，如表 3-5 所示。

表 3-5 回归线性方程计算

| 年度 | 产销量（X）（万件） | 资金需要量（Y）（万元） | XY | X |
|------|------|------|------|------|
| 1997 | 168 | 140 | 23520 | 28224 |
| 1998 | 154 | 133 | 20482 | 23716 |
| 1999 | 140 | 126 | 17640 | 19600 |
| 2000 | 168 | 140 | 23520 | 28224 |
| 2001 | 182 | 147 | 26754 | 33124 |
| 2002 | 196 | 154 | 30184 | 38416 |
| 合计 | 1008 | 840 | 142100 | 171304 |

将回归线性方程计算表的数据代入上述联立方程

$$\sum Y_i = na + b\sum X_i$$

$$\sum X_iY_i = a\sum X_i + b\sum X_i^2$$

解得：a = 56  b = 0.5

第二，计算甲企业 2003 年的资金需要量。

将求得的解 a = 56，b = 0.5 代入资金需要量计算公式，得：

$Y = 56 + 0.5X$

将甲企业 2003 年度预计产销量（即 X）代入资金需要量计算公式，得出甲企业 2003 年的资金需要量为 156 万元，即：

资金需要量（Y）= 56 + 0.5 × 200 = 156（万元）

第三，计算甲企业 2003 年的融资量。

根据以上计算结果，甲企业 2003 年的融资量为 16 万元，即：

$R = Y - R_0$

$R_0 = (140 + 133 + 126 + 140 + 147 + 154) \div 6 = 140$（万元）

融资量（R）= 156 - 140 = 16（万元）

资金习性测算法在测算资金需要量和融资量时，考虑了资金量与产销量之间的变动关系，是一种比较简单而又准确的资金需要量测算方法。但是，运用该方法时应注意以下几个问题：一是资金需要量与产销量之间的线性关系的假定应符合实际情况；二是计算确定不变资金（a）和单位产销量可变资金（b）数值的历史资料应在三年以上；三是计算结果应考虑价格变动等因素。

## 五、销售百分比测算法

该方法是根据企业历史上（如上期）销售收入与资产负债表各个项目的比例关系测算企业本期的资金需要量和融资量。该方法的主要特点是，在计算资金需要量和融资量时，考虑到了企业各项资产、负债与销售额的不同关系，即有些资产负债项目的额度与销售额有固定不变的比例关系，有些资产负债项目额度与销售额没有固定不变的比例关系，或者说企业有些资产负债项目的金额随销售额的变动而变动，有些资产负债项目的金额则不随销售额的变动而变动。前者称为敏感项目，其内容如资产负债表中的现金、应收账款、存货、固定资产、应付账款、应付费用、盈余公积、留用利润等项目；后者称为非敏感项目，其内容如资产负债表中的对外投资、短期借款、长期借款、应付债券、实收资本等项目。在资金需要量和融资量的计算中，敏感项目是自变量，非敏感项目是因变量。敏感项目的金额随销售额的变动而变动，但不是企业的主要融资渠道。非敏感项目的金额随敏感项目金额的变动而变动，它们是企业融资的基本渠道。采用销售百分比测算法计算企业本年度资金需要量和融资量，其计算程序与计算公式如下：

（1）分析确定资产负债表中的敏感项目和非敏感项目。

（2）计算上年度各敏感项目与销售额的比例关系。

某敏感项目占销售额的比例 = 该敏感项目 ÷ 销售额 × 100%

（3）计算本年度的留用利润。

本年度的留用利润 = 本年度预计销售额 × 销售净利率 × （1 - 股利支付率）

（4）计算本年度各敏感项目的金额。

某敏感项目本年度的金额 = 本年度销售额 × 该敏感项目占销售额的比例

（5）计算本年度的资金需要量。

本年度的资金需要量＝本年度各资产项目的金额之和

或＝本年度敏感性资产项目金额之和

＋本年度非敏感性项目金额之和

（6）计算本年度的资金拥有量。

本年度的资金拥有量＝本年度各负债项目、所有者权益项目的金额之和

或＝本年度敏感性负债项目、所有者权益项目的金额之和

＋本年度非敏感性负债项目、所有者权益项目的金额之和

（7）计算本年度的融资量。

本年度的融资量＝本年度的资金需要量－本年度的资金拥有量

现举例说明销售百分比测算法的运用。

例如，某企业 2002 年的销售收入为 1400 万元，2003 年的销售收入预计为 1600 万元。该企业上年度的销售净利率为 3%，本年度的股利支付率为 50%。该企业上年度资产负债表各项目的金额如表 3-6 所示。

**表 3-6　某企业 2002 年度资产负债（简化式）**

单位：元

| 资产 | 金额 | 项目性质 | 负债及所有者权益 | 金额 | 项目性质 |
|---|---|---|---|---|---|
| 现金 | 70000 | 敏感性项目 | 应付账款 | 1820000 | 敏感性项目 |
| 应收账款 | 2100000 | 敏感性项目 | 应付费用 | 140000 | 敏感性项目 |
| 存货 | 2380000 | 敏感性项目 | 短期借款 | 100000 | 非敏感项目 |
| 预付账款 | 30000 | 非敏感项目 | 长期负债 | 430000 | 非敏感项目 |
| 固定资产净值 | 420000 | 敏感性项目 | 实收资本 | 1000000 | 非敏感项目 |
| | | | 留用利润 | 1510000 | 非敏感项目 |
| 资产合计 | 5000000 | | 负债及所有者权益合计 | 5000000 | |

根据表 3-6 中的资料，计算某企业本年度的资金需要量和融资量如下：

首先，列表计算某企业资产负债表中各敏感性项目占销售收入的比例以及本年度各敏感性项目的金额，如表 3-7 所示。

**表 3-7　某企业资产负债占销售额的比例及预计金额计算汇总**

| 项　目 | 2002 年实际数（元） | 敏感性项目占销售额的比例（%） | 2003 年的预计数（元） |
|---|---|---|---|
| 资产： | | | |
| 现金 | 70000 | 0.5 | 80000 |
| 应收账款 | 2100000 | 15 | 2400000 |
| 存货 | 2380000 | 17 | 2720000 |
| 预付账款 | 30000 | | 30000 |
| 固定资产净值 | 420000 | 3 | 480000 |
| 资产合计 | 5000000 | | 5710000 |

续表

| 项目 | 2002 年实际数（元） | 敏感性项目占销售额的比例（%） | 2003 年的预计数（元） |
|---|---|---|---|
| 负债及所有者权益： | | | |
| 应付账款 | 1820000 | 13 | 2080000 |
| 应付费用 | 140000 | 1 | 160000 |
| 短期借款 | 100000 | | 100000 |
| 长期借款 | 430000 | | 430000 |
| 负债小计 | 2490000 | | 2240000 |
| 实收资本 | 1000000 | | 1000000 |
| 留用利润 | 1510000 | | 1750000 |
| 所有者权益小计 | 2510000 | | 2750000 |
| 负债及所有者权益合计 | 5000000 | | 4990000 |
| 资金缺口 | | | 720000 |

## 第三节 新建项目所需融资额的测算

### 一、新建项目所需融资额的决定因素

新建项目的资金需要量和融资量是由新建项目的建设成本或工程造价决定的。在我国，新建项目的建设成本分为以下几大内容：建筑工程费、安装工程费、设备工器具购置费和其他建设费用（包括建设管理费、建设财务费、建设工程费）。

1. 建筑工程费是指完成各项建筑工程所需要的费用。建筑工程费的内容包括：①各种房屋（如厂房、仓库、办公室、住宅、商店、学校、俱乐部、食堂、车库、招待所、宿舍等）和构筑物（如烟囱、水塔、水池等）的支出。这些工程的支出中包括列入房屋工程预算内的暖气、卫生、通风、照明、煤气等设备的价值及其装设油饰工程费用，列入建筑工程预算内的各种管道（如蒸汽、压缩空气、石油、给排水等管道）、电力、电信、电缆导线的敷设工程等支出。②设备附着物支出。包括一般设备的基础、支柱、工作台、梯子等建筑工程支出，炼铁炉、炼焦炉等各种特殊炉的砌筑工程支出，金属结构工程支出。③拆除、整理支出。包括对工作现场原有建筑物和障碍物的拆除、平整土地支出，设计中规定为施工而进行的工程地质勘探支出，以及建筑场地完工后的清理和绿化工程支出。④资源开采工程支出。包括新建矿的矿井的开凿、露天矿的剥离工程支出，石油、天然气的钻井工程支出等（不包括生产矿山时用生产费用进行的矿、坑道的整理、延伸和探矿工程）。⑤水利工程支出。包括水库、堤坝、灌溉等工程支出。⑥防空地下建筑等特殊工程支出。⑦道路建筑工程支出。包括铁路、公路、桥梁等工程支

出。建筑工程费是新建项目建设成本中最重要的组成部分，其内容最广泛、计算最复杂。

2. 安装工程费是指安置、装配各种需安装设备所需的费用，或者说是指为完成设备安装工程所需要的费用，不包括被安置、装配设备的购置费。设备安装工程费可分为两类：①设备装配支出。包括生产、动力、起重、运输、传动和医疗、试验等各种需要安装的机械设备的装配、装置工程支出，与设备相连的工作台、梯子等的装设工程支出，以及被安装设备的绝缘、防腐、保温、油漆等工程支出。②设备试运转支出。包括为测定安装工程的质量，对单体设备、系统设备进行单机试运和系统联动无负荷试运工作的支出（不包括投料进行联合负荷试车所发生的费用）。

3. 设备工器具购置费是指购置各种生产、动力、起重、运输、传动、医疗、试验等机械设备，以及各种生产、生活用工具器具所需的费用。新建项目的设备工器具由需要安装设备、不需要安装设备和工器具三部分组成。需要安装设备是指必须将其整体或几个部位装配起来，安装在基础或建筑物支架上才能使用的设备。如轧钢机、发电机、蒸汽锅炉、变压器、各种机床、机泵，生产用电铲、塔式吊、门式吊、皮带运输机等。不需要安装设备是指不必固定在一定位置或支架上就可以使用的各种设备。如电焊机、汽车、机车、飞机、船舶以及生产上流动使用的空压机、泵等。工具器具是指生产维修用的各种工具器具和办公生活用的各种工具器具，前者如机械厂翻砂用的模型、锻模、热处理箱、工具台，以及实验室、化验室用的计量、分析、保温、烘干用的各种仪器。设备工器具购置费的内容包括设备工器具的发票价格、采购费用、工地仓库保管费等。

4. 建设管理费是指为了组织管理项目的筹备、施工建设、竣工验收等工作所需的费用。按照现行基本建设财务会计制度对其他建设费用的规定，建设管理费等内容包括建设单位管理费、临时设施费、投资包干节余、坏账损失、合同公证费、报废工程损失、固定资产损失、车船使用税、社会中介机构审计费、项目评估费、概（预）算审查费、土地垦复及补偿费、耕地占用税、投资方向调节税、土地使用税、器材处理亏损、设备盘亏及毁损、调整器材调拨价格折价、取消项目的可行性研究费、编外人员生活费等。

5. 建设财务费是指为筹措和使用项目所需资金而支付的费用。其内容包括：（统借外汇进口设备的）延期付款利息、国内商业银行借款利息、国家开发银行借款利息、财政经营性基金的资金使用费、企业债券利息、企业债券发行费、汇兑损益、国外借款手续费及承诺费、银行存款利息收入等。

6. 建设工程费是指为完成建筑安装工程而发生的，但在发生时不能或难以确定归集对象的各项工程费用。其内容包括土地征用及拆迁补偿费、勘察设计费、研究试验费、可行性研究费、负荷联合试车费、工程质量监理费、设备检验费、施工机构转移费、国外设计及技术资料费、外国技术人员费等。

## 二、新建项目所需融资额的测算方法

新建项目所需融资额的测算是建立在计算建设项目的各项支出的基础之上的，一般说来计算出了建设项目所需的支出也就计算出了新建项目所需的融资额。所以，新建项目融资额的测算可以采用建设项目造价的估算方法。建设项目造价的估算方法主要有以下几种：概略计算法、详细计算法和动态计算法。

1. 概略计算法。这种方法是指在细算资料不全、时间不允许的情况下，粗略地计算建设项目的造价。其具体计算方法包括：单位生产能力（效益）投资法、分项系数法和概算指标法。

（1）单位生产能力（效益）投资法是根据拟建项目所设定点设计生产能力（获效益）和历史上同类项目单位生产能力或效益投资额（或单位生产能力建设成本）计算拟建项目建设成本，从而确定新建项目所需融资额的一种方法。其计算公式如下：

$$I = K \times N$$

式中：I 为拟建项目造价或融资额；

　　　K 为历史上同类项目单位生产能力或效益投资额；

　　　N 为拟建项目设计生产能力或效益。

（2）分项系数法是以建设项目设计方案确定的设备购置费为基础，对相应的建筑工程费、安装工程费和其他建设费用分别确定一个系数来计算建设项目造价，从而测算建设项目所需融资额的一种方法。其计算公式如下：

$$I = \left[ K \times (1 + C_1 + C_2 + C_3) \right] \times F$$

式中：I 为建设项目造价或融资额；

　　　K 为建设项目设备购置费；

　　　$C_1$ 为建筑工程费占设备购置费的比例；

　　　$C_2$ 为安装工程费占设备购置费的比例；

　　　$C_3$ 为其他建设费用占设备购置费的比例；

　　　F 为综合系数。

（3）概算指标法是指按照国家规定的概算指标计算建设项目造价，从而确定建设项目融资额的一种方法。其计算公式如下：

$$I = \Sigma G_i D_i$$

式中：I 为建设项目造价或融资额；

　　　$G_i$ 为建设项目第 i 种工程的工程量；

　　　$D_i$ 为国家规定的第 i 种工程的概算指标。

2. 详细计算法。这种计算方法是根据建设项目设计文件和预算定额等资料按照先局部、后整体，先分项工程、后进行汇总的基本程序计算建设项目造价，从而确定建设项目融资额的一种方法。

建设项目是一个复杂整体，为了便于编制基本建设项目概预算、组织招投标、安排施工、控制投资和进行核算，通常将其划分为建设项目、单项工程、单位工程和分部分项工程。

建设项目是指在一个或几个场地上按照一个总体设计文件进行施工的各个工程项目的总和。如一个独立的工厂、学校、水库、水电站。

单项工程是建设项目的组成部分，是具有独立的设计文件、建成后可以独立发挥生产能力或效益的工程。如一个工厂的生产车间，一所学校的教学楼、图书馆、食堂、实验室、宿舍，一个水利枢纽工程的拦河坝、电站厂房、引水渠等都是单项工程。

单位工程是单项工程的组成部分，是指不能独立发挥生产能力、但具有独立施工条件的工程。如一个生产车间的主厂房、设备及其安装工程，灌区工程中的进水闸、分水闸、渡槽等都是单位工程。

分部工程是单位工程的组成部分，一般以建筑物的主要部分或工种来划分。例如，房屋建筑工程可以分为基础工程、墙体工程、屋面工程等，也可以按照工种划分为土石方工程、钢筋混凝土工程、装饰工程等。

分项工程是分部工程的细分，是建设项目最基本的组成单元，其施工过程也最为简单。例如，墙体工程可以分为内墙、外墙等分项工程。

上述建设项目、单项工程、单位工程、分部工程与分项工程的关系，可以用如下图形加以说明，如图3-1所示。

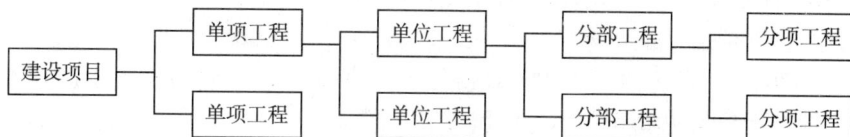

图3-1　建设项目、单项工程、单位工程、分部工程与分项工程的关系

所以，采用详细计算法计算确定建设项目造价和融资额，应从建设项目最基本的组成单元算起。首先，计算出建设项目分部分项工程的造价；其次，通过汇总建设项目各个分部分项工程造价计算出建设项目单位工程的造价；再次，通过汇总建设项目各个单位工程造价计算出单项工程的造价，同时，计算建设项目的其他基本建设费用；最后，通过汇总建设项目各个单位工程的造价和其他基本建设费用计算出整个建设项目的造价和融资额。

运用详细计算法计算确定建设项目融资额的计算程序及计算公式如下：

（1）根据设计文件，计算建设项目各种建筑、安装工程的工程量（如多少立方米土石方工程量、多少立方米砖砌工程量等）。

（2）根据定额、预算价格，计算各种建筑安装工程单位工程量的预算单价（如计算每一立方米砖砌工程量的预算价格）。

单位工程量的预算单价 = 材料费 + 人工费 + 施工机械使用费

其中：材料费 = 单位工程量耗用材料量 × 材料预算价格

人工费 = 单位工程量耗用工时数 × 单位工时预算价格

施工机械使用费 = 单位工程量耗用施工机械台班数
× 单位施工机械台班预算价格

（3）计算单位工程的直接费、间接费、计划利润和计划税金。

单位工程的直接费 = Σ（建筑工程量 × 单位工程量预算价格）

单位工程的间接费 = 单位工程的直接费或人工费 × 间接费率

单位工程的计划利润 =（直接费 + 间接费）× 计划利润率

单位工程的计划税金 =（直接费 + 间接费 + 计划利润）× 综合税率

（4）计算单位工程的预算造价。

单位工程预算造价 = 直接费 + 间接费 + 计划利润 + 计划税金

（5）计算设备、工器具的预算造价和设备的安装工程费。

设备、工器具的预算造价 = Σ（买价 + 运杂费 + 采购费 + 工地仓库保管费）

设备的安装工程费 = 直接费 + 间接费 + 计划利润 + 计划税金

设备及安装工程造价 = 设备工器具预算造价 + 设备的安装工程费

（6）计算单项工程预算造价。

单项工程预算造价 = Σ 单位工程预算造价 + Σ 设备及安装工程造价

（7）计算建设项目其他基本建设费用。

其他基本建设费用 = 计算基数 × 计费比例或标准

（8）计算建设项目预备费。

建设项目预备费 =（Σ 单项工程预算造价 + 其他基本建设费用）× 预备费率

（9）计算建设项目总概算和利息费用。

建设项目总概算 = Σ 单项工程造价 + 其他基本建设费用 + 预备费

建设项目利息费用 = 建设项目概算 × 预计债务融资比例 × 借款利率 × 年限

（10）计算建设项目总造价和融资额。

建设项目总造价和融资额 = 建设项目总概算 + 建设项目利息费用

3. 动态计算法。这种计算方法是在概略计算法或者详细计算法的基础上，考虑物价、利率等因素计算出建设项目的动态造价，以此作为建设项目融资的决策依据。

采用动态计算法计算确定建设项目的造价和融资额，是由建设项目施工建设工期长、工程内容复杂、不可预见因素多等特点所决定的。例如，建设项目在施工建设期间可能由于物价、利率等因素的变化，增加或减少有关耗费和支出，从而对融资额产生一定的影响；建设项目所在地的地质状况，可能需要改变设计，进而影响工程量和施工建设耗费、影响融资量；此外，自然灾害、工程事故等不确定因素也会对工程耗费和建设项目融资额产生较大的影响。

影响建设项目造价和融资量等的因素主要有建设项目工程量的变化、施工进度、物价的变动和利息率的变动等。

运用动态计算法计算确定建设项目造价和融资额的具体计算方法，主要有以下两种：直接计算法和间接计算法。

（1）直接计算法。这种计算方法是根据建设项目各期的实物工程量和预测的各期价格水平等因素计算确定建设项目总造价和融资额。其计算公式如下：

建设项目总造价和融资额 = 建设项目施工期各年所需建设费之和

（2）间接计算法。这种计算方法是以建设项目的静态造价为基数，预测施工建设期的各种因素来计算确定建设项目的造价和融资额。即建设项目动态造价等于建设项目静态造价与工程量变动费用、物价变动费用、利息变动费用、其他变动费用之和，其计算公式如下：

$$I_1 = I \times (1 + G + W + L + Q)$$

式中：$I_1$ 为建设项目动态造价和融资额；

　　　$I$ 为建设项目静态造价和融资额；

　　　$G$ 为建设项目工程量变动率；

　　　$W$ 为 物价变动率；

　　　$L$ 为利息率变动幅度；

　　　$Q$ 为其他费用的变动率。

# 第四节　企业并购所需融资额的测算

公司打算购买或收购一家企业，其所需融资额的确定，应考虑以下三个问题，或者说企业并购所需融资额的确定应考虑以下三个方面的费用：收购成本、收购后的运行成本、收购后的改进和扩大业务成本。[①]

## 一、收购成本

购买被收购公司所需的资金包括：被收购公司股票或资产的买价（减去公司中的现金和从出售资产中所获得的现金）、必须承担或到期时进行再融资的现实债务、收购的管理和（或）税务成本、付给专业人士的费用（会计师、评估师、投资银行、律师等）。

---

① ［美］亚历山德拉·里德·拉杰斯科斯、J. 弗雷德·威斯顿：《并购的艺术　融资与再融资》，张秋生等译，中国财政经济出版社，2001 年。

## 二、收购后的运行成本

收购成功后，为了维持被收购公司的运行，需要投入相应的资金。收购后的运行成本包括：被收购公司立即需要的周转资金（现在应支付的金额）、由于诉讼结案在并购后支付的资金（如果收购方在对目标企业进行详细调查时发现了未结诉讼案）、解聘和提前退休支付（一次性补偿）。

## 三、收购后改进和（或）扩大业务的成本

其内容包括：未来发展的资本性投资（新项目、研发费用等）、营销成本。

**本章小结：**

资金是一种稀有资源。为了确保融资目的的实现，避免稀有资源的闲置和浪费，充分发挥稀有资源的作用，降低融资风险，融资主体在融资之前应采用一定的方法测算其资金的融通量。决定影响项目融资需要量的主要因素包括：一是国家法律；二是项目的性质。新建项目资金需要量的测算方法不同于生产项目和企业并购资金需要量的测算方法。

现有企业在一定限度内扩大生产经营规模，其所需资金（主要是生产资金）的测算方法主要有以下几种：定性测算法、趋势测算法、因素测算法、资金习性测算法和销售百分比测算法。

新建项目所需融资额的测算是建立在计算建设项目的各项支出的基础之上的，一般说来计算出了建设项目所需的支出也就计算出了新建项目所需的融资额。所以，新建项目融资额的测算可以采用建设项目造价的估算方法。建设项目造价的估算方法主要有以下几种：概略计算法、详细计算法和动态计算法。

公司打算购买或收购一家企业，其所需融资额的确定，应考虑以下三个问题，或者说企业并购所需融资额的确定应考虑以下三个方面的费用：收购成本、收购后的运行成本、收购后的改进和扩大业务成本。

**本章重要概念：**

定性测算法 趋势测算法 因素测算法 资金习性测算法 销售百分比测算法 概略计算法 详细计算法 动态计算法 收购成本

**思考题：**

1. 测算生产资金需要量的定性测算法、趋势测算法、因素测算法、资金习性测算法和销售百分比测算法各有什么利弊？

2. 测算新建项目或固定资产投资项目资金需要量的概略计算法、详细计算法和动态计算法的局限性有哪些？

3. 企业价值有账面价值、评估价值、市场价值等，在企业并购中用哪种方法确定收购成本比较合理？

# 第二篇  项目投资结构

　　项目的投资结构在项目融资中，是指项目单位（Project Entity）的法律组织结构，即项目的发起人对项目资产权益的法律拥有形式和发起人之间的法律合作关系，即在项目所在国的法律、法规、会计、税务等客观因素的制约条件下，寻求一种能够最大限度地实现其投资目标的项目资产所有权结构。可以这么说，项目投资结构对项目融资的组织和运行起着决定性的作用，一个法律结构严谨的投资结构是项目融资得以实现的前提条件。项目投资结构主要有四种形式：公司型投资结构、非公司型投资结构、合伙制投资结构和信托基金投资结构。

# 第四章 公司型投资结构

公司型投资结构 (Incorporated Joint Venture) 的基础是有限责任公司 (Limited Liability Company)，这种投资结构是一个按照公司法 (Companies acts) 成立的与其投资者完全分离的独立法律实体。公司型合资结构是目前世界上最简单有效的一种投资结构，这种投资结构历史悠久，使用广泛。

公司是与其投资者（公司股东）完全分离的独立法律实体，即公司法人。公司的权利和义务是由国家有关法律（或公司法）以及公司章程所赋予的。作为一个独立的法人，公司拥有一切公司资产和处置资产的权利，对于公司资产，公司股东既没有直接的法律权益也没有直接的受益人权益。公司承担一切有关的债权债务，在法律上既有起诉权也有被起诉的可能。并且除了公司被解散的情况之外，公司对这些资产和权益有着永久性继承权，而不受其股东变化的影响。投资者通过持股拥有公司，并通过选举任命董事会成员对公司的日常运作进行管理。由于公司型投资结构相对简单明了，国际上大多数的制造业和加工业项目采用的都是公司型合资结构，并且在 20 世纪 60 年代以前有很高比例的资源性开发项目也是采用的公司型合资结构。

## 第一节 公司型投资结构的优点

在项目融资中选择公司型投资结构往往会体现如下一些明显的优点：

1. 公司股东承担有限责任。在公司型投资结构中，投资者的责任是有限的，其最大责任被限制在已支付的股本资金以及已认购但尚未支付的股本资金之内。风险的隔离可以说是选用公司型合资结构的一个最重要的因素。在公司型合资结构中，项目公司对偿还贷款承担直接责任，从而实现了对项目投资者的有限债务追索。

2. 融资安排比较容易。公司型投资结构对于安排融资有两方面的优点：①公司型投资结构便于贷款银行取得项目资产的抵押权和担保权，也便于贷款银行对于项目现金流量的控制，一旦项目出现债务违约，银行可以比较容易地行使自己的权利。②公司型投资结构易于被资本市场接受，条件许可时可以直接进入资本市场，通过股票上市或发行债券等多种方法筹集资金。

3. 投资转让比较容易。公司股票代表着投资者在一个公司中的投资权益。相对项目资产的买卖而言，股票的转让程序比较简单和标准化。另外，通过发行新股，公司型投资结构也可以较容易地引入新的投资者。

4. 股东之间关系清楚。公司法中对股东之间的关系有明确的规定，其中最重要的一点是股东之间不存在任何的信托、担保和连带责任。

5. 可以安排非公司负债型融资结构。根据一些国家的公司法规定，如果投资者在项目公司中拥有的股份不超过 50%，则项目公司的资产负债情况不需要反映到项目投资者的资产负债表中去，这就实现了非公司负债型融资。

## 第二节　公司型投资结构的缺点

与其他投资结构相比，公司型投资结构也存在着两个明显的缺点：

1. 投资者对项目的现金流量缺乏直接的控制。在合资公司中，没有任何一个投资者可以对项目的现金流量实行直接的控制，这对于希望利用项目的现金流量自行安排融资的投资者来说是一个很不利的因素。

2. 项目的税务结构灵活性差，即不能利用项目公司的亏损去冲抵投资者其他项目的利润。由于项目公司不是任何一个投资者的控股公司或子公司，则项目开发前期的税务亏损或优惠就无法转移给投资者，而只能保留在项目公司中，并在一定年限内使用，这就造成了如果项目公司在几年内不盈利，税务亏损就会有完全损失掉的可能性，也就降低了项目的综合投资效益。而且，在这种投资结构中，还存在着"双重纳税"的现象，即项目公司如有盈利时要缴纳公司所得税，项目投资者取得的股东红利还要缴纳公司所得税或个人所得税，这样无形中降低了项目的综合投资回报率。

## 第三节　公司型投资结构的运用

在项目融资的实际工作中，公司型投资结构的运用十分普遍。本书以蒙牛乳业股份有限公司（以下简称"蒙牛公司"）引进境外资本为例，说明公司型投资结构在项目融资中的运用。[①]

1. 蒙牛公司引进境外资本的背景。蒙牛公司成立于 1999 年 8 月 8 日，当时的注册资本为 1000 多万元，属于"三无"（即没有奶源、没有厂房、没有市场）的民营企业。

---

① 李心愉、郝君富：《公司融资案例》，中国发展出版社，2008 年，第 29~58 页。

其创造性地提出"先建市场、后建工厂"的逆向经营模式——用别人的钱和资源打开自己的市场。由于经营理念的独特和适宜，蒙牛公司创造了不可企及的财富神话，其销售额从 1999 年成立时的 0.37 亿元，连年翻番：2000 年实现营业收入 2.467 亿元；2001 年 7.24 亿元；2002 年 16.687 亿元；2003 年越过 40 亿元大关；2004 年 72.138 亿元；2005 年 108.249 亿元；2006 年 162.46 亿元；2007 年 200 亿元。

资金是企业发展的命根子，蒙牛公司在发展中曾先后两次增资扩股，股东人数由成立时的 10 位自然人，增加到 15 位自然人和 5 家法人股东。但是，资金依然是制约蒙牛快速发展的关键因素。在国内金融工具极度匮乏和严格的金融管制环境下，为了保持高速发展壮大的势头，蒙牛公司将融资视野扩大到国际资本市场，做出了进军国际资本市场、引进战略投资者的决策。

2002 年 12 月 19 日，蒙牛公司成功引进了三家世界级的投资公司——美国摩根士丹利、香港鼎晖和英联投资（以下简称"外资系公司"）。摩根士丹利是著名的国际投资银行，香港鼎晖原为中国国际金融有限公司直接投资部，英联投资是英国最大的保险公司商联保险和英国联邦投资集团共同设立的投资基金。

外资系公司共计向蒙牛公司投资 6120 万美元，其中：2002 年向蒙牛公司投资 2597.3712 万美元，共持有蒙牛公司约 32% 的股份；2003 年第四季度再次向蒙牛公司投资 3523.3827 万美元。

外资系公司对蒙牛公司的投资不仅化解了蒙牛公司的资金问题、提升了蒙牛公司的地位，而且向我们展示了国际资本运作的独特思路和奇妙设计。

2. 外资系公司第一次向蒙牛公司投资的运作方式。其主要内容包括在境外设立公司和按照约定进行投资两部分。

（1）在境外设立公司。

1）2002 年 6 月，摩根士丹利在开曼注册了两家公司：开曼群岛公司和毛里求斯公司，且后者为前者的全资子公司。开曼群岛公司的注册资本为 1000 股，注资 1 美元，每股面值 0.001 美元。开曼群岛公司的主要职责是，其将成为蒙牛公司未来境外资本运作的主体。毛里求斯公司的主要职责是，其将成为向蒙牛公司进行投资的股东公司，即外资系公司的投资均通过该公司投入到蒙牛公司。

根据开曼公司法，开曼群岛公司的股份可以分为 A 类股份和 B 类股份，A 类股份一股有十票的投票权，B 类股份则一股只有一票的投票权。2002 年 9 月 24 日，开曼群岛公司决定扩大法定股本，公司股份由 1000 股扩大 1 亿倍，增加到 1000 亿股，其中 A 类股份 5200 股，B 类股份 99999994800 股。

2）2002 年 9 月，蒙牛公司在英属维京群岛注册了两家海外离岸新公司：金牛公司与银牛公司（以下简称"蒙牛系公司"）。金牛公司的股东为蒙牛公司的发起人，共计 15 位蒙牛公司的高级管理人员。银牛公司的股东为蒙牛公司的投资人、业务联系人和雇员。两家公司的注册资本均为 5 万美元，每股面值 1 美元，股东投入资金 5 万美元。

（2）按照约定投资。

1）2002 年 9 月，金牛公司和银牛公司以每股 1 美元的价格，分别认购开曼群岛公司的股份 500 股。2002 年 10 月，金牛公司和银牛公司又以每股 1 美元的价格，分别认购了开曼群岛公司 A 类股份 1134 股和 2968 股；同时，原来认购的 1000 股也属于 A 类股份。这样，金牛公司和银牛公司共计持有开曼群岛公司 A 类股份 5102 股。

2）外资系的三家公司以每股 530 美元的价格，分别向开曼群岛公司投资 17332705 美元、5500000 美元、3141007 美元，总计投入 2597.3712 万美元，分别认购开曼群岛公司 B 类股份 32685 股、10372 股和 5923 股，总计 48980 股。这样，开曼群岛公司未发行的 A 类股份为 98 股、B 类股份 99999945820 股。

按照 A 类股份与 B 类股份的关系，蒙牛系公司与外资系公司在开曼群岛公司的持股比例为 9.4%：90.6%，而投票权为 51：49。

3）完成上述投资后，开曼群岛公司作为战略投资者投资 2597.3712 万美元认购毛里求斯公司 98% 的股份；毛里求斯公司将此笔资金投资到蒙牛公司，从蒙牛公司的法人股东和部分自然人股东手中收购蒙牛公司 66.7% 的股份。

4）外资系注资的条件。根据外资系公司与蒙牛公司管理层签订的协议，外资系注入资金 1 年后，如果蒙牛公司能够实现高速增长，则蒙牛系可以将其掌握的 A 类股份按照 1 拆 10 的比例转换成 B 类股份。这样，蒙牛公司管理层就可以实现在开曼群岛公司的股份占比与投票权占比相一致；否则，开曼群岛公司及其子公司（即毛里求斯公司）账面上剩余的投资现金将要由外资系公司完全控制，外资系还将占有蒙牛公司 60.4% 的绝对控制权，外资系还可随时更换蒙牛公司的管理层。2003 年，蒙牛公司的销售收入比 2002 年增长了 144%，利润比 2002 年增长了 194%。外资系公司第一次向蒙牛公司投资的运作如图 4-1 所示。

外资系公司投入资金后，蒙牛公司股本结构也发生了较大变化，蒙牛公司管理层与员工等持有公司的股份降到 33.3%，毛里求斯公司持有蒙牛公司的股份达到 66.7%（如图 4-2 所示）。

3. 外资系公司第二次向蒙牛公司投资的运作方式。其主要内容包括：开曼群岛公司发行可转股证券和毛里求斯公司增持股份。

开曼群岛公司发行可转股债券。外资系公司第二次向蒙牛公司投资，是通过认购可转股债券开始的。2003 年 10 月，外资系公司认购开曼群岛公司发行的 3.67 亿股可转股债券，再次投资 3523.3827 万美元。按照约定：未来转股的价格是 0.096 美元/股；蒙牛公司在境外上市半年后可转股 30%，一年后可全部转股。

同样，开曼群岛公司将发行可转股债券获得的资金交给毛里求斯公司，由其进一步增持购买蒙牛公司的股份。这样，毛里求斯公司持有蒙牛公司股份的比例上升至 81.1%。

外资系公司第二次注资的条件比第一次更加苛刻。按照外资系与蒙牛公司管理层签订的协议，外资系公司第二次注资后的未来三年（即 2004~2006 年），如果蒙牛公司的

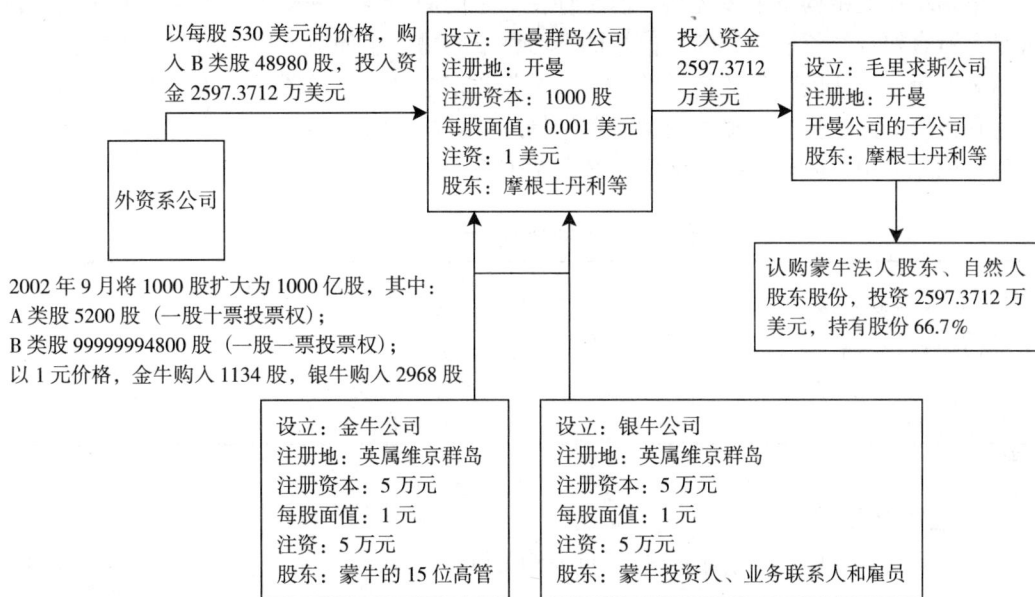

图 4-1 外资系公司第一次向蒙牛公司投资的运作方式

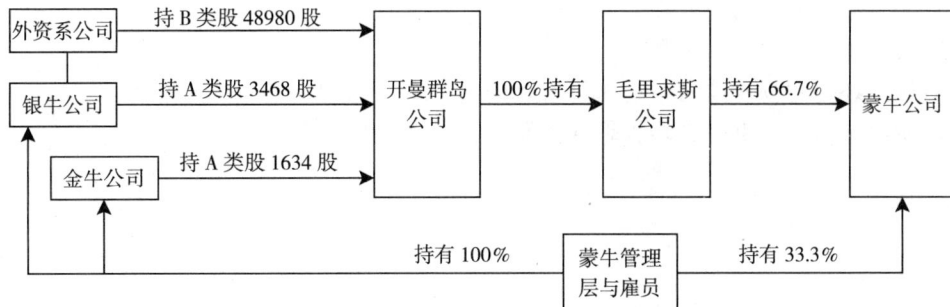

图 4-2 外资系公司投入资金后蒙牛公司的股本结构

每年每股盈利的复合增长率低于 50%，蒙牛公司管理层持有的蒙牛公司的股份 7830 万股（约占总股本的 7.8%）将无偿地出让给外资系公司，或蒙牛公司管理层向外资系公司支付等价的现金；反之，外资系公司向蒙牛公司管理层赠与 7830 万股蒙牛股份。由于蒙牛公司的业绩增长超出了预期的目标，2005 年 4 月外资系公司提前终止了上述协议，并向蒙牛公司管理层赠送了近 5000 万元的可转股债券（这些可转股债券一旦被行使，相当于 6261 万股蒙牛公司上市后的股份）。

### 本章小结：

公司型合资结构是目前世界上最简单有效的一种投资结构，这种投资结构历史悠久，使用广泛。

公司型投资结构有很多优点，但也存在一定的局限性。其产生的主要原因和主要表现是：所有权与经营权的分离和信息的不对称，容易产生如下矛盾和问题：①投资者与经营者的矛盾。②股东与债权人的矛盾。③新股东与老股东的矛盾。④不利于发挥各投资者在市场上的优势。化解公司型投资结构局限性的方法包括：加强监管、采用合伙制投资结构或采用非公司型投资结构，如表4-1所示。

表4-1　公司制投资结构的缺陷及其化解方法

| 缺　陷 | 化解方法 |
| --- | --- |
| 1. 投资者与经营者的矛盾 | 1. 加强监管 |
| 2. 股东与债权人的矛盾 | 2. 建全激励机制 |
| 3. 新股东与老股东的矛盾 | 3. 采用合伙制投资结构 |
| 4. 不利于各投资者优势的发挥 | 4. 采用非公司型投资结构 |

## 本章主要概念：

公司型投资结构　公司法　非公司负债型融资

## 思考题：

1. 公司型投资结构的种类。

2. 公司型投资结构的利弊。

3. 选择公司型投资结构的法律要求。

4. 蒙牛公司成功引进战略投资者给我们的启示。

# 第五章　非公司型投资结构

非公司型投资结构又称契约型投资结构，是一种大量使用并且被广泛接受的投资结构。即项目发起人为实现共同目的，根据合作经营协议结合在一起的一种投资结构，具体是指，各项目发起人（通常是项目发起人专门为投资这一项目成立的单一目的子公司）根据各自在合资企业中的比例，持有项目全部不可分割的资产和生产出来的产品中的一部分。每一个项目发起人都将在项目中的投资作为直接投资，无论比例大小全部反映在各自的财务报表上。在项目融资中，这种投资结构主要集中在采矿、能源开发、初级矿产加工、石油化工、钢铁及有色金属等领域。这种投资结构从严格的法律意义上来说，不是一种法人实体，只是投资者之间所建立的一种契约性质的合作关系。选择这种投资结构的原因可能是这些领域如果仅由一个投资者来开发则融资能力有限，所以联合其他投资者来共同融资、共同解决技术和管理问题并共同承担风险，同时又不失去对投资项目的控制。或者投资者具有进行项目开发所需要的所有条件，如技术、经验及融资能力，但缺少当地政府授予的经营合同，此时，它就可能与当地的经营者联合起来共同投资。

## 第一节　非公司型投资结构的特点

一般来说，这种投资结构具有以下特点：

1. 非公司型投资结构是通过每一个投资者之间的合资协议建立起来的。如图 5-1 所示，投资者 A、B 和 C 通过合资协议建立起的非公司型投资结构。

2. 在非公司型投资结构中，每一个投资者直接拥有全部的项目资产的一个不可分割的部分。

3. 根据项目的投资计划，每一个投资者需要投入相应比例的资金，这些资金的用途可以包括项目的前期开发费用、项目的固定资产投入、流动资金、共同生产成本和管理费用等；同时，每一个投资者直接拥有并有权独自处置其投资比例的项目最终产品。

4. 投资者只承担与其投资比例相应的责任，投资者之间没有任何的连带责任或共同责任。

5. 由投资者代表组成的项目管理委员会（An Operating Committee）是非公司型投资结构的最高决策机构，负责一切有关问题的重大决策；项目的日常管理由项目管理委员会指定的项目经理负责；项目经理既可以由其中一个投资者担任，也可以由一个独立的项目管理公司担任。有关项目管理委员会的组成、决策方式及程序以及项目经理的任命、责任、权利和义务，需要通过合资协议（The Joint Operating Agreements，JOA）或者单独的管理协议加以明确规定。

6. 投资者同意他们之间在非公司型投资结构中的关系是一种合作性质的关系，而不是一种合伙性质的关系。

7. 项目经营所需的资金由一种被称为"资金支付系统"的机制来提供。这种资金支付系统是由各个投资者分别出资开立的一个共同账户，然后，考虑各投资者承担债务的比例和下月项目费用支出预算来估算每个月各个投资者应出资的数额。如果某个投资者违约，则其他投资者将不得不代其履行支付义务，然后再要求违约者偿还。非公司型合资的内容与结构如图 5-1 所示。

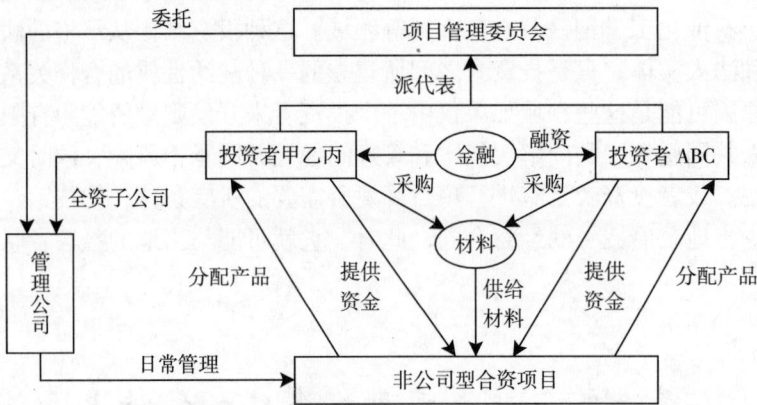

图 5-1　非公司型投资的内容与结构

## 第二节　非公司型投资结构的优缺点

### 一、非公司型投资结构的优点

1. 投资者在合资结构中承担有限责任。每个投资者在项目中所承担的责任将在合资协议中明确规定。除了特殊情况外，这些责任将被限制在投资者相应的投资比例之内，投资者之间没有任何的连带责任或共同责任。

2. 税务安排灵活。由于合资结构不是一个法人实体，所以项目本身不必缴纳所得税，其经营业绩可以完全合并到各个投资者本身的财务报表中去，其税务安排也将由每一个投资者独立完成，这就为经营业绩较好的投资者利用项目建设期的经营亏损冲抵公司所得税提供了可能，从而降低了项目的综合投资成本。

3. 融资安排较灵活。项目投资者在非公司型投资结构中直接拥有项目的资产，直接掌握项目的产品，直接控制项目的现金流量，并且可以独立设计项目的税务结构，为投资者提供了一个相对独立的融资活动空间。每一个投资者可以按照自身发展战略和财务状况安排项目的融资。

4. 投资结构设计灵活。世界上多数国家迄今为止没有专门的法律来规范非公司型投资结构的组成和行为，这就为投资者提供了较大的空间，按照投资战略、财务、融资、产品分配和现金流量控制等方面的目标要求设计项目的投资结构和合资协议。

## 二、非公司型投资结构的缺点

1. 结构设计存在一定的不确定性因素。非公司型投资结构在一些方面的特点与合伙制结构类似，因而在结构设计上要注意防止合资结构被认为是合伙制结构而不是非公司型投资结构。

2. 投资转让程序比较复杂，交易成本比较高。在非公司型投资结构中的投资转让是投资者在项目中直接拥有的资产和合约权益的转让，与股份转让或其他资产形式转让（如信托基金中的信托单位）相比，程序比较复杂，与此相关联的费用也比较高，对直接拥有资产的精确定义也相对比较复杂。

3. 管理程序比较复杂。由于缺乏现成的法律规范非公司型投资结构的行为，参加该种结构的投资者的权益基本上依赖于合资协议加以保护，因而必须在合资协议中对所有的决策和管理程序按照问题的重要性清楚地加以规定。对于投资比例较小的投资者，特别要注意保护其在合资结构中的利益和权力，要保证这些投资者在重大问题上的发言权和决策权。

# 第三节　非公司型投资结构与合伙制结构的区别

非公司型投资结构与合伙制结构的主要区别表现在两个方面：

1. 非公司型投资结构不是以"获取利润"为目的而建立起来的。合资协议规定每一个投资者从合资项目中将获得相应份额的产品，而不是相应份额的利润。

2. 在非公司型投资结构中，投资者们并不是"共同从事"两项商业活动。合资协议中规定每一个投资者都有权独立作出其相应投资比例的项目投资、原材料供应、产品处置等重大商业决策。从税务角度来讲，一个合资项目是合作生产"产品"还是合作生产"收入"，是区分非公司型投资结构与其他投资结构的基本出发点。

从以上两点可以看出，非公司型投资结构更适用于作为产品"可分割"的项目的投资结构。

## 第四节  非公司型投资结构应用实例

中国国际信托投资公司在澳大利亚波特兰铝厂的投资结构是非公司型投资结构的一个很好的实例。

波特兰铝厂位于澳大利亚维多利亚州的港口城市波特兰，始建于 1981 年，后因国际市场铝价大幅度下跌和电力供应等问题，于 1982 年停建。在与维多利亚州政府达成 30 年电力供应协议之后，波特兰铝厂于 1984 年开始重新建设。1986 年 11 月投入试生产，1988 年 9 月全面建成投产。波特兰铝厂由电解铝生产线、阳极生产、铝锭浇铸、原材料输送及存储系统、电力系统等几个主要部分组成，其中核心的铝电解部分采用的是美国铝业公司 20 世纪 80 年代的先进技术，建有两条生产线，整个生产过程采用电子计算机严格控制，每年可生产铝锭 30 万吨，是目前世界上技术先进、规模最大的现代化铝厂之一。

澳大利亚波特兰铝厂就是采用的非公司型投资结构，项目的投资者分别为美国铝业公司在澳大利亚的子公司（美铝澳大利亚公司），澳大利亚维多利亚州政府（维州政府），中国国际信托投资公司子公司、中信澳大利亚有限公司（中信澳大利亚公司），澳大利亚第一国民资源信托基金（第一国民信托）和日本丸红商社在澳大利亚的子公司（丸红铝业澳大利亚公司）。根据合资协议，每个投资者在项目中分别投入相应的资金，用作项目固定资产的投入和再投入，以及支付项目管理公司的生产费用和管理费用；对于电解铝生产的两种主要原材料——氧化铝和电力供应，每个投资者需要独立安排；最后投资者将从项目中获得相应份额的最终产品——电解铝锭，独立地在市场上销售。

由于采用的是非公司型投资结构，每个投资者可以根据自身在项目中所处的地位、资金实力、税务结构等多方面因素灵活地安排融资，实际上五个投资者选择了相互完全不同的融资方式。

美铝澳大利亚公司在澳大利亚拥有三个氧化铝厂和两个电解铝厂，资金雄厚，技术先进，在波特兰铝厂项目中担任项目经理。美铝澳大利亚公司在项目中的投资采纳的是传统的公司融资方式，因为以其实力使用公司融资可以获得较低的贷款成本。

维州政府为了鼓励当地工业的发展和刺激就业，也在项目中投资，投资资金是由政府担保的百分之百融资。但是维州政府并不直接拥有项目的资产，而是以一个 100% 拥有的信托基金作为中介机构。这样的结构为维州政府提供了一种资金安排上的灵活性，可以在适当的时机将项目资产出售或者将信托基金在股票市场上市，从中获得的资金用于偿还政府担保的银团贷款。

中信澳大利亚公司投资波特兰铝厂采用的是百分之百的项目融资。由于电解铝项目资本高度密集，根据澳大利亚的有关税法规定可享有数量相当可观的减免税优惠，如固定资产加速折旧、投资扣减等。但是，在项目投资初期，中信澳公司刚刚建立，没有其他方面的经营收入，不能充分利用每年可得到的减税优惠和税务亏损；即使每年未使用的税务亏损可以向以后的年份结转，但从货币时间价值的角度考虑，这些减税优惠和税务亏损如能尽早利用，也可以提高项目投资者的投资效益；进一步讲，如果能够利用减税优惠和税务亏损偿还债务，还可以减少项目前期的现金流量负担，提高项目的经济强度和抗风险能力。从这一考虑出发，中信公司选择了杠杆租赁的融资模式，充分利用这种模式可以吸收减税优惠和税务亏损的特点，减少了项目的直接债务负担，提高了投资的综合经济效益。

第一国民信托是一个公开上市的信托基金，通过在股票市场上发行信托单位集资，很容易就能筹集到所需资金，而且基本上没有债务。

丸红铝业澳大利亚公司同样采用的是公司融资模式，由其总公司日本丸红商社担保的银行贷款。

下面是非公司型投资结构的基本内容，如图 5-2 所示。

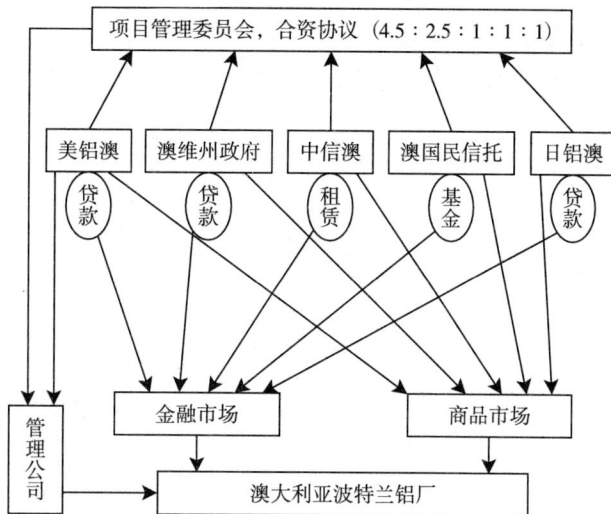

**图 5-2　澳大利亚波特兰铝厂非公司投资结构**

资料来源：张极井：《项目融资》，中信出版社，2003 年，第 91 页。

通过这个例子，我们可以清楚地看出，非公司型投资结构所具有的融资上的灵活性。

**本章小结：**

所谓非公司型投资是指投资者在合资结构中相互独立的一种合作关系，其"相互独立"包括：①每个投资者单独安排项目开发建设所需资金。②投资者各自筹措生产所需的各种费用和原材料。③每个投资者直接拥有项目资产中的一个不可分割的部分。④每个投资者直接拥有项目产品及其处置权。⑤投资者可以自行决定其纳税收入问题。⑥投资者之间的责任独立，不承担任何共同或连带责任。⑦投资者派代表组成的项目管理委员会是合资关系的最高决策、协调机构。⑧委托管理公司负责项目的日常工作。

非公司型投资的优点是：①投资者可直接获得项目的产品；其价格不受国际市场的影响。②投资者之间责任独立，不承担任何连带责任。③可以充分发挥各投资者的优势和积极性；责权利相结合。非公司型合资的缺陷是：管理复杂、运行成本较高。

**本章主要概念：**

非公司型负债融资　项目管理委员会

**思考题：**

1. 非公司型负债融资的基本特征。

2. 非公司型负债融资的利弊。

3. 波特兰铝厂项目融资给我们的启示。

4. 选择非公司型投资结构的法律条件。

# 第六章 合伙制投资结构

合伙制结构（Partnership）是至少两个或两个以上合伙人（Partners）之间以获利润为目的，共同从事某项投资活动而建立起来的一种法律关系。合伙制结构也不是一个独立的法人实体，它只是通过合伙人之间的法律合约成立起来的，没有法定的形式，需要在政府注册，这一点与成立一个公司基本相同。当然，在多数国家仍有完整的法律来规范合伙制结构的组成及其行为。在实际运用中，合伙制结构有两种基本形式：一般合伙制和有限合伙制。

## 第一节 一般合伙制的特点

一般合伙制（The General Partnership），也称为普通合伙制，指所有的合伙人对于合伙制结构的经营、合伙制结构的债务以及其他经济责任和民事责任均负连带的无限责任的一种合伙制。正因如此，在大型投资项目中很少采用一般合伙制结构，只是在单个项目发起人的资金实力不足以开发项目，而多个投资者之间地位又相对平等，即拥有相同的资金实力、相同的管理能力等，都希望在项目中承担一定的管理和控制权利时，才可能选择一般合伙制投资结构，而且，其一般在小型项目开发中才被采用。其操作过程如图 6-1 所示。

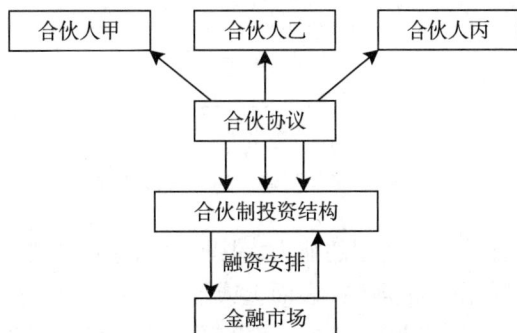

图 6-1 一般合伙制的项目投资结构

一般合伙制结构较其他两种投资结构而言具有以下特点：

1. 一般合伙制的资产由一般合伙人（General Partners）所拥有，每个一般合伙人都有权参与合伙制经营管理。并且，各合伙人都承担着无限责任。

2. 每个一般合伙人均可以所有合伙人的名义去执行合伙制权利，即当一个合伙人与第三者签订合同时，也就表明一般合伙制也必须承担该合同的责任。相应地，合伙制结构的法律权益的转让必须要得到其他合伙人的同意。

3. 可以充分利用税务优惠。由于合伙制不是一个纳税主体，合伙制结构在一个财政年度内的净收入或亏损将全部按投资比例直接转移给一般合伙人，一般合伙人单独申报自己在合伙制结构中的收入，并且从合伙制结构中获取的收益（或亏损）允许与合伙人其他来源的收入进行合并，从而有利于合伙人较灵活地作出自己的税务安排。

4. 一般合伙制结构管理也较为灵活。每个合伙人都有权根据合伙协议参与项目的管理，不容易发生少数人权利得不到保障的问题。

但是，一般合伙制结构存在的弊端制约了其在项目融资中的应用：

1. 合伙人承担着无限责任。一旦项目出现问题，或者如果某些合伙人由于种种原因无力承担其相应的责任，其他合伙人就面临着要承担超出其在合伙制结构中所占投资比例的责任的风险。这一问题严重制约了一般合伙制在项目融资中的广泛使用。

为了克服这一缺陷，国外有些公司在使用一般合伙制作为投资结构时加入了一些减少合伙人风险的措施。其中一种做法是投资者不直接进入合伙制结构，而专门成立一个项目公司并通过这个项目公司投资到合伙制结构中。其操作过程如图 6-2 所示。

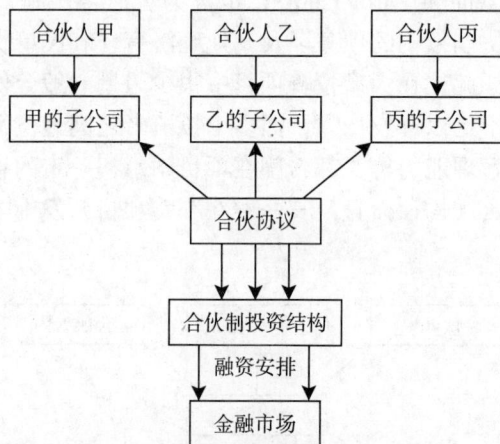

**图 6-2 通过项目子公司建立的一般合伙制投资结构**

2. 单个合伙人也具有约束合伙制的能力。按照合伙制结构的法律规定，每个合伙人都被认为是合伙制的代理，因而至少在表面上或形式上拥有代表合伙制结构签订任何具有法律效力的协议的权力。这样将会给合伙制的管理带来诸多问题。

3. 融资安排比较复杂。由于合伙制结构在法律上并不拥有项目资产，因此，合伙制结构的融资安排需要每一个合伙人同意将项目中属于自己的一部分资产权益拿出来作为抵押或担保，并共同承担融资安排中的责任和风险。这样操作起来要比公司型投资结构复杂得多。

为了维护部分普通合伙人的利益，我国法律允许设立特殊的普通企业。在普通的企业，如果一个合伙人或者数个合伙人在执业活动中因故意或者重大过失造成合伙企业债务的，应当承担无限责任或者无限连带责任，其他合伙人以其在合伙企业中的财产份额为限承担责任。合伙人在执业活动中非因故意或者重大过失造成的合伙企业债务以及合伙企业的其他债务，由全体合伙人承担无限连带责任。

# 第二节　有限责任合伙制

有限责任合伙制（The limited Liability Partnership）是在一般合伙制基础上发展起来的一种合伙制形式，它是指至少包括一个一般合伙人（A General Partner）和一个有限合伙人（A Limited Partner）在内的合伙制形式。其中，一般合伙人负责合伙制项目的组织、经营和管理，并承担对合伙制债务的无限责任；有限合伙人则不能参与项目的日常经营管理，而且也只承担着与其投资比例相对应的有限责任，其主要责任是提供一定的资金，故有人称为"被动项目投资者"（Passive Project Investors）。在这种结构中，一般合伙人和有限合伙人起到了互相合作、扬长避短的作用。即在该种投资结构中，一般合伙人大多是在该项目投资领域有技术管理特长并准备利用这些特长从事项目开发的公司。由于资金、风险、投资成本等多种因素的制约，一般合伙人愿意组织一个有限合伙制的投资结构吸引更广泛的有限合伙人参与到项目中来，以共同分担项目的投资风险和分享项目的投资收益。其操作过程如图6-3所示。

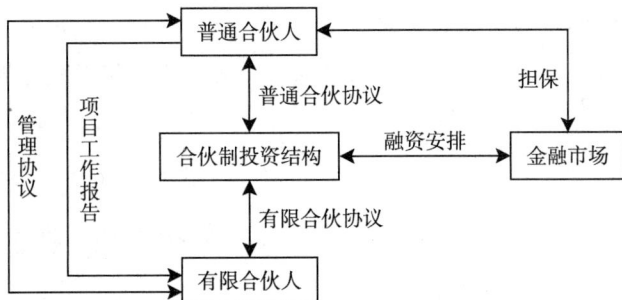

图6-3　有限责任合伙制项目投资结构的操作过程

有限合伙制投资结构的利弊分析。有限合伙制结构作为一种特殊的合伙制结构，一方面，仍具有一般合伙制在税务安排上的优点；另一方面，又在一定程度上避免了一般合伙制的责任连带问题，因而在项目融资中被经常使用。

具体来说，有限合伙制相对于其他投资结构来说，具有以下优点：

1. 税务安排比较灵活。由于有限合伙制结构本身不是一个纳税主体，其在一个财政年度内的净收入或亏损可以全部按投资比例直接转移给合伙人，合伙人单独申报自己在合伙制结构中的收入并与其他收入合并后确定最终的纳税义务。

2. 每个一般合伙人有权直接参加企业的管理，有利于发挥各合伙人的业务专长和管理能力，做到资源的充分利用。

3. 成立手续简便。许多国家都没有关于合伙制成立的法律法规，因此，其所受限制较少。

4. 在一定程度上避免了一般合伙制的责任连带问题。由于在有限合伙制结构中，出现了一种有限合伙人，而有限合伙人的责任仅以其投入和承诺投入的资本额为限来对合伙制结构承担债务责任。同时，因为它仍然不是一个法律实体组织，所以，对于有雄厚资金势力的投资公司和金融机构来说，既可以承担有限的债务责任，又可以充分利用合伙制在税务扣减方面的优势，这是在项目融资中采用的有限合伙制结构的主要原因。

但是，这种投资结构确实也存在着一些弊端。

1. 一般合伙人仍然要承担无限的债务连带责任。

2. 每个一般合伙人对合伙制结构都具有约束力，而不受投资份额大小的影响。

3. 融资安排比较复杂。由于有限合伙制结构在法律上仍然不拥有项目的资产，有限合伙制结构在安排融资时需要每个一般合伙人同意将项目中属于自己的一部分资产权益拿出来作为抵押或担保，并共同承担融资安排中的责任和风险。这可能导致在法律上贷款银行也被视为一个一般合伙人，从而被要求承担合伙制结构所有的经济和法律责任。

4. 在法律处理上的复杂性。在对有限合伙制结构的税务规定和对有限合伙人的定义上，有关的法律在不同国家之间差别很大。在实际操作中，很可能陷入以下两种极端情况：一种是，如果结构安排不好，有限合伙制有可能被作为公司结构处理，失去了采用合伙结构的意义。因为，有限合伙人的责任类似公司型结构中的股东。这样，很可能就不能再利用合伙制结构在税务处理上的优越性了。另一种是，如果对参与管理的界定不清楚，有限合伙人有可能由于被认为参与管理而变成为要承担无限连带债务责任的一般合伙人，从而增加其在项目中的投资风险。

# 第三节 合伙制投资结构在项目融资中的运用

有限合伙制结构在美国尤其被普遍使用，主要是在以下两个领域得到了充分的应用：一类是在资本密集、周期长但风险较低的公用设施和基础设施项目中，如电站、公路等，在这类项目中有限合伙人可以充分利用项目前期的亏损和投资优惠冲抵其他的收入，提前回收一部分投资资金；另一类是投资风险大、税务优惠大、具有良好勘探前景的资源类地质勘探项目，如石油、天然气和一些矿产资源的开发。许多国家对资源类项目的前期勘探费用支出给予优惠的税收政策，对于这类项目，通常是由项目的主要投资者作为一般合伙人，邀请一些其他的投资者作为有限合伙人为项目提供前期勘探的高风险资金，而一般合伙人则承担全部或大部分的项目建设开发的投资费用以及项目费用，基本上可在当年抵税，以获得相当比例的投资回报，并且项目又具有一定的发展前景，所以对许多盈利较高又不具备在这一领域专门发展能力的公司来说有很大的吸引力。这是工业国家中许多公司愿意对勘探前景较好的项目进行风险投资的重要原因之一。作为一般合伙人，在勘探工作结束并认为有开发价值后才投入项目的建设开发资金，虽然税务结构上不如有限合伙人，但是所承担的风险也相对小得多，而且作为项目的主要投资者，可以在项目的开发中获得更大的利益。因此，有限合伙制是受投资者青睐的投资结构之一。

欧洲迪斯尼乐园项目的投资结构是合伙制结构运用的经典案例。

欧洲迪斯尼乐园位于巴黎市郊，在筹建的过程中备受关注，不仅仅因为其本身是美国文化与欧洲文明冲突和磨合的结果，还因为其在筹资模式方面带给金融界的影响。筹建欧洲迪斯尼乐园的发起人是美国迪斯尼公司，该公司只用了很少的自有资金就完成了对项目的投融资计划，而且还牢牢地掌握了项目的控制权。

1987 年 3 月，美国迪斯尼公司与法国政府签署兴建欧洲迪斯尼乐园的合同，法国东方汇理银行是该公司的财务顾问，通过东方汇理银行的设计，美国迪斯尼公司的投资结构分为两个部分：欧洲迪斯尼财务公司和欧洲迪斯尼经营公司。财务公司将拥有欧洲迪斯尼乐园的资产，并通过一个 20 年期的杠杆租赁协议，将资产租给经营公司。在项目的前半期，由于利息和折旧等原因，项目将产生亏损，这些亏损由财务公司的股东承担，租赁协议期满后，经营公司以经折旧后的账面价值将项目从财务公司买回来，财务公司解散。为了达到对项目的控制，美国迪斯尼公司选择了有限合伙制的投资结构，在这一投资结构中，美国迪斯尼公司作为唯一的一般合伙人对项目承担无限责任，但拥有日常经营管理权，其他投资者作为有限合伙人承担有限责任，但不参与项目的经营管理。所以，迪斯尼公司虽然股权很少，但却达到了控制项目的目的，这就是有限合伙制投资结构的优势所在。

欧洲迪斯尼乐园项目的资金来源于五个途径：一是财务公司的资本，即各个股东的出资；二是通过在证券市场上公开发行股票筹集，由于迪斯尼项目本身是有吸引力的，所以股票发行非常顺利；三是美国迪斯尼公司的直接投资；四是在项目协议中约定的由法国公众部门储蓄银行提供的成本优惠的资金支持；五是占总投资 40%的资金来源于银行贷款，这种贷款是以项目资产为担保的，以项目资产为限额的有限追索债务。通过这些安排和设计，迪斯尼项目的投资半数以上是股本资金、准股本资金，另一部分是有限追索的债权，从而大大降低了项目的债务负担。同时，项目的低成本提高了项目自身的债务承受能力，使进一步获得银团贷款和筹集股本资金变得十分容易。

欧洲迪斯尼乐园项目的投资结构如图 6-4 所示。

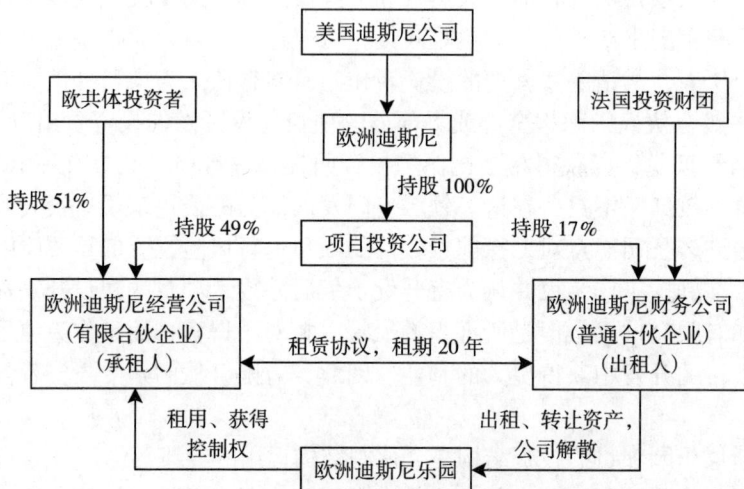

```
                        ┌──────────────┐
                        │ 美国迪斯尼公司 │
                        └──────┬───────┘
                               │
┌──────────────┐        ┌──────┴───────┐        ┌──────────────┐
│ 欧共体投资者   │        │  欧洲迪斯尼   │        │ 法国投资财团   │
└──────┬───────┘        └──────┬───────┘        └──────┬───────┘
       │             持股 100% │                       │
 持股 51%                      │                        │
       │      持股 49%  ┌──────┴───────┐  持股 17%      │
       │     ┌─────────│  项目投资公司  │─────────┐      │
       │     │          └──────────────┘         │      │
┌──────┴─────┴─────┐                      ┌───────┴──────┴───┐
│ 欧洲迪斯尼经营公司 │  租赁协议,租期 20 年  │ 欧洲迪斯尼财务公司 │
│ (有限合伙企业)   │◄───────────────────►│ (普通合伙企业)   │
│ (承租人)        │                      │ (出租人)        │
└────────┬─────────┘                      └─────────┬────────┘
         │  租用、获得                 出租、转让资产,│
         │   控制权                    公司解散       │
         │        ┌──────────────┐               │
         └────────│ 欧洲迪斯尼乐园 │───────────────┘
                  └──────────────┘
```

**图 6-4 欧洲迪斯尼乐园项目的投资结构**

### 本章小结:

合伙制结构是至少两个或两个以上合伙人之间以获利润为目的,共同从事某项投资活动而建立起来的一种法律关系。合伙制结构不是一个独立的法人实体,它只是通过合伙人之间的法律合约成立起来,没有法定的形式,需要在政府注册,这一点与成立一个公司基本相同。在实际运用中,合伙制结构有两种基本形式:一般合伙制和有限合伙制。

一般合伙制,也称为普通合伙制或普通合伙人制,是指所有的合伙人对于合伙制结构的经营、合伙制结构的债务以及其他经济责任和民事责任均负连带的无限责任的一种合伙制。为了维护部分普通合伙人的利益,我国法律允许设立特殊的普通企业。在普通的普通企业,如果一个合伙人或者数个合伙人在执业活动中因故意或者重大过失造成合伙企业债务的,应当承担无限责任或者无限连带责任,其他合伙人以其在合伙企业中的财产份额为限承担责任。

有限责任合伙制,简称有限合伙制或有限合伙企业,是在一般合伙制基础上发展起来的一种合伙制形式,它是指至少包括一个一般合伙人和一个有限合伙人在内的合伙制形式。其中,一般合伙人负责合伙制项目的组织、经营和管理,并承担对合伙制债务的无限责任;有限合伙人则不能参与项目的日常经营管理,而且也只承担着与其投资比例相对应的有限责任,其主要责任是提供一定的资金,故有人称为"被动项目投资者"。在这种结构中,一般合伙人和有限合伙人起到了互相合作、扬长避短的作用。

**本章主要概念：**

普通合伙人　普通合伙企业　有限合伙人　有限合伙企业　特殊的普通合伙企业

**思考题：**

1. 合伙人的种类及其责任。
2. 合伙制企业的种类及其利弊。
3. 选择合伙制投资结构的法律要求。
4. 欧洲迪斯尼乐园项目融资对我们的启示。

# 第七章　信托基金投资结构

信托基金有多种形式，其中在房地产项目和其他不动产项目的投资、在资源性项目的开发以及在项目融资安排中比较经常使用的一种信托基金是单位信托基金（Unit Trust）。信托基金投资结构是一种特殊的项目投资结构，它是借用投资基金的管理结构实施项目融资的相关工作，在投资方式中这种结构属于间接投资形式。

## 第一节　信托基金的运作

信托基金是指通过专门的经营机构将众多投资者的资金汇集起来，由专业投资人士集中进行投资管理，投资者按其投资比例享受投资收益的一种信用工具。关于信托基金的称谓各国不尽相同。如美国称其为互惠基金；英国及中国香港称其为单位信托基金（Unit Trust）；日本和中国台湾称其为证券投资信托基金。一般说来，一个信托基金的建立和运作是建立在信托契约之上的，所谓信托契约（Trust Deed），它与公司的股东协议相似，是规定信托单位持有人、信托基金受托管理人和基金经理人之间法律关系的基本协议。信托基金的运作基本涉及三个当事人，他们是：

1. 信托单位持有人（Unit-holders）：信托单位持有人（类似于公司中的股东）是信托基金资产和其经营活动的所有者。理论上，信托单位持有人不参加信托基金以及信托基金所投资项目的管理。

2. 信托基金受托管理人（Trustee）：信托基金受托管理人代表信托单位持有人持有信托基金结构的一切资产和权益，代表信托基金签署任何法律合同。信托基金受托管理人由信托单位持有人根据信托契约任命并对其负责，主要作用是保护信托基金持有人在信托基金中的资产和权益不受损害，并负责控制和管理信托单位的发行和注册，以及监督信托基金经理的工作。除非信托基金经理的工作与信托单位持有人的利益发生冲突，受托管理人一般不介入日常的基金管理。在采用英美法律体系的国家，信托基金的受托管理人一般由银行或者职业的受托管理公司担任。

3. 信托基金经理（Manager）：信托基金经理由受托管理人任命，负责信托基金及其投资项目的日常经营管理。一些国家规定，受托管理人和信托基金经理必须是由两个完全独立的机构担任。

因此，信托基金的结构在形式上与公司型投资结构近似，也是将信托基金划分为类似于公司股票的信托单位，通过发行信托单位来筹集资金。但是，与公司型结构相比较，信托基金结构还具有以下几个方面的特点：

第一，信托基金是通过信托契约建立起来的，这一点与根据国家有关法律组建的有限责任公司是有区别的。组建信托基金必须要有信托资产，这种资产既可以是动产，也可以是不动产。

第二，信托基金与公司法人不同，不能被作为一个独立法人而在法律上具有起诉权和被起诉权。受托管理人承担信托基金的起诉和被起诉的责任。

第三，信托基金的受托管理人作为信托基金的法定代表，他所代表的责任与其个人责任是不能够分割的。例如，受托管理人代表信托基金签署一项银行贷款协议，受托管理人也就同时为这项贷款承担了个人责任，信托基金的债权人有权利就债务偿还问题追索到受托管理人的个人资产。但是，除极个别的情况，债权人一般同意受托管理人的债务责任被限制于信托基金的资产。

第四，在信托基金结构中，受托管理人只是受信托单位持有人的委托持有资产，信托单位持有人对信托基金资产按比例拥有直接的法律和受益人权益，在任何时候，每一个信托单位的价值等于信托基金净资产的价值除以信托单位总数。

## 第二节　信托基金投资结构在项目融资中的运用

一般地，信托基金参与项目融资的方式主要有：同银行等机构一样为项目提供贷款；购买项目的股权、可转换债券等。而且，信托基金结构在项目融资中的应用，主要是作为一种被动投资形式，或者是为实现投资者特殊融资要求而采用的一种措施。这种投资结构的一个显著特点是易于转让，在不需要时可以很容易地将信托基金中的一切资产资金返还给信托单位持有人。如果一家公司在开发或收购一个项目时不愿意新项目的融资安排反映在公司的财务报表上，但是又希望新项目的投资结构只是作为一种临时性的安排，信托基金结构就是一种能够达到双重目的的投资结构选择。在澳大利亚波特兰项目中，第一国民信托也许正是出于这一考虑选择了信托基金结构这一投资形式。作为基金经理的第一国民管理公司隶属于澳大利亚国民银行，是该银行的投资银行分支机构，主要从事项目的投资咨询、基金管理、项目融资等业务。当美铝澳大利亚公司为波特兰铝厂寻找投资合作伙伴时，第一国民管理公司认为这是一个很好的投资机会，从而发起组建了第一国民资源信托基金，在证券市场公开上市集资，投资收购波特兰铝厂10%的资产。其投资结构如图7-1所示。

在图7-1中，第一国民管理公司在信托基金中没有任何投资，只是被基金的受托管

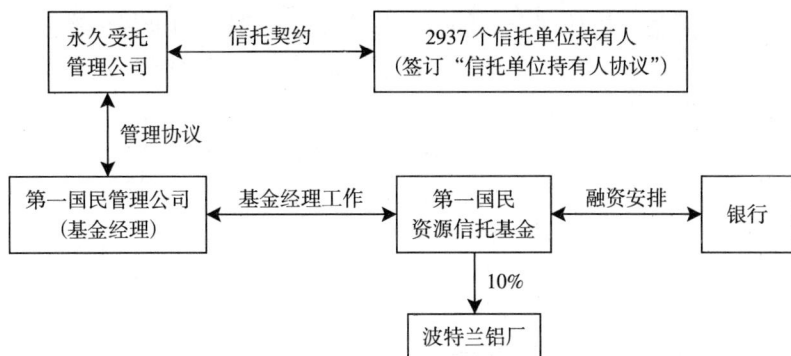

图 7-1　第一国民资源信托基金在澳大利亚波特兰铝厂的投资结构

资料来源：张极井：《项目融资》，中信出版社，2003 年，第 95 页。

理人任命为基金经理，负责信托基金的管理，并以项目投资经理人的身份参与波特兰铝厂项目的管理，负责项目的产品销售、财务安排和其他的经营活动。通过这一投资结构，澳大利亚国民银行以公众集资方式参与了铝工业的生产和市场开发，并从信托基金中获得管理费收入。

但是，由于在项目融资中进行融资的项目一般都是大型基础设施项目，如能源、交通、电信网络等。因而只有规模较大的基金才能参与项目，并且这些基金的管理比较复杂。

# 第三节　信托基金结构应用于项目融资的利弊分析

归纳起来，信托基金结构应用于项目融资具有以下优点：

1. 有限责任。一般来说，信托单位持有人在信托基金结构中的责任是有限的，其责任仅限于在信托基金中已投入的和承诺投入的基金。然而，受托管理人需要承担信托基金结构的全部债务责任，并有权要求以信托基金的资产作为补偿。

2. 融资安排比较容易。信托基金结构与公司型结构类似，可为银行贷款提供一个完整的项目资产和权益作抵押来安排融资。信托基金结构也易于被资本市场接受，需要时可以通过信托单位上市等手段筹集资金。

3. 项目现金流量的控制相对比较容易。信托基金结构在资金分配上与公司型结构不同，法律规定信托基金中的项目净现金流量在扣除生产准备金和还债准备金以后都必须分配给信托单位持有人。从投资者角度看，采用信托基金结构将比公司型结构更好地掌握项目的现金流量。

但是，信托基金结构应用于项目融资中时也存在着以下两个方面的不足：

1. 税务结构灵活性差。虽然信托基金结构是以信托基金持有人作为纳税主体，信托基金的应纳税收入以基金作为核算单位，以税前利润形式分配给信托单位持有人，由其负责缴纳所得税，但是，信托基金的经营亏损在很多情况下却被局限在基金内部结转，用以冲抵未来年份的盈利，而不能像合伙制结构那样将这些亏损直接转移给信托单位持有人，由其根据需要进行税务安排。

2. 投资结构比较复杂。与前三种投资结构相比，信托基金结构有其复杂的一面，除投资者即信托单位持有人和管理公司外，还设有受托管理人，需要有专门的法律协议来规定各个方面在决策中的作用和对项目的控制方法。

### 本章小结：

信托基金是指通过专门的经营机构将众多投资者的资金汇集起来，由专业投资人士集中进行投资管理，投资者按其投资比例享受投资收益的一种信用工具。关于信托基金的称谓各国不尽相同。如美国称其为互惠基金；英国及中国香港称其为单位信托基金；日本和中国台湾称其为证券投资信托基金。一般说来，一个信托基金的建立和运作是建立在信托契约之上的，所谓信托契约，与公司的股东协议相似，是规定信托单位持有人、信托基金受托管理人和基金经理人之间法律关系的基本协议。

信托基金投资结构是一种特殊的项目投资结构，它是借用投资基金的管理结构实施项目融资的相关工作，在投资方式中这种结构属于间接投资形式。

信托基金的运作基本涉及三个当事人，即信托单位持有人、信托基金受托管理人、信托基金经理。信托单位持有人是信托基金资产和其经营活动的所有者，信托单位持有人不参加信托基金以及信托基金所投资项目的管理。信托基金受托管理人是代表信托单位持有人持有信托基金结构的一切资产和权益，代表信托基金签署任何法律合同；信托基金受托管理人由信托单位持有人根据信托契约任命并对其负责，主要作用是保护信托基金持有人在信托基金中的资产和权益不受损害，并负责控制和管理信托单位的发行和注册，以及监督信托基金经理的工作。信托基金经理由受托管理人任命，负责信托基金及其投资项目的日常经营管理。一些国家规定，受托管理人和信托基金经理必须由两个完全独立的机构担任。

### 本章主要概念：

信托基金　信托基金投资结构　信托单位持有人　信托基金受托管理人　信托基金经理

### 思考题：

1. 信托基金投资结构的基本内容。

2. 信托基金投资结构的特点。

3. 选择信托基金投资结构的法律要求。

4. 澳大利亚第一国民管理公司在波特兰铝厂项目融资中选择信托基金投资结构给我们的启示。

# 第三篇 项目融资结构

# 第八章 项目债务融资的种类

按照债务关系，项目债务融资包括三大类：借贷融资、债券（票据）融资和商业信用融资。

## 第一节 借贷融资

借贷融资主要是指金融机构与非金融机构之间的资金融通活动，简称借贷融资，它是历史最悠久、使用最广泛的一种融资手段。借贷融资的形式很多，按照不同的分类标准，货币借贷融资可以分为若干种类。

### 一、用过去的财产融资、用现在的财产融资和用将来的财产融资

按照融资担保物的形态，借贷融资可分为用过去的财产融资、用现在的财产融资和用将来的财产融资。[①]

1. 用过去的财产融资是指在融资活动中债务人以其自身的信誉作为负债的保证，也称"信用融资"，如信用贷款、信用债券。债务人的信誉是在过去的生产经营以及市场活动中形成的，是债务人过去或者以前形成的、现在可以利用的一项无形财产，这项财产不会因为自然灾害而消失，却会因为债务人的某一次的违约而丧失。

2. 用现在的财产融资是指债务人在债务融资活动中以其现有的有形财产作为负债的保证，也称"抵押融资"，如抵押贷款、抵押债券。

3. 用将来的财产融资是指债务人以拟建项目的经济强度，包括项目资产和项目现金流作为负债保证所进行的债务融资，如北美洲一些国家所说的"项目融资"，资产证券化融资、租赁融资等。

---

① 杨开明：《企业融资理论、实务与风险管理》，武汉理工大学出版社，2004 年。

## 二、商业银行借贷融资、政策性银行借贷融资和国际组织借贷融资

按照资金的来源渠道，借贷融资可以分为商业银行借贷融资、政策性银行借贷融资和国际组织借贷融资。

1. 商业银行借贷融资是指经济主体与商业银行之间的借贷行为，包括国内商业银行贷款和国际商业银行贷款。

2. 政策性银行借贷融资是指经济主体与政策性银行之间的借贷行为，如我国的国家开发银行贷款。

3. 国际组织借贷融资是指经济主体与国际组织之间的借贷行为，如世界银行贷款、国际货币基金组织贷款、亚洲开发银行贷款等。

## 三、短期借贷融资和中长期借贷融资

按照融资的期限，借贷融资可分为短期借贷融资和中长期借贷融资。

1. 短期借贷融资一般是指融资期限在一年以内的借贷融资活动，如季节性临时周转借款、票据贴现等。

2. 中长期借贷融资是指融资期限在一年以上的各种借贷融资活动，如商业银行中长期贷款、政策性银行贷款等。

## 四、流动资金借贷融资和固定资金借贷融资

按照资金的用途，借贷融资可分为流动资金借贷融资和固定资金借贷融资。

1. 流动资金借贷融资是指企业等经济主体为维持生产经营的正常运行，根据采购或销售等储备的需要而开展的借贷融资活动。如应收账款证券化融资、存货融资、打包放款、保付代理融资等。

2. 固定资金借贷融资是指企业等经济主体为扩大生产经营规模或者进行长期投资的需要而开展的借贷融资活动。如福费廷融资、出口信贷、基本建设贷款、项目融资。

## 五、短期贷款和长期贷款

1. 短期贷款主要是指贷款期限不超过一年的贷款，其包括：无抵押短期贷款、有抵押短期贷款、保付代理业务。无抵押短期贷款是指金融机构根据借款人的信誉发放的期限一般在一年以内的一类贷款，其主要有：周转贷款、临时贷款和透支。有抵押短期贷款的种类较多，其中最主要的有：存货融资、票据贴现融资、打包放款融资、出口押汇融资、出口托收押汇融资、进口押汇融资、信托收据融资、担保提货或提货担保融资

等。保付代理业务又称保理业务，是指在赊账或承兑交单结算方式下，保理商买进供应商（出口方）以单据表示的对债务人（进口方）的应收账款，并提供信用销售控制、销售分户账管理、债款回收和坏账担保等综合性金融服务。

2. 商业银行中长期借贷融资是指商业银行发放的融资期限超过一年的各类贷款，如银行发放给企业的用于购置固定资产或进行技术革新改造的贷款。此外，商业银行还为房地产开发、基础设施建设和资源及能源的开发提供长期信贷资金。按照债权债务人是否为同一国家，可分为国内商业银行中长期信贷融资、国际商业银行中长期借贷融资。出口信贷是某一国家的政府为了支持和扩大本国大型机器设备或大型工程项目的出口，通过本国金融机构向本国出口商或外国进口商（或进口方银行）提供的，并由出口国政府承担信贷风险的一种中长期贷款，分为买方信贷、卖方信贷和混合贷款。福费廷（Forfaiting）融资又称包买票据，意指放弃某种权利。在国际贸易中，福费廷是指出口方把经进口方承兑和进口方银行担保的期限在 6 个月至 10 年的远期汇票或本票，在无追索权的基础上出售给出口方银行或金融公司，提前取得现金的一种融资形式。政策性银行贷款、土地开发项目融资、收益型房地产融资、房地产借贷融资（包括：固定利率抵押贷款、可变动抵押贷款和共享增值抵押贷款融资，或者普通抵押贷款、有保险的抵押贷款和有担保的抵押贷款）。

## 第二节　债券融资

债券作为一种融资工具或手段，其运用十分广泛普遍，种类也非常多。公司债券是指公司或企业发行的各种债券，按照不同的标准，可以分为以下各类：

### 一、通知公司债券、可提前兑换公司债券、分期偿还公司债券、偿债基金公司债券、双重货币公司债券和有奖有息公司债券

按债券本息偿还的方式，公司债券可划分为通知公司债券、可提前兑换公司债券、分期偿还公司债券、偿债基金公司债券、双重货币公司债券和有奖有息公司债券。

1. 通知公司债券又称为可赎回公司债券，债券发行人可以在债券到期前随时通知偿还债券的一部分或全部。对于可提前偿还的部分债券，通常采用抽签的方法确定。这种债券对发行者较为有利，当市场利率下降时，其就可以通知偿还已发行的债券，同时以较低的利率发行新债券，从而降低融资成本。

2. 可提前兑换公司债券是指投资者有选择权或有权利而非义务，以某一特定价格和日期向发行人收回的债券。

3. 分期偿还公司债券是指企业或公司发行的利率相同但到期日不同的债券。这种债

券是把同时发行的公司债券按照企业或公司收益的预期状况分成若干组，使每一组债券的偿还都与企业或公司的收益状况保持一致。由于每一组债券的偿还都与企业或公司的收益状况保持一致，所以每一组债券的偿还期限都不同。这样既可以降低融资成本，也可以减轻企业或公司还本付息的压力。

4. 偿债基金公司债券是指企业或公司每年从盈利中提存一定比例的偿债基金，以备债券到期偿付本息之用的债券。这种债券本息的偿付有较可靠的保证，故而容易出售。

5. 双重货币公司债券是指发行人可以以一种货币发行而以另一种货币偿还的公司债券。这种债券属于国际债券，其可以提高债券融资的效率。

6. 有奖有息公司债券是指持有者除了可获得固定利息之外，还可以有机会获得奖金的一种公司债券。这是公司为了促销所发行的债券而采取的措施。

## 二、信用公司债券、担保公司债券和抵押公司债券

按照担保类别划分，公司债券可分为信用公司债券、担保公司债券和抵押公司债券。

1. 信用公司债券又称无担保公司债券，是指完全凭公司或企业的信誉，不提供任何抵押品或任何担保人而发行的债券。这种债券大多由信用良好的大企业或大公司发行，期限较短，利率较高。

2. 担保公司债券是指公司或企业在发行债券时由第三方对该债券的还本付息作出担保的债券。

3. 抵押公司债券是指以公司或企业的某些资产作为抵押而发行的债券。若公司或企业在债券到期时不能还本付息，债券持有人有权处理抵押品以资抵偿。由于用作抵押的资产可以多次抵押，通常指定的抵押品市价要大于发行债券总额。在公司或企业清算时，抵押品拍卖所得的价款必须首先偿付给第一抵押债权人，有剩余才支付给第二抵押债权人。所以，第一抵押债权人的保障程度较高，对于第二抵押债权人，公司或企业则通过支付较高利息以补偿其较高的风险。当然，抵押品的存在，也不一定就能保证可以避免债务风险。

## 三、固定利率公司债券、浮动利率公司债券、分息公司债券、收益公司债券、参加公司债券、保值公司债券和零息公司债券

按照债权人的收益划分，公司债券可以分为固定利率公司债券、浮动利率公司债券、分息公司债券、收益公司债券、参加公司债券、保值公司债券和零息公司债券。

1. 固定利率公司债券是指事先确定利率的债券，也称为直线债券。这种公司债券较为常见，特别是短期债券的利率大多都是固定的。

2. 浮动利率公司债券是指债券利率随市场利率变动的一种公司债券。浮动利率公司债券按照利率浮动的方向和程度，可分为正向浮动利率公司债券、逆向浮动利率公司债

券、下限锁住公司债券、上限锁住公司债券和双重限制公司债券。正向浮动利率公司债券的浮动方法是在事先确定的时间里随市场利率的波动附加一定比例作为公司债券的利率。公司发行的长期债券大多采取浮动利率债券，其目的是降低融资成本，但有时候也适得其反。逆向浮动利率公司债券的利率是朝着与基准利率指数相反的方向变动，当市场利率下降时，这种债券的价值上升，其价格及所支付的利息均上升；当市场利率上升时，这种债券的价值下降，其价格及所支付的利息均下降。下限锁住公司债券是指利率的波动有一个下限，当市场利率下降到下限水平时，这种债券自动转为固定利率债券。上限锁住公司债券是指公司债券利率的波动有一个上限，当市场利率上升到上限水平时，这种债券就自动转为固定利率债券直至到偿还。双重限制公司债券是指既规定了浮动上限，也规定了浮动下限的债券，只要市场利率的波动达到上限或下限，这种债券就自动转为固定利率债券。

3. 分息公司债券是指部分利息固定、部分利息随发行人的收益情况而定的公司债券。但随发行人收益而定的部分利息，也不是百分之百与收益挂钩，而是实行上封顶、下保底。例如，债券的利率为 8%~10%，其中 8% 为公司必须支付的固定利息，2% 的利率随公司的收益而变动；公司实现的收益再多，变动利率也就是 2%，若公司的收益少或没有盈利，公司可以不支付 2% 的变动利息，但这不会影响投资者 8% 的固定利息。

4. 收益公司债券是指公司承诺在到期日无条件偿还本金，但利息的多少或有无则取决于公司或企业利润的多少的一种公司债券。这种债券利息收入的风险较高，发行人如果没有较好的盈利记录及良好的信誉，很难成功发行。

5. 参加公司债券（Participating Bonds）是指债券持有人除了可以获得事先规定的利息外，还可以参加公司若干红利分配的公司债券。

6. 保值公司债券是指债券利率与物价指数挂钩从而保证债券持有人不致因为物价上涨而遭受损失的公司债券。

7. 零息公司债券是指折价发行的公司债券。这种债券在到期以前不支付利息，到期后发行人按债券面值偿付，投资者从债券的购买价与到期得到的偿付之间的差价中获利。

## 四、公募公司债券、私募公司债券、直接发行公司债券和间接发行公司债券

按照发行方式划分，公司债券可分为公募公司债券、私募公司债券、直接发行公司债券和间接发行公司债券。

1. 公募公司债券是指按法定手续，经证券主管部门批准在市场上公开发行的公司债券。这种公司债券的发行条件比较严格，报批手续也比较繁琐。但公募公司债券的市场广阔，对于大额融资比较适宜。

2. 私募公司债券是指在特定范围内向特定对象发行的公司债券。这种公司债券较公

募公司债券的发行手续简便，发行成本低，但利率较高。

3. 直接发行公司债券是指由发行人直接向投资者发售的一种公司债券。这种公司债券较少，一般适于发行金额较小的企业或公司。

4. 间接发行公司债券是指通过中介机构或承销商发行的公司债券。绝大多数公司债券都采取间接发行方式，特别是公司发行的债券数额较大时，为了降低发行成本和发行风险，同时也是为了执行有关法律法规的规定，公司应采取间接发行方式进行债券融资。

## 五、国内市场公司债券和国际市场公司债券

按照市场划分，公司债券可分为国内市场公司债券和国际市场公司债券。

1. 国内市场公司债券是指以本国货币作为面值并在本国金融市场发行流通的公司债券。

2. 国际市场公司债券是指以其他国家的货币作为面值在货币所在国或者其他国家的金融市场发行流通的公司债券，也称为国际债券。国际市场公司债券或国际债券有两种：外国证券和欧洲债券。

外国债券是指由外国发行人在另一国的金融市场并以该国货币为面值所发行的债券，如中国公司在美国国内的金融市场以美元为面值所发行的债券就是一种外国债券。发行外国债券必须得到发行所在地国家证券监管机构的同意，并接受该国金融法令的制约。在美国发行外国债券要在美国证券交易委员会办理注册登记，在日本发行外国债券要经过日本大藏省的批准，在德国外国债券的发行由德国 6 家主要银行组成的"外国债券委员会"来调节。在美国发行的外国债券称为"扬基债券"（Yankee Bonds），在日本发行的外国债券称为"武士债券"，在英国伦敦发行的外国债券称为"猛犬债券"。

欧洲债券是发行人在本国之外的市场上发行的，不以发行所在地国家的货币计值，而是以其他可自由兑换货币为面值的一种国际债券。这种债券的发行人、货币单位、发行地点分别属于不同的国家，如美国公司在英国金融市场发行的以德国马克为面值的国际债券。欧洲债券也不是仅指在欧洲发行的这种债券，而是指一国发行人在另一国以第三国货币为面值发行的债券。如美国公司在香港市场以英镑为面值发行的债券，也是一种欧洲债券。欧洲债券的发行不受任何国家法律的限制，是一种无国籍债券，是一种完全自由的债券。欧洲债券的发行人可以是一家公司，也可以是政府机构或金融机构。

外国债券和欧洲债券除了上面定义中所提到的发行市场不同外，还有如下区别：①发行方式的差异。外国债券由面值货币所在国家的证券公司、金融公司、财务公司等机构组成承销团承购债券，常常采用公募和私募两种方式发售债券。在美国、日本和法国等国际上大多数市场，公募发行债券要在证券主管部门登记、受其调节和监控。而私募发售债券则无须向有关部门登记，政府调节少。欧洲债券的发行往往由欧洲债券市场的一家或数家大银行牵头，联合多家银行等金融机构组成承销团对债券进行全球配售，

大多数欧洲债券采用公募发行，发行时不必向债券面值货币所在国或销售市场所在国的证券主管部门登记，受政府调节和监控少。债券发售后，可申请在证券交易所挂牌上市。②发行货币的选择。外国债券的货币仅限于债券所在国市场的货币，发行人若确定在某一国市场发行债券，则只能选择该国货币为面值货币；而欧洲债券的发行人则可视各国不同的利率、货币汇率和市场供求等因素的现状及未来走势选择一种对发行人最有利的货币。③管理法律。外国债券的发行和交易必须受债券市场所在国有关法令的管理和约束；而欧洲债券的发行一般不受面值货币所在国或市场所在国金融法律的管制，无须政府部门批准，但债券发行协议中应注明一旦发生纠纷应以哪国法律为准。目前，欧洲债券市场设有两个独立于任何一国政府的机构来管理欧洲债券发行市场和交易市场：国际初级市场协会（IPMA）负责管理所有与一级市场有关的债券发行事务；国际二级市场协会（ISMA）负责管理二级市场的交易。④税收政策的差异。外国债券发行人必须根据债券市场所在国的法律交纳税金；而欧洲债券实际上是一种无国籍债券，采取无记名形式，其发行人无须交纳税金，每年付息一次，投资者的利息收入免征预扣税。

## 六、记名公司债券和不记名公司债券

按照是否记名，公司债券可分为记名公司债券和不记名公司债券。

1. 记名公司债券是指载明持有者姓名，凭印鉴支取本息，可挂失，转让时须向发行公司登记并办理过户手续的公司债券。

2. 不记名公司债券是指不载明持有人姓名的公司债券。这种公司债券通常附有息票以供持有人向代付机构收取利息，其最大的优点是转让手续方便，不需要办理过户登记。

## 七、可转换公司债券和附新股认购权公司债券

按照与股票的关系，公司债券可分为可转换公司债券和附新股认购权公司债券。

1. 可转换公司债券（Convertible Bonds）是指持有人可以在一定时间内按约定的条件转换成公司普通股的公司债券。当公司想发行股票融资而又遇股价偏低时，发行可转换公司债券可以在比较有利的条件下获得所需的资金。而投资者购买可转换公司债券也具有较大的灵活性，当未来股票价格上涨时，投资者可以行使转换权将公司债券转换成公司普通股，如果股票价格没有达到预期的水平，投资者在债券到期时收回本金利息。可转换公司债券是一种中长期混合性金融工具，市场化程度和风险较高，能满足投资者在保值基础上寻求最大增值的欲望，较受投资者欢迎。

2. 附新股认购权公司债券（Bonds with Warrants）是指债券持有人有权按约定的条件认购公司新发股票的公司债券。附新股认购权公司债券有分离型和不可分离型两类，分离型是指在债券之外另发给新股认购权凭证，这样新股认购权凭证就可以单独买卖；

不可分离型是指债券与新股认购权证是一个整体,只能整体买卖,债券和新股认购权证都不能单独转让。

## 八、上市债券与非上市债券

按照流通性,公司债券可分为上市债券与非上市债券。国际惯例,公司债券与股票一样,也有上市与非上市之区别。上市债券(Listed Bonds)是经有关机构审批,可以在证券交易所买卖的债券。

债券上市对发行公司和投资者都有一定的好处:上市债券因其符合一定的标准,信用度较高,能卖较好的价钱;债券上市有利于提高发行公司的知名度;上市债券成交速度快,变现能力强,更易于吸引投资者;上市债券交易便利,成交价格比较合理,有利于公平筹资和投资。发行公司欲使其债券上市,需要具备规定的条件标准,并提出申请,办理一定的程序。

公司债券的种类很多,各国公司债券的名称也不完全相同。

在美国,公司债券主要有以下几种:抵押债券(是指以某些特定物质资产作担保而发行的债券,按债权的大小其可分为一级抵押债券、二级抵押债券)、公司信用债券(是指以公司的良好信誉作担保而发行的债券)、设备信托证券(因购买专用资产而发行的债券)、附属担保信托债券(靠其他公司股票或债券来支持的债券)、收入债券(债券利息根据公司盈利水平确定的债券)、有投票权债券(债券持有者对公司的管理有一定的发言权和表决权)、可转换债券(可转换成普通股股票的债券)、高收益债券(垃圾债券)、抵押担保债券(为增加房地产抵押贷款的流动性而设计的债券,也称抵押支持债券)、资产担保证券(是指以汽车贷款、信用卡应收款等为担保而发行的债券,也称资产支持债券)等。

在英国,公司债券有以下几种:全面抵押债券(将公司资产抵押给银行,由银行担保发行的债券)、固定公司债券(以公司固定资产担保发行的债券)、流动公司债券(以公司流动资产作抵押发行的债券)、收益公司债券(只能从公司利润中支付利息的债券)、可赎回公司债券(可提前偿还的债券)、三明治债券(由发债公司、提供贷款的银行和财务公司达成协议后发行的债券)和无担保公司债券等。

在日本,公司债券主要有以下几种:事业债券(由事业公司发行的债券,如电力债券、地铁债券、广播协会债券等)、可转换公司债券、附新股认购权公司债券等。

在我国,工商企业单位发行的债券,在《公司法》中被称为公司债券,在《企业债券管理条例》中被称为企业债券。我国工商企业发行的债券主要有以下几种:地方企业债券(是指由我国全民所有制工商企业发行的债券,其他企业难以获得债券融资的机会)、重点企业债券(是指由电力、冶金、有色金属、石油、化工等部门的国家重点企业向企业、事业单位发行的债券)、附息票企业债券(是指附有息票、期限为5年左右的中期债券)、利随本清的存单式企业债券(是指按平价发行、期限在1~5年、到期一次还本付息的债券）、产品配额企业债券（是指由发行人以其产品等价支付利息，到期偿还本金的债券）、公司债券（是指股份有限公司、国有独资公司、国有企业或国有投资主体投资设立的有限责任公司所发行的债券）、可转换公司债券（上市公司和国有重点企业才能发行）和企业短期融资券（是指期限为 3~9 个月的债券）。

## 第三节　商业信用融资

商业信用融资是指商品劳务交易者或企业之间利用实物运动与货币运动在时间上的不一致所形成的一种债权债务关系，是企业或公司等经济组织除了货币借贷、债券（包括票据）买卖以外的第三条融资渠道。[①] 商业信用融资的方式包括：延期付款、分期付款、预付货款、租赁、补偿贸易和典当等。

### 一、延期付款

延期付款（Deferred Payment）是指双方约定 90 天以上的进口项下贸易融资。其做法是，买卖双方签订合同后，买方一般要预付一小部分货款作为定金。有的合同还规定，按工程进度和交货进度分期支付部分货款，但大部分货款是在交货后若干年内分期摊付，即采用远期信用证支付。延期支付的那部分货款，实际上是一种赊销，等于是卖方给买方提供的商业信贷，因此，买方应承担延期付款的利息。在延期付款的条件下，货物所有权一般在交货时转移。

延期付款是指商品的买方在缺乏货币支付能力又急于取得商品的情况下，通过与卖方协商，采取推迟支付货款的方式进行交易，或者说就是卖方对买方先提供商品或劳务，展期收回货款，从而对买方提供商业信用。在国际贸易中，延期付款属于国际信用中的卖方信贷的范畴。卖方提供这种商业信用是为了促进机器设备等重型物资的销售。卖方在向买方提供商业信用时，往往需要向银行贷款并支付贷款利息。为了防范买方的支付风险，卖方通常要求买方按照货款的一定比例（如 5%~10%）交付定金，其余大部分货款，由买方在收到货物后 3~5 年甚至更长的期限内（如 15 年）付清货款。当然，买方为了规避风险，在提交定金时，必须事先获得卖方提供的销售许可证、卖方银行开具的退款保证书或备用信用证。

---

① 林加奇：《第三条融资渠道　解读现代商业信用》，江西人民出版社，2002 年。

## 二、分期付款

分期付款大多用在一些生产周期长、成本费用高的产品交易上。如成套设备、大型交通工具、重型机械设备等产品的出口。分期付款的做法是在进出口合同签订后，进口人先交付一小部分货款作为订金给出口人，其余大部分货款在产品部分或全部生产完毕装船付运后，或在货到安装、试车、投入以及质量保证期满时分期偿付，是购买商品和劳务的一种付款方式。买卖双方在成交时签订契约，买方对所购买的商品和劳务在一定时期内分期向卖方交付货款。每次交付货款的日期和金额均事先在契约中写明。

分期付款方式是在第二次世界大战以后发展起来的。开始时只局限于一般日用商品或劳务的购买。后来，随着生产力的迅速发展，工、农业生产的规模日益扩大，所需费用增大，加之银行信用的发展，分期付款的领域扩大到企业购买大型机器设备和原材料上。

分期付款实际上是卖方向买方提供的一种贷款，卖方是债权人，买方是债务人。买方在只支付一小部分货款后就可以获得所需的商品或劳务，但是因为以后的分期付款中包括有利息，所以用分期付款方式购买同一商品或劳务，所支付的金额要比一次性支付的货款多一些。

分期付款与延期付款的区别：①采用分期付款，其货款是在交货时付清或基本付清；而采用延期付款时，大部分货款是在交货后一个相当长的时间内分期摊付。②采用分期付款时，只要付清最后一笔货款，货物所有权即行转移；而采用延期付款时，货物所有权一般在交货时即转移。采用分期付款，买方没有利用卖方的资金，因而不存在利息问题；而采用延期付款时，由于买方利用了卖方的资金所以就存在买方需支付利息的问题，延期付款是买方利用外资的一种形式，一般货价较高。③在采用分期付款或延期付款时往往将汇付、托收和信用证付款三者结合使用，即主要货款采取信用证付款方式，少量货款或货款尾数则采用汇付或托收方式。

## 三、预付货款

预付货款（Pay by Instalments 或 Instalment Credit）是指买方（进口商）先将货款的全部或者一部分通过银行汇交卖方（出口方），卖方收到货款后，根据买卖双方事先约定好的合同规定，在一定时间内或立即将货物发运给出口商。

预付货款对出口商是有利的，因为对于出口商来说，货物未发出，已经收到一笔货款，等于利用他人的款项，或者等于得到无息贷款；收款后再发货，预收的货款成为货物担保，降低了货物出售的风险；如果进口商毁约，出口商即可没收预付款，出口商甚至还可以做一笔无本钱的生意，在收到货款后再去购货。反过来，预付货款对进口商是不利的，因为进口商未收到货物，已经先垫款，将来如果货物不能收到或不能如期收到，或即使收到货物却有问题时，将遭受损失和承担风险；而且，货物到手前付出货款，资金被他人占用，造成利息损失甚至是资金周转困难。预付货款不仅在国际贸易中被运用，而且在国内贸易中也被运用。

## 四、租赁

租赁是指按照达成的契约协定，出租人把拥有的特定财产（包括动产和不动产）在特定时期内的使用权转让给承租人，承租人按照协定支付租金的交易行为。

租赁在社会上的产生与发展源远流长。最初的租赁物主要是土地、建筑物等不动产。1952 年，世界上第一家专业租赁公司——美国租赁公司正式成立。其后租赁范围逐步扩展到企业生产、加工、包装、运输、管理所需的机器设备等动产领域。现在租赁业已经成为一个充满生机和活力的产业。据美国租赁协会统计，1989 年该国租赁契约金额为 1224 亿美元，占当年全部资本投资的 33%，可见租赁业在资本投资中所占的重要地位。

现代租赁就是在企业需要机器设备时，由租赁公司直接购入该项设备之后再转租给企业，以"融物"代替"融资"，为企业开辟了一条获取机器设备的新途径。其主要理念源于"只有通过资产的使用——而不是拥有资产，才能形成利润"。

租赁业的种类或形式十分繁多，如租赁、融资租赁、干租赁与湿租赁、经营性租赁、资本性租赁、转租赁、杠杆租赁、出售回租、单一投资者租赁、销售式租赁、租购、节税租赁与非节税租赁等。并且，在这些租赁业的分类中，还存在着同一种租赁交易安排被冠以不同的名称的现象，如杠杆租赁又被称为衡平租赁，融资租赁又可称为资本性租赁，还可被称为设备租赁。或同一名称却反映着不同的租赁交易安排，如经营性租赁在我国的含义完全不同于其在国际上通行的含义。

融资租赁的发展最快。美国租赁专家 Sudhir P. Amembal 先生把融资租赁的发展分为以下五个阶段：简单融资租赁阶段、融资租赁创新阶段、经营性融资租赁阶段、融资租赁新产品阶段、融资租赁成熟阶段。

简单融资租赁阶段是指出租人按照承租人的要求购置财产（如设备），然后出租给承租人使用，承租人定期支付租金，租赁期满，承租人享有退租、续租或留购选择权的一种长期租赁形式。其特点是：①合同的不可解约性。②租赁设备的所有权最终转移给承租人。③租金的计算与支付比较单一。④出租人不提供交付使用后的服务。

融资租赁创新阶段，其创新表现在：①可以根据承租人的实际情况，选择不均等支付租金。②租期可以延长至超过租赁物的法定使用年限。③出租人提供相关服务。④承租人有续租、退租或者固定价格购买的权利。

经营性融资租赁阶段，是将自有产品出租给客户进行经营活动的租赁。即经营性租赁，区别于融资性租赁。在经营性租赁中，承租人不需要在自己的资产负债表中反映租赁物、不计折旧、租金可计入成本。

融资租赁新产品阶段主要是指已有的各种融资租赁方式与金融创新的结合，如专门投资于租赁交易的投资基金、与项目融资相结合的项目租赁、与风险投资相结合的风险租赁。

融资租赁成熟阶段的标准是：①市场饱和，租赁产品之间的差异已经很小，出租人通过内部管理提高盈利水平。②租赁市场上出现通过兼并、合资、股票操作等方式实现租赁公司的联合。③租赁业务开始迈出国门，把开拓国际市场作为增加收入的手段。

## 五、补偿贸易

所谓补偿贸易是指以信贷方式引进外资、技术、设备和原材料，然后以产品分期偿还价款的一种贸易形式。具体做法是：由外国厂商直接提供，或利用国外的出口信贷购进所需的生产技术和设备等，用以建设新厂或改造老厂，项目竣工后，中方在约定的时间内用所购买的技术设备生产的产品，或双方约定的其他商品，分期偿还技术设备价款或贷款本息。 补偿贸易的种类繁多，大致上可依下列三种方式加以分类：

1. 按产品补偿方式，可分为直接补偿与间接补偿。用引进的技术和物料直接生产的产品叫直接产品，用直接产品偿还的叫直接补偿，又叫产品返销（简称返销）。此种方式一般适用于设备和技术贸易，也有人称为"工业补偿"。 间接补偿是指偿还外商的产品，不是用引进的技术和物料直接生产出来的产品，而是双方均能接受的、等值的其他产品，故又称等价商品补偿，也叫商品换购（简称换购）。

2. 按产品补偿所占的比例，可分为全额补偿与部分补偿。全额补偿是指合同价款（包括贷款本息）百分之百用产品偿还。 部分补偿是指合同价款用部分产品、部分现汇来偿还。"部分现汇"一般是指用一定百分比的现金支付定金（通常在 15% 以下）。

3. 按补偿贸易的行为主体，可分为双边补偿、多边补偿。双边补偿是指补偿贸易的参加者仅有两方，引进设备技术方向外商补偿。 多边补偿是指补偿贸易的参加者是多国多方，即提供技术设备的一方不一定就是借贷者，也未必是产品返销的接受者，它可以是三边补偿或四边补偿。这种方式的补偿贸易比较复杂。其特点是：由第三国代替首次进口的中国一方承担或提供补偿产品的义务。这种情况一般发生在对外签有支付清算协定的国家。例如中国与伊朗签有支付协定，进行记账贸易，并经常处于顺差状态，但伊朗没有合适的产品可供中国进口；与此同时，中国需要进口意大利的设备和技术，但苦于外汇短缺，想利用补偿贸易方式进口。经中国同意大利谈判以后，知道意大利需要伊朗可供出口的产品，伊朗也愿意向意大利出口。于是，中国便利用支付协定所赋予的购买第三国产品的权力，用伊朗的产品交换意大利的设备和技术。这种贸易就是多边补偿，也叫转手补偿。

补偿贸易最先被用于国际收支和国际贸易，如 20 世纪 30 年代，德国为了应付国际收支恶化给外贸带来的困境，与许多国家订立"补偿协议"，要求对德出口国必须购买等值的德国商品。20 世纪 60 年代末期至 70 年代，补偿贸易成为苏联以及东欧各国对西方发达国家贸易的一种重要方式。苏联将用进口设备技术生产的产品，分期返销给设备技术的出口国，以偿还应付的货款与利息。

补偿贸易是"货易货"方式与信用交易的结合，目前其不仅通行于国际贸易，也用于国内的商品交易。

## 六、典当

典当业是人类最古老的行业之一，堪称现代金融业的鼻祖，是抵押银行的前身。中国是世界上最早出现典当活动并形成典当业的国家之一。经考证，中国的典当业萌芽于东西两汉，肇始于南朝佛寺长生库，入俗于唐五代市井，立行于南北宋朝，兴盛于明清两季，衰落于清末民初。康熙时，据税收资料估计，全国至少有典当两万余家。乾隆时，北京城内外有官民开设的大小当铺六七百家。

根据商务部、公安部颁布，2005年4月1日起施行的《典当管理办法》规定，所谓典当，是指当户将其动产、财产权利作为当物质押或者抵押给典当行，交付一定比例费用，取得当金，并在约定期限内支付当金利息、偿还当金、赎回当物的行为。通俗地说，典当就是要以财物作质押，有偿有期借贷融资的一种方式。这是一种以物换钱的融资方式，只要顾客在约定时间内还本并支付一定的综合服务费（包括当物的保管费、保险费、利息等），就可赎回当物。

# 第四节　项目债务融资的管理

## 一、借贷融资的管理

1. 借贷融资的原则。按照《贷款通则》的规定，贷款的发放和使用应当符合国家的法律、行政法规和中国人民银行发布的行政规章，应当遵循效益性、安全性和流动性的原则。债务人与债权人的借贷活动应当遵循平等、自愿、公平和诚实信用的原则。债权人开展贷款业务，应当遵循公平竞争、密切协作的原则，不得从事不正当竞争。

2. 贷款期限。贷款期限根据债务人的生产经营周期、还款能力和贷款人的资金供给能力由借贷双方共同商议后确定，并在借款合同中载明。自营贷款期限最长一般不得超过10年，超过10年应当报中国人民银行备案。

不能按期归还贷款的，借款人应当在贷款到期日之前，向贷款人申请贷款展期。是否展期由债权人决定。申请保证贷款、抵押贷款、质押贷款展期的，还应当由保证人、抵押人、出质人出具书面的同意证明。已有约定的，按照约定执行。

短期贷款展期期限累计不得超过原贷款期限；中期贷款展期期限累计不得超过原贷款期限的一半；长期贷款展期期限累计不得超过 3 年。国家另有规定者除外。借款人未申请展期或申请展期未得到批准，其贷款从到期日次日起，转入逾期贷款账户。

3. 贷款利率。债权人应当按照中国人民银行规定的贷款利率的上下限，确定每笔贷款利率，并在借款合同中载明。债权人和债务人应当按借款合同和中国人民银行有关计息规定按期计收或交付利息。贷款的展期期限加上原期限达到新的利率期限档次时，从展期之日起，贷款利息按新的期限档次利率计收。逾期贷款按规定计收罚息。

根据国家政策，为了促进某些产业和地区经济的发展，有关部门可以对贷款补贴利息。对有关部门贴息的贷款，承办银行应当自主审查发放，并根据本通则有关规定严格管理。除国务院决定外，任何单位和个人无权决定停息、减息、缓息和免息。贷款人应当依据国务院决定，按照职责权限范围具体办理停息、减息、缓息和免息。

4. 债务人的条件。债务人申请贷款，应当具备产品有市场、生产经营有效益、不挤占挪用信贷资金、恪守信用等基本条件，并且应当符合以下要求：①有按期还本付息的能力，原应付贷款利息和到期贷款已清偿；没有清偿的，已经做了贷款人认可的偿还计划。②除自然人和不需要经工商部门核准登记的事业法人外，应当经过工商部门办理年检手续。③已开立基本账户或一般存款账户。④除国务院规定外，有限责任公司和股份有限公司对外股本权益性投资累计额未超过其净资产总额的 50%。⑤借款人的资产负债率符合贷款人的要求。⑥申请中期、长期贷款的，新建项目的企业法人所有者权益与项目所需总投资的比例不低于国家规定的投资项目的资本金比例。

5. 对借款人的限制：①不得在 1 个贷款人同一辖区内的两个或两个以上同级分支机构取得贷款。②不得向贷款人提供虚假的或者隐瞒重要事实的资产负债表、损益表等。③不得用贷款从事股本权益性投资，国家另有规定的除外。④不得用贷款在有价证券、期货等方面从事投机经营。⑤除依法取得经营房地产资格的借款人以外，不得用贷款经营房地产业务；依法取得经营房地产资格的借款人，不得用贷款从事房地产投机。⑥不得套取贷款用于借贷牟取非法收入。⑦不得违反国家外汇管理规定使用外币贷款。⑧不得采取欺诈手段骗取贷款。

## 二、债券（票据）融资的管理

1. 发行公司债券融资的条件。根据我国《公司法》的规定，发行公司债券必须符合下列条件：①股份有限公司的净资产额不低于人民币 3000 万元，有限责任公司的净资产额不低于人民币 6000 万元。②累计债券总额不超过公司净资产的 40%。③最近三年平均可分配利润足以支付公司债券一年的利息。④筹资的资金投向符合国家产业政策。⑤债券的利率不得超过国务院限定的利率水平。⑥国务院规定的其他条件。

此外，发行公司债券所筹集的资金，必须按审批机关批准的用途使用，不得用于弥补亏损或非生产性支出。

发行公司发生下列情形之一的，不得再次发行公司债券：①前一次发行的公司债券尚未募足的。②对已发行的公司债券或者其债务有违约或者延迟支付本息的事实，且仍处于继续状态的。

2. 发行可转换公司债券融资的条件。根据我国《可转换公司债券管理暂行办法》的规定，上市公司发行可转换公司债券融资应当符合以下条件：①最近三年连续盈利，且最近三年净资产利润率平均在10%以上；属于能源、原材料、基础设施类的公司可以略低，但是不得低于7%。②可转换公司债券发行后，资产负债率不得高于70%。③累计债券余额不超过公司净资产的40%。④募集资金的投向符合国家产业政策。⑤可转换公司债券的利率不超过银行同期存款的利率水平。⑥可转换公司债券的发行额不少于1亿元人民币。⑦国务院证券委员会规定的其他条件。

重点国有企业发行可转换公司债券融资，除了应当符合上述③、④、⑤、⑥、⑦等项条件外，还应当符合下列条件：①最近三年连续盈利，且最近三年的财务报告已经经具有从事证券业务资格的会计师事务所审计。②有明确的、可行的企业改制和上市计划。③有可靠的偿债能力。④有具有代为清偿债务能力的保证人的担保。

发行人申请可转换公司债券上市，还必须符合证券交易所规定的条件。按照上海证券交易所的规定，可转换公司债券的上市必须符合以下条件：①经证券主管部门批准并公开发行。②可转换公司债券的发行额在1亿元人民币以上。③可转换公司债券的期限在3年以上，但不超过5年。④可转换公司债券的利率不超过国家规定的利率水平。⑤国家法律法规及证券交易所规定的其他条件。此外，一些特殊债券的发行，一般都有其特殊的条件。

3. 票据融资是指商业汇票的承兑、贴现、转贴现和再贴现等业务，对于普通企业而言，主要是承兑和贴现两种形式。根据《中华人民共和国票据法》及《票据管理实施办法》、《商业汇票承兑、贴现与再贴现管理暂行办法》的有关规定，票据的签发、取得、转让及承兑、贴现、转贴现、再贴现应以真实、合法的商业交易为基础，而票据的取得，必须给付对价。显而易见，我国现行法律、法规是禁止纯粹融资性票据的。

## 三、商业信用融资的管理

按照商业信用的构成内容，商业信用融资（Commercial Credit Financing）的管理，包括：延期付款的管理、预付货款的管理、租赁的管理、补偿贸易的管理和典当的管理。

1. 延期付款的管理。根据国家外汇管理局《贸易信贷登记管理（延期付款部分）操作指引》（2008年9月）的规定，企业进口货物贸易项下延期付款应按规定进行登记和管理。自2008年10月1日（含，下同）起，企业货到付款项下（仅指TT和托收，不包括信用证和海外代付）超过90天（不含，下同）的延期付款，须登录国家外汇管理局网上服务平台上的贸易信贷登记管理系统（网址：www.safesvc.gov.cn）（以下简称"系统")办理逐笔登记。企业延期付款年度对外付汇额不得超过该企业上年度进口付汇总额的一定比例（以下简称"延期付款基础比例"）。企业本年度已登记延期付款项下对外付汇的累计发生额不得超过企业延期付款年度对外付汇额。银行在为企业办理超过 90 天的延期付款对外支付时，须在系统中核对该笔延期付款是否经过外汇局确认。银行为经确认的延期付款对外支付时，须在系统中对该笔延期付款办理相应的注销手续。企业延期付款基础比例原则上不得超过 10%，大型成套设备进口企业等除外。系统初始将企业延期付款基础比例统一设定为 10%，即企业超过 90 天的延期付款的年度对外付汇额不得超过其上年度进口付汇总额的 10%。

对有下列情况的企业，外汇局应对其延期付款的登记、使用和注销情况进行定期事后监督和非现场检查：①延期付款基础比例超过 20% 的企业。②延期付款确认申请频率较高（每月超过 3 次）、规模较大（每次申请额度超过 100 万美元）的企业。③预计延付期限超过 1 年且延期付款余额规模超过 500 万美元的企业。

2. 预付货款的管理。根据国家外汇管理局《贸易信贷登记管理系统（预付货款部分）操作指引》的规定，自 2008 年 11 月 15 日起，企业新发生进口预付货款，须登录国家外汇管理局网上服务平台上的贸易信贷登记管理系统办理逐笔登记和注销手续。企业预付货款可付汇额度由该企业前 12 个月进口付汇情况、企业预付货款登记情况及企业的行业特点等确定。

企业预付货款可付汇额度 = 企业前 12 个月进口付汇额 × 基础比例 −（已确认付汇登记金额 − 预付货款注销确认金额）。其中，基础比例原则上不超过 10%，大型成套设备进口企业的基础比例经外汇局核准后最高可调整到 30%，其他企业的预付货款基础比例最高不超过 20%。

3. 租赁（Rent）的管理。按照中国银行业监督管理委员会《金融租赁公司管理办法》（2006 年 12 月）的规定，经中国银行业监督管理委员会批准，金融租赁公司可经营下列部分或全部本外币业务：融资租赁业务；吸收股东 1 年期（含）以上定期存款；接受承租人的租赁保证金；向商业银行转让应收租赁款；经批准发行金融债券；同业拆借；向金融机构借款；境外外汇借款；租赁物品残值变卖及处理业务；经济咨询；中国银行业监督管理委员会批准的其他业务。金融租赁公司不得吸收银行股东的存款。金融租赁公司经营业务中涉及外汇管理事项的，需遵守国家外汇管理有关规定。

4. 补偿贸易（Compensation Trade）的管理。补偿贸易是指由外国厂商或者利用国外出口信贷进口生产技术和设备，由我方企业进行生产，以返销其产品的方式分期偿还对方技术、设备价款或贷款本息的交易方式。直接用国内产品同国外厂商交换设备、原材料、元器件或成品，以货换货，属于易货贸易，不属补偿贸易的范围。

补偿贸易引进技术设备如属进口许可证或特定产品目录管理的商品，应向经贸部主管部门申领进口货物许可证或报国家机电进出口办审批。海关凭上述进口许可证或机电产品进口证明予以办理有关手续。补偿贸易项下进口技术设备，自进口之日起至补偿产品出口全部偿还设备价款为止，属海关监管货物。未经经贸主管部门批准和报经主管海关核准许可，任何单位或个人均不得擅自出售、转让或提取移作他用。如因故确需变卖处理的，在征得上述有关部门批准许可后，应按一般贸易办理有关进口手续。

按照国家补偿贸易的管理规定，除经批准在过渡宽限期内的补偿贸易项目外，自1996年4月1日起取消补偿贸易项目进口加工设备免征关税和进口环节税的规定。上述贸易项目进口的设备按一般贸易管理规定办理手续，其进口设备一律照章征税。

5. 典当的管理。按照商务部、公安部《典当管理办法》（2005年第8号令）的规定，典当行经批准可以经营下列业务：动产质押典当业务；财产权利质押典当业务；房地产（外省、自治区、直辖市的房地产或者未取得商品房预售许可证的在建工程除外）抵押典当业务；限额内绝当物品的变卖；鉴定评估及咨询服务；商务部依法批准的其他典当业务。典当行不得经营下列业务：非绝当物品的销售以及旧物收购、寄售；动产抵押业务；集资、吸收存款或者变相吸收存款；发放信用贷款；未经商务部批准的其他业务。典当行不得收当下列财物：依法被查封、扣押或者已经被采取其他保全措施的财产；赃物和来源不明的物品；易燃、易爆、剧毒、放射性物品及其容器；管制刀具，枪支、弹药，军、警用标志、制式服装和器械；国家机关公文、印章及其管理的财物；国家机关核发的除物权证书以外的证照及有效身份证件；当户没有所有权或者未能依法取得处分权的财产；法律、法规及国家有关规定禁止流通的自然资源或者其他财物。典当行不得有下列行为：向商业银行以外的单位和个人借款；与其他典当行拆借或者变相拆借资金；超过规定限额从商业银行贷款；对外投资。典当行收当国家统收、专营、专卖物品，须经有关部门批准。

## 第五节　影响项目债务融资的主要因素

### 一、债务人对债务融资的要求

债务人对债务融资的要求包括三个方面：通过负债获得一定利益、获得一定收益和实现无追索融资。

1. 债务融资的利益。负债可以给项目发起人带来一定利益，其包括：①降低发起人的风险，即将项目投资的部分风险通过债务融资转移给债权人。②减轻项目发起人向项目投入资金的压力，因为项目所需资金只能通过股本融资或债务融资解决，债务融资的额度高、股本融资的额度就可以降低。③提高每股盈利水平，即债务融资可以减税，从而提高每股盈余。如无负债企业与负债企业，其资本总额相同，均为1000万元，息税前利润相同，均为300万元；但后者负债500万元、利率为10%。这样，无负债企业的每股盈利为0.225元，负债企业的每股盈利为0.375元。即负债可以提高公司每股盈利、增加股东收益（如表 8-1 所示）。

表 8-1　无负债企业与负债企业的每股盈利比较

| 项　目 | 无负债企业 | 负债企业 |
|---|---|---|
| 资本总额 | 1000 万元 | 1000 万元 |
| 股本 | 1000 万股 | 500 万股 |
| 债务 | 0 | 500 万元 |
| 利率 | 0 | 10% |
| 利息费用 | 0 | 50 万元 |
| 税前利润 | 300 万元 | 300 万元 |
| 应税利润 | 300 万元 | 250 万元 |
| 所得税率 | 25% | 25% |
| 应纳所得税 | 75 万元 | 62.5 万元 |
| 净利润 | 225 万元 | 187.5 万元 |
| 每股盈利 | 0.225 元 | 0.375 元 |

2. 债务融资的成本。融资成本是指融资活动中经济主体作为融入资金方或者资金需求方所花费的代价，包括融资交易费用、资金使用费用、融资机会成本、融资风险成本和融资代理成本等。

（1）债务融资交易费用。是指经济主体在融资活动的交易阶段所支付的各种费用，如发行债券融资所支付的证券印刷费、宣传广告费、发行手续费、资信评估费、律师审计费和咨询费用等。

（2）债务资金使用费用。是指在融资活动中资金需求方因占用他人资金所付出的代价，如资金占用费、利息和手续费等。降低债务融资使用费的途径，是尽可能利用有关的税收优惠政策。

（3）债务融资机会成本。是指经济主体在内源融资中所放弃的收益。经济学的一般原理告诉我们，每一种资源都可以有多种用途，而这些资源又是十分稀缺的，因而我们将一种资源用于某一种用途，就不得不放弃将这种资源用于其他用途的机会；我们放弃这种机会，也就是放弃了在这些用途中可能得到的收益；这些收益中的最高值，就是将该资源由于某种特定用途而付出的代价或者成本，即机会成本。

（4）债务融资风险成本。主要是指经济主体在履行债务融资协议（如还本付息义务）时陷入困境或出现危机所发生的各种费用，或者是指由于债务融资可能导致企业破产或陷入财务困境所产生的费用。

（5）债务融资代理成本。是指在企业所有权和控制权分离的情况下由"委托—代理"问题引发的各种费用。融资代理成本由监督成本、约束成本以及执行契约时成本超过利益所造成的剩余损失等内容组成。融资代理成本是融资理论研究的一种新进展。

3. 债务融资的责任。影响债务人债务融资的第三个因素，是实现无追索融资或有限追索融资。为了实现无追索融资，除了项目发起人设立项目公司实现风险隔离以外，债务人还可以利用项目参与者的抗风险能力和控制风险能力实现风险分配。

## 二、债权人对债务融资的要求

简单地讲，债权人对债务融资的要求，就是收益高、风险小或无风险。其基本做法是：对债务人进行资信评估，从而确定是否提供贷款，以及可提供多少贷款，如何管理已经发放的贷款。资信评估的有关内容，见本书第十五章融资资信评估。

## 三、法律制度

1.《商业银行法》的有关规定。商业银行贷款，应当对借款人的借款用途、偿还能力、还款方式等情况进行严格审查。商业银行贷款，应当实行审贷分离、分级审批的制度。商业银行贷款，借款人应当提供担保。经商业银行审查、评估，确认借款人资信良好，能偿还贷款的，可以不提供担保。商业银行贷款，应当与借款人订立书面合同。合同应当约定贷款种类、借款用途、金额、利率、还款期限、还款方式、违约责任和双方认为需要约定的其他事项。商业银行应当按照中国人民银行规定的贷款利率的上下限，确定贷款利率。商业银行贷款，应当遵守下列资产负债比例管理的规定：①资本充足率不得低于8%。②贷款余额与存款余额的比例不得超过75%。③流动性资产余额与流动性负债余额的比例不得低于25%。④对同一借款人的贷款余额与商业银行资本余额的比例不得超过10%。⑤中国人民银行对资产负债比例管理的其他规定。《商业银行法》第四十条规定商业银行不得向关系人发放信用贷款，向关系人发放担保贷款的条件不得优于其他借款人同类贷款的条件。前款所称关系人是指：①商业银行的董事、监事、管理人员、信贷业务人员及其近亲属。②前项所列人员投资或者担任高级管理职务的公司、企业和其他经济组织。

2.《贷款通则》的有关规定，贷款期限根据借款人的生产经营周期、还款能力和贷款人的资金供给能力由借贷双方共同商议后确定，并在借款合同中载明。自营贷款期限最长一般不得超过10年，超过10年应当报中国人民银行备案。票据贴现的贴现期限最长不得超过6个月，贴现期限为从贴现之日起到票据到期日止。不能按期归还贷款的，借款人应当在贷款到期日之前，向贷款人申请贷款展期，是否展期由贷款人决定。申请保证贷款、抵押贷款、质押贷款展期的，还应当由保证人、抵押人、出质人出具同意的书面证明。已有约定的，按照约定执行。短期贷款展期期限累计不得超过原贷款期限；中期贷款展期期限累计不得超过原贷款期限的一半；长期贷款展期期限累计不得超过3年，国家另有规定者除外。借款人未申请展期或申请展期未得到批准，其贷款从到期日次日起，转入逾期贷款账户。未经中国人民银行批准，不得对自然人发放外币币种的贷款。

3.《中国人民银行有关商业银行授权、授信管理暂行办法》。按照《中国人民银行商业银行授权、授信管理暂行办法》的规定，商业银行授权、授信分为基本授权、授信和特别授权、授信两种方式。基本授权是指对法定经营范围内的常规业务经营所规定的权限。特别授权是指对法定经营范围内的特殊业务，包括创新业务、特殊融资项目以及超过基本授权范围的业务所规定的权限。基本授信是指商业银行根据国家信贷政策和每个地区、客户的基本情况所确定的信用额度。特别授信是指商业银行根据国家政策、市场情况变化及客户特殊需要，对特殊项目及超过基本授信额度所给予的授信。商业银行的授权分为直接授权和转授权两个层次。直接授权是指商业银行总行对总行有关业务职能部门和管辖分行的授权。转授权是指管辖分行在总行授权权限内对本行有关业务职能处室（部门）和所辖分支行的授权。商业银行的授权不得超过中国人民银行核准的业务经营范围，转授权不得大于原授权。各商业银行应建立对客户授信的报告、统计、监督制度，各行不同业务部门和分支机构对同一地区及同一客户的授信额度之和，不得超过全行对该地区及客户的最高授信额度。

### 本章小结：

按照债务关系，项目债务融资包括三大类：借贷融资、债券（票据）融资和商业信用融资。借贷融资的关系人主要是金融机构与债务人，债券（票据）融资的关系人主要是债券（票据）持有者与债务人，商业信用融资的关系人主要是企业与债务人。

由于不同债务融资涉及的经济主体都不相同，所以债务融资管理的具体内容也比较复杂。按照债务融资的主体，债务融资管理可分为债权人的管理与债务人的管理；按照金融工具，债务融资包括借贷融资管理、债券（票据）融资管理和商业信用融资管理。

### 本章重要概念：

债务融资 债权融资 商业银行借贷融资 政策性银行借贷融资 国际组织借贷融资 通知公司债券 可提前兑换公司债券 分期偿还公司债券 偿债基金公司债券 双重货币公司债券 有奖有息公司债券 可转换公司债券 延期付款 分期付款 预付货款 租赁 补偿贸易 典当

### 思考题：

1. 债务融资的渠道、方式与工具有哪些？

2. 本书提出"借贷融资可分为用过去的财产融资、用现在的财产融资和用将来的财产融资"，请指出其积极作用与局限性。

3. 债务融资管理与股票融资管理有哪些区别？

4. 债务融资的方式或工具比较多，其是否可以结合起来使用？如果不能结合使用，其原因何在？如果能够结合使用，应该如何结合使用？

# 第九章　特殊形式的债务融资

## 第一节　以服务合同为基础的项目融资模式

### 一、澳大利亚××运煤港口项目融资[1]

1. 澳大利亚××运煤港口项目融资的背景。A、B、C等几个公司（以下简称"煤矿的投资者"）在澳大利亚昆士兰州的著名产煤区投资兴建了一个大型煤矿（煤炭出口到日本以及欧洲等地的企业），并签订了长期煤炭购销协议。但是，由于港口装船能力不够，影响了煤炭的出口。煤矿的投资者出于财务方面的原因，不愿意单独承担港口的扩建工作，与煤炭的主要买主谈判，希望他们能够共同参与港口的扩建工作，以扩大港口的装船能力、满足其运煤的需要，而煤炭的主要买主出于对投资风险的考虑，也不愿意进行直接的港口项目投资。最后，煤矿的投资者与煤炭的主要买主们协商，决定采用"设施使用协议"作为基础安排项目融资、进行港口的扩建工作。

2. 澳大利亚××运煤港口项目融资的内容。①煤矿的投资者与日本、欧洲的公司通过协商达成采用设施使用协议进行运煤港口项目融资的共识，由煤炭的主要买主们联合提供一个具有"无论提货与否均需付款"性质的港口设施使用协议，在港口扩建成功的前提下定期向港口的所有者支付规定数额的港口使用费，并以港口使用费作为项目融资的信用保证。②煤矿的投资者以买方提供的港口设施使用协议以及煤炭的长期购销协议作为基础，投资组建一个煤炭运输港口公司，由该公司负责拥有、建设、经营整个煤炭运输港口系统。煤矿的投资者将港口设施使用协议转让给煤炭运输港口公司。③由于港口具有稳定的收益且收益有保障，所以煤矿的投资者成功地将新组建的煤炭运输公司推向股票市场，吸收当地政府、机构投资者和社会公众的资金作为项目的主要股本资金。④港口设施的建设采取招标的形式进行。中标公司必须具备一定标准的资信和经验，并

---

① 张极井著：《项目融资》，中信出版社，1998年，第160~163页。

---

且能够由银行提供工程承包履约担保。⑤煤炭运输港口公司以港口设施使用协议、工程承包履约担保作为保证，向银行申请贷款。由于港口使用费的支付者主要是日本、欧洲的实力雄厚的大公司，因而这个港口设施使用协议能够为贷款银行所接受。银行愿意以港口设施使用协议作为保证向港口项目提供所需贷款。⑥项目建成后，煤炭的买主们按照港口设施使用协议的规定向港口运输公司支付港口设施使用费；港口运输公司则按照贷款协议的规定归还贷款本息，向股东们支付股息。

澳大利亚××运煤港口项目融资的内容如图9-1所示。

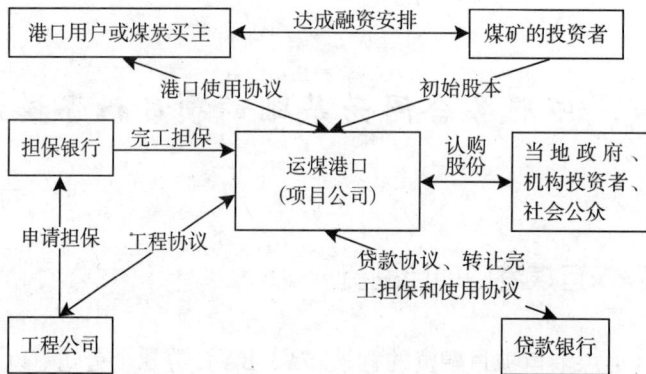

**图9-1　澳大利亚××运煤港口项目融资结构**

3. 澳大利亚××运煤港口项目融资的优点。①运煤港口扩建成功，煤矿投资者和煤炭买主均没有投入项目建设资金，从而为煤矿投资者和煤炭买主们节约了大量的资金。②煤矿投资者将项目融资风险有效地转移给了煤炭买主、工程项目承包商、担保银行和其他股东。③煤炭买主虽然承担了一定的项目风险，但其只是体现在承诺正常使用港口设施和支付港口使用费的义务上。④政府作为基础设施的投资者，其在煤炭运输港口的建设中只是作为一般投资者提供了较少的资金。

## 二、设施使用协议融资的内容与结构

1. 设施使用协议及其内容。所谓设施使用协议，是项目发起人或项目公司与项目实施用户经过协商签订的一种长期服务合同或协议。其主要内容是：项目设施使用者承诺在项目建成后无条件按照约定时间、约定的金额向项目公司支付设施使用费。由于设施使用协议的签订者、责任人一般均为经济实力强、信誉好的公司或政府机构，所以该协议的签订可以保证项目建成后、在经营过程中有比较稳定的收益或现金流入，能够提高项目的经济强度，因而可以作为银行贷款的信用保证。

设施使用协议包括港口设施使用协议、机场设施使用协议、停车场设施使用协议和冷藏库设施使用协议等。

2. 设施使用协议融资的基本结构。设施使用协议融资是一种金融创新，其基本特征是项目使用者通过承担项目设施使用费来分担项目的风险。实施设施使用协议融资，一般需要做如下工作：①签订设施使用协议或达成设施使用协议融资的共识。项目发起人寻找项目设施使用者，并与其通过协商达成采用设施使用协议融资的共识或签订设施使用协议，确定设施使用的期限以及设施使用者每期已支付的设施使用费的额度。②项目发起人设立项目公司、投入一定数量的股金，并将设施使用协议转让给项目公司；或在项目发起人与项目实施使用者达成共识的基础上，由项目公司与设施使用者签订项目设施使用协议。③项目公司成立后，负责项目的融资、建设、经营包括：向其他投资者募集股份；向债权人借款或向银行申请贷款，其信用保证是项目设施使用协议、完工担保协议；通过招标投标确定项目的承包商以及工程履约担保等。④项目设施使用者按照约定支付设施使用费。项目建成投入使用后，项目设施使用者应该按照所签订协议的规定，支付设施使用费。⑤项目公司偿还贷款本息。项目公司收到设施使用者支付的设施使用费，应该按照一定的顺序分配现金流。设施使用费的分配顺序一般为：保证项目的运行和资本投入、偿还贷款本息、向股东分配股息或利润。

设施使用协议融资的基本结构如图9-2所示。

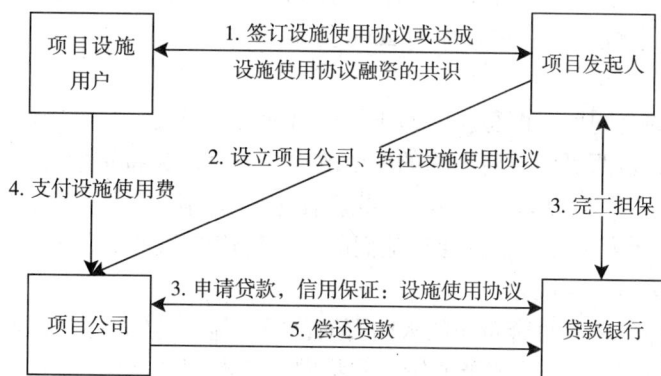

**图9-2 设施使用协议融资的基本结构**

3. 决定影响设施使用费的因素。设施使用协议融资的核心是项目设施使用者每期应该支付多少使用费，项目公司、项目公司的股东、项目的债权人都希望项目设施使用者每期尽可能多支付使用费，项目设施使用者则希望每期尽可能少支付使用费。为了维护项目参与者的利益，项目设施使用费额度的确定，也考虑如下几个因素：①项目建成后，保持正常运行所需的费用和资本再投入所需的费用。②项目公司偿还贷款本息所需的金额。③项目股东的投资回报。④项目设施使用者预计对项目设施的使用情况。

## 第二节 以购销合同为基础的项目融资模式

购销合同经买卖双方洽谈条件，议定价格，突出货物品质、装运、索赔条件，其内容具体，无弹性解释。购销合同由买方书就，成为交易的依据。购销合同也称购货订单（Purchase Order），买卖双方多以电传方式成交，而后签约。

委内瑞拉的图德拉原是一位自学成才的工程师，他想做石油生意，可他既无石油界的老关系，又无雄厚的资金。于是，他采取迂回发展的经商办法。

图德拉原来在美国的加拉加斯有一家玻璃制造公司，但是作为自学成才的工程师，他渴望做石油生意。他从一个商业朋友处获悉阿根廷即将在市场上购买 2000 万美元的丁烷气体，于是就去那里看是否能弄到这份合同。当他到达阿根廷时，他发现他的竞争者是强手：英国石油公司和壳牌石油公司。在他摸清一些情况后，他发现了另外一件事，阿根廷牛肉供应过剩，该国正想不顾一切地卖掉牛肉。单凭知道这一事实，他就占有了一个"优势"，可以同那两家大石油公司抗衡。他告诉阿根廷政府："如果你们向我卖 2000 万美元的丁烷，我一定买你们 2000 万美元的牛肉。"以他买牛肉为条件，阿根廷政府给了他合同。

得到阿根廷的合同后，图德拉随即飞往西班牙，那里有一家主要的造船厂因缺少订单而濒于关闭，这是西班牙政府面临的一个政治上棘手而又特别敏感的问题。他告诉他们："如果你们向我买 2000 万美元牛肉，我就在你们造船厂订购一艘造价 2000 万美元的超级油轮。"西班牙人不胜欣喜，通过他们的大使传递给阿根廷，嘱咐将图德拉的 2000 万美元的牛肉直接运往西班牙。

图德拉离开西班牙后直奔费城的太阳石油公司，他对他们说："如果你们租用我正在西班牙建造的 2000 万美元的超级油轮，我将向你们购买 2000 万美元的丁烷气体。"太阳石油公司同意了图德拉的条件。图德拉就是这样，以他的智慧和计策使各方都接受了他的条件，实现了他进入瓦斯和石油业的愿望。图德拉先从一位朋友处打听到阿根廷需要购买 2000 万美元的丁烷，并且又知道阿根廷的牛肉过剩，接着，图德拉飞到西班牙，那里的造船厂正因为没有人订货而发愁，他告诉西班牙人："如果你们向我购买 2000 万美元的牛肉，我就在你们造船厂订购一艘造价 2000 万美元的超级油轮。"西班牙人愉快地接受了他的建议。这样，图德拉把阿根廷的牛肉转卖给了西班牙人。

此后，图德拉又找到美国费城的一家石油公司，以购买对方 2000 万美元的丁烷为交换条件，让石油公司租用他在西班牙建造的超级油轮。就这样，图德拉凭着迂回发展的方法，单枪匹马杀入了石油海运大军的行列。

归纳图德拉进军石油行业的步伐，不外乎是巧妙地运用购销协议，实现了自己的梦想，为此他也成为美国商界一个颇具传奇色彩的人物。图德拉利用购销协议进军石油行业的步伐如图 9-3 所示。

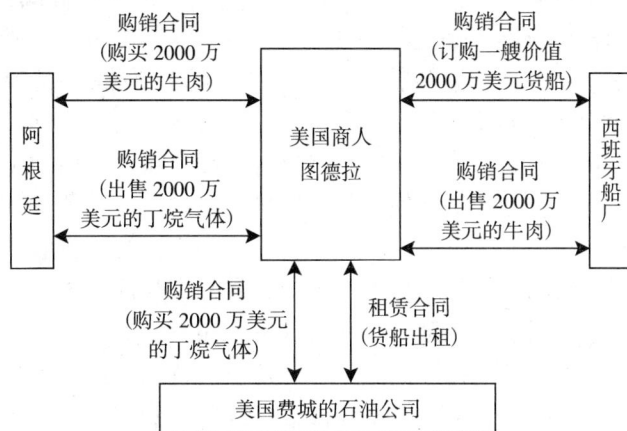

图 9-3 美国玻璃制造商"空手牵三家"

## 第三节 以商业信用为基础的项目融资模式

简单地讲，商业信用就是赊销或预付。以商业信用为基础的项目融资模式，就是以预付款的方式对项目做出相应的资金安排，如生产支付协议融资。其基本内容如下：

1. 生产支付协议融资及其特点。所谓生产支付协议，也称为"生产支付（Production Payment）型项目融资"或"产品支付项目融资"，是指贷款人在提供项目贷款后，将根据项目融资文件直接取得一定比例的项目产品或该部分产品的全额销售收入，并以此进行偿本付息的项目融资方式。生产支付协议是项目融资的早期形式，特别适用于稀有资源或矿产开发类型的项目。

产品支付是针对项目贷款的还款方式而言的，是借款方式在项目投产后直接用项目产品来还本付息，而不以项目产品的销售收入来偿还债务的一种融资租赁形式。在贷款得到偿还以前，贷款方拥有项目的部分或全部产品，借款人在清偿债务时把贷款方的贷款看作这些产品销售收入折现后的净值。这种融资形式在美国的石油、天然气和采矿项目融资中应用得最为普遍。

生产支付协议融资的基本特征：①其贷款还本付息并不直接依赖于项目产品未来的全部现金流量，而仅依赖于借款人按约支付的产品数量及其市场价格；由于贷款人根据融资文件将直接拥有特定矿产资源的部分储量，或者直接拥有一定比例年产量的项目产品，或者直接拥有该部分产品的全额销售收入，因此项目公司的成本管理、折旧政策乃至税收优惠对贷款人的利益已无直接影响。②在此类项目融资中，贷款人仅依据能够可靠取得的支付产品数量安排贷款规模；一方面，贷款人将要求在项目融资文件中明确其每年应受领的产品数量或者全部产量中一定比例的产品（但附有最低数量限制）；另一方面，贷款人安排的融资额将不超过未来购买该支付产品在一定利率条件下的贴现值。③在此类项目融资中，贷款人提供贷款的期限将必然短于预计的项目产品的开采年限，以此保障贷款本息偿还的可靠性。④在生产支付型项目融资中，贷款人通常安排某种代理销售支付产品的中介机构，代其从事贷款资金支付和产品销售活动。⑤由于借款人所支付的产品及其销售收入被作为偿还债款的主要来源，因而此类项目融资通常仅需采取贷款人无追索权的形式。[1]

2. 生产支付协议融资的基本程序步骤：①项目发起人与债权人通过协商就生产支付协议融资达成共识，并就提供贷款金额与获得项目产品数量形成一致意见，或就债权人获得项目产品数量的计算方法取得一致意见。②债权人特别是银行等金融机构为了规避《商业银行法》，应委托或设立一家融资中介机构负责项目贷款资金的支付、项目产品的拥有与销售。③项目发起人为了实现风险隔离、破产隔离，设立项目公司，由项目公司负责项目的融资、建设、经营等。④融资中介机构与项目公司根据贷款银行与项目发起人达成的生产支付协议融资的共识，签订生产支付协议、销售代理协议和资产抵押协议。⑤融资中介机构与贷款银行签订贷款合同，贷款银行将项目所需资金贷给融资中介机构，其融资担保一是融资中介机构与项目公司签订的生产支付协议；二是项目发起人为项目提供的完工担保。⑥融资中介机构以预付资金的方式，将贷款银行的贷款支付给项目公司。⑦项目建成投产后，项目公司销售项目产品，并将项目产品销售收入交融资中介机构。⑧融资中介机构归还项目贷款本金利息。

生产支付协议融资的内容与基本步骤如图9-4所示。

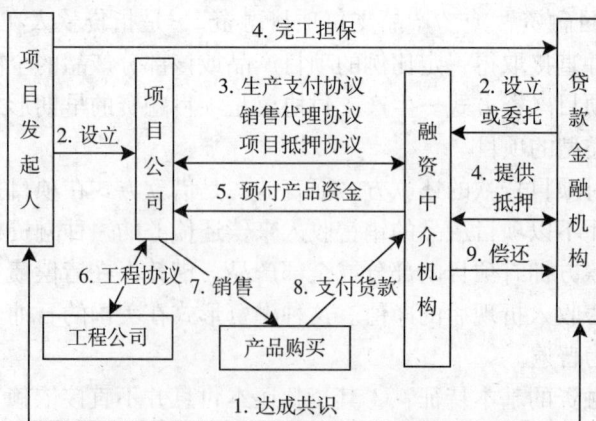

图9-4 生产支付协议融资的内容与基本步骤

---

① 董安生：《国际金融法》[EB/OL]. 中国民商法律网，http://www.civillaw.com.cn/Article/default.asp?id=42689。

3. 购买项目产品数量的计算。在生产支付协议融资中，决定影响债权人拥有项目产品的因素主要是：贷款数量、项目产品的价格、矿产品的储量（已证实的资源总量）、汇率利率、税务（资源税等）。债权人可拥有的项目产品的基本计算公式：

债权人可拥有的项目产品数量 = 贷款总额/项目产品价格

其中：贷款总额包括贷款利息；价格有固定价格和变动价格两种；项目产品若按照固定价格计算，则贷款银行的风险大、收益也比较高；若按照浮动价格计算，则收益较低、风险也比较小。

4. 生产支付协议融资的特点：①贷款的金额数量是根据项目资源储量的价值计算出来的，通常表现为项目资源价值的一个预先确定的百分比。②贷款是以预付货款的方式提供的。③贷款的还款来源为项目资源的开采收入。④融资期限短于项目的经济生命期。⑤该融资安排不承担项目生产费用所需的贷款。⑥主要适用于资源储量已经探明的、生产的现金流量能够比较准确地计算出来的项目。

---

**案例** 英国北海油田项目融资

1）英国北海油田项目融资的背景。英国过去一直被称为贫油国。从1975年起，英国北海海域诸油田相继投产，原油产量增长很快，成了世界最新崛起的一个重要产油国。

北海自然条件十分险恶，风暴频繁，海啸甚多，潮差很大，浪高平均10米，最高可达30米，全年阴雨天气有270余天。在这种条件下，油田开发较为困难，投资大，技术要求高。但是，北海油田以轻质油为主，具有油质好、含硫低、含蜡少的优点，钻井成功率较高，油、气井能自喷。在国际油价大幅度上涨的情况下，英国北海生产的低硫原油每桶成本仍低于市场价格5~11美元。因此，开发北海油田是有利可图的。在开发中，英国不仅利用了外国资本与技术，也利用了国内私人资金与技术。私人资本与技术在参与北海油田的开发建设中，曾使用到生产支付协议融资。

2）北海油田项目融资的基本结构。在北海油田的开发建设中，英国政府为了控制石油的开发与生产，成立了北海油田的承办单位——英国国家石油公司，由于开发费用太大、开采技术复杂，英国国家石油公司联合私营石油公司（英国石化公司）共同开发。英国国家石油公司为了保证北海石油供应国内市场，同意按照国际市场价格购买开采出的51%的项目产品，即英国国家石油公司既是项目发起人，也是项目产品的购买者。

按照生产支付协议融资的基本格局，北海油田项目融资的具体安排如下：①英国石化公司组建两个完全控股的独立实体，英国石油开发公司和英国石油贸易公司；英国石油开发公司负责北海油田的开发建设等工作，英国石油贸易公司受托负责项目产品（即原油、天然气）的销售等工作。②英国石化公司成立一家壳公司，即北海油田项目公司，专门负责北海油田的项目融资安排，包括向银行贷款、向英国石油开发公司提供项目开发建设资金、拥有项目产品及其销售收入、归还银行贷款本息。③英国政府授予英国石化公司石油开采许可证。④英国石油开发公司将石油开采许可证转让给北海油田项目公司。⑤北海油田项目公司以石油开采许可证作为担保，与贷款银行签订北海油田项目贷款协议。⑥贷款银行将贷款资金支付给北海油田项目公司。⑦北海油田项目公司以支付产品预付款的形式向英国石油开发公司提供石油开采费，从而拥有一定数量的项目产品。⑧北海油田项目公司与英国石油开发公司签订销售代理合同，前者委托或者销售项目产品。⑨英国石油开发公司开采出石油、天然气，并经英国石油贸易公司负责销售。⑩英国石油贸易公司将石油销售收入交付北海油田项目公司。⑪北海油田项目公司用石油销售收入偿还贷款本息。

北海油田项目公司的结构如图1所示。

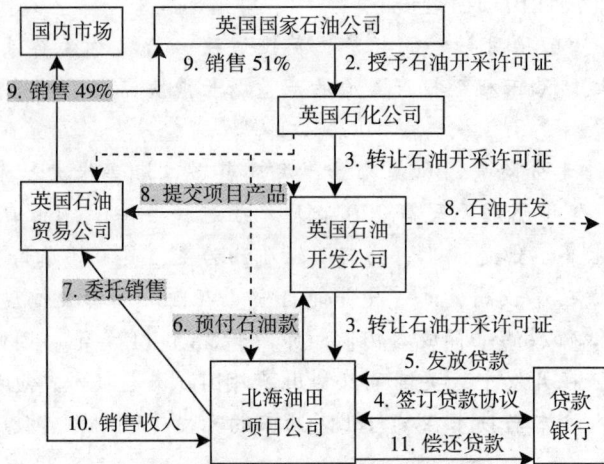

**图1　北海油田项目融资的结构图**

**本章小结：**

设施使用协议融资，实际上是以项目产品或劳务的购买商或使用人签署的购买协议或做出的付款承诺作为融资保证所做的融资安排。其特殊之处在于：充分利用了项目产品买主或项目设施使用者的优势，项目发起人可以将融资风险转移给项目产品购买者或项目设施的使用者。

利用购销合同安排融资，在项目融资中使用比较普遍。其与设施使用协议融资的主要区别是：只能用于与商品生产经营相关的项目。

生产支付协议融资是对预付款或预收款这种短期融资方式（或商业信用融资方式）

的扩展与运用，其主要局限性有三点：一是融资金额受项目资源储量的限制；二是债权人容易触犯商业银行法；三是要求有特殊的税务环境。

**本章重要概念：**

设施使用协议 生产支付协议 完工担保 销售代理协议 项目资产抵押协议 无论提货与否均需付款

**思考题：**

1. 澳大利亚昆士兰州煤炭港口项目融资的主要特点。
2. 美国玻璃制造商"空手牵三家"给我们什么启示？
3. 英国北海油田项目融资的特殊性。

# 第十章　租赁融资

## 第一节　租赁融资及其种类

### 一、租赁的产生与发展

1. 租赁的产生。租赁是一种以一定费用借贷实物的经济行为。在这种经济行为中，出租人将自己所拥有的某种物品交与承租人使用，承租人由此获得在一段时期内使用该物品的权利，但物品的所有权仍保留在出租人手中。承租人为其所获得的使用权需向出租人支付一定的费用（租金）。私有制是租赁产生的基础，私有制产生了人们对不同物品的不同所有权，人们根据所有权暂时出让使用权，收取一定的使用费，从而产生了租赁。

中国的租赁历史悠久，可追溯到原始社会（约4000年前）。当时产品的剩余产生了产品的交换，而在很多场合下人们需要频繁交换闲置物品，用后再归还，而不必让渡该物品与对方。这种仅仅涉及物品使用权的交换，是最原始形态的租赁。在中国历史上，文献记载的租赁可追溯到西周时期。《卫鼎（甲）铭》记载，邦君厉将周王赐给他的五田出租了四田。这是把土地出租的例子。据历史学家们考证，涉及租赁叛乱的诉讼，在西周中期以后已不少见了。

2. 租赁合同的基本内容。租赁合同一般包括以下内容：①租赁当事人。租赁当事人一般有三个，即出租人（出租物件的所有者，拥有租赁物件的所有权，将物品租给他人使用，收取报酬）、承租人（出租物件的使用者，租用出租人物品，向出租人支付一定的费用）和设备制造商（出租物的生产者和技术服务方）。②租赁标的。租赁标的指用于租赁的物件。③租赁期限。是指出租人出让物件给承租人使用的期限。有的国家对租赁期限有一定的限制，如规定物品的租赁期限不得超过二十年，超过二十年的，超过部分无效。租赁期届满，当事人可以续订租赁合同，但约定的租赁期限自续订之日起不得超过二十年。④租赁费用。即租金，是承租人在租期内获得租赁物品的使用权而支付的代价。

3. 租赁与银行贷款、分期付款、信托的区别。

租赁与银行贷款的区别：①融资形式不同。银行信用是为企业提供贷款，是一种纯粹的资金运动形式。融资租赁信用是以融物而达到融资目的的信用形式。②合同标的不同。银行贷款中的贷款合同的标的是资金，而融资租赁信用中的租赁合同的标的是技术设备。③业务交往中涉及的关系不同。银行贷款中涉及贷款人和借款人双方，他们之间只存在借贷关系。而融资租赁信用中涉及的是承租人、出租人和供货厂商三方，既有租赁关系，又有买卖关系。

租赁与分期付款的区别：①交易性质不同。分期付款是一种买卖交易，买者不仅获得了所交易物品的使用权，而且获得了物品的所有权。而融资租赁则是一种租赁行为，租赁物所有权仍归出租人所有。②优惠措施不同。融资租赁在某些西方国家能享受投资免税优惠，在分期付款交易中买方可获得现金折扣。③融资额度不同。分期付款不是全额信贷，而融资租赁则是一种全额信贷。④付款时间不同。分期付款一般在每期期末，还可有宽限期；融资租赁一般没有宽限期，租金支付通常在每期期初。⑤合同期满后对财产的处理不同。融资租赁期满时，承租人一般不能对租赁物任意处理，需办理交换手续或购买等手续；在分期付款交易中，买者在履行了相关约定后即拥有物品，可任意处理之。

租赁与信托的区别：①当事人不同。信托关系的当事人为委托人、受托人和受益人，租赁关系的当事人为出租人、承租人和设备制造商。②经济关系成立的前提不同。信托是建立在委托人对受托人信任的基础上，而租赁是建立在承租人对出租人依赖的基础上。③财产权的转移不同。信托是以信托财产为中心的法律关系，没有信托财产，信托关系就丧失了存在的基础，所以委托人在设立信托时必须将财产权转移给受托人，租赁所转移的是财产的使用权，财产的所有权归出租人所有。④责任不同。在信托关系中，受托人以自己的名义，为受益人的利益管理、处分信托财产；租赁主要是承租人为了自身的利益而租用他人的资产。⑤利益的分配不同。信托财产的利益归受益人所有，受托人获取手续费；租赁资产产生的收益归承租人所有，出租人获得的是租金，租金是租赁资产生产的利润的一部分。⑥权利不同。在信托关系中，受托人可以处置信托财产；在租赁关系中，承租人无权处置租赁资产。

4. 租赁的利弊。租赁的利弊体现在出租人、承租人、制造商与银行四个方面：

(1) 租赁对承租人的有利之处。租赁业务的蓬勃发展，说明了租赁比拥有某项财产更为有利。对承租人而言，租赁具有以下优点：①租赁开辟了新的融资渠道，对广大中小企业而言具有特殊意义。承租人可以借助租赁保留银行贷款额度和紧缺的现金资源，增强企业营运资金的灵活运用能力。②可以按固定利率进行全额融资。租赁不要求承租人立即支付现金，有助于缓解处于发展期的新企业资金紧张问题；此外，租金固定，有助于防止资金成本的增加，避免通货膨胀风险；租金固定便于计算投资报酬率，有助于承租人快速完成投资决策。③灵活性。租赁协议限制条款较少，租赁方式灵活。富有创造精神的出租人可以结合承租人的特殊需要签订租赁协议。例如，可以约定等到设备开始运转、具有生产能力之后才开始支付租金，而且还可以以取得的新设备向主要贷款人作抵押，承租人可以避免再去签订成本昂贵的再贷款协议。④有助于加速机器设备更新。对于设备淘汰更新快的企业而言，租赁为机器设备快速升级创造了便利条件。在多数情况下，承租人把残值风险转移给了出租人，减少了设备因过时而陈旧的风险。⑤租赁资格审核程序简便，申请批准速度快，有助于承租人把握商机。⑥有利于修饰财务报表。采用经营租赁时，租金作为营业费用处理，避免为购置设备而增加大笔负债，可以有效地防止资产负债率上升。⑦不用增加资本去购置设备，有利于保持股权分布的稳定性。

（2）租赁对出租人的有利之处。租赁对出租人的益处主要表现在：①获得利息收入。租赁也是一种理财方式，通常情况下租赁利息较银行贷款利息高，因此，租赁公司、金融机构发展租赁交易更具有吸引力。②获得纳税利益。杠杆型租赁（Leverage Lease）就是一种纳税导向型租赁（Tax Oriented Lease）。例如，波音公司把一架飞机卖给一位富有的投资者，尽管该投资者不需要这架飞机，但他可以把这架飞机租给一家外国航空公司，该航空公司不能利用纳税利益，而该投资者则可以从中获得纳税利益。在这一交易中，波音公司销售了它的产品，投资者（出租人）获得了纳税利益，外国航空公司（承租人）则以一种较优惠的方式获得了它所需要的飞机。③获得高残值。在租赁期满租赁财产返还给出租人的情况下，如果其实际价值远高于最初签订契约时的预计残值时，会给出租人带来大额利润。

（3）租赁对机器销售商的积极意义。租赁对机器销售商的积极作用是：①租赁公司负责解决承租人获取机器设备所需资金问题，有利于机器销售商促销产品。②租赁公司一次付现，能够加速机器销售商的资金周转，降低机器销售商的销售风险。

（4）租赁对银行的有利之处。租赁给银行带来的益处包括：①银行借助于租赁公司转受信给中小企业，有利于降低经营风险。②银行把整笔资金批发给租赁公司可以降低作业成本。

综上所述，融资租赁不仅为企业开辟了灵活机动的融资渠道，而且为开拓新型业务开辟了市场，同时还提高了金融市场效率，进而有利于整个国民经济的繁荣。

5. 租赁的发展。随着生产力发展，租赁业也逐渐发展起来。租赁发展的三个阶段：古代租赁、传统租赁、现代租赁。在公元前，我国周秦时期和阿拉伯的巴比伦时期就出现了家庭用的房屋、土地和耕畜、农具、工具租赁，称为古代租赁。随着商品经济的发展，西方一些国家很快发展出了专门从事各种设备、工具和家庭生活用具的租赁企业——各式各样的租赁公司，称为传统租赁。以上两种租赁方式都属于以不转移租借物所有权，暂时出租租借物的占有权和使用权，收取租金和抵押金形式，属于初级租赁形式，称为实物租赁，亦称营业租赁。第二次世界大战后，特别是20世纪70年代，在许多发达资本主义国家，金融界参与了租赁业，把实物租赁推向集融物与融资于一身，形成现代的融资租赁。出租方将租借物所有权，以收取分期付款方式，转移给承租方，属于高级租赁形式。目前国外租赁市场非常发达，大至成套设备、生产线、各类机械，小到家庭生活用的汽车、摩托车、电脑、冰箱、彩电等，只需要花少许租金和适当的押金，就可以从租赁市场上租到。租赁业已成为实现资源配置，满足工农业生产建设和人民生活需要的一种重要方式。

按照世界租赁大师、美籍印裔租赁专家阿曼伯的说法，融资租赁经历了五个发展阶段，达到了成熟。①简单融资租赁阶段——这个阶段的租赁有五个特点：承租人有意向承租自已选定的租赁物件；出租人有意向为承租人选定的租赁物件提供金融服务；签订的相关融资租赁合同不可取消；出租人承担全额付款购买租赁物件的责任；承租人承担全额支付租金的责任；期限结束后以象征性价格将设备所有权转卖给承租人；每期租金一般是等额付款；不含任何服务的提供租赁物件。②创造性融资租赁阶段——为了适应市场竞争，不断地创造新的租赁服务方式。租赁的方式开始发生变化衍生出杠杆租赁、返还式租赁、融资转租赁、合成租赁、风险租赁、结构式参与租赁等概念性租赁模式，融资租赁业进入新的增长时期。③经营性租赁阶段——是融资租赁发展的一个高级阶段，它的出现主要是受承租人需求的影响，出租人适应竞争的需要而产生的。它的运作方式和融资租赁只差一个余值，在会计处理上与传统租赁一样，但在本质上它仍然是提供金融服务。这个阶段社会上已经有成熟的二级市场，同时已经有具体的融资租赁会计准则界定融资租赁的概念。经营性租赁由出租人提取折旧，相对于传统租赁，经营性租赁一般提供全面服务，包括设备的维修和保养（不是绝对必须的）；期限结束后的结果可以非全额付款，因此有多项选择，资产风险由出租人来承担；这时的承租人越来越老练。④专业市场细分化阶段——租赁已经度过创新阶段，产生了许多运作模式。但是这些模式仅限于对企业的量体裁衣，每个项目都在搞研发，不能形成规模。租赁服务还停留在概念化设计中。为了扩大租赁市场份额，使租赁服务作为产品规模化生产，此时租赁服务不再是一些概念性的东西，而是针对某个行业具体化的服务产品，如飞机租赁、电信租赁、工程机械设备租赁等。交易规范化、通用化，使得租赁在经济领域的渗透率迅速发展，租赁公司之间的竞争更加剧烈。⑤成熟阶段——这个阶段一方面会出现租赁公司并购，重整组合；另一方面会出现专业服务细分化。不仅租赁品种细分化，租赁业务的服务也细分化。其结果是使强者越强，弱者淘汰。这个时期租赁对市场的渗透率不会有太大变化，也就是说在市场总份额一定的情况下，公司之间产生激烈的竞争，结果是租赁公司盈利率进一步下降。租赁公司经营关注点不再是什么风险问题、政策问题，而是要强调资产增值的重要性；最终与其他行业形成联盟关系。

中国的融资租赁起源于改革开放初期，在资金、设备、技术、管理严重匮乏，金融还处于严格管制的计划经济阶段，外资想变相进入中国，中国也想以此作为试点开个口子，因此变相贷款的简单融资租赁成为主流。这个简单融资租赁从 1981 年至 1999 年，延续了 18 年。2007 年银行重返金融租赁业，他们在大型国企、央企的客户群中大力发展起来。尤其在信贷紧缩期，凸显了他们的优势，占据了融资租赁市场绝大多数的份额。

## 二、租赁的种类

租赁可从不同的角度进行分类，按租赁的性质可分为经营性租赁与融资性租赁；按出租人资产来源的不同可分为直接租赁、转租赁和售后回租等；按是否享有纳税优惠可分为享有税收优惠的节税租赁和不享有税收优惠的销售式租赁；按出租人对购置租赁设备的出资比例可分为单一投资租赁和杠杆租赁；按融资货币可分为本币租赁与外币租赁；按服务地区可分为境内租赁与跨境租赁；按资产性质可分为动产租赁与不动产租赁；按财务报告方式可分为表内租赁与表外租赁；等等。

1. 融资租赁（Financial Lease）是设备租赁的基本形式，是指转移了与资产有关的全部风险和报酬的租赁。它以融通资金为主要目的，是出租人根据承租人的请求，向承租人指定的出卖人，按承租人同意的条件，购买承租人指定的设备，并以承租人支付租金为条件，将该设备的占有、使用和收益权转让给承租人。其特点是：①不可撤销。这是一种不可解约的租赁，在基本租期内双方均无权撤销合同。②完全付清。在基本租期内，设备只租给一个用户使用，承租人支付租金的累计总额为设备价款、利息及租赁公司的手续费之和。③租期较长。租赁期接近设备的使用期。④租赁期内由用户自行维修保养，租赁期满，设备归用户所有，或者由用户支付残值后拥有设备。出资人仅负责垫付贷款，购进承租人所需的设备，按期出租以及享有设备的期末残值。

在融资租赁中，出租人实际上已将租赁所有权所引起的成本和风险全部转让给了承租人。所有权所引起的成本主要有因租赁物的维修、保险所花费的成本。所有权风险则主要包括两个方面：①出售风险。某企业拥有某项资产后如因某种原因须将其脱手，往往要蒙受一定的损失，以低于买进的价格在市场上脱手。②技术陈旧风险。某企业拥有的设备有可能因有技术更先进的同类设备出现，或因技术进步使同样设备的价格下降而贬值，从而使企业蒙受损失。

2. 经营租赁（Operating Lease）是指除融资租赁以外的其他租赁，是以获得租赁物的使用权为目的。其主要特点是：①可撤销性。这种租赁是一种可解约的租赁，在合理的条件下，承租人预先通知出租人即可解除租赁合同，或要求更换租赁物。②经营租赁的期限一般比较短，远低于租赁物的经济寿命。③不完全付清性。经营租赁的单次租金总额一般不足以弥补出租人的租赁物成本并使其获得正常收益，出租人在租赁期满时将其再出租或在市场上出售才能收回成本，因此，经营租赁不是全额清偿的租赁。④出租人不仅负责提供租金信贷，而且要提供各种专门的技术设备。经营租赁中租赁物所有权引起的成本和风险全部由出租人承担，其租金一般比融资租赁高，经营租赁的对象主要是那些技术进步快、用途较广泛或使用具有季节性的物品。经营租赁的出租人通常是专业租赁公司或者是生产制造商兼营的租赁公司。

3. 直接租赁（Direct Lease）是指一项由出租人独自承担购买出租设备全部资金的租赁交易。直接租赁是融资租赁最基本的业务形式，即出租人筹措资金，按照承租人的要求向供货商购买设备并支付货款，将设备出租给承租人使用并收取租金。

在直接租赁中，只有一个出租人、一个承租人、一个出卖人，一个租赁合同和一个买卖合同。出租人以自己信誉筹措资金并承担风险，这要求出租人具有较强的资金实力。目前，这种最传统的租赁业务形式在各国租赁实践中仍占据最重要的地位。

4. 杠杆租赁（Leveraged Lease）是目前应用较为广泛的一种国际租赁方式，是一种利用财务杠杆原理组成的租赁形式。

杠杆租赁主要有以下几个优点：①某些租赁物过于昂贵，租赁公司不愿或无力独自购买并将其出租，杠杆租赁往往是这些物品唯一可行的租赁方式。②出租人仅出一小部分租金却能按租赁资产价值的100%享受折旧及其他减免税待遇，这大大减少了出租人的租赁成本。美国等资本主义国家的政府规定，出租人所购用于租赁的资产，无论是靠自有资金购入的还是靠借入资金购入的，均可按资产的全部价值享受各种减税、免税待遇。③在正常条件下，杠杆租赁的出租人一般愿意将上述利益以低租金的方式转让给承租人一部分，从而使杠杆租赁的租金低于一般融资租赁的租金。④在杠杆租赁中，贷款参与人对出租人无追索权，因此，它比一般信贷对出租人有利，而贷款参与人的资金也能在租赁物上得到可靠保证，比一般信贷安全。杠杆租赁的对象大多是金额巨大的物品，如民航客机等。

杠杆租赁是20世纪70年代在美国首先发展起来的租赁方式，由于金融机构的广泛参与，现在，大部分高价值、经济寿命在10年以上的资本密集型设备如飞机、船舶、邮电通信系统、成套设备均采用此种方式，杠杆租赁推动了租赁业的快速发展。

杠杆租赁是一个包括承租人、设备供应商、出租人和长期贷款人在内的比较复杂的融资租赁形式。在杠杆租赁交易中，出租人、承租人、设备供应商签订融资租赁合同的买卖协议和租赁协议，出租人只需投资设备购置款项的20%~40%，另外60%~80%的资金通过将上述协议抵押给金融机构，由金融机构提供无追索权贷款获得（即规定贷款者只能从租金和设备留置权中得到偿还，对出租人的其他资产没有追索权），出租人收回的租金存入专项账户，必须首先偿还贷款本息，出租人拥有资产所有权，享受全部投资税收抵免、加速折旧、还本付息和残值的节约税收。当一家金融机构无法承担巨额融资时，出租人还可委托信托机构通过面向多家金融机构和投资人发行信托凭证的方式来筹措。

由于杠杆租赁的直接目的是税收节约，因此税务部门有严格规定，如美国规定：①出租人投资必须有一个最低限额，即至少占资产初始总成本的20%以上，且在租赁期内一直保留这笔投资。②租赁期限不能超过经济寿命的80%。③租期结束后，残值不低于20%，且由出租人承担风险和收益。④租期末承租人及其关联人不能以低于市场公允价格留购，即不具有廉价购买权、续租权。⑤承租人及其关联人不能作为本项目的贷款人和为残值提供担保。⑥租金和预计残值总额必须超过还本付息和投资的总额。⑦租金必须超过总的还本付息额。

5. 售后回租（Sale-leaseback）是承租人将其所拥有的物品出售给出租人，同时与出租人签订一份租赁合同，将该物品再从出租人手里重新租回，此种租赁形式称为回租。售后回租具有较强的融资功能，在不影响承租人使用设备的前提下，能够有效改善承租人的资产负债表，提高资金流动性，可使承租人迅速回收购买物品的资金，加速资金周转，还能享受税收优惠，在实践中被广泛运用。回租的对象多为已使用的旧物品。美国在 1936 年就出现了回租业务。

通常，为了防止借租赁名义办理贷款业务，各国均限制假回租交易，规定设备买卖合同必须以市场公允价格交易，租赁合同在租赁年限、残值处理等方面必须符合相关规定。

6. 转租赁（Sub Lease）是指租赁公司从另一家租赁公司租进物品，然后再将其转手租给用户，是以同一物件为标的物的多次融资租赁业务，相对于只对同一标的物进行一次租赁的融资租赁而言，转租赁业务包含至少两个出租人和两个租赁合同，上一租赁合同的承租人又是下一租赁合同的出租人，称为转租人。转租人以收取租金差为目的，对上一出租人承担偿付租金的义务，租赁物件的法律所有权归第一出租人。

转租赁的基本交易程序：出租人 A 按照承租人的租赁要求，与出租人 B 签订一项租赁协议，由出租人 B 向供货商购买设备并租赁给出租人 A，由出租人 A 再租赁给承租人。这里包含两个出租人、两个租赁合同、一个买卖合同。由于发展中国家资金普遍短缺，转租赁常用在国际租赁业务中。有时为了充分利用发达国家的出口优惠政策，常由出租人 A 与供货商签订购买合同，再与出租人 B 签订租赁合同，将设备租回（即两个出租人之间实际上是售后回租交易），再租赁给最终承租人，这种形式实际上包含两个租赁合同、两个买卖合同。

7. 委托租赁（Trust Lease）是指出租人接受委托人的资金或租赁物件，根据委托人的指定向承租人办理的融资租赁业务，在租赁期间租赁物件的所有权归委托人，出租人代理管理并收取佣金。在委托租赁中，增加了委托人和一份委托代理合同，可以是资金委托，也可以是委托人闲置设备的委托。

委托租赁常用于下列情况：一是委托人不具备出租人资格，对租赁业务不熟悉；二是委托人与受托出租人、承租人不在同一地区和国家，没有条件亲自管理，只好交给受托人。委托租赁实际上具有资产管理功能，可以帮助企业利用闲置设备，提高设备利用率。集约化的资金委托租赁实际上就是租赁信托计划。

8. 本币租赁与外币租赁。本币租赁是指提供以人民币为基础计算租金的租赁服务。外币租赁是指提供以外币为基础计算租金的租赁服务。

9. 境内租赁与跨境租赁。境内租赁是指出租人和承租人都在中华人民共和国境内的租赁业务。跨境租赁是指出租人或承租人有一方在中华人民共和国境外的租赁业务。

10. 动产租赁与不动产租赁。动产租赁是指出租的是机械设备、仪器仪表和交通工具等。不动产租赁是指出租的是房地产等固定资产。

11. 表内融资与表外租赁。表内租赁是指租赁物件折旧在承租人一方的融资租赁，表外融资是指凡折旧在出租人一方的融资租赁方式。

12. 融资转租赁。租赁公司若从其他租赁公司融资租人的租赁物件，再转租给下一个承租人，这种业务方式叫融资转租赁，一般在国际间进行，此时业务做法同简单融资租赁无太大区别。出租方从其他租赁公司租赁设备的业务过程，由于是在金融机构间进行的，在实际操作过程中，只是依据购货合同确定融资金额，在购买租赁物件的资金运行方面始终与最终承租人没有直接的联系，在做法上可以很灵活，有时租赁公司甚至直接将购货合同作为租赁资产签订转租赁合同。这种做法实际是租赁公司融通资金的一种方式，租赁公司作为第一承租人不是设备的最终用户，因此也不能提取租赁物件的折旧。转租赁的另一功能就是解决跨境租赁的法律和操作程序问题。

13. 节税租赁。按照税法规定，融资租赁的租资只能从折旧、利息（可摊入成本）中来，超过部分要用税后利润（不可摊入成本）还款。当租期和折旧年限相等时，从《资金平衡表》中可以看出整个租期前半部分折旧加利息大于租金，后半部分小于租金，但整体差额合计为"零"，可以说不用纳税或者少纳税。如果租期短于租赁物件的折旧期时折旧加利息，不可摊入成本的资金还租的份额要大，企业的税收负担就重。如果将租赁留有一定的余值，并将它按比例和折旧余值相匹配，这时的资金平衡表和折旧与租期相等的效果是一样的，可以达到节税的目的。这种租赁就是节税租赁。

14. 百分比租赁。百分比租赁是把租赁收益和租赁物件营运收益相联系的一种租赁形式。承租人向出租人缴纳一定的基本金后，其余的租金是按承租人营业收入的一定比例支付租金（或有租金）。出租人实际参与了出租人的经营活动，并承担了经营风险。

15. 风险租赁。风险租赁是指在成熟的租赁市场上，出租人以租赁债权和投资方式将设备出租给特定的承租人，出租人获得租金和股东权益作为投资回报的一项租赁交易。简而言之，风险租赁就是出租人以承租人的部分股东权益作为租金的一种租赁形式，这也正是风险租赁的实质所在。

16. 结构式参与租赁。这是以推销为主要目的融资租赁新方式，它吸收了风险租赁的一部分经验，结合行业特性新开发的一种租赁产品。主要特点是：融资不需要担保；出租人是以供货商为背景组成的；没有固定的租金约定，而是按照承租人的现金流量折现计算融资回收，因此没有固定的租期；出租人除了取得租赁收益外还取得部分年限参与经营的营业收入。

17. 合成租赁。它扩展了融资租赁的内涵，除了提供金融服务外还提供经营服务和资产管理服务，是一种综合性全方位的租赁服务，租赁的收益因此扩大而风险因此而减小，使租赁更显出服务贸易特征。完成这项综合服务需要综合性人才，因此也体现知识在服务中的重要位置，合成租赁的发展，将成熟的租赁行业带入知识经济时代。

18. 联合租赁。类似银团贷款，即由两家以上租赁公司共同对一个项目进行联合融资，提供租赁服务。其联合的方式可以是紧密型的，也可以是松散型的。联合的主体可以是融资性租赁公司，也可以是非融资租赁公司或其他战略投资人。

19. 创新租赁。租赁在中国，已经进入第三个发展阶段——创新租赁。它在保障租赁当事人各方利益的同时，将风险分散到当事人中间。具体做法灵活多变。实际上，它已经将融资性租赁和经营性租赁结合起来，发展成现代租赁。由于需要创新，因此每个项目的做法都会有所不同。创新是该项租赁业务的生命。

# 第二节　杠杆租赁的基本结构

1. 杠杆租赁的当事人及其职责。①承租人。②设备供货商或制造商，提供设备及其安装、维修、技术服务。③出租人、物主出租人或股权参与人，可以是单个投资者，也可以是多个投资者。④物主受托人。受出租人的委托，向银行借款、购买设备、管理租赁资产、出租设备、接受剩余资金、向出租人分配盈余。⑤贷款人或贷款银团。⑥契约受托人。受贷款人的委托，管理各贷款人的利益，包括代贷款人持有贷款的担保物权，管理现金流（支付设备款、收取租金、分配现金流）。⑦经纪人或融资顾问。⑧担保人，为承租人提供担保。

2. 杠杆租赁的基本程序，包括：谈判阶段、签约阶段和履约阶段。

（1）谈判阶段的主要工作内容：①承租人选定设备供应商。②经纪人受托联系与杠杆租赁相关的出租人、承租人和贷款人。③出租人与承租人共同选定一个物主受托人。④贷款人共同选定一个契约受托人；与承租人一起选定担保人。⑤所有与杠杆租赁交易有关的当事人签订一项"参与协议"（Participation Agreement）。

杠杆租赁基本结构（谈判阶段）如图 10-1 所示。

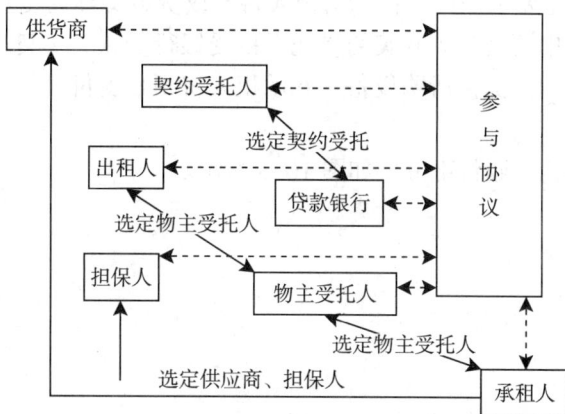

图 10-1　杠杆租赁基本结构（谈判阶段）

（2）签约阶段的主要工作内容：①出租人之间签订投资协议或合资协议。②出租人与物主受托人签订"租赁信托协议"。③贷款人之间签订"内部合同"。④贷款人与契约受托人签订"债权信托协议"。⑤承租人与供货商签订"设备购销协议"、"技术服务合同"。⑥承租人与物主受托人签订"租赁协议"、"转让协议"，担保人提供履约担保。⑦物主受托人与贷款银行签订"贷款协议"。⑧物主受托人与契约受托人签订"合同信托协议"，物主受托人将租赁信托协议、租赁合同、设备购买合同、担保合同、贷款协议等合同下的权力转给契约受托人。

杠杆租赁基本结构（签约部分）如图 10-2 所示。

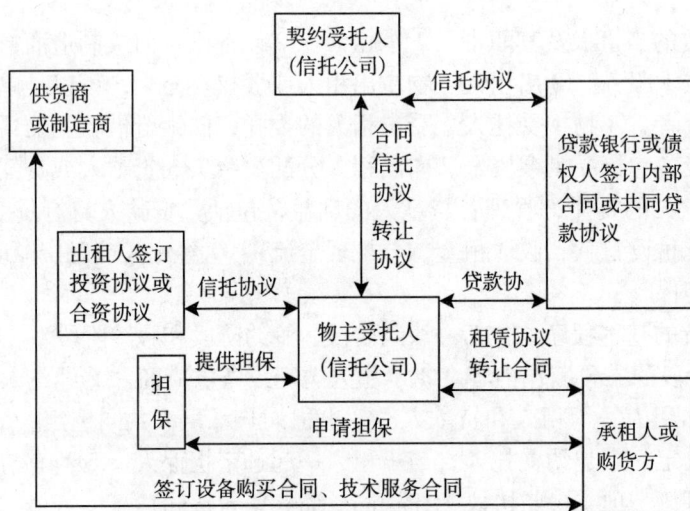

**图 10-2 杠杆租赁基本结构（签约部分）**

（3）履约阶段的主要工作内容：①出租人将产权资金交契约受托人。②物主受托人开出票据向贷款银行申请贷款。③契约受托人接受银行贷款。④契约受托人支付采购设备款。⑤供应商向承租人提供所购设备。⑥承租人将租金支付给契约受托人。⑦契约受托人分配现金流。

杠杆租赁基本结构（履约部分）如图 10-3 所示。

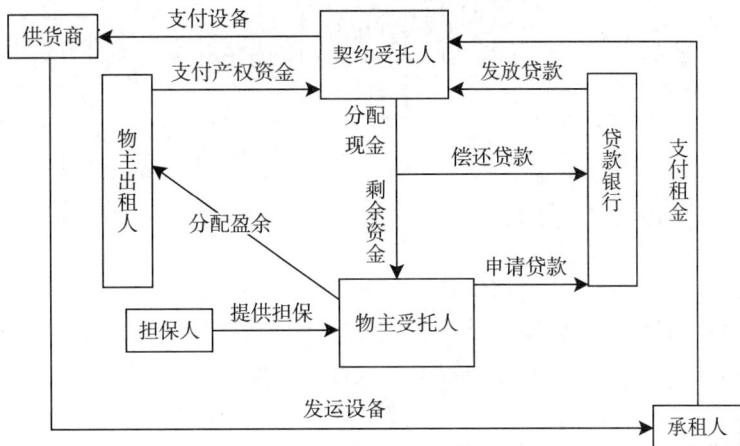

**图 10-3　杠杆租赁的基本结构（履约部分）**

# 第三节　中信公司投资澳大利亚波特兰铝厂

20 世纪 80 年代中期，中国国际信托投资采取杠杆租赁方式投资澳大利亚波特兰铝厂，取得波特兰铝厂 10% 的权益，不仅节约了投资资金，而且降低了融资成本。

## 一、波特兰铝厂 10% 权益杠杆租赁融资的承租人

波特兰铝厂 10% 权益的承租方是中国国际信托投资公司。为了降低和防范投资风险，中国国际信托投资公司在澳大利亚设立了中信澳公司，中信澳公司设立子公司——中信澳（波特兰）公司，并由中信澳（波特兰）公司充当波特兰铝厂 10% 权益的承租人。中信澳（波特兰）公司与出租人签订了为期 12 年的长期租赁协议，中信澳公司与中信澳（波特兰）公司签订"提货与付款"性质的产品销售协议，中信澳公司购买中信澳（波特兰）公司在波特兰铝厂生产的铝锭。

波特兰铝厂 10% 权益杠杆租赁融资，承租人的结构如图 10-4 所示。

## 二、波特兰铝厂 10% 权益杠杆融资的出租人

波特兰铝厂 10% 权益的出租人是一个非常复杂、独特的结构，按照资金来源以及担保方式包括以下内容。

1. 出租人的股本结构。出租人由五家澳大利亚主要银行及其他经济组织（组成股份参与银团）设立特殊的合伙制投资结构，合伙人提供 10% 权益 1/3 的资金。特殊的合伙

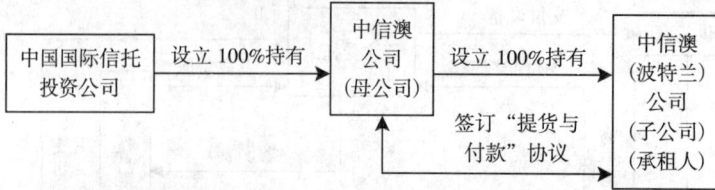

图 10-4 波特兰铝厂 10%权益杠杆租赁融资承租人的投资结构

制投资结构是一个空壳公司,合伙人通过任命一家"项目代理公司"持有其权益和办理资产的出租事宜。股份参与银团在波特兰铝厂中不直接承担任何的项目风险或者中信公司的信用风险,这些风险由债务参与银团以银行信用证担保的方式承担。

2. 出租人的债务资金安排。出租人的债务资金占 10%权益的 1/3,债务资金由比利时国民银行提供。比利时国民银行不承担任何项目风险,全部风险由项目债务参与银团以银行信用证形式承担或担保。出租人的债务资金之所以安排由比利时国民银行提供,是因为比利时税法允许其他国家级银行申请扣减在海外支付的利息预提税,这样比利时国民银行在杠杆租赁融资中的作用是为项目提供无须缴纳澳大利亚利息预提税的贷款。

由于项目债务参与银团的成员是澳大利亚、日本、美国、欧洲国家等九家银行,同时项目债务参与银团既为出租人的股本资金提供担保,又对出租人的债务资金提供担保。所以,波特兰铝厂 10%权益的出租人实际上是项目债务参与银团。

波特兰铝厂 10%权益杠杆租赁融资,出租人的投资结构如图 10-5 所示。

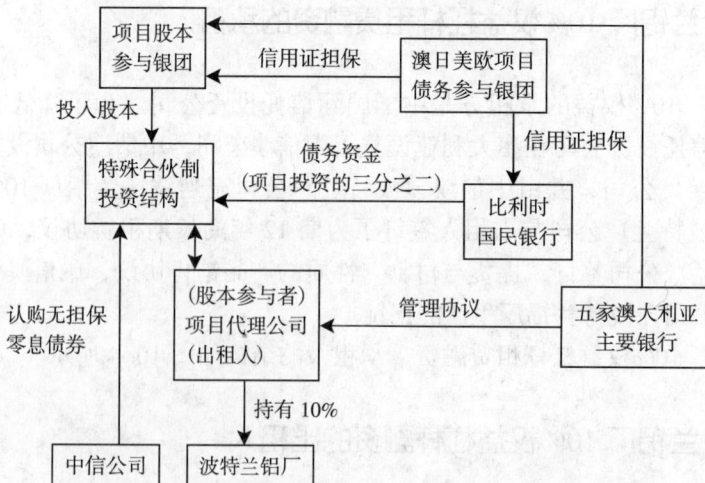

图 10-5 波特兰铝厂 10%权益杠杆租赁融资出租人的投资结构

### 三、波特兰铝厂 10%权益杠杆租赁融资的信用保证

波特兰铝厂 10%权益杠杆租赁融资的信用保证主要包括：①中国国际信托投资公司认购特殊合伙制投资结构发行的无担保零息债券，以增强项目债务参与银团的投资信心。②中国国际信托投资公司在海外一家国际一流银行中存入一笔固定金额的担保存款，为项目总投资的 10%，作为项目完工担保和资金缺额担保的准备金。③中信澳公司与中信澳（波特兰）公司签订"提货与付款"协议，同时中国国际信托投资公司还为"提货与付款"协议提供了担保，从而为支付租金提高了保证。④项目债务参与银团为出租人的股本资金和债务资金提高了信用证保证。

波特兰铝厂 10%权益杠杆租赁的信用保证结构如图 10-6 所示。

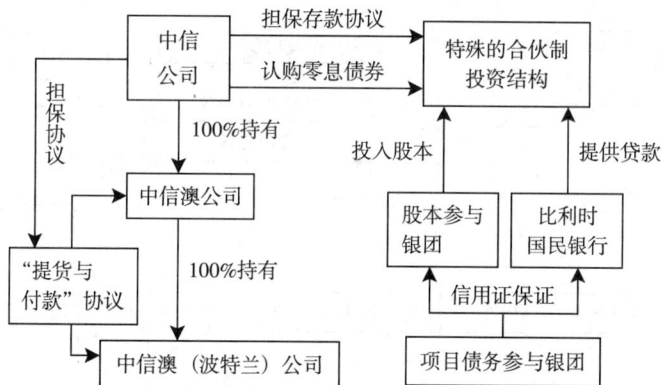

**图 10-6 波特兰铝厂 10%权益杠杆租赁的信用保证结构**

### 四、波特兰铝厂 10%权益杠杆租赁融资的经理人

波特兰铝厂 10%权益杠杆租赁的经理人是美国信孚银行澳大利亚分行，其在杠杆融资中所发挥的作用有：①作为中信公司的融资顾问，负责组织实施了这个难度极高、被誉为澳大利亚最复杂的项目融资结构。②在杠杆租赁融资中，其承担了杠杆租赁经理人的角色，代表股本参与银团处理一切有关特殊合伙结构以及项目代理公司的日常运作。③担任了项目债务参与银团的主经理人。④分别参与了股本参与银团和债务参与银团，承担了贷款银行的角色。

### 五、波特兰铝厂 10%权益杠杆租赁融资的特点

波特兰铝厂 10%权益杠杆租赁融资是一个复杂的项目融资，其特点是：①项目的出租人均为银行，其不是直接向中国国际信托投资公司提供项目贷款，而是采取杠杆租赁

融资的方式，使中国国际信托投资公司参与了波特兰铝厂的投资，主要原因是：①采取租赁方式可以获得加速折旧的税务好处。②项目在澳大利亚，却是比利时国民银行提供债务资金，主要是这种安排可以节省利息预提税。③投资结构采取合伙制结构，其主要好处是，股份参与银团可以直接吸收其巨额税务亏损。④项目债务参与银团只为项目融资提供信用证保证，不提供资金，这种安排可以节省项目债务参与银团的资金。

波特兰铝厂10%权益杠杆租赁融资及其生产经营运行结构如图10-7所示。

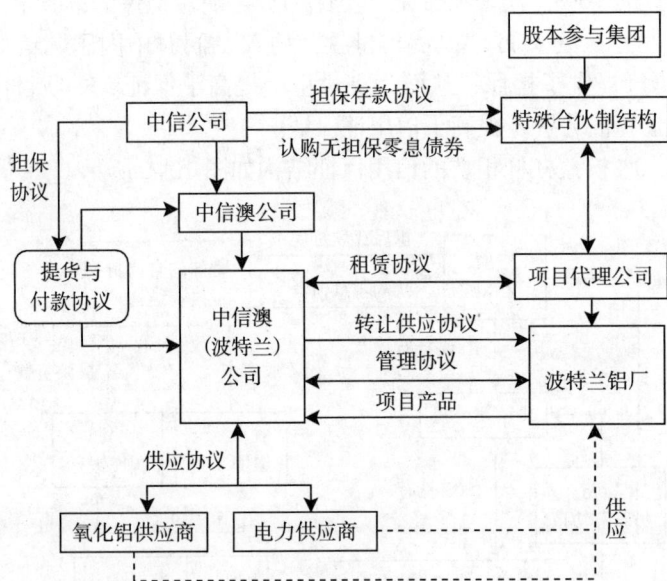

图10-7 波特兰铝厂10%权益杠杆租赁融资及其生产经营运行结构

## 本章小结：

租赁是非常古老的融资方式，其发展很快，种类也很多。租赁一种特殊的融资方式，它不同于一般的债务融资，也不同于分期付款和信托。

租赁融资成功的关键是租赁结构的创新，其不仅涉及租赁范围的扩大，而且涉及租金计算和支付的创新、出租人结构的创新等。

租赁融资是一个复杂、漫长的过程，其基本内容可以概括为三个阶段：谈判、签约、履约；其中谈判最艰苦、签约最愉快、履约最幸福。

## 本章重要概念：

经营性租赁 融资性租赁 直接租赁 转租赁 售后回租 节税租赁 销售式租赁 单一投资租赁 杠杆租赁 本币租赁 外币租赁 境内租赁 跨境租赁 动产租赁 不动产租赁 表内租赁 表外租赁 结构式参与租赁 合成租赁 委托租赁 联合租赁 物主受托人 契约受托人

**思考题：**

1. 租赁融资的基本特点。

2. 杠杆租赁的基本程序。

3. 在波特兰铝厂项目融资中，澳日美欧项目债务参与银团为什么不是直接贷款给中信公司，而是采取租赁融资？

# 第十一章　资产证券化融资

## 第一节　资产证券化融资特点与种类

### 一、资产证券化融资及其产生发展

1. 资产证券化是指将缺乏流动性但具有未来现金流入的资产经过一定的组合后转变成为证券，据以融通资金的技术和过程，如抵押贷款的证券化、应收账款的证券化、消费信贷的证券化和项目融资证券化等。资产证券化是近三十多年来国际金融领域发展最快的金融工具和金融创新。

2. 资产证券化的基本过程：资产的所有者（或原始权益人）根据需要将流动性较差的资产转让或出售给特设的机构（如资产管理公司），特设机构将接收和购买的资产进行重新分类和组合，然后以这些经重组的资产作为担保发行证券，所筹资金用于支付购买资产款，而以这些资产的未来现金流偿还所发证券的本金和利息。

3. 资产证券化起源于 20 世纪 70 年代末美国的住房抵押证券。当时，美国的住房金融制度受到联邦法律的严格限制，地区性储蓄和信贷协会等储蓄机构只能依靠其所在地居民的储蓄存款向个人提供住房抵押贷款，这种政策规定不仅制约了住房金融业务的发展，而且产生了很大的信用风险，严重影响了储蓄协会的经营。为了获得经营所需的资金来源，转嫁利率风险，美国三大抵押贷款机构：政府国民抵押协会、联邦国民抵押协会和联邦住房贷款抵押公司，以及其他一些从事住房抵押的金融机构，纷纷将其所持有的住房抵押贷款按期限长短、利率等进行组合，以此作为担保发行证券，获得了新的资金来源，从而也实现了、开创了住房抵押贷款的证券化。在住房抵押贷款证券化之后，证券化技术被迅速、广泛地运用于非抵押债权资产，先是汽车贷款的证券化，后是企业应收账款的证券化。到目前为止，资产证券化已遍及租金、版权专利费，信用卡应收账款，消费品分期付款等领域。

在 20 世纪 80 年代以后，资产证券化开始在国际金融市场被广泛采用，已成为一种全球化的现象。

## 二、资产证券化融资的特点

1. 资产证券化融资不同于传统的证券融资。传统的证券融资方式是以企业自身产权为清偿基础，企业对债券本息及股票权益的偿付以公司全部法定财产为界。资产证券化虽然也采取证券形式，但资产证券的发行依据不是企业全部法定财产，而是公司资产中的某一部分，证券权益的偿还不是以公司产权为基础，而是仅以被证券化的资产为限。资产证券的购买者或持有人在证券到期时可获得本金和利息的偿付，证券偿付的资金来源于担保资产所创造的现金流量，即资产债务人偿还的债务到期本金与利息。如果担保资产违约拒付，资产证券的清偿也仅限于被证券化的资产的数额，而资产证券的发起人或资产证券的发行人没有超过该资产限额的清偿义务。同时，通过证券化方式，原始权益人的资产转化为证券在市场上交易，实际上是原始权益人把最初贷出去的款项在市场上交易，这样就把原来由原始权益人独家承担的借贷风险分散给多家投资者承担，从而起到了规避风险的作用。因此，资产证券化的主要功能不仅是为了融资，还具有分散风险的作用。

2. 资产证券化融资不同于普通的抵押贷款。资产证券化实现了资产证券本身的信用等级与筹资者的信用等级的分离。因为，在资产证券化以后，无论被证券化的资产是否还保留在筹资人的资产负债表中，资产证券的信用等级仅取决于明确指定的资产和信用增级的情况，而与筹资人的信用等级无关。由于实行了上述的信用隔离，因而，所发行的资产证券的信用等级可以高于证券化资产的原所有人的信用等级。

3. 资产证券化融资不同于项目融资。资产证券化融资不是以所要建设的项目在未来产生的现金流为保证进行融资，而是以已有的能够产生稳定现金流动的各种收益为保证进行资金融通。此外，项目融资是一种借贷融资，不涉及证券的发行，而资产证券化融资是一种债券融资。

# 第二节　资产证券化的类型

## 一、住房抵押贷款证券化与资产支撑证券化

按照产生现金流基础资产类型的不同，资产证券化可以分为抵押贷款证券化和资产支撑证券化两类。

1. 抵押贷款证券化，如住房抵押贷款证券化。

2. 资产支撑证券化，如汽车贷款证券化、商用房产抵押贷款证券化、信用卡应收款证券化、贸易应收款证券化、设备租赁费证券化、基础设施收费证券化、门票收入证券化。

## 二、过手型证券化与转付型证券化

按照对现金流的处理方式的不同，资产证券化可以分为过手型证券化和转付型证券化两类。

1. 过手型证券化是指在资产证券化过程中，证券的购买者按其购买的份额享受相应的权利，分次收取由发行人直接"过手"而来的本金和利息；过手证券可以是权益凭证，也可以是债权凭证。

2. 转付型证券化是指为了满足不同投资者的需求，在资产证券化过程中，证券的购买者可以在不同的时间、以不同的利率定期获得偿付的融资方式；转付证券可以分为部分修正过手证券（无论是否收到借款人的偿付，投资者都可以获得一定的偿付）和完全修正过手证券（无论是否收到借款人的偿付，都保证按计划向投资者完全偿付）。如前面介绍的多级别债务凭证（是指以同一资产为担保所发行的在期限、利率、获偿顺序都存在差别的多类别债券，是一种同债不同权的债券）就是一种转付证券，此外还有本息分离债券。

## 三、单一债权人型证券化与多债权人型证券化

按照基础资产卖方或发起人或原始权益人的多少，资产证券化可以分为单一债权人型证券化和多债权人型证券化两类。

1. 单一债权人型证券化是指在资产证券化过程中，原始权益人仅有一个的一种资产证券化形式。

2. 多债权人型证券化是指在同一资产证券化过程中，有多个原始权益人的一种资产证券化形式。

## 四、单宗销售证券化与多宗销售证券化

按照基础资产销售结构的不同，资产证券化可分为单宗销售证券化和多宗销售证券化两类。

1. 单宗销售证券化是指在资产证券化过程中，原始权益人一次性将基础资产出售给买方，买方不得以基础资产的收益再购买原始权益人的资产。

2. 多宗销售证券化是指在资产证券化过程中，基础资产的买方可以在一定时期内多次购买原始权益人资产的融资方式。包括循环融资、先行融资和仓储融资。循环融资是

指基础资产的买方可以用基础资产的收益循环购买原始权益人的资产。先行融资是指SPV一开始就发行超过基础资产金额的证券，超额发行的收入专户储存，用于购买原始权益人的新资产。仓储融资是指在获得投资者购买一定基础资产承诺的情况下，原始权益人灵活地不断发起并出售其证券化资产。

## 五、单层销售证券化与双层销售证券化

根据发起人与SPV的关系以及由此引起的基础资产销售的次数，资产证券化可分为单层销售证券化和双层销售证券化两类。

1. 单层销售证券化是指在资产证券化过程中，基础资产的转移在原始权益人与其子公司（SPV）之间进行。

2. 双层销售证券化是指在资产证券化过程中，基础资产的转移要经历两个环节，即先由原始权益人将基础资产转移给它的子公司（SPV），再由子公司将基础资产转移给独立的第三方（SPV）。

## 六、发起型证券化与载体型证券化

根据证券化的各项工作是否由发起人承担，资产证券化可分为发起型证券化和载体型证券化两类。

1. 发起型证券化是指资产证券化过程中，原始权益人（发起人）自己构建交易结构、设立SPV并发行证券、完整地参与资产证券化全过程的融资方式，也称为表内证券化。

2. 载体型证券化是指资产证券化融资是由专业机构完成的一种融资方式，也称为表外证券化。

## 七、政府信用型证券化与私人信用型证券化

根据证券化载体在性质上的差异，资产证券化可分为政府信用型证券化和私人信用型证券化两类。

1. 政府信用型证券化是指在资产证券化过程中，政府机构起着支撑和控制性作用的融资方式，如在美国，有联邦国民抵押贷款协会、联邦住宅抵押贷款公司、住房抵押贷款协会提供担保或直接购买抵押贷款的资产证券化。

2. 私人信用型证券化是指以企业的名义购买和收集基础资产，然后发行证券进行融资的一种方式。

## 八、单系列收益凭证证券化和多系列收益凭证证券化

按照同一资产池是否可以发行不同系列的收益凭证，资产证券化可分为单系列收益凭证证券化和多系列收益凭证证券化两类。

1. 单系列收益凭证证券化是指在资产证券化过程中，一个资产池只能发行一个系列的收益凭证。

2. 多系列收益凭证证券化是指在资产证券化过程中，同一资产池可以连续发行多个系列的收益凭证，也称为主信托结构。

# 第三节　资产证券化融资的程序与运作主体

## 一、资产证券化融资的基本程序

资产证券化融资是将一定的资产经过重新分类组合并转化成为证券出售给投资者，从而实现融通资金的目的。这是一个涉及面较广、技术比较复杂的过程，其主要步骤如下：

1. 确定资产证券化目标，组成资产池。资产证券化的第一步是由资产的原始权益人确定哪些资产应予以证券化，或者说应将哪些资产转让或出售。原始权益人首先应分析自身所有资产的结构情况，明确可证券化的资产数量和类型；然后，根据自身经营的资金需要、风险管理的需要，确定证券化资产的具体内容；最后，将这些资产汇集形成一个资产组合也就是所谓的资产池。

2. 资产的出售转让或资产的购买接收。原始权益人将拟证券化的资产出售转让是资产证券化融资的第二步，也是很重要的一个环节。应注意的是，资产的出售转让并不是出售转让给投资者，而是出售转让给一个特设的机构（如资产管理公司）。这一环节是为了通过真实销售达到破产隔离的目的，真实销售的主要标准是资产出售后，当原始权益人破产时，该资产不作为法定财产参与清算。破产隔离就是在资产买卖合同中明确规定，一旦原始权益人发生破产清算，资产池不列入清算范围，使投资者不会受到原始权益人的信用风险的影响。破产隔离要求当原始权益人破产清算时，证券化资产的权益不作为清算财产，证券化资产所产生的收入现金流仍按交易契约的规定支付给投资者，达到保护投资者的目的。破产隔离的实现决定于两个主要因素：证券化资产的真实销售和交易结构中设有特设的购买证券化资产的机构，即特设机构（如资产管理公司）。

3. 将证券化资产转化成为资产证券。以资产池的权益作为保证发行证券，就是将证

券化资产转化成为资产证券或资产支撑证券。将缺乏流动性的资产转化成为可流通转让的证券，这是资产证券化融资活动中技术性最强的一项工作，其由特设机构组织完成。特设机构对接收或购买的资产，应根据其类型、期限、利率以及行业特征、地理特征进行分类组合，并结合投资者的偏好设计出相应的证券。如有的投资者偏好短期证券，有的投资者抗御风险的能力强、偏好长期证券，这样特设机构可以就同一资产池的权益特点，设计出多层次的证券。

4. 信用增级。为吸引更多的资产证券投资者，改善发行条件，必须采取一定措施，如提供强有力的担保，以提高资产证券的信用等级，即信用增级。信用增级方法，除了提供担保外，还可以通过改变资产证券的结构来实现。

5. 信用评级。为了保证资产证券的发行成功，还需要聘请信用评级机构，对资产证券的信用等级进行评级。只有经过有资格的、有威望的信用评级机构进行了信用评级的证券才能吸引投资者。

6. 资产证券的发行。资产证券的发行，一般由证券承销商负责向投资者出售。发售资产证券所得款项，应用于支付购买资产的价款。

7. 向投资者支付资产证券的本金和利息。

## 二、资产证券化融资的运作主体

资产证券化融资是由一个特殊的交易结构组成的，其运行主体包括：原始权益人、特设机构、受托管理人、服务人、证券商、信用评级机构、担保人、投资者和专业咨询服务机构等。各主体在融资中扮演着不同的角色，各司其职，起着相互联系、相互制约的作用。但在实际操作过程中，有时几个主体的职责可能会由同一参与者承担。

1. 原始权益人。原始权益人，也称发起人、资产出售人，是资产证券化的发动主体，是被证券化资产的原所有者，是融资活动中的资金需求者。其职责是：选择拟证券化的资产并捆绑组合，组成资产池，然后将其出售或作为资产证券的担保品。商业银行、企业、保险公司等都可以作为资产的出售人或资产证券化的发动主体。在实际操作中，原始权益人也可以充当服务人，行使其职责。

2. 特设机构。特设机构是在资产证券化融资中收购原始权益人的资产，并将收购的资产重新组合并转化成为证券，然后发行出售给投资者的中介公司。如资产管理公司、重组信托公司等。特设机构的特殊性表现在：它是为资产证券化而特别或专门设立的，其业务较单一，就是收购资产；同时，它在法律上具有独立的地位，由于业务受到较严格的限制，本身不易破产，是一个"不破产"公司。特设机构作为原始权益人与投资者的中介机构，是资产证券化融资结构中最独特之处。

特设机构可以由原始权益人出资设立，也可以由原始权益人以外的其他人出资设立；可以由国家设立，也可以由民间组织设立；特设机构可以永续存在，也可以随证券化过程而存在，即随资产证券化而成立，随资产证券本金利息的支付完毕而解散。特设机构可以在原始权益人所在地注册组建，也可以在其他管辖区注册组建，关键是看注册所在地是否有税收上的优惠或法律、监管上的障碍。

特设机构在法律上具有独立的地位，但它实际近乎一个空壳公司。它本身并不拥有职员和厂场设施，只拥有名义上的资产和权益。在正常情况下，其资产是委托原始权益人进行管理，因为这些资产原本属于原始权益人所有，原始权益人具有管理这些资产的便利、经验和能力；资产证券的设计、发行由证券承销商或投资银行代理，其权益是委托服务人进行管理。服务人管理特设机构的权益，也就是作为投资人的代表持有资产证券的全部权益，管理资产证券的收入现金流，并分配给投资者，当特设机构出现违约时，服务人将代表投资者采取必要的法律行为，保护投资者的利益。

特设机构均是单一目的或经营业务单一的实体，其资本化程度低，资金全部来自发行证券的收入。为了维护投资者的利益，特设机构的活动在法律上受到较严格的限制：①不能建立任何子公司。②不得自聘任何工作人员。③非常有限的开支（如年度商业登记费等）。④除证券化业务外，不能形成任何其他类型的资产。⑤除承担证券化所形成的债务以外，不能发生任何其他债务。⑥在履行支付投资者本息义务之前，不能分配红利。

3. 受托管理人。受托管理人是指在资产证券化活动中受其他有关当事人的委托行使其职责的金融机构，如信托公司。它是原始权益人与特设机构的中介，也是投资者、服务人、信用提高机构与特设机构的中介。其职责包括：代表特设机构从原始权益人处购买资产，向投资者发行证书。当债务人归还资产抵押的本金和利息时，服务人把收入存入特设机构的账户，由受托管理机构把它们转给投资者。如果款项没有马上转给投资者，受托管理机构有责任对款项进行再投资。受托管理机构也应负责确定服务人提供给投资人的各种报告是否真实、公允，并把这些报告转给投资者。当服务人被取消或不能履行其职责时，受托管理机构应该能够取代服务人担当其职责。

4. 服务人。服务人也称资产池管理公司。服务人在资产证券化活动中的作用是负责收取债务人到期的本金和利息，负责催收追讨逾期的应收款项，并将收回的款项存入特设机构的账户，交给受托管理机构分配。服务人通常由原始权益人或者其附属机构充当，或者由指定的机构来承担。服务人也向受托管理人和投资者提供有关资产组合的月份或年度报告，这些报告详细说明收入和支出资金的来源、本金余额。

5. 证券承销商。在资产证券化活动中，证券承销商起着很重要的作用，这表现在两个方面：代办发行资产证券和设计融资方案。

资产证券的发行分为公募发行和私募发行。无论采用何种发行方式，证券承销商都具有有效促销，确保发行成功的作用。在公募发行方式下，证券承销商作为包销人，从特设机构那里买断资产证券，然后再出售给投资者，并从中获得差价收入；如果采取私募方式发行资产证券，证券承销商并不买断资产证券，而是作为资产证券的销售代理人，收取佣金手续费。

在资产证券化融资结构的设计工作中，证券承销商还扮演着融资顾问的角色。资产证券化融资是技术性较强的金融工程，从某种程度上说，融资顾问本身的经验和技能水平的高低决定着证券化方案能否最终取得成功。担任融资顾问的条件包括：具有丰富的谈判经验和技巧、能够准确地了解证券化项目发起人的目标和具体要求，熟悉有关的政治、经济和法律法规环境。同时，证券承销商还应同信用评级机构、信用增级机构及受托管理人合作，形成一个能够在最大程度上保护各方利益、为各方所接受的融资方案。

证券承销商无论在资产证券化融资活动中承担什么样的任务，都必须和特设机构等一起策划、组织证券化融资结构的设计和资产证券的交易，以使其符合相关法律、法规、会计和税收等方面的要求，实现融资者希望达到的目的。

6. 信用评级机构。信用评级机构是指评定企业资信等级和评估证券风险的专门组织。在资产证券化融资活动中，其既要对拟证券化的资产进行评估，也要对拟发行的资产证券进行评级。通过对拟证券化资产的评估，为资产证券化的信用增级提供依据；通过对拟发行的资产证券的评级，为投资者提供投资决策的依据。

7. 担保人。在资产证券化融资活动中，为了保护投资者的利益，也为了降低资产证券的发行成本，提高资产证券发行的成功率，达到预期的证券化效果，需要有额外的信用支撑。对资产证券提供担保就是一种额外的信用支撑，它是降低资产证券发行风险的有效途径。为了发挥担保的作用，充当担保人的机构不仅要符合承担担保的资格，而且要具有较高的信用等级。由于对资产证券的担保有利于提高资产证券的信用等级，所以资产证券化融资的担保人，也就是资产证券的信用增级机构。

8. 投资者。投资者是资产证券的购买者，是资产证券的权益人，是资产证券化融资活动中的资金供给者。他们可以是法人投资者，也可以是个人投资者；可以是国内投资者，也可以是国外投资者。

9. 专业服务机构。专业服务机构是指为资产证券化融资提供各类业务指导、充当顾问的机构，如会计师事务所、律师事务所、投资银行等。

# 第四节　资产池的组成与出售

## 一、资产池的组成

资产池是指拟证券化的资产组合，或者是拟出售转让的一组资产。从原始权益人证券化的动机看，一项资产是否通过证券化出售，要取决于资产证券化融资的成本和收益，只有收益大于成本，才适合采取资产证券化融资。在资产证券化初期，证券化的资产主要限于住房抵押贷款。这类资产的信用特征简单、还款条件明确、担保程度高，因而转化的资产证券出售的评估费用低、信用增级费用低、融资成本较低，易于证券化。

随着资产证券化技术的提高，证券化资产的种类局限不断缩小，资产证券化融资市场在迅速发展壮大。但是，并非所有的资产都可以证券化。已有的证券化融资实例中，有些资产适于证券化，有些资产不适于证券化。

从国外资产证券化的经验看，可证券化的资产应具有如下特征：①能在未来产生可预测的稳定的现金流。②持续一定时期的低违约率、低损失率的历史记录。③本息的偿还分摊于整个资产的存活期间。④金融资产的债务人具有广泛的地域和人口统计分布。⑤原所有者已持有该资产一段时间，有良好的信用记录。⑥金融资产的抵押物有较高的变现价值或它对债务人的效用很高。⑦金融资产具有标准化、高质量的合同条款。

不利于金融资产进行证券化的属性有：①服务者经验缺乏或财力单薄。②资产组合中资产的数量较小或金额最大的资产所占的比例过高。③本金到期一次偿付。④付款时间不确定或付款时间间隔过长。⑤金融资产的债务人有修改合同条款的权利。

此外，资产证券化还会受到一个国家的会计处理、法律问题如税务处理的限制，因此各国可证券化资产的范围存在较大的差别。到目前为止，在北美洲、欧洲等市场上可证券化的资产种类最多，它们包括：居民住房抵押贷款；私人资产抵押贷款、汽车销售贷款、其他各类个人消费贷款、学生贷款；商业房地产抵押贷款，各类工商企业贷款；信用卡应收款、转账卡应收款；计算机租赁、办公设备租赁、汽车租赁、飞机租赁；交易应收款（制造商和销售商）；人寿、健康保险单；航空公司机票收入、公园门票收入、俱乐部会费收入、公共事业费收入；石油/天然气储、矿藏储备、林地；各种有价证券组合；等等。

## 二、资产的出售

资产出售是指对拟证券化资产的转让，包括银行贷款的出售和应收账款的出售。这里主要介绍贷款的出售。银行贷款出售的形式主要有三种：参与、转让和债务更新。

1. 参与。参与通常适用于这样一种情况，卖者（原始权益人）希望借款人和买者之间保持一定的距离。不希望买者有直接与借款人接触的权利，以此来保护卖者与借款人的关系，保证客户不流失。同时，这种方式也可以使借款人与其不愿接触的买者隔离开来，保护借款人生产经营方面的商业秘密和财务信息。

参与一般是以贷款出售契约或参与证的形式实现的，这种契约或参与证并不改变银行与借款人之间契约的合法性。按照契约或参与证的规定，买者通常对借款人没有直接的要求权，他必须依赖卖者收集支付和提供信息；同时，买者对贷款出售银行也没有追索权，如果借款人不能将所借款项的本息支付给银行，那么银行确实也就不能将该款项支付给买者。

随着资产证券化市场的发展，参与形式的贷款出售，演变出多种做法：①隐蔽的参与。在这种方式下，债权人不向借款人披露贷款被出售的情况，因为披露信息会造成不必要的管理负担。这种做法仅限于短期贷款，买者的动机只是寻觅有收益率的投资。

②具有投票权的参与。即贷款的买者被允许在特别的情况下有影响力、有否决卖方行为的权利。如在所欠本金的减少、利率的变化、期限的延长和抵押品的释放等方面发表意见。这是买者尽可能多地寻求对信用的控制，以实现自我保护。但这种"有影响力"的参与，不会动摇银行对借款权益的控制权。③带成本分担条款的参与。即买者同意按比例承担贷款人为收回逾期支付款项而发生的合理的成本。④具有对抵押品处置权的参与。⑤保留代理作用的参与。在贷款出售中，如果与贷款相关的权利移交给买者后，卖者对借款人职责的执行将会受到妨碍，这样卖者可能要求购回任何买者的这些权利的全部或部分。当然，买者也可能否决卖者的这种要求。

2. 转让。即通过一定的法律手续把待转让资产项下的债权转让给买方，作为转让对象的资产要由有关法律认可具备可转让性质。资产权利的转让要以书面形式通知资产债务人，无资产转让书面通知，资产债务人享有终止债务支付的法定权利。

卖者在贷款协议下的权利和义务的转让，可通过借款人同意使用单独的转让协议或者买者在贷款文件上替代卖者成为签名者的背书形式而实现。通过转让，买者确认卖者在贷款协议下的权利和义务，从而与借款人直接接触。

在某些情况下也使用介于参与和转让之间的交易协议，而将卖者的权利和义务转让给买者，却不可撤销地指定卖者为处理借款人关系的独家代理人。在这种情况下，卖者实际上已转移了贷款，但仍然是买者与借款人之间的收集支付和提供信息的中介。

3. 债务更新。即先行终止卖方与借款人之间的债务合约，再由买方与借款人按原合约的还款条件签订一份新的合约来替换原来的债务合约，从而将卖方与借款人之间的债权债务关系转换为买方与借款人之间的债权债务关系。

## 三、资产的真实出售

资产出售的形式较多，在资产证券化融资中无论采取何种形式，资产的出售均要达到"真实销售"的要求，以降低融资中的原始权益人破产风险。判断真实出售的主要标准是出售后的资产在原始权益人（或卖方）破产时不作为法定财产参与清算，在实际操作中这取决于各国有关方面的解释和法庭判例。例如，在美国，财务会计标准规定，实现真实销售应满足以下条件：卖者必须放弃对未来经济利益的控制，卖方必须有能力合理估计出在附有追索条款下其应承担的义务；除非附有追索权条款，否则买方不能将资产退还给卖方。在英国，实现真实销售的条件是：卖方不得在特设机构的资本中占有任何权益，不得控制特设机构；特设机构的名称不得含有卖方（或原始权益人）的名称；卖方不承担特设机构的任何费用支出；卖方不得拥有回购已出让资产的选择权。

## 第五节 资产组合与资产证券

资产证券化融资的核心是集合一系列性质、期限等相同，并可产生稳定现金流的资产，进行不同的组合，以其为担保发行证券，实现融通资金的目的。所以，资产组合和资产证券的设计，是特设机构在资产证券化融资中的重要工作内容和关键环节。

### 一、资产组合

资产组合是指特设机构将购入的资产按一定标准进行重新分类、捆绑，形成一个个组合，作为资产证券的发行保证。

为了发挥资产组合的作用，特设机构可以按照以下标准对资产进行分类：①资产及其抵押在地域上的特征。②资产及其抵押在行业上的特征。③资产性质上的特征。④资产在期限、利率以及利息支付上的特征。

为了发挥资产组合的作用，特设机构在进行资产捆绑中，应注意遵循以下几项原则：①分散性。是一组资产组合中所涉及的资产债务人在地域、行业和信用上应具有广泛性。这样，使资产证券的担保可以抵御某一地区经济、某一行业经营或个别客户信用变化波动的影响，保护投资者的利益。②同质性。是一组资产组合中的资产性质上应该相同，如均为抵押贷款或均为贸易应收账款等。同质性有利于确定资产证券的风险，为信用增级提供依据。③规模适度性。即一组资产组合在金额上应具有一定的规模。这样可以降低融资成本，提高融资效率。④层次化。即一组资产组合所涉及的债务在期限、利率方面的多样性和所产生的现金流的连续性。对证券化资产按多层化进行组合，有利于发行多层次资产证券，满足不同投资者的需要。

### 二、资产证券的种类

资产证券就是特设机构以一个资产组合为担保所发行的证券，也称为资产支撑证券。资产证券是资产证券化融资的信用工具，特设机构应根据资产组合的特征，设计相应的信用工具。

在国外的资产证券化融资活动中，所创造的资产证券的种类较多，以美国的资产证券为例，其可以分为以下几种类型：

1. 按照资产证券抵押品所有权是否转移，资产证券可分为转手证券（Pass-through）和转付证券（Pay-through）。

转手证券和转付证券是资产担保的两种基本形式。在转手证券中，担保品的所有权，随证券的发行而转移，成为投资者共有的财产，由让渡人信托公司或专门公司代为管理，因而这些放款收回的本息，也就成为投资者的共同现金收入，即由发行者转递给信托机构，再转递给投资者，故名转手证券。如果作为担保品的放款出现问题，仍由发行人负责处理。所以实质上属于有追索权的交易。因此，发行人虽不能完全避免由于原借款人违约而引起的信用风险，但却可免于因利率变动而影响放款价值的市场风险。

在转付证券中，出售者将应收款（担保品）转移给专门公司，专门公司同时发行由担保品现金流担保的债券。专门公司可能是出售者的专一目的的、防破产性的公司，也可能是出售者的承销商。由于对转付证券的现金流管理没有任何限制，因此，对投资者的支付也不必与相关担保品的现金流直接挂钩，这种债券期限、金额可以视债权债务双方的需要而"量体裁衣"。

转付证券比转手证券更复杂，起始成本也更高，但出售者在安排发行时有更大的弹性，这种弹性可以使出售者：①以低于市场利率的价格将担保品证券化。转手证券的息票利率（Coupon Rate）不能超过集合中任何贷款的最低利率。当贷款利率低于现期市场利率时，出售者宁愿发行接近价格的转付证券，而不发行已折价的转手证券，折价证券以平价发行的证券价格来确定，因为前者对提前还本率更加敏感。②重新安排现金流。出售者可以根据资产担保证券收益曲线的斜度，利用转付结构创造出多种到期日各不相同的债券，重新安排现金流，以迎合投资者对到期日的各种不同偏好，扩大投资层面，发挥规模效益，降低筹资成本。③消除提前还本风险，转付证券在安排上，可以固定的提前还本率为保证来消除提前还本风险。当提前还本超过这一固定比率时，则将其再投资于保证投资合同（Guaranteed Investment Contract，GIC）；当提前还本低于这一固定比率时，专门公司可以从商业银行提供的借款便利（Borrowing Facility）中提取款项。

2. 按照资产证券持有者获得偿付的时间性划分，资产证券可分为权益均等证券、优先/次级结构债券、多级债券和本息分离债券。

权益均等证券是指可以同时、等额获得一组资产组合权益的一类资产证券，如转手证券就是一种权益均等证券。

优先/次级结构债券是以一组资产组合发行的债券被分为 A、B 两种，A 债券是高级债券，对资产组合的现金流和本金有优先权；B 债券为次级债券，拥有次等权利，只有当 A 债券的持有者得到完全支付的情况下，B 债券的本息才能得到支付。次级债券所占的比例一般较低，一般由贷款的卖者所持有，但也可以卖给第三者。这种结构证券的设计是建立在借款人中的，违约是不可避免的，通过结构证券卖者将风险留给自己，保护投资者的利益，吸引投资者，提高资产证券的信用级别。

多级债券是指以同一组资产组合发行的债券被分为 3 个或 3 个以上层次，终级债券的本金利息最后支付，其他级次的本金按序支付，利息是定期支付。例如，针对一组资产组合发行四级债券：前面三级债券 A、B、C 在发行日开始以所载票面利率支付利息，最后一个是应付债券 Z，它是一种应计利息累积债券，它在其他级别债券的利息被偿付之前不能定期获得利息。债券本金的偿付按顺序进行，即所有本金的支付首先用于最短期限的 A 债券；当 A 债券完全偿付完毕后，所有本金的支付又转向下一个最短期限的 B 债券；一旦 B 债券全部被清偿后，所有本金用于支付 C 债券，Z 债券的债权要求最后被清偿。

本息分离债券是指以同一资产组合发行的债券被分为两类，本金和利息的支付各不相同的一类资产证券。它包括以下几种形式：①本金相同、利息不同，如 A、B 两种证券的持有者收到的本金是相同的，但 A 的利息占全部利息的 1/3，B 占全部利息的 2/3。②本金和利息都不相等，如 A、B 债券的持有者得到的本金分别为 99% 和 1%，而 A 债券的利率为 5%，B 债券的利率为 6.5%。③本息完全分开支付的债券，在这一结构中能得到所有利息的债券称作 IO（Interest Only）债券，能得到所有本金的债券称为 PO（Principal Only）债券。

PO 和 IO 债券是本息分离债券的极端形式。它的发行是建立在对投资者和发行人都有益的基础上的，发行人能通过分割债券得到比只发行一种债券更多的收入，投资者能够获得较大的收益。因为 PO 债券以低于面值的价格出售，投资者收益的大小取决于预付的速度，预付的速度越快，投资者的收益越高。例如，有一种 PO 债券，其由期限为 30 年的抵押借款为担保，债券的出售价格 17.5 万元，债券的面值为 40 万元，投资者的收益为 22.5 万元。如果借款人立即还款，投资者就将获得巨大收益；反之，如果 30 年到期时还款，投资者的收益就将非常小。借款人是否加速还款，取决于利率的波动情况，若利率下降，则提前或加速还款；否则，会推迟付款。IO 债券没有面值，与 PO 债券相比，IO 的投资者希望不发生提前或加速还款的情况，因为提前或加速还款会减少未偿还的本金，导致利息收益下降。所以，IO 债券的持有者对利率的期望与 PO 债券的持有者对利率的期望是相反的，本息分离债券也就适应了不同投资者的需求。

### 三、资产证券的发行方式与规模

资产证券的发行一般都由证券承销商代理。发行价格可以是平价发行、折价发行或溢价发行。

资产证券的发行规模是由资产池中可用的高级资产的金额确定的。可用的高级资产额的计算式如下：

可用的高级资产额 =（资产池中资产总额 − 不合格资产）× 可用高级资产比例

可用高级资产比例是由信用评级机构根据经验值确定的。

## 第六节　资产证券的信用增级

信用增级是指为确保资产证券化融资目标的实现所采取的一切有效措施以及金融工

具的运用，也称为信用提高或信用提级。

## 一、资产证券信用增级的目的

资产证券信用增级的基本目的是协调融资各方的利益，确保资产证券化融资的圆满成功。信用增级的目的具体包括如下内容：

1. 缩小发行人的局限性与投资者的需求之间的差异。资产证券化融资是一种结构相当复杂的交易，作为交易对象的资产证券，其信用质量、现金流动性都很难和投资者的需求准确地吻合。发行人为了使投资者接受这种信用工具或金融资产，只有两种选择，要么提高投资者的效益，要么改善担保的特性以更好地满足投资者的需要。其措施包括：①在信用等级低的情况下付给投资者需要的酬金。②在有效的利差收入数量过剩和放弃规范的会计销售条件下提供追索权。③或者使用第三方信用支持来提供市场上高信用等级需要的追索权。

2. 为投资者提供投资帮助。资产证券化融资的复杂性表现在它有许多参与者——受托人、卖方、服务人、管理人、专业顾问等和无数的构想、假设、意见、请求、担保和类似的东西，其中每一个部分都存在着潜在的风险。防范风险是投资者在投资决策中最为关注的问题。防范风险首先必须识别风险、衡量风险，然后采取措施加以规避。但这些对单个投资者来说既费时，又耗费，且技术能力受限。信用增级机构的加入，不但可以对融资风险进行专业分析，而且其作为融资结构的一个重要组成部分，必然尽力采取措施将风险最小化。所以，信用增级不但可以保证投资者免受资产质量的风险，而且还可以帮助保险者避免各种证券化风险。

3. 提高资产证券发行人的收益。信用增级给资产证券的发行人提供了一个在正常情况下无法获得的资本市场流动性的机会。如果某种证券的基础结构是新的或难以理解，那么信用增级可以使证券的发行和交易变得更加容易。信用增级大大地降低了投资者作投资决策时所必须进行的研究和分析工作量，投资者可以根据担保人和发行人的信用等级做出决策，而用不着去细究资产证券的结构。

当发行人决定要进入资本市场融资时，他总是希望发行收益率尽可能低的证券，以降低筹资成本。如果投资者不能很好地认识一种证券，不能了解发行人的信誉及其财务信息，那么发行人就很可能难以吸引投资者，或者只有通过提高投资收益率来吸引投资者，这样就会提高筹资成本。信用增级清除了证券发行中的不利因素，给发行人带来更好的融资效果和收益。

4. 提供了发起人在资本市场匿名的可能性。当一个资产证券化的发起人不喜欢把他的财务信息公布于众或者不希望被市场所了解时，信用增级能够使发起人通过一个特设机构来筹资，而给予他在资本市场上匿名的可能性。特设机构从发起人那里购买的资产都是缺乏流动性或流动性较差的资产，其所以能将这些资产以自己的名义转化成为资产证券出售、交易，在相当大的程度上依赖于信用增级。

5. 消除了资产负债表所带来的融资障碍。在市场行情呈下跌趋势时，发行人的资产负债状况可能比较糟糕，这时他想在市场上筹资可能会碰到困难，筹资成本和证券的流动性都将会受到不利的影响。信用增级可以清除市场对发行人财务状况的疑虑，信用增级机构将会根据市场的需要，制定出新的发行方案。

其实一个企业即使是在财务情况最差的时候，也可能还存在许多高质量的资产组合，信用增级机构就是在保守发行人财务秘密的同时，以可以接受的成本和收益率在市场上筹资。

## 二、信用增级的主要形式

资产证券化融资信用增级或信用提级，即资产证券化融资担保。在实际操作中，信用增级的形式很多，不同的融资方案，所采用的信用增级形式也可能存在较大的差别。概括起来，信用增级的形式可分为两大部分：卖方信用支持和第三方信用支持。

1. 卖方信用支持。卖方信用支持是指由原始权益人所提供的担保和保证，其主要方式有：超额抵押、全部或部分追索权、替换条款、代表或保证权、预付机制和溢价保证等。

（1）超额抵押：也称过度抵押，其保证融资安全的方法有两种：剩余资产价值和剩余现金流。

剩余资产价值是指充作抵押的财产的价值大于贷款数额的部分构成剩余资产价值。如果违约发生，财产的额外价值就可以用于缓冲或补偿损失。剩余资产价值在保护投资者的本金偿付时非常有效。然而单凭剩余资产价值是不能保护因抵押人的违约而造成的不定期支付风险的，还必须考虑剩余现金流。

剩余现金流是指现金流的超额担保可向投资者提供最终的以及定期的支付保证。在现金流的超额担保中，资产组合中的预期现金流的总和，在允许扣除某些适当的违约数额后，仍然超过了需要支付给抵押证券的现金流，现金流的超额担保使得抵押证券在任何可以预见的状况下，在每一个支付日都有剩余现金流。这样，现金流超额担保的抵押证券必须是本金超额抵押的，本金偿还是现金流，所以必须有额外的本金抵押池以保护债券持有者，以防止由抵押提前偿付或违约造成的损失。

对现金流超额抵押而言，抵押品的市场价值并不重要，甚至抵押品可不具备流动性，关键的是抵押自身的现金流能够在任何情况下清还债务。

（2）全部或部分追索权。如果借款人未能支付，拥有对卖者全部追索权的资产证券的买者可预期从卖者处获得定期计划支付。在部分追索权的情况下，买者仅能从卖者处获得预期支付的一个预定水平（通常是 20%）。这样，如果借款者的支付少于 80%，那么买者就不能从卖者处收到全部的差额。

在以资产池为基础的部分追索权下，投资者将对他们的一个预定损失上限拥有追索权。追索可加速一笔交易的完成，通过提高投资者忍受抵押产生问题的损失上限而减少对贷款质量进行分析所花费的时间。

（3）替换条款。根据这一条款，如果某贷款违约，应用好的且具有相似特征的贷款进行替换。

（4）代表或保证权。贷款的出售者经常要对每一贷款的特性或所有贷款做出保证或表示（负赔偿损失责任的表示）。关键在于卖者（或出售者）是否愿意在毁约后承担适当的补偿责任及买者是否接受卖方对这些条款的信用。

（5）预付机制。预付是一种证券在存续期间用来平滑现金流的技巧。

（6）溢价保证。按照这一条款，出售者保证溢价的偿付。例如，在利率10%的市场环境下，一个附有12%息票利率的抵押将会以溢价定价，然而如果抵押提前支付，购买者将会立即损失超过面值的溢价。由于这一问题，投资者常常对以溢价定价的抵押避而远之。为消除投资者购买这一类型证券的犹豫，出售者对溢价做出保证，即如果抵押提前偿还，出售者将对投资者支付剩下的未分期偿付的购买溢价。

2. 第三方信用支持。第三方信用支持通常是指银行或其他金融机构开出的公司担保书、信用证、保险单、履约保证书等。如果第三方对证券给予完全的最终信用保证，那么这些证券就被称作"受完全支持的结构融资"。其有两种形式：①直接偿付，即提供信用支持的第三方承担对投资者进行偿付的首要责任。②备用形式，即对投资者进行还本付息的首要资金来源是抵押资产组合，或由抵押资产的创始人承担首要责任，而提供信用支持的第三方只承担第二责任。

此外，前面提到的优先/次级债券结构，也具有信用增级的作用。第三方提供信用支持时，其自身的信用级别应比较高，或者应符合或达到资产证券信用增级的要求。

# 第七节 资产证券化在项目融资中的运用

<table>
<tr><td>案例</td><td>H市交通收费资产证券化①</td></tr>
</table>

1. 资料。中国东南沿海的H市，计划建设一条环H市公路，需投资2亿美元。其拟采用交通收费资产证券化的方式在海外筹集建设资金。用于支持债券发行的现金流：一是本地车辆用户缴纳的车辆登记费，二是进入H市的外地车辆所缴纳的过路费。该市规定：①本地登记车辆，根据车辆载重的不同，每年需强制性地缴纳固定的本地车辆登记费；缴费后，车辆可以不限次数地进入该市，无须另外缴纳费用。②非本地登记车辆，每次进入该市，根据载重不同，缴纳过路费。

---

① 黄嵩、魏恩铼、刘勇著：《资产证券化理论与案例》，中国发展出版社，2007年，第191页。

2. 证券发行主体及其股权结构和职能：①市车辆收费管理处与车辆收费征收处。车辆收费管理处是政府授权成立的一家行政管理机构，负责制定车辆的收费标准、监察征收工作、对收费所得进行分配。车辆收费征收处负责征收并发行所收取的车辆收费所得，同时对收费道路、桥梁和隧道进行管理及保养。②路桥公司。由香港 HY 公司和市土地局组成，享有环 H 市公路的经营和管理权，分享一定比例的车辆收费所得；中国香港 HY 公司拥有 65%~70% 的股权，市土地局拥有 35%~70% 的股权。③H 市大道有限公司。证券发行人、证券化融资的特设机构（SPV），注册于开曼群岛；其投资者有：海利公司（开曼群岛注册）和中国香港 HY 公司；前者拥有 H 市大道有限公司 80% 的股份，后者拥有 H 市大道有限公司 20% 的股份。H 市大道有限公司的资产包括：该市公路的经营及管理权，根据"分成合同"享有一部分车辆收费所得净额。④特区 HY 公司和中国香港 HY 公司。特区 HY 公司是 1986 年成立的国有企业，主要从事该市市政基建，包括发电厂以及公路建设工程。中国香港 HY 公司是 20 世纪 80 年代初，经中央批准在中国香港设立的公司。1998 年，经过重组，特区 HY 公司成为中国香港 HY 公司的母公司。

发行主体的股权结构如图 1 所示。

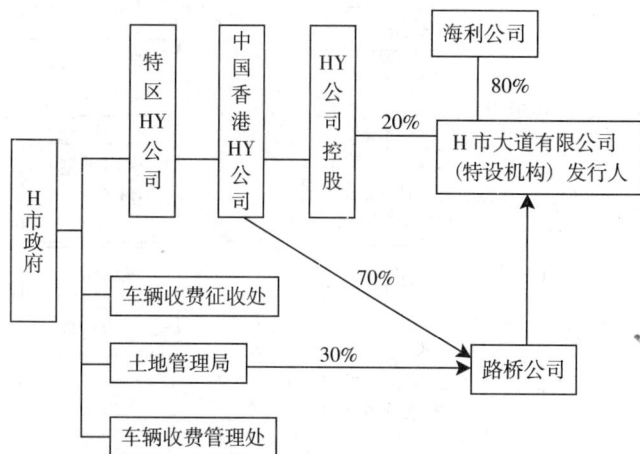

**图 1　H 市交通收费资产证券化发行主体的股权结构**

3. 证券化交易的参与方及结构。H 市交通收费资产证券化交易的参与者，除了发起人（市政府机构）、证券发行人（H 公司）外，还有信托人、受托人、信用评级机构、顾问和证券承销机构等。

①中国香港 HY 公司。证券化融资担保人。②中国建设银行。境内信托人，受 SPV 的委托建立并管理 SPV 的人民币账户、美元账户、现金储备账户，以及相关付款义务。③大通银行。境外受托人，受 SPV 的委托管理用于额外还债担保的账户，

向投资者还款付息，并进行适当的投资；此外，大通银行在本案例中还充当契约信托人、付款代理人和抵押代理人的角色。④标准普尔、穆迪，为信用评级机构。⑤施工工程规划设计顾问公司。境外融资顾问。⑥特区 HY 公司。协助发行人兑换外汇、缴纳税款。

H 市大道证券化交易结构与服务结构：①路桥公司从车辆收费管理处获得分配车辆收费所得的权利，向车辆收费管理处支付债券发行净收入。②路桥公司向 H 公司转让获得分配车辆收费管理处权力。③H 公司向路桥公司一次性支付债券发行收益。④投资者购买以车辆收费为支撑的债券。⑤境内受托人、信托人为此次债券发行提供账户管理服务及其他相关付款服务，包括向投资者支付本息。⑥特区 HY 公司协助发行人兑换外汇及缴纳税款。⑦中国香港 HY 公司为 H 市大道证券化交易提供还债支持。⑧评级机构对债券进行信用评级。H 市大道证券化交易结构与服务结构如图 2 所示。

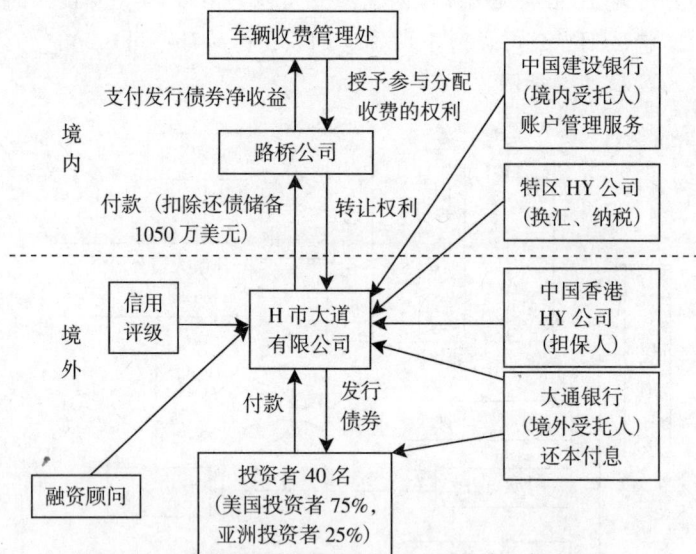

**图 2 H 市交通收费资产证券化交易结构与服务结构**

4. 债券总体设计。借鉴国外资产证券化的经验，H 市大道证券化所发行的债券分为高级债券和次级债券两部分。高级债券享有优先于次级债券获得偿付的权利。在利息支付方面，高级债券及次级债券均采用每半年支付一次的形式。在本金的偿还方面，高级债券自 2000 年 1 月 1 日起每半年支付一次本金，共分 14 期支付完毕，次级债券则是债券到期时（2008 年 7 月 1 日）一次性支付完毕（如表1所示）。

**表1　H市大道交通收费证券化债券发行基本情况**

| 发行人 | H市大道有限公司 | |
|---|---|---|
| 额度 | 2亿美元 | |
| 发行时间 | 1996年8月 | |
| 份额 | 高级债券 | 次级债券 |
| 金额 | 8500万美元 | 11500万美元 |
| 价格 | 99.482% | 99.528% |
| 息票（每半年付息一次）年率 | 9.125% | 11.500% |
| 与美国国库券利差 | +250基点 | +475基点 |
| 债券级别 | BBB（标准普尔）Baa3（穆迪） | BB（标准普尔）Ba1（穆迪） |
| 期限 | 10年期（平均7.5年，自2000年1月1日期末半年支付一次本金，分14次支付完毕） | 12年（于2008年7月1日一次性支付完毕） |

5. H市大道交通收费证券化法律合同。H市大道证券化法律合同主要有4部，其内容包括：

（1）收入分成合同。自交易完成之日起到1999年7月1日期间，路桥公司可以获得95%的车辆收费净额；上述期间过后的有效期内，可以获得不少于65%的车辆收费净额；未分配的车辆收费净额返还车辆收费管理处。还债能力的测试：每年的1月1日、4月1日、7月1日和10月1日为还债能力评估日。评估指标为还债覆盖率，其计算公式如下：

$$还债覆盖率 = \frac{评估日前连续12个月车辆收费净额的一半}{下一还款日到期时应付金额}$$

$$= 1.25 倍$$

（2）总租合同。路桥公司将其获得的权利（包括车辆收费收入）转让给SPV，期限15年；作为交换，路桥公司获得一次性租赁所得，这相当于债券发行净收入扣除还债储备启动资金（1050万美元）后的金额。车辆收费管理处及征收处承诺并担保：收入按合同分成，路桥公司的权力不会与法律法规相抵触，若有抵触则同意补偿损失。

（3）信托协议。根据信托人、SPV、特区HY公司、车辆收费管理处、车辆收费征收处五方达成的信托协议，由信托人以特区HY公司的名义开设三个信托账户：人民币账户、美元账户、人民币现金储备账户，特区HY公司对上述三个账户不享有任何收益权益（实际受益人为SPV）。SPV与境内信托人、境外受托人签订的信托协议还规定了便利信息和现金流动的一系列措施，包括账户余额、应付费用、应付利息、应付本金、还款的资金缺口、补充还款资金缺口的方式等。

（4）协助管理合同。根据协助管理合同，特区HY公司将承担一定金额的原本应由SPV支付的税费，包括预提税款和营业税。作为代付营业税的交换，特区HY公司在所有证券得到清偿的情况下，可以获得总租合同中规定的余下大约3年的权益。

6. H市大道证券化融资担保。H市大道交通收费证券化融资担保表现在以下六个方面：①建立还债储备（保证高级债券本息的偿付）。②建立现金储备账户（由车辆收费管理处设立，用于弥补还债资金缺口）。③建立还债基金（保证次级债券本金的偿付）。④签订"还债支持协议"（中国香港HY公司承诺，将无偿提供最高为5000万美元的还债资金）。⑤签订担保转让协议（为了保证债券的偿付和契约的执行，SPV与有关方面签订一份担保转让协议；根据担保转让协议的规定，SPV同意转让其抵押文件下所有的权利、所有权及权益；合同权利的抵押转让包括：总租合同、协助管理合同、信托协议、还款支持协议）。⑥签订股份抵押协议（根据该协议，SPV的股东同意将SPV所有未偿付的股份、股利、现金、单据、财产、应收账款及从中获得的收益，作为抵押物抵押给抵押代理人）。

7. H市大道证券化融资现金流的管理。H市大道证券化融资现金流的管理比较特别，其主要内容包括：建立还债储备、现金账户储备、还债基金和签订还债支持协议等。

（1）建立还债储备。还债储备是用于偿还投资者本息的专项资金，其来源可分为两个部分：一是债券发行成功后，直接从发行收入中提取1050万美元，作为还债储备的启动资金；二是从1999年7月1日至2001年7月1日（3年），境内受托人视资金可运用的情况，每年将为数300万美元、总额900万美元的额外储备划入还债储备账户中。如果到期额外储备达不到900万美元，划款将继续进行，直到金额达到900万美元为止。

在高级债券本息偿还完毕以后，信托人将会把还债储备中超过1050万美元的部分转入还债基金账户。

（2）建立现金账户储备。为了保证还债覆盖率达到1.25倍的规定、满足偿还债务的要求，车辆收费管理处额外建立一个现金储备账户；当美元账户以及还债储备账户中的资金总额不足以支付，中国香港HY公司在付款日无法履行付款义务时，可以动用该现金储备，作为额外清算资金来源。

现金储备账户的资金来源于车辆收费净额。每年1月、4月、7月、10月初为还债覆盖率评估日，如果测试表明，前6个月所收取的车辆收费净额未达到下一次还款日还款金额的1.25倍，可以通过调整车辆收费净额的分配比例和提高收费标准，来保证预定还债覆盖率的实现。

（3）建立还债基金。由于次级债券本金的偿还是在债券到期时一次性支付，所以需要为次级债券的偿还建立"还债基金"，或者说建立还债基金的目的是为了保证次级债券的本金的偿还。

还债基金的资金来源，一是还债储备账户余额的转入，金额为1050万美元；

二是每半年以具有保证的信用机构发行或承兑的信用证的方式补充账户中的存款。

由于还债基金用于偿还次级债券需要等待一段时间，所以按照规定还债基金可以投资以下金融产品：美国政府债券，被标准普尔评为"A_"级或更高的付息债券，被穆迪评为"3A"级或更高的付息债券，期限少于360天的付息债券。

（4）签订还债支持协议。还债支持协议由H公司和中国香港HY公司签订，按照协议的规定，中国香港HY公司承诺为H公司提供以下支持：第一，帮助H公司将用于偿还债务的人民币资金兑换成美元；第二，H公司偿还债务发生困难时，中国香港HY公司将无偿提供最高为5000万美元的还债资金；等等。

（5）设立信托协议账户。根据信托人、H公司、特区HY公司、车辆收费管理处和车辆收费征收处五方达成的信托协议，由信托人以特区HY公司的名义（实际受益人为H公司）开立三个信托账户：人民币账户、美元账户和人民币现金储备账户。车辆收费征收处负责车辆收费征收工作，在收取的费用中，征收处按5%~8%的标准提取保养费，余下款项存入人民币账户。由于偿还债务需以美元支付，而收入为人民币，所以信托协议规定，特区HY公司会一直不间断地将人民币账户中的人民币资金兑换成美元资金，直到美元账户中的存款金额满足还款金额的需要。

（6）税费代付。根据协助管理合同的规定，特区HY公司将承担一定金额的原本应由H公司支付的税费：预提税款和营业税。作为特区HY公司代付税费的交换，其能够获得车辆收费净额的部分款项。

H市大道交通收费证券化融资现金流如图3所示。

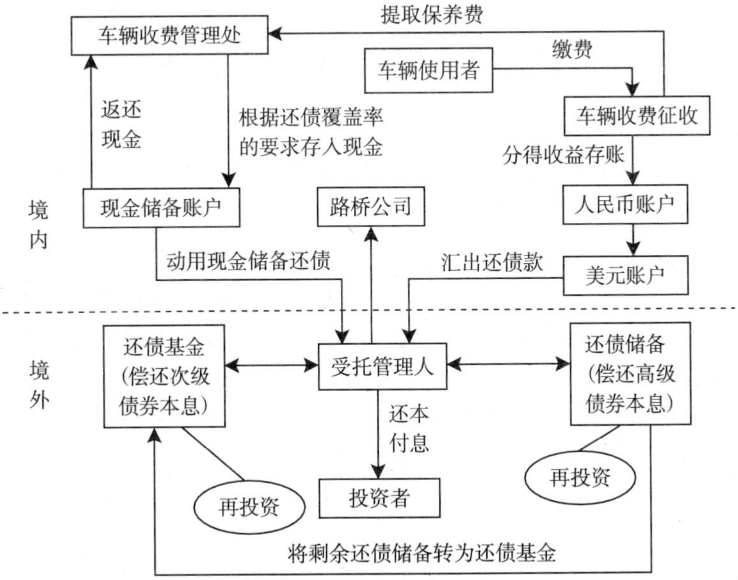

图3 H市大道交通收费证券化融资现金流

**案例** **岭南市市政基础设施结构融资**①

1. 背景资料。岭南市地处我国中西部地区，为了保证经济发展的需要，政府决定实施"城市改造工程"，首期境外融资目标为 3 亿美元。境外投资者的回报为项目总投资的 12%~13%，该投资回报不仅是固定的、优先的，而且是税后的，其期限为 15 年。

2. 融资的组织结构。岭南市市政基础设施项目证券化融资的组织结构，可以分为两个部分：境内组织和境外组织。

(1) 境内组织。岭南市市政基础设施证券化融资境内组织主要是按照《中外合作经营企业法》的规定，设立一家中外合作公司。国内投资方为市城建公司，其投入的资金主要是原市政基础设施；国外投资者投入的资金是项目建设所需的现金，其现金的来源是通过资产证券化从国际市场筹得。

岭南市市政基础设施证券化融资境内组织如图 4 所示。

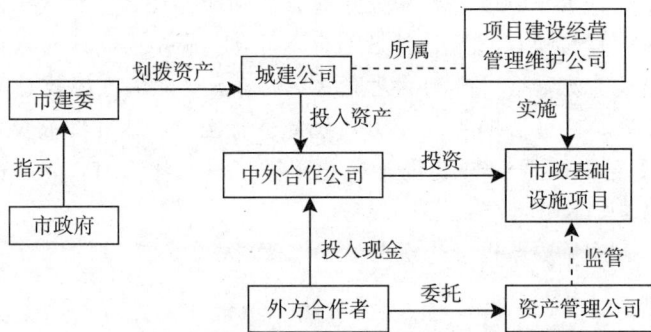

**图 4 岭南市市政基础设施证券化融资境内组织**

(2) 境外组织。岭南市市政基础设施证券化融资境外组织是根据资产证券化的要求，设立 SPV 的发债融资机构；并聘请债券发行所需的信用评级机构和债券担保机构，如图 5 所示。

3. 政府的支持。政府对岭南市市政基础设施证券化融资的支持，主要包括以下几个方面：①市政府负责申请市人大以决议的方式批准城建资金的该项用途，并保证金额不变。②市政府保证由中方承担市政基础设施项目建设、运营与维护工作及其风险。③保证提供正确、完整、必要的信息。④保证外方获得的汇往境外的收益为税后收益，如发生其他税负，由中方承担。⑤市政府负责办理市政基础设施项目所需的所有批文。⑥保证按时、按量兑换外汇。⑦对外方合作者以资产证券化方式

---

① 沈沛：《资产证券化的国际运作》，中国金融出版社，2000 年，第 187 页。

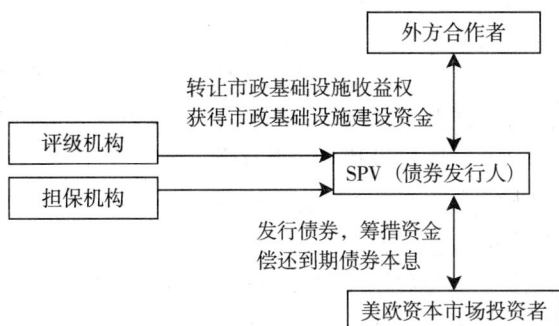

图 5　岭南市市政基础设施证券化融资境外组织

筹集资金表示认同。⑧对外方合作者的证券化融资给予必要的支持，保证提供必要的资料、接受调查。

4. 现金流。岭南市市政基础设施证券化融资现金流包括以下内容：①以中外合作公司的收益为政府提供固定回报。②政府支付固定回报的资金来源为城建资金，包括城建税、公用附加、其他基础设施费；城建资金归市政府所有。③设立三个账户：专项资金支付账户、合作公司人民币账户、外方美元账户。专项资金支付账户归市建委所有，用于支付合作公司的固定回报；按照目标评估要求，专项资金的流量不低于支付外方固定回报的 2~2.5 倍。合作公司人民币账户用于存放定期从支付合作公司固定回报以及合作公司外方账户投资进来的现金人民币，该账户由合作公司委托国内受托人管理和控制，固定回报支付后该账户的剩余资金划归合作公司的中方。外方美元账户存放合作公司由人民币账户中人民币按外方固定回报数额兑换的美元，并汇往境外的契约受托人账户，由 SPV 委托国内受托人管理和控制。

岭南市市政基础设施证券化融资现金流主要内容如图 6 所示。

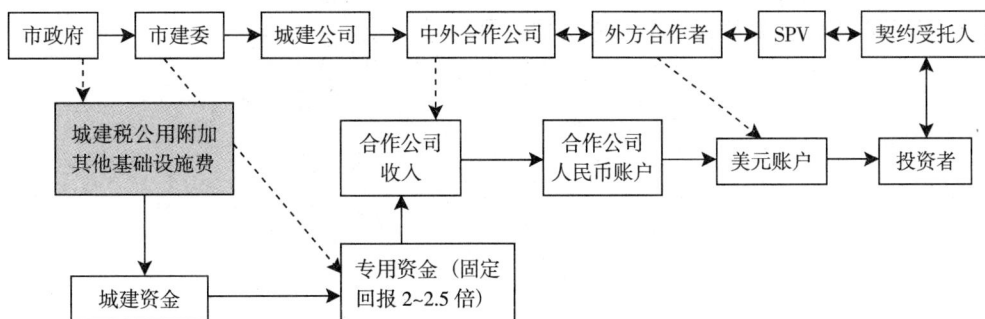

图 6　岭南市市政基础设施证券化融资现金流主要内容

**本章小结：**

资产证券化融资是将一定的资产经过重新分类组合并转化成为证券出售给投资者，从而实现融通资金的目的。这是一个涉及面较广、技术比较复杂的过程，其主要步骤如下：确定资产证券化目标，组建特设机构、组成资产池；资产的出售转让或资产的购买接收；将证券化资产转化成为资产证券；信用增级；信用评级；资产证券的发行；向投资者支付资产证券的本金和利息。

资产证券化融资是由一个特殊的交易结构组成的，其运行主体包括：原始权益人、特设机构、受托管理人、服务人、证券商、信用评级机构、担保人、投资者和专业咨询服务机构等。各主体在融资中扮演着不同的角色，各司其职，起着相互联系、相互制约的作用。但在实际操作过程中，有时几个主体的职责可能会由同一参与者承担。

资产证券化的种类很多，其关键是：组建特设机构、资产的出售转让或资产的购买接收、信用增级，以及管理人和服务人的选用。

**本章重要概念：**

过手型证券化　转付型证券化　单系列收益凭证证券化　多系列收益凭证证券化
权益均等证券、优先/次级结构债券、多级债券　本息分离债券　信用增级　特设机构
原始权益人　资产池

**思考题：**

1. 在资产证券化融资中，特设机构管理的基本要求。
2. 在资产证券化融资中，资产池的作用与组建。
3. 在资产证券化融资中，信用增级的作用与基本方式。
4. H 市交通收费资产证券化的基本特点。
5. 岭南市市政基础设施证券化融资的主要内容。

# 第四篇 项目资金结构

# 第十二章　内源融资

## 第一节　内源融资的意义

### 一、何谓内源融资

最早把融资分为内源融资和外源融资的是美国经济学家格利和肖。根据格利和肖的意见，内源融资或内部融资（External Finance）就是投资者利用自己的储蓄，包括自我融资和税收。在自我融资中，投资者根据商品市场、要素市场和外汇市场相对价格配置储蓄。税收技术就是利用税收和其他非市场办法把储蓄动员起来用于政府或私人投资。

我国学者在企业融资的研究中，对内源融资的认识和理解还存在一些不同看法。有的人认为："从企业的角度分析，内部融资是指企业经营活动创造的利润扣除股利后的剩余部分（留存收益）以及经营活动中提取的折旧。"[①] 有的人认为："内源融资是指企业在其生产经营过程中，从其内部融通资金，以促进其生产经营的行为。具体分为利用留利资金、沉淀资金和内部集资方式等。其中留利资金和沉淀资金是内源融资的主要来源。"[②] 还有人认为："根据格利和肖的划分原则，可以认为，内源融资是企业创办过程中原始资本积累和运行过程中剩余价值的资本化，即财务上的自有资本及权益。在市场经济体制中，企业的内源融资是由初始投资形成的股本、折旧基金以及留存收益（包括各种形式的公积金和公益金、未分配利润等）构成的。"[③] 还有人认为："内源融资是企业初始资本以及运行过程中的资本积累所形成的，从企业财务的角度看，它是企业的权益性资本。在个体及家庭经营条件下，内源融资主要由经营者的个人出资以及经营利润转化组成，而没有来自其他社会成员的社会资本。在市场经济条件下，企业的内源融资扩大到

---

① 刘淑莲：《企业融资方式　结构与机制》，中国财政经济出版社，2002年，第27页。
② 应惟伟、里维宁：《中国企业融资研究》，中国金融出版社，2000年，第145页。
③ 卢福财：《企业融资效率分析》，经济管理出版社，2001年，第29页。

社会成员的出资，构成企业的股本金、经营利润积累以及折旧基金。公司企业的内源融资主要来自于社会股东的出资。在计划经济体制下，国有企业的资本均来自于内源融资（财政拨款资金）。进入转轨时期以后，内源融资除了国家财政拨款外，企业自身的积累、利润留成、向社会发行股票融资也成为重要部分。内源融资是由企业的初始资本以及这些资本的积累能力所构成的，它是企业的自有资本，即权益性资本。"[1]还有人认为："公司将税后利润的一部分以保留盈余的方式留下来使用，增加了公司可运用资金总量，实际上是公司的一种融资活动，这种融资活动我们称为内源融资。可见，内源融资与股利分配是同一问题的两个方面。"[2]

我们认为，从法律的角度看，内源融资是经济主体将其所拥有的资源依法投入，或提取提留下来使用的行为，不同性质的企业，其内源融资的构成内容也不尽相同。个人独资企业和合伙企业都不是独立的经济实体，其内源融资既包括企业的积累，也包括企业所有者的投资；有限责任公司和股份有限公司都是独立的企业法人，其内源融资主要是指企业的积累。

## 二、内源融资的作用

1. 内源融资是外源融资的前提条件，是企业生存和发展的基础。资金是企业的血液，内源融资就是企业血液的主要来源。我们知道企业的资金首先来源于企业发起人的投资，然后就依靠企业自身的造血功能。这就像婴儿的血液首先来源于母亲，婴儿出生后其血液的来源就依靠人体自身的造血功能。当然，就像一个人的血液可以来源于他人的输血一样，企业所需的资金也可以来源于其他经济主体。但是，归根到底企业所需的资金必须依靠自己。首先，企业自身如果没有造血功能，就不可能获得所需资金，因为社会不可能向一个没有发展前景的企业融通资金；其次，企业如果没有造血功能，也无法运用社会所提供的资金，因为就像人体具有排异性一样，企业对其他经济主体的资金也有一种不适应性，如不能按期还本付息、融资成本较高、融资时间过早或过迟、融资数额过多或过少等都会给企业带来不利的影响。所以，内源融资是企业运行的一个基本功能，这种功能的强弱决定了企业的前途与未来。

2. 内源融资是企业融资的最佳选择。按照梅耶斯等人提出的"新优序融资理论"或"啄食理论"，当企业资金不足时，企业偏好内源融资。因为，内源融资具有融资成本低（融资费用几乎等于零）、手续简便的优点；内源融资不会影响原有股东的权益，会增加原有股东的利益；内源融资属于权益性融资，其可以降低企业的资产负债率，可增加对债权人的保障程度，提高企业的信用价值；内源融资可以使企业保持较大的可支配的现金流量，既可以缓解企业现金短缺与经营发展的矛盾，又可以为今后的融资提供更大的

---

① 万解秋：《企业融资结构研究》，复旦大学出版社，2001年，第18~19页。
② 岳军、冯曰欣、闫新华：《公司金融》，经济科学出版社，2003年，第171页。

余地。在国外一些发达国家，其企业的资金来源主要是内源融资，外源融资所占的比例较小。例如，在美国，1979~1992 年非金融企业的内源融资占其资金来源的比例最低为 65%，最高达到 97%（如表 12-1 所示）。

表 12-1　1979~1992 年美国非金融企业的融资结构

单位：%

| 年份 | 内源融资 | 新增借款 | 新发行股票 |
|------|--------|--------|---------|
| 1979 | 79 | 18 | 3 |
| 1980 | 65 | 31 | 4 |
| 1981 | 66 | 37 | −3 |
| 1982 | 80 | 18 | 2 |
| 1983 | 74 | 20 | 6 |
| 1984 | 71 | 45 | −16 |
| 1985 | 83 | 36 | −19 |
| 1986 | 77 | 41 | −18 |
| 1987 | 79 | 37 | −16 |
| 1988 | 80 | 46 | −26 |
| 1989 | 79 | 45 | −24 |
| 1990 | 77 | 35 | −13 |
| 1991 | 97 | −1 | 4 |
| 1992 | 86 | 9 | 5 |

资料来源：方晓霞：《中国企业融资：制度变迁与行为分析》，北京大学出版社，1999 年，第 86 页。

英国、德国同美国一样，其企业的内源融资占其资金来源的比例也在 60% 以上（如表 12-2 所示）。

表 12-2　1970~1985 年主要发达国家非金融企业融资结构比较

单位：%

| 资金来源 | 美国 | 英国 | 日本 | 德国 |
|---------|------|------|------|------|
| 内源融资 | 64.1 | 66.6 | 35.3 | 59.2 |
| 银行贷款 | 22.2 | 21.8 | 40.7 | 22.6 |
| 发行股票 | 0.8 | 3.8 | 3.4 | 2.2 |
| 发行债券 | 9.3 | 0.6 | 3.0 | 0.8 |
| 其他 | 3.6 | 8.2 | 13.0 | 15.2 |

资料来源：迟福林：《国企改革与资本市场》，外文出版社，1998 年，第 127 页。

3. 内源融资是企业融资的基本渠道，其能力的强弱主要受以下因素的影响：企业的收入状况、企业的成本费用、企业的利润总额、企业的税务负担和企业的股利政策等。

## 第二节　企业收入与企业内源融资

### 一、企业收入的内容

根据我国企业会计制度的规定，企业收入按照其形成的原因分为商品销售收入、提供劳务收入、让渡资产使用权收入；按企业经营业务的主次分为主要业务收入和其他业务收入。企业收入是企业内源融资的基础，其与企业的内源融资呈正向关系。即在其他因素不变的情况下，企业收入增加，其内源融资的能力随之增强；反之，企业内源融资能力下降或丧失。

### 二、营业杠杆

营业杠杆，亦称经营杠杆或营运杠杆，是指企业在经营活动中对营业成本中固定成本的运用。我们知道，企业成本按其与营业总额的依存关系，可分为固定成本和变动成本两部分。变动成本是指随营业总额的变动而变动的成本，如产品成本中的材料费；固定成本是指在一定营业规模内，不随营业总额变动而保持相对固定不变的成本，如产品成本中的管理费用、折旧费用等。由于固定成本具有相对稳定的特点，因而企业可以通过扩大营业总额而降低单位营业额的固定成本费用，从而增加企业的营业利润，增加企业内源融资的来源。但是，营业杠杆也是一把"双刃剑"，如果企业营业总额下降，企业的利润就会以更快的速度减少，从而降低企业内源融资的能力。也就是说，营业杠杆既可以给企业带来利益，也可能给企业带来风险损失。

1. 营业杠杆利益分析。营业杠杆利益是指企业在扩大营业总额的情况下，单位营业额的固定成本费用下降，企业营业利润增加，且利润增加的速度快于企业营业总额增长的速度。例如，某制鞋厂，用于生产皮鞋的内固定成本为 100 万元，某双皮鞋的变动成本为 20 元，某双皮鞋的售价为 110 元，上年的生产力为 2 万双皮鞋。其本年的生产方案为：比上年当年产量增加 50% 或增加 100%。该企业本年收入、利润的变动情况如表12-3 所示。

由测算表可知，由于固定成本的作用，企业利润增长的幅度远远高于企业营业总额增长的幅度，如当企业按照生产方案 A，本年度生产量比上年度增加 50% 时，企业本年度的利润可以比上年度增长 112.5%；当企业按照方案 B，本年度的生产量比上年度增加 100% 时，企业本年度的利润可以比上年度增长 225%。即由于营业杠杆的作用，企业利润增加，企业内源融资的能力增强。

**表 12-3　某制鞋厂营业杠杆利益测算**

单位：万元

| 生产方案 | 年产量 | 与上年产量比较 | 年收入 | 年固定成本 | 年变动成本 | 年利润 | 与上年利润比较 |
|---|---|---|---|---|---|---|---|
| 上年度 | 2万双 | | 220 | 100 | 40 | 80 | |
| 本年度（A） | 3万双 | +50% | 330 | 100 | 60 | 170 | +112.5% |
| 本年度（B） | 4万双 | +100% | 440 | 100 | 80 | 260 | +225.0% |

营业杠杆利益是企业运用其固定成本的结果，不同企业营业杠杆利益的高低同固定成本占营业成本的大小有关。一般讲，固定成本占营业成本的比例越高，其营业杠杆利益的效果越明显。例如，有星星、月亮和太阳三家公司，其固定成本占营业成本的比例不同，分别为 77.8%、22.2% 和 82.35%，但本年度其营业总额的增长幅度相同，即均为50%。这三家公司的利润增长情况计算如表 12-4 所示。

**表 12-4　三家公司营业杠杆利益测算比较**

单位：万元

| 项　目 | 星星公司 | 月亮公司 | 太阳公司 |
|---|---|---|---|
| 上年度营业总额与营业利润： | | | |
| 营业总额 | 10000 | 11000 | 19500 |
| 营业成本：固定成本 | 7000（77.8%） | 2000（22.2%） | 14000（82.3%） |
| 　　　　　变动成本 | 2000 | 7000 | 3000 |
| 营业利润 | 1000 | 2000 | 2500 |
| 本年度营业总额与营业利润： | | | |
| 营业总额 | 15000 | 16500 | 29250 |
| 营业成本：固定成本 | 7000（70%） | 2000（16%） | 14000（75.7%） |
| 　　　　　变动成本 | 3000 | 10500 | 4500 |
| 营业利润 | 5000 | 4000 | 10750 |
| 本年营业总额比上年增长比例 | 50% | 50% | 50% |
| 本年营业利润比上年增长比例 | 400% | 100% | 330% |

从测算比较表可以看出，尽管三家公司本年度营业总额的增长幅度相同，但是由于它们各自的固定成本占营业总成本的比例不同，其营业杠杆利益的效果也相差较大。星星公司和太阳公司的固定成本占营业成本的比例较高，其营业利润增长的幅度也较高，月亮公司由于固定成本的占比较小，则其营业利润的增长幅度也比较小。

2. 营业风险分析。营业风险，亦称经营风险，是指与企业经营有关的各种风险，尤其是指企业在经营活动中利用营业杠杆导致的企业营业利润的下降。由于营业杠杆的作用，当营业总额下降时，企业的营业利润比营业总额下降的幅度更大，从而给企业带来营业风险。

例如，某制鞋厂，用于生产皮鞋的固定成本为 100 万元，某双皮鞋的变动成本为 20元，某双皮鞋的售价为 110 元，上年的生产力为 2 万双皮鞋。其本年的生产方案为：比上年当年产量减少20%或比上年减少50%。该企业本年收入、利润的变动情况如表12-5所示。

**表12-5 某制鞋厂营业杠杆利益测算**

单位：万元

| 生产方案 | 年产量 | 与上年产量比较 | 年收入 | 年固定成本 | 年变动成本 | 年利润 | 与上年利润比较 |
|---|---|---|---|---|---|---|---|
| 上年度 | 2万双 | | 220 | 100 | 40 | 80 | |
| 本年度（A） | 1.6万双 | −20% | 176 | 100 | 32 | 44 | −45.0% |
| 本年度（B） | 1万双 | −50% | 110 | 100 | 20 | −10 | −112.5% |

由测算表可知，由于固定成本的作用，企业利润下降的幅度远远高于企业营业总额下降的幅度，如当企业按照生产方案A，本年度生产量比上年度减少20%时，企业本年度的利润可以比上年度降低45%；当企业按照方案B，本年度的生产量比上年度减少50%时，企业本年度的利润可以比上年度减少112.5%。这样，由于营业杠杆的作用，企业利润减少，企业内源融资的能力变弱。

以上分析是假设企业产品的售价、单位产品变动成本、固定成本总额、期间费用等因素保持不变时的情况，实际工作中这些因素的变动都会对营业杠杆产生重要的影响。

# 第三节 企业成本费用与企业内源融资

企业成本费用是指企业生产经营中的各种耗费，按成本费用发生的空间，其可以分为生产费用和非生产费用；按成本费用计入产品成本的方式，其可以分为直接费用和间接费用；按成本费用发生的时间，其可以分为已支出费用和计提费用。

## 一、已支出费用对企业内源融资的影响

已支出费用是指企业现金的实际流出量，在企业《现金流量表》中表现为购买商品、接受劳务支付的现金，支付给职工的现金，支付的各种税费，购买固定资产所支付的现金，投资所支付的现金，偿还债务本息所支付的现金，分配股利所支付的现金等。企业的已支出费用与企业的内源融资能力成反比，即在总收入一定的情况下，企业已支出费用的量越大，企业内源融资的能力就越低。

## 二、计提费用对企业内源融资的影响

计提费用是指企业按照国家的有关规定和企业自身的能力提取的各种准备金。按照

我国现行财务会计制度的规定，企业可提取的准备金有如下9项内容：短期投资跌价准备、坏账准备、存货跌价准备、长期投资减值准备、委托贷款减值准备、固定资产折旧准备、固定资产减值准备、无形资产减值准备和在建工程减值准备。企业计提准备金会增加企业的成本费用支出项目的金额，但不会发生现金的流出；其会减少企业的利润总额，但也会减少企业的应税所得额；此外，计提费用需要企业有良好的财务基础。因此，计提费用会增加企业的内源融资，表明企业具有较强的内源融资能力，其主要表现在以下三个方面：①企业资金来源的增加。②企业应交所得税的减少。③企业应分配的利润可以减少。例如：某企业实际收入5000万元，计提准备金以前的利润为2000万元，按照国家规定计提了各种准备金800万元以后的利润为1200万元。这样，计提准备金之后的企业资金来源比企业计提准备金之前的企业资金来源增加800万元；计提准备金之后企业可少交所得税264万元（税率33%）。

# 第四节　企业利润总额与企业内源融资

利润是企业内源融资的来源，它与企业的内源融资呈正比例关系。

按照我国会计制度的规定，企业利润总额由以下内容组成：营业利润、投资收益、补贴收入、营业外收入、营业外支出。营业利润是企业利润的主要来源，包括主营业务利润和其他业务利润；其在数量上等于主营业务收入减去主营业务成本和主营业务税金及附加，再加上其他业务利润，减去营业费用、管理费用和财务费用后的金额。投资收益是企业对外投资所取得的收益，减去发生的投资损失和计提的投资减值准备后的净额。补贴收入是指企业按规定实际收到退还的增值税，或按照销量或工作量等依据国家规定的补助定额计算并按期给予的定额补贴，以及属于国家财政扶持的流域而给予的其他形式的补贴。营业外收入和营业外支出是指企业发生的与其生产经营活动没有直接关系的各项收入和各项支出。营业外收入包括固定资产盘盈、处置固定资产净收益、处置无形资产净收益、罚款净收入等。营业外支出包括固定资产盘亏、处置固定资产净损失、处置无形资产净损失、债务重组损失、计提的无形资产减值准备、计提的固定资产减值准备、计提的在建工程减值准备、罚款支出、捐赠支出、非常损失等。

我国企业一般应按月计算利润，按月计算利润有困难的企业，可以按季或按年计算利润。企业利润计算出来以后，应按照规定进行利润分配。

我国企业当期实现的净利润，加上年初未分配利润（或减去年初未弥补亏损）和其他转让后的金额，为可供分配利润。我国企业可供分配利润，按下列顺序分配：①提取法定盈余公积。企业提取法定盈余公积的比例，一般为当年实现净利润的10%，但以前年度累积的法定盈余公积达到企业注册资本的50%时，可以不再提取。②提取法定公益金。企业提取法定公益金的比例，一般为当年实现净利润的5%~10%。我国的外商投资企业应当按照我国法律、行政法规的规定按净利润提取储备基金、企业发展基金、职工奖励及福利基金等。中外合作经营企业按规定在合作期内以利润归还投资者的投资，以及国有企业按规定以利润补充的流动资本，也从可供分配的利润中扣除。

在我国，企业可供分配的利润减去提取的法定盈余公积、法定公益金等，为可供投资者分配的利润。我国企业可供投资者分配的利润，按下列顺序进行分配：①应付优先股股利。即企业可归投资者分配的利润应首先用于向优先股股东分配股利。②提取任意盈余公积。③应付普通股股利。④转作资本或股本的普通股股利。我国企业可供投资者分配利润，经过上述分配后的余额，为未分配利润。

我国企业从实现的净利润中，提取的法定盈余公积、任意盈余公积、法定公益金以及转作资本或股本的普通股股利和未分配利润，都可以看作是企业的内源融资。

## 第五节  企业股利政策与企业内源融资

企业内源融资主要表现为企业的利润留成。在税后利润一定的情况下，企业利润留成的多少主要取决于企业的股利政策，企业的股利支付率高，企业的利润留成就少；反之，企业的利润留成就多。所以，企业的股利政策不仅涉及所有者的投资回报，而且涉及企业的融资决策。

### 一、股利政策理论

股利政策理论主要是研究企业的股利政策是否会对企业的目标产生影响，以及如何确定企业最优股利政策。一般说来，最优股利政策的实质是企业向投资者支付多少股利才算合理。对于这个问题理论界有两种决然不同的观点：一种是股利无关论，认为股利政策对企业不会产生影响；另一种是股利相关论，认为企业的股利政策会对企业产生较强的影响。

1. 股利无关论。关于股利无关理论，学术界有两种不同的理解：

一种是 MM 的股利无关理论。1961 年，米勒和莫迪尼亚尼两位经济学家在他们的关于股利政策的著作中曾断言：股利政策对企业（价值）没有影响。他们认为股利政策与企业价值无关，企业的价值只取决于企业的投资政策，不是取决于企业收益在股利和留存盈利之间的分配情况。也就是说，企业给定了投资政策后，任何股利政策都是最佳股利政策。为了论证他们的理论，MM 作了如下假设：①完善的资本市场，市场上的所有投资者都是理性的、所有的人均可无偿地获得信息、无交易成本、证券可无限分割、没有哪个大投资者可以影响某一证券市场的市价。②公司发行证券没有发行费用。③没有所得税。④公司的投资政策确定。⑤每个投资者对公司未来投资和利润有完全的把握。

　　另一种是股利剩余理论。这种理论假设公司的投资者在股利与企业留存盈余之间没有偏好。如果公司有比股利更高的投资报酬率的投资项目，投资者愿意将利润留在公司；否则，应以股利形式将利润支付给投资者。因此公司在考虑利润分配时，首先考虑的是融资问题，只要公司有报酬率超过股东必要投资报酬率的投资项目，公司就可以将利润作为项目融资留在公司；如果满足了项目投资的资金需求后尚有利润剩余，则将剩余利润以现金股利的形式分配给投资者。因此，当我们将利润分配决策看作是融资决策方案的剩余，或者说将利润分配放在企业内源融资之后考虑时，就意味着股利不相关。

　　2. 股利相关论。股利相关论有多种观念，但所有主张都认为：股利无关论假设是不完善的，因此其结论是不成立的。股利相关论的主要思想包括：

　　（1）税收偏好理论。该理论的主要代表人物是利曾伯格和拉马斯威（Litzenberger 和 Krishna Ramasway）两位学者，他们认为考虑到税收效应，投资者在股利与资本利得之间更偏好资本利得，因此公司应尽量保持盈余。造成投资者对资本利得偏好的原因，主要有两个方面：一是资本利得的所得税率比股利的税率低；二是因为股利所涉及的税费必须及时支付，而资本利得的税费可以延至股份转让时。

　　（2）"一鸟在手"理论（Bird-in-the-Hand Theory）。该理论的代表人物是戈登和利特尔（Gordon 和 Lintner），他们指出 MM 理论中的投资者对股利和资本利得无偏好是不存在的，他们认为企业不支付或降低减少股利支付，用盈利进行再投资，虽然能够使股东在未来获得更多的资本利得，但却增加了股东收益的不确定性。因此，对于风险厌恶型股东来说，他们更偏好或更喜欢股利。他们认为，这就像丛林的众多小鸟，不如已经抓在手中的一只小鸟。"一鸟在手"理论由此得名。

　　（3）股利信号理论。该理论的主要代表人物是詹姆斯·C.范霍恩，他指出现金股利可以看作是对投资者的一种信号，从而从信息理论的角度论证了股利与股价的相关性。他认为对于企业信息的获得，管理者要比一般股东处于更有利的地位。股利之所以对股价产生影响，是因为股利将企业的经营状况、资金状况等财务信息提供给了股东。如果企业的股利支付率发生变化，股东会认为企业的财务状况或盈利状况发生了变化，因而企业的价值也会发生变化。在充满不确定性的社会里，企业的口头声明往往被忽视或被误解，而股利的支付才能确凿地证明该企业有能力创造盈利，说明该企业具有光明的前景。

　　对股利政策是否影响企业的市场价值，中外很多研究人士都作过实证检验。实证分析表明股利无关论的假设虽然比较完美，但现实中不存在。从企业的现实环境看，企业的股利政策与企业的价值有关。

## 二、最优股利政策的确定

　　按照股利相关论，企业的股利政策会对企业价值产生一定的影响。但是，股利支付率也不是越高越好，或者越低越好。现代企业经济学认为，企业是各种要素所有者的契约结合，企业利润是各要素所有者按照契约合作的结果，利润分配关系到各利益主体的利益，因此企业在进行利润分配时必然受到来自各个方面的影响。具体说，影响企业股利政策的因素主要有：投资机会、融资成本、融资能力、法律法规、契约性限制、股东意愿和企业盈余的稳定性等。

1. 投资机会。投资是企业融资的动机之一。有良好投资机会的企业，需要较多资金，因而往往少支付股利而将盈余留存于企业；而没有良好投资机会的企业，保留大量盈余会造成资金浪费，因而不如支付给股东由股东自己去安排投资。因此，在经济高涨时期，由于投资机会较多，企业一般很少支付现金股利。

2. 融资成本。在 MM 理论中，假定不存在交易成本，但在现实经济生活中，任何交易都是要付出一定的费用的，融资成本是企业在融资中所发生的支出。从企业方面来看，发行证券和向银行借款这两种融资方式都需要支付较高的费用，而利润留成作为企业融资的一种来源，其具有融资成本低或无融资成本等优点，因而成为企业首选的融资方式。所以，在企业有资金需求时，利润留成是其最佳选择，企业会考虑采用不支付或支付较低股利的政策。

3. 融资能力。企业的融资能力是由多方面的因素所决定的。从企业的生命周期看，企业在初创时期和成熟时期，其外源融资能力较低，尽管其内源融资的能力也不是很高，但其融资一般以内源融资为主；企业在发展时期，由于市场形象的确立和市场地位的提高，其外源融资的能力和条件都比较宽松，但企业大股东出于维持其对企业控制权的考虑，仍然将内源融资放置在融资决策的首位；企业在衰退时期，其外源融资与内源融资的能力都比较弱，但其融资主要靠外源融资渠道。

4. 法律法规。一般说来，法律法规不会对企业的股利分配作出明确的规定，但为了保护债权人和股东的利益，法律法规往往会对企业的利润分配作出一些限制。这些限制主要表现在：①资本保全的规定。即企业的股利分配不能侵蚀资本，任何导致股本减少的股利分配都是非法的，董事会将对此负责。②无力偿付债务的规定。即如果企业已经无力偿付到期债务本息或因为支付股利而导致企业失去偿付债务的能力，则不准企业支付股利。③留存盈余的规定。即企业股利只能从当期的利润和过去积累的留存盈余中支付，企业的股利支付不能超过当期与过去留存盈余之和。即企业只有在确有盈余的情况下才能支付股利，绝不允许将投入资本以股利形式返回给股东。

5. 契约性限制。企业在债务融资中，往往由于债权人的要求而接受一些有关股利支付的限制性条款。这些限制性条款通常规定，除非企业的盈余达到某一水平，否则企业不能发放现金股利；或者企业股利的支付不能超过累计盈余的一定百分比。确定这些限制性条款、限制企业股利支付的目的，在于促使企业把盈余的一部分按有关条款的要求以某种形式（如偿债基金准备等）进行再投资，从而扩大企业的经济实力，保证债务的如期偿还，维护债权人的合法利益。

6. 股东意愿。企业股利的分配，最终是由股东大会决定的。不同的股东对股利的分配有不同的偏好，企业股利的分配要充分体现大多数股东的意愿。股东对股利分配的意愿及其对企业股利政策的影响，主要有下列内容：①收入需求。依靠股利维持生活的股东，往往希望企业支付比较稳定的现金股利；企业的大股东、机构投资者则出于避税的考虑，往往反对企业发放较多的现金股利；所有的股东都希望企业能够通过股利的支付提高企业的市场价值，从而获得资本利得。②企业控制权。大股东为了维持其对企业的控制权，可能会选择较低的股利政策或较低的股利支付率。因为，如果支付较高的股利，企业的留存盈余就会减少，这就意味着企业可能选择通过发行新股来弥补投资资金的不足，而发行新股必然会稀释企业的控制权，这是企业现有的股东们所不愿意看到的局面。所以，企业现有的股东、特别是大股东为了维持他们在企业的控制权，宁肯企业不支付或少支付股利也要反对企业发行新股。

7. 企业盈余的稳定性。企业股利政策的确定也受到外部诸多因素的影响，但决定企业股利政策的基本因素应该是其盈余的稳定性。一般来说，企业的盈余越稳定，则其股利支付率也就越高；相反，企业股利的支付率就不稳定，而且支付率也会降低。因为如果企业的盈余稳定，表明企业已经进入成熟发展时期，前景光明，无后顾之忧，股利的支付率也比其他企业高；如果企业的盈余不稳定，则表明企业还不够成熟或已经进入衰退阶段，企业的资金周转比较困难，为了维持企业的生产经营，企业只好不支付或少支付股利。

### 三、股利政策的种类

企业的股利政策，一般可以归纳为以下几类：剩余股利政策、稳定增长股利政策、固定股利支付率政策和低正常股利加额外股利政策。

1. 剩余股利政策。剩余股利政策（Residual Dividend Policy）是指企业在使用盈余从事所有可行投资机会后如有剩余盈余才作股利予以支付发放的政策。剩余股利政策的主要依据是：当投资者自行利用股利进行投资所获报酬率低于股利支付企业投资项目所实现的报酬率时，则大多数投资者宁愿企业将盈余留存于企业用于再投资而不发放股利。剩余股利政策的另一种解释是：股利政策是具有重要意义的资本结构政策的"剩余"。例如，一个长期保持资产负债率为50%的企业，每期都需要为新投资项目融通资金，这些资金一半需来源于负债，一半需来源于留存盈余（若留存盈余不足，则需要发行新股）。这样，如果企业盈余仍有剩余，则可用于向股东发放股利。

剩余股利政策具有满足企业内源融资愿望的优点，其主要缺陷是：这种观点不能解释现实经济中的股利政策，如为什么所有企业都有"支付正常股利的偏好"，避免削减股利。

2. 稳定增长股利政策。稳定增长股利政策（Steadily Increasing Dividends）是指企业将每年发放的股利规定在某一水平并在较长时期内保持上升趋势的股利分配政策。这一股利政策的主要目的是，避免出现由于经营不善而削减股利的情况。其理由在于：①稳定且略有增长的股利政策可以向市场传递一个企业正在正常发展的信息，有利于树立企业良好的社会形象，增强投资者对企业的信心，这对企业的市场价值将产生积极有利的影响。②靠股利维持生活的投资者，有希望企业有规律地支付股息的要求，因此稳定增长的股利政策有利于吸引更多的投资者。③许多机构投资者，如共同基金、养老基金、保险基金等往往采取较为谨慎的投资策略，把其资金投资于股价不会大起大落的企业，而企业股利的稳定增长为稳定企业股价提供了一种保证，所以实施稳定增长股利政策的企业，容易为投资者所青睐。

这种股利政策在维护投资者的利益方面具有积极的意义，但是它可能会给企业带来沉重的财务负担，不利于企业实施内源融资，不利于企业的发展，因为企业如果没有实现足够的盈余，其要保证股利政策的实施就要吃"老本"。

3. 固定股利支付率政策。固定股利支付率政策（Constant Payout Ratio）是指事先规定一个股利占盈余的比例，企业长期按此比例向股东支付发放股息的股利分配政策。在这种股利政策下，企业各年的股利随企业经营效益的好坏而上下波动，盈余多的年份股利较高，盈余少的年份股利较少。

主张实施这种股利政策的理由是：这种股利政策与企业的盈余密切配合，以体现多盈多分、少盈少分的原则。但是，实行这种股利政策，在企业盈余不稳定的时候，企业股利变化大，会引起企业股价的大起大落。同时，从企业内源融资的需求角度看，这种股利政策必然导致企业依靠外源融资。

4. 低正常股利加额外股利政策。低正常股利加额外股利政策（Low Regular Dividend Extras）是指企业在向股东支付比例较低的固定股息的基础上还根据盈余增长的高低向股东支付额外股息的政策。

采用低正常股利加额外股利政策，主要出于以下考虑：①这种股利政策使企业具有较多的灵活性，有利于企业实施内源融资。当企业盈余较少和投资需要资金较多时，企业可维持设定的较低的但仍然是正常的股利，股东不会有股利失落感；而当企业的盈余有较大增长时，则可适度增加股利，以增强投资者对企业的信心，稳定企业的股价。②这种股利政策可以使那些依靠股利度日的股东每年都可以得到虽然较低、但比较稳定的股利收入，从而吸引这部分股东。

以上股利政策，有些有利于企业实施内源融资，有些不利于企业的内源融资。企业应根据企业生命周期理论、自身所处时段从长计议，确定股利支付政策。

## 四、股利支付方式

在现实经济中，企业的股利支付方式有很多种，常见的有以下几种：现金股利、财产股利、负债股利和股票股利。

1. 现金股利。现金股利是指以现金向投资者支付股利，是企业发放股利的一种最普遍、最基本的形式。发放现金股利意味着企业现金的流出和企业留存盈余或内源融资来源的减少，所以对于那些拟扩大投资的企业应降低或避免支付现金股利。

2. 财产股利。财产股利是指企业以现金以外的资产向投资者支付的股利，其主要有两种形式：一是以企业拥有的实物财产和实物产品作为股利支付给股东，也称其为"实物股利"；二是以企业所拥有的其他企业的有价证券，如其他企业的债券股票作为股利支付给股东，也称其为"证券股利"。企业向股东支付财产股利，虽然不减少企业的现金，却会使企业的资产减少，但有利于企业的内源融资。因为，企业通过支付财产股利，可以处置一些企业不需要的存量资产，减少保管维护费用。

3. 负债股利。负债股利是指企业以负债形式向投资者所支付的股利。负债股利一般有两种形式：第一种是企业以自身发行的债券作为股利支付给股东，亦称其为"公司债股利"；支付这种股利会增加企业的财务负担，加大企业的融资风险，但企业可以获得节税利益；对股东来说，虽然收到股利的时间延迟了，但其每年可以额外获得债券利息。第二种是以企业的应付票据作为股利支付给股东，亦称其为"票据股利"；这种股利的实质是企业暂时不向股东支付股利，拖延一段时间后再发放现金股利；股东在持有票据期间可以获得利息收益，也可以将票据自由转让兑换成现金。负债股利延迟了企业向投资者支付报酬的时间，但最终都需由企业组织现金予以支付，其有利于企业的短期融资。

4. 股票股利。股票股利是指企业以库存股票或追加发行的新股作为股利发放给股东。股票股利实际上是企业将一部分留成盈余资本化，对企业的资产、负债和股东权益总额毫无影响。企业支付股票股利，无须企业支付现金，因此有利于企业内源融资；股东虽然得不到企业支付的现金，但股东可以通过转让企业支付的股票从市场上获取所需资金。

此外，股票回购也是企业发放股利的一种方式。

### 本章小结：

从法律的角度看，内源融资是经济主体将其所拥有的资源依法投入，或提取提留下来使用的行为，不同性质的企业，其内源融资的构成内容也不相同。个人独资企业和合伙企业都不是独立的经济实体，其内源融资既包括企业的积累，也包括企业所有者的投资；有限责任公司和股份有限公司都是独立的企业法人，其内源融资主要是指企业的积累。

内源融资是企业融资的基本渠道，其能力的强弱主要受以下因素的影响：企业的收入状况、企业的成本费用、企业的利润总额、企业的税务负担和企业的股利政策等。

企业的股利政策，一般可以归纳为以下几类：剩余股利政策、稳定增长股利政策、固定股利支付率政策和低正常股利加额外股利政策。

企业的股利支付方式有很多种，常见的有以下几种：现金股利、财产股利、负债股利和股票股利。

### 本章重要概念：

内源融资　营业杠杆　股利政策　剩余股利政策　稳定增长股利政策　固定股利支

付率政策 低正常股利加额外股利政策 现金股利 财产股利 负债股利 股票股利

**思考题:**

1. 内源融资的作用。
2. 决定影响经济组织内源融资的主要因素。
3. 经济组织股利政策与项目融资的关系。

# 第十三章　准股本融资

## 第一节　准股本资金及其种类

### 一、准股本资金的性质

1. 什么是准股本资金？准股本资金是指项目投资者或者与项目利益有关的第三方所提供的一种从属性债务（Subordinated Debt），如无担保贷款、可转换债券和零息债券等。

2. 准股本资金的性质。准股本资金具有如下性质：①债务本金的偿还具有灵活性，不限定在某一特定时间内必须偿还。②在资金偿还（及回报）的优先序列中，从属性债务在项目资金优先序列中要低于其他的债务资金，但是高于股本资金。③如果公司破产清算，在偿还所有其他债务之前，从属性债务将不能被清偿。因此，从贷款银行的角度看，它与股本资金没什么区别。

3. 准股本资金的优点。对于项目投资者（特别是项目发起人）为项目提供准股本具有如下优点：①可以增加投资者资金安排的灵活性。②可以保护投资者的自身的利益。③可以使投资者获得固定投资收益。

准股本资金与夹层融资、次级债务既有联系，也有区别。

### 二、夹层融资（Mezzanine Finance）[1]

1. 夹层融资是指在风险和回报方面介于是否确定于优先债务和股本融资之间的一种融资形式。对于公司和股票推荐人而言，夹层投资通常提供形式非常灵活的较长期融资，这种融资的稀释程度要小于股市，并能根据特殊需求作出调整。而夹层融资的付款

---

[1]《夹层融资》［EB/OL］.百度百科网，http://baike.baidu.com/view/222375.htm。

事宜也可以根据公司的现金流状况确定。

夹层融资是一种无担保的长期债务，这种债务附带有投资者对融资者的权益认购权。夹层融资只是从属债务（Subordinate Debt）的一种，但是它常常被作为从属债务同义词来用。夹层融资的利率水平一般在 10%~15% 之间，投资者的目标回报率是 20%~30%。一般说来，夹层利率越低，权益认购权就越多。

夹层投资也是私募股权资本市场（Private Equity Market）的一种投资形式，是传统创业投资的演进和扩展。在欧美国家，有专门的夹层投资基金（Mezzanine Fund）。如果使用了尽可能多的股权和优先级债务（Senior Debt）来融资，但还是有很大资金缺口，夹层融资就在这个时候提供利率比优先债权高但同时承担较高风险的债务资金。由于夹层融资常常是帮助企业改善资产结构和迅速增加营业额，所以在发行这种次级债权形式的同时，常常会提供企业上市或被收购时的股权认购权。

夹层融资是介于风险较低的优先债务和风险较高的股本投资之间的一种融资方式。因此它处于公司资本结构的中层。夹层融资一般采取次级贷款的形式，但也可以采用可转换票据或优先股的形式（尤其在某些股权结构可在监管要求或资产负债表方面获益的情况下）。

2. 夹层融资的适用条件。项目融资一般在以下情况下可以考虑夹层融资：①缺乏足够的现金进行扩张和收购。②已有的银行信用额度不足以支持企业的发展。③企业已经有多年稳定增长的历史。④起码连续一年（过去十二个月）有正的现金流和 EBITDA（未减掉利息、所得税、折旧和分摊前的营业收益）。⑤企业处于一个成长性的行业或占有很大的市场份额。⑥管理层坚信企业将在未来几年内有很大的发展。⑦估计企业在两年之内可以上市并实现较高的股票价格，但是现时 IPO 市场状况不好或者公司业绩不足以实现理想的 IPO，于是先来一轮夹层融资可以使企业的总融资成本降低。

目前，夹层融资在发达国家发展良好。据估计，目前全球有超过 1000 亿美元的资金投资于专门的夹层基金；欧洲每年的夹层投资已经从 2002 年的 40 亿欧元（合 47 亿美元）上升到 2006 年的 70 亿欧元以上，但在亚洲，夹层融资市场还未得到充分发展。

3. 夹层融资的回报。夹层融资通常从以下一个或几个来源中获取收益：一是现金票息，通常是一种高于相关银行间利率的浮动利率；二是还款溢价；三是股权激励，这就像一种认股权证，持有人可以在通过股权出售或发行时行使这种权证进行兑换。并非所有夹层融资都囊括了同样的特点。举例而言，投资的回报方式可能完全为累积期权或赎回溢价，而没有现金票息。

## 三、次级债务

1. 次级债务，是指偿还次序优于公司股本权益，但低于公司一般债务（包括高级债务和担保债务）的一种特殊的债务形式。次级债务的次级只是针对债务清偿顺序而言。如果公司进入破产清偿程序，公司在偿还其所有的一般债务（高级债务）之后，才能用剩余资金偿还这类次级债务。

目前，次级债务在大多数国家已成为银行附属资本的重要来源，对银行提高流动性、降低融资成本、加强市场约束力等具有重要作用。人民银行与银监会联合颁布的《商业银行次级债券发行管理办法》规定，次级债务的固定期限不低于 5 年（包括 5 年），除非银行倒闭或清算，不用于弥补银行日常经营损失，且该项债务的索偿权排在存款和其他负债之后的商业银行长期债务。

我国从 20 世纪 90 年代初开始加强银行资本监管，但未将"次级定期债务"规定为银行附属资本组成部分。目前，银行资本来源除增资扩股、利润分配和准备计提外，缺乏相应的可操作债务工具。商业银行在资本充足率下降或不能满足监管要求时，难以迅速有效弥补资本，迫切需要借鉴国际经验，拓宽融资渠道，增强银行实力。

2. 次级债务的发行。次级债不是通过证券市场来融资，而是向机构投资者定向募集资金。人民银行与银监会联合颁布的《商业银行次级债券发行管理办法》规定，次级债券的发行方式为"由银行向目标债权人定向募集"；发行完毕后"原则上商业银行次级债不得转让、提前赎回"。

## 四、准股本资金的种类

1. 按照金融工具，准股本资金可分为：无担保贷款、可转换债券、零息债券和深贴现债券。

（1）无担保贷款。没有任何项目资产作为抵押和担保的贷款，本息的支付也带有一定的附加条件。无担保贷款在形式上与商业贷款相似，利息等于或稍高于商业贷款利率，但不需任何项目的资产作抵押或担保。无担保贷款常由项目出资人提供，此时又称股东贷款，它可以增强项目主要贷款人的贷款信心。国内的股东贷款已有所开展。它由项目发起人提供，可以起到增强债权人信心的作用。

（2）可转换债券。持有人（包括项目发起人）在一个特定时期内，有权选择将债券按照规定的价格转换成为公司的普通股的一种债券。国内某些特别项目，经国务院批准，可以试行通过发行可转换债券筹措资本金。可转换债券在其有效期内只需支付利息，但是债券持有人有权选择将债券按照规定的价格转换成为公司的普通股；如果债券持有人放弃这一选择，项目公司需要在债券到期日兑现本金。可转换债券的发行无须项目资产或其他公司的资产作为担保，债券利息也低于同类贷款利息，它对购买者的吸引力在于：公司未来的股票价格可能会高于目前的转换价格，从而使债券持有人获得资本增值。它由项目发起人认购。其作用是使项目发起人为了实现其一定目的，推迟拥有项目的时间。

（3）零息债券和深贴现债券。零息债券是只计算利息，但不支付利息的一种债券；或是低于面值销售，到期按照面值偿还的一种债券。深贴现债券是低于面值销售、定期支付很低利息、到期按照面值偿还的一种债券。零息债券和深贴现债券的作用为：发起人购买是为债务融资提供担保；公司发行则在不付息的情况下，可得到利息税务扣减。

2. 按资金序列，准股本资金可分为：一般从属性债务和特殊从属性债务。①一般从属性债务是指在项目资金序列中低于一切其他债务资金的资金形式，如无担保贷款。②特殊从属性债务是指在协议中规定其相对一些债务资金具有从属性，而相对另一些债务资金又具有平等性的资金形式。

## 五、准股本资金的特性

1. 一般由项目发起人提供，也可以由与项目利益相关的第三方提供。
2. 其可以（与股本资金、债务资金）平行进入项目，也可以作为项目的准备金。
3. 资金序列在高级债务之后，在股本资金之前。
4. 在股东看来，准股本资金是债权；在债权人看来，准股本资金是股本。
5. 发起人可收回，可获得利息收入。

## 六、准股本融资的优点

1. 夹层融资需求方（借款者及其股东）所获的利益。夹层融资是一种非常灵活的融资方式，而夹层投资的结构可根据不同公司的需求进行调整。夹层融资可根据募集资金的特殊要求进行调整。对于资金需求方（借款者及其股东）而言，夹层融资具有以下几方面的吸引力：

（1）是一种长期融资方式。在实践中许多中型企业发现，要从银行那里获得三年以上的贷款很困难，而夹层融资通常提供还款期限为5~7年的资金。

（2）可调整偿还方式。夹层融资的提供者可以调整还款方式，使之符合借款者的现金流要求及其他特性。与通过公众股市和债市融资相比，夹层融资可以相对谨慎、快速地进行较小规模的融资。夹层融资的股本特征还使公司从较低的现金票息中受益，而且在某些情况下，企业还能享受延期利息、实物支付或者免除票息期权。

（3）限制条件较少。与银行贷款相比，夹层融资在公司控制和财务契约方面的限制较少。尽管夹层融资的提供者会要求拥有观察员的权利，但他们一般很少参与到借款者的日常经营中去，在董事会中也没有投票权。夹层融资最适合于MBO、有并购计划、能够快速成长、股票即将上市的企业。

（4）比股权融资成本低。人们普遍认为，夹层融资的成本要低于股权融资，因为资金提供者通常不要求获取公司的大量股本。在一些情况中，实物支付的特性能够降低股权的稀释程度。

2. 夹层融资提供者的受益之处。夹层融资对资金提供者的益处，主要表现在以下几个方面：

（1）比股权投资风险小。夹层投资的级别通常比股权投资为高，而风险相对较低。

在某些案例中，夹层融资的提供者可能会在以下方面获得有利地位，比如优先债务借款者违约而引起的交叉违约条款、留置公司资产和/或股份的第一或第二优先权。从"股权激励"中得到的股本收益也可非常可观，并可把回报率提高到与股权投资相媲美的程度。

（2）退出的确定性明确。夹层投资的债务构成中通常会包含一个预先确定好的还款日程表，可以在一段时间内分期偿还债务，也可以一次还清。还款模式将取决于夹层投资的目标公司的现金流状况。因此，夹层投资提供的退出途径比私有股权投资更为明确（后者一般依赖于不确定性较大的清算方式）。

（3）投资收益稳定。与大多数私有股权基金相比，夹层投资的回报中有很大一部分来自于前端费用和定期的票息或利息收入。这一特性使夹层投资比传统的私有股权投资更具流动性。

## 第二节　以贷款担保形式出现的股本资金

### 一、担保存款

担保存款是项目发起人按照贷款银团的要求（金额要求、地点要求）存入的定期存款，存款本息的所有权属项目发起人，而使用权属贷款银团。

### 二、备用信用证

1. 备用信用证又称商业票据信用证、担保信用证，是指开证行根据开证申请人的请求对受益人开立的承诺承担某项义务的凭证，即开证行保证在开证申请人未能履行其应履行的义务时，受益人只要凭备用信用证的规定向开证行开具汇票（或不开汇票），并提交开证申请人未能履行义务的声明或证明文件，即可取得开证行的偿付。备用信用证是具有信用证形式和内容的银行保证书。

2. 备用信用证的种类：①履约保证备用信用证（Performance Standby）——支持一项除支付金钱以外的义务的履行，包括对由于申请人在基础交易中违约所致损失的赔偿。②预付款保证备用信用证（Advance Payment Standby）——用于担保申请人对受益人的预付款所应承担的义务和责任。这种备用信用证通常用于国际工程承包项目中业主向承包人支付的合同总价 10%~25%的工程预付款，以及进出口贸易中进口商向出口商支付的预付款。③反担保备用信用证（Counter Standby）——又称对开备用信用证，它支持反担保备用信用证受益人所开立的另外的备用信用证或其他承诺。④融资保证备用信用证（Financial Standby）——支持付款义务，包括对借款的偿还义务的任何证明性文件。目前外商投资企业用以抵押人民币贷款的备用信用证就属于融资保证备用信用证。⑤投标备用信用证（Tender Bond Standby）——它用于担保申请人中标后执行合同义务和责任，若投标人未能履行合同，开证人必须按备用信用证的规定向收益人履行赔款义务。投标备用信用证的金额一般为投保报价的1%~5%（具体比例视招标文件规定而定）。⑥直接付款备用信用证（Direct Payment Standby）——用于担保到期付款，尤指到期没有任何违约时支付本金和利息。其已经突破了备用信用证备而不用的传统担保性质，主要用于担保企业发行债券或订立债务契约时的到期支付本息义务。⑦保险备用信用证（Insurance Standby）——支持申请人的保险或再保险义务。⑧商业备用信用证（Commercial Standby）——它是指如不能以其他方式付款，则为申请人对货物或服务的付款义务进行保证。

# 第三节　准股本资金在项目融资中的运用

## 一、可转换债券在项目融资中的运用

> **案例　收购新西兰钢铁联合企业①**
>
> 1989年年初，4家公司（F为当地的高负债企业，C为当地的高盈利企业，T、B为国外企业）；签订合作投资协议：投资比例分别为5：3：1：1；投资目的：收购即将倒闭的新西兰钢铁联合企业；收购价格：2亿新西兰元；收购特点：新西兰钢铁联合企业有5亿新西兰元的税务亏损，税率33%；融资方案的要求是：筹集2亿元资金，并能100%地吸收税务亏损。
>
> 1. 项目发起人的融资安排。①设立控股公司，确定股本100元。②C公司认购公司的全部股份。③控股公司发行1.5亿元的可转换债券，由F、C、T、B分别按5：3：1：1的比例购买。④C公司由于可以获得1.65亿元的节税好处，多出资5000万元。⑤收购新西兰钢铁联合企业。
>
> 收购新西兰钢铁联合企业项目融资安排如图1所示。
>
> 2. 项目融资效果分析：①上述融资方案，使4个投资者都获得了一定利益，C公司获得1.65亿元的节税好处，F公司、T公司、B公司分别获得节省投资2500万

---

① 张极井：《项目融资》，中信出版社，1998年，第80页。

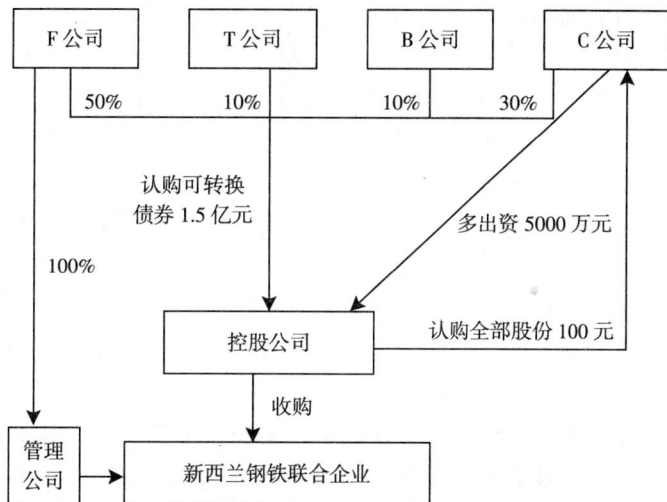

图1 收购新西兰钢铁联合企业项目融资结构

元、500万元和500万元（如表1所示）。②项目融资方案，通过项目公司发行可转换债券，一方面筹集到所需资金，另一方面推迟F、T、B三家公司持有项目公司的时间，实现由一家公司100%吸收项目税务亏损的目的。

表1 收购新西兰钢铁联合企业项目融资方案效果分析

| 投资者 | 协议出资 | | 认购可转换债券（万元） | 多出资（万元） | 实际出资 | | |
|---|---|---|---|---|---|---|---|
| | 金额（亿元） | 比例（%） | | | 金额（万元） | 比例（%） | 节省投资（万元） |
| F公司 | 1 | 50 | 7500 | | 7500 | 37.5 | 2500 |
| T公司 | 0.2 | 10 | 1500 | | 1500 | 7.5 | 500 |
| B公司 | 0.2 | 10 | 1500 | | 1500 | 7.5 | 500 |
| C公司 | 0.6 | 30 | 4500 | 5000 | 9500 | 47.5 | -3500 |
| 合 计 | 2 | 100 | 15000 | 5000 | 20000 | 100 | 0 |

## 二、无担保贷款在项目融资中的运用

**案例** 澳大利亚恰那铁矿项目融资[1]

恰那铁矿1988年初开始动工建设，1990年初正式投产，是当时中国在海外最

---

[1] 张极井著：《项目融资》，中信出版社，2003年，第286页。

大的矿业投资项目。恰那铁矿第一期投资 2.8 亿澳元，年产矿石 300 万吨铁矿砂；在随后的 8 年中逐步追加投资 1.2 亿澳元，最终形成年产 1000 万吨铁矿砂的生产能力。在 20 年的铁矿砂生产中，恰那铁矿可以为中国提供大约两亿吨的高质量铁矿砂。

1. 澳大利亚恰那铁矿项目的投资结构与运行。其包括以下主要内容：

（1）项目的投资结构：恰那铁矿是中国冶金进出口公司与澳大利亚哈默斯铁矿公司的合资项目。恰那铁矿项目的投资结构是一种非公司型投资结构，中国冶金进出口公司通过其在澳大利亚的子公司持有项目 40% 的权益，哈默斯铁矿公司持有项目 60% 的权益；根据协议规定，合资双方按照投资比例承担项目风险，支付项目建设资金、生产成本，最后分享项目产品。

（2）项目的决策机构：根据项目合作协议和项目管理协议，恰那铁矿设立由合资双方组成的合资政策委员会作为项目管理的最高决策机构，负责项目的重大生产经营、市场战略的决策，监督项目管理公司的日常生产、经营管理。

（3）项目管理公司：哈默斯铁矿公司的全资子公司——哈那服务公司，作为一个单一目的的项目管理公司，承担项目的建设和生产管理工作。

（4）项目建设内容：恰那铁矿的建设包括露天矿山开采、矿石初选、二级破碎以及矿石的运输设备。至于项目产品的三级破碎、筛选、矿山职工生活设施以及铁路运输、港口储存装卸等所需设备，则是利用哈默斯铁矿公司的现有设备，由合资项目支付其服务费。这样，一是可以减少项目投资者的投资支出；二是可以缩短项目的建设期。

（5）项目产品的销售：中国冶金进出口公司为项目提供了 100% 的市场支持。即中国冶金进出口公司是项目产品的唯一买主。由于项目采取的是非公司型投资结构，在项目产品的分配形式上有一定限制，所以中国冶金进出口公司与合资双方分别签订了项目产品铁矿的长期购买协议。

澳大利亚恰那铁矿项目的投资结构与运行如图 2 所示。

2. 澳大利亚恰那铁矿项目的融资模式。澳大利亚恰那铁矿项目融资的基本原则是：合资双方联合安排融资、债务责任分别承担。恰那铁矿项目融资的核心是：利用项目前期投资高，因而项目折旧、摊销以及税务抵免高的特点。恰那铁矿项目融资的基本模式是：有限追索杠杆租赁融资。恰那铁矿项目由美国信孚银行澳大利亚分行担任融资顾问。澳大利亚恰那铁矿项目有限追索杠杆租赁融资的主要内容包括：

（1）杠杆租赁融资的出租人——特殊合伙制结构。在恰那铁矿项目融资中，特殊合伙制结构是以税务利益为目的而设立的。按照项目融资方案设计的要求，在项目融资期间特殊合伙制结构不仅拥有矿山开采权，而且还"经营"其矿山设备和设

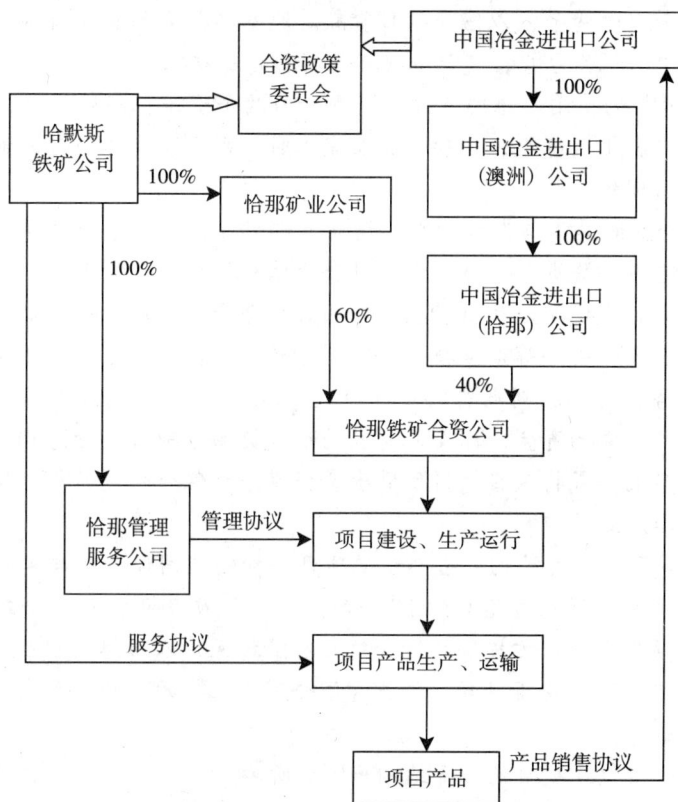

**图1 澳大利亚恰那铁矿项目的投资结构与运行**

施进行生产（这里所指的经营或生产，不是一般概念的生产经营，而是指一种法律上的概念）。特殊合伙制结构通过矿山生产，使得股本参与者可以获得正常的税务好处。为了实现上述目标，项目融资方案设计还包括两个安排：一是将项目合资结构持有的恰那铁矿开采许可证转租给特殊合伙制结构，使其可以从事生产；二是项目合资结构与特殊合伙制结构签订一个矿石购买协议，根据这个协议，特殊合伙制结构可以实际生产成本加上协议税后利益为基础的价格，将项目产品的矿石全部卖给项目合资结构。

（2）特殊合伙制结构的资金来源：①由中国冶金进出口公司和恰那铁矿公司按照投资比例，向特殊合伙制结构提供无担保贷款，金额为项目建设成本的30%。该无担保贷款，在所有其他融资（包括杠杆租赁中的股本贷款和债务贷款）偿还之后才可得到偿还。②由13家银行组成的国际银团提供银团贷款。银团贷款包括1.7亿美元的项目建设贷款和6000万美元的备用贷款（用于项目后期的扩建）。③股本参与者的投资。特殊合伙制结构的股本参与者承诺，在项目建设完成时，注入大约为项目建设成本35%的资金，以偿还项目贷款。股本参与者的收益有两点：一是吸收项目融资结构中的税务亏损；二是杠杆租赁的租赁费收入。

（3）银团贷款的使用。银团贷款的使用分为两个阶段：在建设期，项目建设所需资金基本上来自银团贷款；在项目商业完工时，则用股本参与者的资金置换出相当一部分的银团贷款。

（4）银团贷款的筹集与发放途径。设立恰那财务公司——恰那财务公司发行欧洲票据筹集资金——恰那财务公司向项目合资结构提供美元贷款——项目合资结构向特殊合伙制结构提供澳元项目贷款。即项目的合资双方成立恰那财务公司；为节省利息预提税成本，由恰那财务公司在欧洲债券市场发行上发行期限为三个月的欧洲期票筹集债务资金，欧洲期票的发行由13家银行组成的国际银团提供担保；恰那财务公司将所筹集的资金，以美元贷款的形式提供给项目合资结构；项目合资结构再以澳元项目的形式将项目建设所需资金提供给特殊合伙制结构，这样可以转移项目融资的汇率风险。

（5）项目融资的信用结构。恰那铁矿项目融资的信用保证结构包括：中国冶金进出口公司与项目合资双方签订的20年期的长期铁矿购买协议、哈默斯铁矿公司的服务协议、项目合资双方提供的资金缺额有限担保，以及澳大利亚恰那铁矿项目融资的"合资双方联合安排融资、债务责任分别承担"的原则所形成的一种意向性担保、交叉担保等。

澳大利亚恰那铁矿项目的融资结构如图2所示。

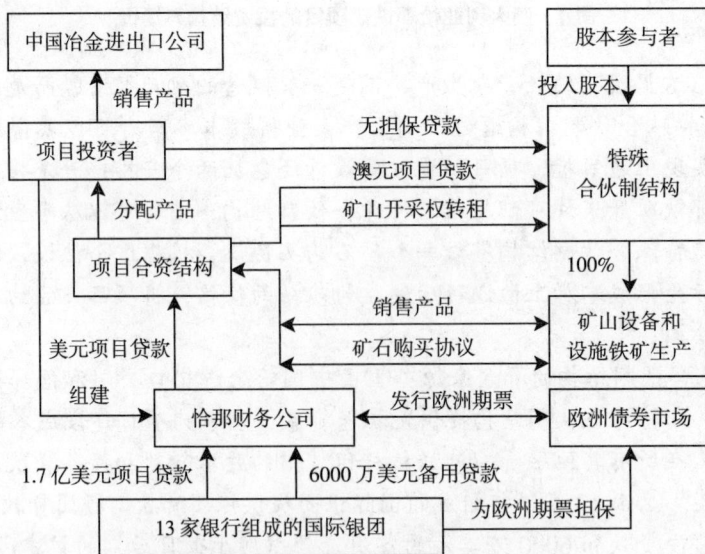

**图2　澳大利亚恰那铁矿项目的融资结构**

## 三、无担保零息债券在项目融资中的运用

中国国际信托投资公司在参与澳大利亚波特兰铝厂项目融资中，认购了特殊合伙制结构发行的无担保零息债券，其在项目融资安排中起到了安慰债权人、增强债权人信心的作用。

其具体内容见本书第十章第二节第三部分波特兰铝厂 10%权益杠杆租赁融资的信用保证。

### 本章小结：

准股本资金是指项目投资者或者与项目利益有关的第三方所提供的一种从属性债务，如无担保贷款、可转换债券和零息债券等。准股本资金具有如下性质：①债务本金的偿还具有灵活性，不限定在某一特定时间内必须偿还。②在资金偿还（及回报）的优先序列中，从属性债务在项目资金优先序列中要低于其他的债务资金，但是高于股本资金。③如果公司破产清算，在偿还所有其他债务之前，从属性债务将不能被清偿。因此，从贷款银行的角度看，它与股本资金没什么区别。对于项目投资者（特别是项目发起人）为项目提供准股本具有如下优点：①可以增加投资者资金安排的灵活性。②可以保护投资者的自身的利益。③可以使投资者获得固定投资收益。准股本资金与夹层融资、次级债务有联系也有区别。

### 本章重要概念：

准股本资金　夹层融资　次级债务　无担保贷款　可转换债券　零息债券　担保存款

### 思考题：

1. 准股本资金的特点与优点。
2. 可转换债券在收购新西兰钢铁联合企业的作用。
3. 在本书中，有关项目融资是如何使用准股本资金的？

# 第五篇　项目融资信用结构

# 第十四章 项目融资风险及其管理

## 第一节 项目融资风险的种类

风险是人们在社会活动中，由于受各种不确定因素的影响，使行为主体的预期目标与现实状况发生差异，从而给行为主体造成经济损失的可能性，如债权人可能因为利率的变动而减少收入，债务人可能因为汇率的波动而增加支出；出租人可能因为政治事件失去资产，承租人可能因为科技进步而减少收入。风险的形成，有自然环境原因，也有社会环境原因；有经济活动的原因，也有科技进步的原因；有经济因素，也有政治因素。由于风险产生的原因复杂、影响的因素众多，所以风险具有客观性、普遍性、偶然性、不确定性和可变性。融资是一个复杂的、长期的过程，该活动也和人们的其他活动一样，包含着诸多的不确定因素，参与者随时都有遭受损失的可能性。融资风险就是人们从事资金融通活动遭受损失的不确定性。

### 一、自然风险、经济风险、技术风险和政治风险

融资风险按产生的原因划分，可分为自然风险、经济风险、技术风险和政治风险。

自然风险是指由于自然因素所引起的风险，即雷电、水灾、地震、风暴、海啸等自然因素都可能使融资双方遭受较严重的损失。

经济风险是指在生产经营过程中，由于经营管理不善、市场预测失误、经济波动和供求发生变化等因素引起经济损失的风险，包括经营风险、利率风险、汇率风险、通货膨胀风险。

技术风险是指由于新设备的出现、新的生产工艺的采用等，导致原有的机器设备的无形损耗、工人结构性失业、产品被淘汰、污染环境的风险。

政治风险是指由于政局变化、政权的更替、战争、冲突、暴乱、恐怖活动等引起的各种损失，以及由于国有化、征用、强制收购等引起的风险。

## 二、纯粹风险和投机风险

融资风险按性质划分，可分为纯粹风险和投机风险。

纯粹风险是指只有损失机会而无获利机会的风险，如火灾、车祸、地震、台风等都是纯粹的风险。纯粹风险导致的结果有两种：其一为损失，其二为没有损失；两者必居其一。

投机风险是指既有损失的可能，也有获利机会的风险，如出借风险、出租风险、股票投资风险都是典型的投机风险。投机风险有三种结果：其一是损失，其二是没有损失，其三是得利。且当一个经济主体遭受损失时，另一个经济主体则可能获益。如通货膨胀的发生，使债权人受损失，而使债务人获得收益；利率的波动对债权人和债务人的影响也是完全不同的。

## 三、可管理风险和不可管理风险

融资风险按是否可管理划分，可分为可管理风险和不可管理风险。

可管理风险是指可预测并可采取相应措施加以控制或分散转移的风险。可管理风险一般都是由于人们的活动而带来的风险，其特征是可以预测、可以避免、可以通过保证或保险的方式予以防范。如政治风险可以采取保险的方式予以防范，经济风险可以通过担保等方式加以规避和分散。

不可管理风险是指靠人力无法预见的风险，其主要表现为自然风险，如地震、洪水、风暴、水灾等。这类风险就是最有经验的人或科技水平很高的国家，也无法预见，要防范或避免也相当不容易。

## 四、静态风险和动态风险

融资风险按损失环境划分，可以分为静态风险和动态风险。

静态风险是一般环境下所发生的风险，它是由自然力的不规则运动，或个人行为的失误引起的。前者如雷电、洪水、地震、风暴、海啸，后者如火灾、呆账、事故等。

动态风险是与社会政治经济金融环境的变动相联系的风险，它是由社会供求的变化，企业组织结构、技术结构和生产方式的变革所引起的。如投资环境恶化、市场疲软、通货膨胀或通货紧缩、经营失误。动态风险与静态风险往往也交织在一起，难以分清。

## 五、债券融资风险和股票融资风险

融资风险按融资方式划分，可以分为银行借贷融资风险、股票融资风险、债券融资风险、租赁融资风险、贸易融资风险、项目融资风险、合作融资风险、资产证券化融资风险、基金融资风险和国际融资风险等。

银行借贷融资风险是指通过商业银行等金融中介融通资金时，由于利率、汇率的波动以及有关融资条件发生变化而可能给当事人造成的损失。其包括自然风险、政治风险、技术风险、经营风险、财务风险、举债过多而承担较大风险、利率风险和汇率风险等。

股票融资风险是指以股票作为融资工具时，由于股票的发行数量、发行价格、发行时机以及股利分配方案欠佳等给融资当事人造成损失的可能性。其包括决策性风险（是指由于对股票的发行种类、发行规模、发行方式、发行价格、发行时机和承销机构选择等决策不当，而不能实现融资目标的可能性），经营性风险（是指由于受生产经营的影响，如经营状况不佳、效益低下，而使企业不能实现股票融资目标的可能性）。

债券融资风险是指以债券作为融资工具时，由利率、发行债券条件等确定不当给当事人造成损失的可能性。其包括发行风险（由于发行单位信誉、债券发行总量及债券发行时机等因素的影响，可能会导致债券发行不成功而形成的风险），经济环境风险（经济金融政策、税收政策、利率波动等造成损失的可能性），通货膨胀风险，财务风险，转换风险（可转换债券转换成股票时，由于公司的股价表现不好或股市低迷，投资者要求还本付息而不转股，给公司造成损失的可能性），派生性风险（由其他类型的风险引起的风险）。

租赁融资风险是指采取租赁方式融通资金时，由于租赁期限，租金及其支付方式、技术进步等的变动给融资双方造成损失的可能性。其包括决策风险、违约风险、财务风险、经营风险、流动性风险、利息率风险、技术风险和政治风险等。

贸易融资风险是指在商品交易中，采取赊销赊购或者银行提供信贷而遭受损失的可能性。贸易融资包括买方向卖方支付预付款、卖方对买方的信贷、银行对买方或卖方的信贷等。贸易融资风险主要有：受货风险（买方不接受货物的风险）、财务风险（买方不能按协议付款）、兑换风险（货款不能兑换成外币的风险）、主权风险（买方所在国阻止交易执行的风险）、单证风险（单证不全、错误引起的延误交货、不能及时取得货款的风险）、利率风险、外汇风险和预付款风险。

项目融资风险是指以项目投入使用后的现金流量作为偿还保证进行资金融通时造成损失的可能性。项目融资借入的资金是一种无追索权或仅有有限追索权的贷款，而且需要的资金又非常大、期限较长、情况复杂，故其风险也比其他融资方式要大得多。项目融资风险主要包括政治风险、获准风险（项目能否得到东道国政府及时批准的风险）、法律风险（东道国法律、法规变动给项目带来的风险）、违约风险、市场风险（或项目产品销售风险）、外汇风险、利率风险、完工风险（项目无法按期完工投入使用风险）、技术风险、生产条件风险和环保风险等。

合作融资风险是指采取合资、合作、联营等方式生产经营而造成损失的可能性。其主要包括政策风险、资信风险（出资各方能否按约缴付资本金的风险）、验资风险、汇率风险、资产评估风险和管理风险。

资产证券化融资风险指在资产证券化过程中，资产出售与购买、资产的信用提高与资产证券的评级而遭受损失的可能性。其主要包括诈骗风险（对投资者来说，在证券化交易的各个方面，从证券化的基础资产到基础性的意见书，都存在着被诈骗的可能）、法律风险、金融工程风险（资产证券化过程中任何一个环节出现问题时，整个交易就会中断）、财产或意外事故风险（证券化交易中抵押物所面临的毁损和事故）、等级下降风险（因交易中任一因素的恶化，所导致的等级下降）。

基金融资风险是指发行、认购投资基金而遭受损失的可能性，其主要包括政治风险、决策风险、违约风险、利率风险、购买力风险和经营风险。

国际融资风险是指引进外资、使用外债而遭受损失的可能性，如加重国家债务负担，削弱国内经济增长的活力；削弱国内企业的竞争力；国内失业规模加剧，社会负担加重；扩大国家外汇的缺口，增加国际收支逆差；对东道国主权、政治和文化传统产生消极影响。

## 六、资金需求者风险和资金供给者风险

融资风险按当事人划分，可分为资金需要者风险、资金供给者风险、保证人风险和中介人风险。

资金需求者包括借款人、证券发行人、承租人和项目发起人等。借款人在融资中面临的风险有：政治风险、利率风险、汇率风险、债权人欺诈和破产风险，证券发行人在融资中除面临与借款人同样的风险外，还有发行风险；承租人还面临技术风险；项目发起人则还面临完工风险、接管风险、资金需求者风险，还包括所有权风险、使用权风险、投资者恶意收购和收益权风险等。

资金供给者风险，即投资者、债权人风险，他们所面临的风险包括政治风险、法律风险、利率风险、汇率风险和自然风险。

保证人风险，在复杂的融资中，保证人面临的有信用风险和法律风险。前者如保证人在履行了保证责任后，其对主债务人有求偿权，但其求偿权可能丧失；后者如有些事项能够引起保证责任的减免或消灭，保证人在这些事项发生后，仍然承担保证责任则可能造成损失。

中介人风险主要是指在融资中，证券发行的承销商、银行贷款的牵头行和代理行，以及律师、会计师、技术顾问所面临的风险。如证券承销商的发行风险、牵头行和代理行所对借款人的违约风险和对贷款银行的法律风险、注册会计师的审计风险、投资风险和资产评估风险，律师和技术顾问的责任风险等。

此外，在融资过程中，工程承包商、原材料能源供应商、设备制造商、产品承包商或项目产品的供应者、项目产品或设施的买主、使用者等都因所承包的任务和承担的责任而面临着不同的风险。

## 七、前期工作风险、资金使用阶段风险和资金收回或还本付息阶段风险

融资风险按活动过程划分，可分为前期工作风险、资金使用阶段风险和资金收回或还本付息阶段风险。

融资前期工作是指融资申请、融资报价、融资谈判和融资协议或合同等法律文件的签订等活动。这些活动既是融资活动的开始，也是融资活动的基础，事关融资的成功与否以及融资的效果。这一阶段的工作特点是把历史当作办事论事的基础，把预期当作决策的依据，融资双方讨价还价、斗智斗勇、唇枪舌剑、耍笔杆子，所以面临的风险也很大。如在融资申请中，如果资金用途或项目安排不符合市场的要求，就可能失去获得资金的机会；若融资报价高于市场行情，则会增加筹资成本；若代理选择不当，可能增大融资的难度；在谈判签约中，若急于求成，就会给履约埋下祸根，就会付出较大的代价。同时，资金供给者若在尚未充分了解资金需求者的资格、信誉、抵押、能力和市场前景的情况下，仓促承诺或提供资金，其可能一开始就面临损失。在证券融资中，若选择的发行地点，发行时机欠佳，就可能面临发行风险，增加融资成本等。

资金使用阶段是在资金供给方提供资金的基础上，资金融入方耗用资金的过程。在此期间，对融资双方来讲，风险是与日俱增的。因为，资金使用过程，也是耗费过程，虽然通过耗费也能形成一定形态的在建工程，但这些在建工程在完工之前，对任何人来说都还是不具备使用价值的"泥巴堆"。它不能作为生产要素投入使用，也不能作为借款的保证。所以，随着工程的深入、投入资金的增加，风险也日益增大，若在此时出现不良情况，如战争、自然灾害、经济紧缩等，融资双方都要承受较大的损失。

资金收回阶段风险。从理论上讲，随着项目的建成投产，借款人开始具备偿还债务的能力，融资风险也随之开始下降。但项目的建成并不等于能投入使用；投入使用并不等于能生产出预期的现金流。同时，还本付息是一个较长的过程，不确定的因素较多，故风险仍然很大。资金偿还阶段的风险包括利率风险、汇率风险、市场风险、政治风险、环境风险和自然风险。

## 八、系统性风险和非系统性风险

融资风险按照是否影响所有的市场经济主体，可以分为系统性风险和非系统性风险。

系统性风险是指对整个市场的运行都会产生影响的要素或风险，如政府经济政策（税收政策、货币政策、利率政策等）的调整、经济衰退、世界性能源危机等。对于这类风险，经济主体是不可能通过自身的努力来排除的。

非系统性风险是指某一经济主体所特有的风险，如企业领导人突然去世，造成企业生产经营瘫痪，或者是交通运输因洪水而中断，造成企业原材料供应短缺停产，或者是工程承包商的工作质量问题，造成项目无法按时投产，或者是项目产品用户违约，造成

项目公司不能按期偿还贷款本息。这类风险被认为是可以通过经济主体的多样化、分散化投融资战略加以避免或降低的。

## 第二节　项目融资风险管理

### 一、项目融资风险管理的原则

1. 项目融资风险管理的基本要求：将项目风险分配给最有能力降低风险或控制风险的参与者。如股权投资者承担初始资本投入的风险；项目实体承担商业风险（其中一部分转移给供应商、购买商、使用者）；承包商承担项目实施建设相关的风险；政府承担东道国的政治风险；保险公司承担各种自然风险。[①]

2. 项目融资风险分担的可能性。项目一般拥有众多的参与者，项目的参与者是受益者，项目的参与者具有一定的优势，项目参与者具有履约的信誉。

### 二、项目融资主要风险的管理措施

1. 信用风险的防范措施。信用风险是指项目参与者（包括项目投资者、工程承包商、器材供应商、产品购买者、服务使用者）是否有能力履行其职责，是否愿意履行相关协议或合同所确定的、应该承担的责任，最终导致借款人不能支付贷款人债务的风险。如项目投资者股本资金不能按时、按量到位；包销商不能或不愿意支付而产生支付中断；缺乏"照付不议协议"，从消费者那里得到的收入总额低于预期。

信用风险的防范措施：①针对能力问题，加强资信评估，选择项目参与者。②针对可能出现的道德问题，设定担保和抵押。③针对环境的影响，设定商业担保和政治风险担保。

2. 完工风险（Completion Risk）的防范措施。完工风险涉及项目的工期与造价，其主要情形包括：①根本不能完成项目。②建设延误或成本超支。③项目没有达到既定的技术标准，导致预期生产能力、产出、效率不足。④预期的资源（储备）不足。⑤不可抗力事件导致建设延误或成本超支。⑥找不到合适的生产经营技术人员、管理者和可靠的包销商。

完工风险的防范措施：①选择由工程承包商、供应商、分包商承担项目的完工风

---

① ［美］M. Fouzul Kabir Khan Robert J. Parra：《大项目融资》，朱咏、庄乾志、朱彩虹、黄苏萍译，清华大学出版社，2005年。

险，签订包括工程工期、工程造价、工程质量等的工程协议；签订违约支付协议，确定违约时必须赔付的金额。②要求项目发起人提供项目完工担保，包括追加股本、收购贷款、担保存款、备用信用证等。③寻求政治风险担保。

3. 市场风险的防范措施。市场风险，涉及项目产品销量与价格，其主要包括：①实际使用或需求低于预期。②非预期竞争。③关税壁垒比预期的强，而影响到进口成本和出口能力。④政府的管制或类似因素导致交通条件和商业进入困难。

市场风险的防范措施是签订如下合同或协议：照付不议协议（电厂、资源开发项目）；吞吐量协议（管道项目）；影子收费协议（收费公路）；最低缺口保证（交通项目）；项目发起人的支持。

4. 生产风险的防范措施。项目的生产风险包括：①生产技术：不成熟。②资源储量：不确定。③能源原材料的供应：数量、价格。④经营管理：经营者的能力、激励机制。

生产风险的防范措施：①技术担保。②提高资源覆盖比例［＝（可开采资源总量/计划开采资源量）＞2］。③供货与付款协议。④经营者持股等。

5. 金融风险及其防范措施。金融因素对项目的影响包括：①汇率变化。②利率变化。③国际商品价格变化。④通货膨胀。⑤贸易和关税保护。

金融风险的防范措施：①货币互换。②利率互换。③商品远期或期货合同。④混合债务合同。⑤远期销售或期货合同。⑥通过谈判确定关税指数化或规避机制等。

6. 政治风险（Political Risk）的防范措施。政治风险的表现在：①现有税收、进口关税、海关程序、产权、外汇法律和环境保护等方面的管制政策发生变化的可能。②没收、征用或国有化项目设备。③政府许可、批准或其他同意事项不能及时落实、不能得到延续。④对利润返还和利息支付的限制。⑤对项目储备的使用比例进行控制或限制。⑥战争、革命或政治暴乱。⑦本币贬值导致股息价值较低。

政治风险的防范措施：①通过与政府签订项目执行协议，来规避法律变更风险。②政治风险保险。③政府的其他承诺（许可、批准）。④其他措施：a. 将股权卖给东道国政府；b. 从国外借款，要求东道国提供担保；c. 选择对自己有利的适用法律；d. 与购买上签订长期销售合同，并将合同的收益权转让；e. 向母国的担保机构投保（即海外投资政治保险）。

> **案例　项目政治风险管理**
>
> 美国肯尼科特铜公司和安纳康达铜公司，都长期在智利拥有和经营铜矿。1971年，阿连德总统执政，宣布无偿没收外国在智利的铜矿。上述两家公司无一幸免，但由于其对政治风险的认识和所采取的措施不同，结果也存在较大区别。肯尼科特铜公司由于采用的风险防范措施得力，获得了8000万美元的赔偿和一笔利息（其1964年的账面价值为6900万美元）。安纳康达铜公司则由于没有对政治风险进行保险，没有获得任何补偿。肯尼科特铜公司为降低政治风险，所采取的措施包括：一

是将股权（51%）转让给智利政府；二是向美国国际发展机构投保（政治风险保险）；三是选择纽约州的法律作为调解争端的适用法律；四是与购买商签订长期供货协议，并将协议的收益权转让给国外机构。

7. 法律风险（Legal Risk）的防范措施。法律风险的表现有：①不能执行担保安排。②对知识产权缺乏足够的保护。③不能执行国外裁决。④缺乏适用的法律选择。⑤出现争端时不能及时进行仲裁，或在仲裁规则、仲裁地点和使用语言等方面存在争议。

法律风险的防范措施：进行风险分配是关键。

8. 环境风险（Environmental Risk）的防范措施。项目没有遵循政府部门制定的环境和拆迁标准或规则，而导致的公众抗议；项目延误、诉讼和收到罚款或刑罚，而增加项目负债。

环境风险的防范措施有：适应环境和社会的需要，做出计划与安排，成本由项目支付。

## 三、银行等金融机构管理项目融资风险的一般方法

在项目融资的实践中，银行等金融机构作为项目债务资金的提供者，形成了一套管理项目融资风险的基本方法，归纳起来如表 14-1 所示。

表 14-1　项目融资风险及其基本防范方法

| 风险类别 | 防范项目融资风险的基本方法 |
| --- | --- |
| 资金风险 | 股本投入，股本认购协议，现金流量缺额担保，流动资金维持安排，成本超支基金，项目融资备用贷款 |
| 完工风险 | 完工担保，履约担保，成本超支基金，履约保证金，"交钥匙"工程合同 |
| 生产/供应风险 | 履约担保，现金流量缺额保证，流动资金维持计划，项目管理协议，"生产或付款协议"、劳工协议、项目保险，供应合同 |
| 市场/销售风险 | 长期销售协议，现金流量缺额保证 |
| 金融风险 | 利率、汇率的保值措施 |
| 政治风险 | 政府担保，政府介入，政治风险保险 |

**本章小结：**

项目融资风险具有客观性、普遍性、偶然性、不确定性和可变性。按产生的原因划分，项目融资风险可分为自然风险、经济风险、技术风险和政治风险。按活动过程划分，项目融资风险可分为前期工作风险、资金使用阶段风险和资金收回或还本付息阶段风险。按融资方式划分，项目融资风险可以分为银行借贷融资风险、股票融资风险、债券融资风险、租赁融资风险、贸易融资风险、项目融资风险、合伙融资风险、合作融资风险、独资融资风险、资产证券化融资风险、基金融资风险和国际融资风险等。

项目融资风险管理的基本要求是：将项目风险分配给最有能力降低风险或控制风险的参与者，如股权投资者承担初始资本投入的风险；项目实体承担商业风险（其中部分地转移给供应商、购买商、使用者）；承包商承担项目实施建设相关的风险；政府承担东道国的政治风险；保险公司承担的各种自然风险。对于不同风险，其防范的具体措施也存在较大差异；不同的项目参与者，具有不同的抗御风险和控制风险的能力。

**本章重要概念：**

纯粹风险 投机风险 静态风险 动态风险 系统性风险 非系统性风险

**思考题：**

1. 分析美国霍普威尔电站项目融资的风险及其防范措施。

2. 分析澳大利亚波特兰铝厂项目融资的风险及其防范措施。

3. 分析法国欧洲迪斯尼乐园项目融资的风险及其防范措施。

4. 分析澳大利亚昆士兰州煤炭港口项目融资的风险及其防范措施。

5. 分析英国北海油田项目融资的风险及其防范措施。

6. 分析中国 H 市交通收费资产证券化的风险及其防范措施。

7. 分析中国岭南市市政基础设施证券化融资的风险及其防范措施。

8. 分析美国玻璃制造商"空手牵三家"的风险及其防范措施。

# 第十五章 项目融资资信评估

## 第一节 资信评估的概念

市场经济就是法制经济和信用经济，良好的社会信用环境是一国经济规范运行的保证，是有效防范金融危机的重要条件，是现代经济快速发展的根基。信用是一种可以利用的资源，它是融资、理财、配置资源的基础，国家靠信用发行债券、银行靠信用吸收存款和发放贷款、企业靠信用筹集资金、个人靠信用消费，完善健全的社会信用制度可以为税收、金融和消费服务等提供有益的保障。

### 一、什么是资信评估

什么是资信评估？目前国内外理论界的看法还不够统一，还没有形成一个一致的认知。

首先，对"资信"一词，理论界就存在不同的理解。有的认为资信就是资金的信用或信誉，有的认为资信就是资金与信誉，还有的认为资信就是筹资者或融资工具的信用或信誉。本书赞成第三种理解，资信就是信用，就是筹资者或融资工具的信用或信誉。在我国的官方文件中，资信与信用也是作为同一概念的。如中国人民银行在《贷款通则》中使用的是"信用等级"，而在《贷款证管理办法》中使用的是"资信等级"。

国内外对资信评估的表述较多，概括起来主要有以下几种观念：

1. "信用风险分析论"。这种观念认为资信评估的目的就是预测投资者投资债券的风险有多大。如美国穆勒公司 1994 年在《全球信用分析》一书中指出："评等之目的，在于设定一种指标，预测债券发行人未付、迟付或欠付而可能招致之信用损失。所谓信用损失，一般系指投资人实际收到与发行人约定给付，发生金钱短少或延期。" 1998 年 7 月，穆勒公司在其《全球信用研究》刊物上发表文章指出："穆勒对于全球工业公司的债务评级方法和其他行业的分析一样，建立于两个根本问题上：债权人不能从指定的债务工具准时收取本金和利息的风险有多大?同其他债务工具比较，风险程度如何?"

2. "信息服务论"。这种观念认为资信评估结果是一种产品，它可以向投资者提供服务并保护投资者。如日本的黑泽义孝先生在其《债券评级》一书中说：债券评级的目的是"对债券能否如约偿还本利的可靠性程度进行测定（审查）并告知投资者，保护投资者免受因情报不足而产生的损失"。又如我国的裴光先生在其《中国保险业监管研究》一书中指出："信用评级，即专业化的信息中介机构（信用评级机构）利用市场公开信息（共同语言）和部分内部信息，加工和出售信息产品，为市场参与者服务的机制。"

3. "管理活动论"。这种观念认为资信评估是一种管理活动。如我国的朱荣恩和徐建新先生在其《资信评级》一书中说："资信评级就是由专职机构或部门，按照一定方法，对经济活动中的借贷信用行为的可靠性和安全性程度进行分析，并用专用符号作出评估报告的一种管理活动。"又如我国的刘继忠先生在其《资信评估概论》一书中说："资信评估可以理解为：由独立、中立的法人评估机构，根据评估客体的委托，以与评估事务有关的法律、法规、制度和有关标准化的规定依据，采用规范化的程序和科学化的方法，对评估客体履行相应经济承诺的能力及其可信任程度进行调查、审检和测定，经过同评估事项有关的参数值进行横向比较和综合评价，并以简单、直观的符号表示其评价结果的活动。"

4. "过程论"。这种观念认为资信评估是评价特定事物（如资金、信誉或偿还能力）并展示评价结果的过程。如我国的著名学者董辅礽教授说："所谓信用评级，简单地说，就是由专门的评级机构，对市场主体偿还债务的能力或某金融工具的投资风险加以评价，以特定符号表示出其可信任程度，并展示给广大投资者的过程。"又如吴晶妹女士在其《中国企业与证券的资信评估》一书中指出："资信评估活动是根据委托人的要求或为了实现某种目的，对评估对象的资金、信誉，从质和量方面进行检验和计量，并科学、客观地作出全面评价的过程。"

5. "评价活动论"。这种观念认为资信评估是一种评价活动或行为。如石新武在其《资信评估的理论和方法》一书中指出："所谓资信评估，就是由资信评估机构，根据科学的指标体系，采用严谨的分析方法，运用明确的文字符号，对各类经济组织和金融工具的资信状况进行客观公正的评估，并确定它的资信等级的一种评价活动。"再如朱顺泉在其《企业资信评级方法创新及应用》一书中指出："资信评级就是由独立、中立的法人评级机构，根据评级对象的委托，以评级事项的法律、法规、制度和有关标准化的规定为依据，采用规范化的程序和科学化的方法，对评级对象履行相应经济承诺的能力及其可信任度进行调查、审定和测定，经过同评级事项有关的参数值进行横向比较和综合评价，并以简单、直观的符号表示其评价结果，公布给社会大众的一种评价行为。"

本书认为资信评估实质上是一种信息服务活动，因为其工作的内容就是根据特定要求收集获取信息、整理信息、加工处理信息和输出或向市场传递信息。资信评估的主体一般是独立、中立并具有审核测评能力的法人评估单位，也可以是评估结果不公开对外的非独立机构，如银行的信用评级机构。资信评估的客体有两个方面，即企业和证券，前者包括工商企业和各类金融组织，后者主要是指债券、股票和商业票据。评估主体是根据客体的委托开展工作的，资信评估的内容比较广泛复杂，其主要包括客体的基本素质、资产质量、经济实力、经济效益、经营管理水平、筹集资金用途、盈利能力和发展前景等。资信评估必须有一套科学的指标体系作为评级的依据，以确保资信评估结果的严肃性、可比性、权威性和有用性。资信评估客体的资信状况，一般应通过资信等级来表示，国际上通常多采用三等九级，用英文字母表示，AAA 为最高级，C 为最低级。

## 二、资信评估与资产评估、财务审计

1. 资信评估的特点。资信评估作为一种信息服务活动，具有如下特点：独立性、合法性、可靠性、公正性、咨询性和负责性。

（1）独立性。也称为中立性或超脱性，是指信用评级机构完全独立于客户，处于超脱地位，不带有任何行政色彩，也不经营任何有损于独立性的事业。资信等级的评定，不受任何单位或个人的干涉。

（2）合法性。资信评估必须遵守国家的有关政策、法律、法规和制度，评估的标准和要求要同国家的相关政策、法律、法规和制度相一致。

（3）可靠性。评估的结果或评定的资信等级必须有理有据，符合客观事实，经得起检验，具有充分的可信性和权威性。

（4）公正性。公正、客观、实事求是，是资信评估的基本原则。资信评估既要保护投资者的利益，也不能损害客户的信誉，要使交易双方都信服、都无怨言、都受益。只有这样才能真正发挥资信评估的作用，有利于市场经济的发展。

（5）咨询性。资信评估虽然具有可信性和权威性，但它的评估结论只能供委托方或投资者作为决策的参考，评级机构不能强制其客户或投资者相信评估结论，更不能强制他们按照评估结果去执行。资信评估是一种信息服务活动，评估结论只能起到回答征求意见的作用。此外，评估客体由于内外部条件和环境的变化，资信状况也会发生变化；随着资信状况的变化，评估结论也会被推翻，因而投资者要慎重对待评估意见。

（6）负责性。资信评估作为一种信息服务，是一项责任心很强的工作，评级机构和评估人员对评估工作要有高度的责任感。虽然评估机构和评估人员对资信评估结果的运用不负任何责任，但是他们要对评估结果的真实性、可靠性和公正性承担完全责任。同时，评级机构和评级人员要遵守职业道德，保守客户的商业秘密。

2. 资信评估与资产评估的区别。资信评估与资产评估的区别主要表现在以下三个方面：

（1）评估内容和目的不同。资产评估的内容是企业的资产价值，企业一般在实施产权转让时才对资产的现实价值进行重新评定，其目的是保证资产交易的公平合理，避免发生损失。资信评估的内容是企业或证券的资信状况，企业一般在实施对外融资策略时，才有进行资信评估的要求，其目的是向社会各个方面显示企业的经济实力和偿还能力，吸引投资者。

（2）评估的范围不同。资产评估主要是对企业资产的外在形态、技术性能、质量状况、生产能力、新旧程度等进行具体的鉴定和分析，从而把企业资产的价值客观、公正地评定出来。资信评估主要是对企业素质、经营能力、盈利能力、偿债能力、发展前景等进行全面、具体的调查和分析，从而把企业的信用状况采用一定方式表示和公布出来（也有不对外公开的资信评估）。

（3）评估的方法不同。资产评估要以当前的市场价格来评估企业资产的价值，其评估方法均为定量计算，如收益现值法、重置成本法、现行市价法、历史成本法等。资信评估要对评估对象的信用状况用等级的方法表示出来，它需要进行综合分析，包括定量分析和定性分析，要通过判断确定评估对象的资信等级。定性分析往往在资信评估中起主导作用。

3. 资信评估与项目评估。项目评估是对投资项目（如新建工业项目、技术改造项目、基础设施项目、能源项目、资源开发项目）的必要性、可行性进行科学审查和评价的活动。资信评估与项目评估的区别主要表现在以下几个方面：

（1）评估的对象不同。项目评估对象是各类工程项目，是对规划或设计事物的测算，评估的内容包括市场研究、技术分析、企业财务效益评价和国民经济效益评价。资信评估是对现有事物的检验测算。

（2）评估的目的不同。资信评估服务的对象是整个社会；项目评估的目的主要是为投资者的投资决策提供依据，保证投资者的决策不失误或投资不受损失。

（3）评估的依据不同。资信评估的依据主要是资信评估委托人的历史资料，项目评估的依据主要是预测的数据资料。

（4）评估结果的表述不同。资信评估结果的表述比较复杂，国际上一般用九个级别来表示；项目评估的结果只有两个：(技术上、经济上) 可行或不可行。

4. 资信评估与财务审计的区别。资信评估与财务审计都要对企业的会计报表和财务状况进行分析，并作出评价，但是，两者存在较大区别。财务审计主要是对企业的财务活动和会计核算是否符合会计准则和有关会计制度的要求进行审查，其强调会计报告的合法性和真实性，注册会计师要通过出具审计报告对被审计企业会计报告的合法性、公允性及会计处理方法的一致性发表意见，并要承担法律责任，但不必为被审计企业评定级别。资信评估的范围要比财务审计广泛得多，其不仅要评估企业的财务状况，而且要评估企业的素质和管理水平，还要评估企业的发展前景和经营风险，最后要对企业的信用状况评定级别。此外，资信评估机构和审计机构表述意见的方式也不相同，资信评估机构对评估结果的表述是评估对象的"等级"（如 AAA 级、BBB 级、CCC 级等），而审计机构对审计结果的表述一般是"无保留意见"、"保留意见"、"否定意见"、"拒绝表示意见"。

# 第二节　资信评估的种类

## 一、企业资信评估、证券资信评估和国家主权资信评估

资信评估按照评估的对象划分，可以分为企业资信评估、证券资信评估和国家主权资信评估等。

1. 企业资信评估。企业资信评估是指对法人（工商企业和金融机构等）信用或信誉等级的评估，包括工业、商业、外贸、交通、建筑、房地产、旅游等工商企业，商业银行、证券公司、保险公司、租赁公司、信托投资公司等金融机构，以及会计事务所、律师事务所等中介机构。

2. 证券资信评估。证券资信评估是指对各种金融工具的信用等级的评估，包括对股票（普通股和优先股）、债券（短期债券和长期债券，政府债券、金融债券和公司债券）、商业票据、基金券等的资信等级的评估。

3. 国家主权资信评估。国家主权资信评估是指对一个国家偿债意愿和能力的评定。当前，国际上很是流行国家主权评级。国家主权评级的内容比较广泛，其除了要对一个国家的国内生产总值增长趋势、对外贸易、财政收支、国际收支、外汇储备、外债总量及结构、政策实施等影响国家偿还能力的因素进行分析外，还要对金融体制改革、国有企业改革、社会保障体制改革所造成的财政负担进行分析，最后进行评估。根据国际惯例，国家主权资信等级为该国境内单位发行外币债券的资信等级上限，单位发行外币债券的信用等级不得超过其所在国家的主权资信等级。

此外，资信评估还包括项目资信评估、中介机构资信评估等。整个资信评估的对象如图 15-1 所示。

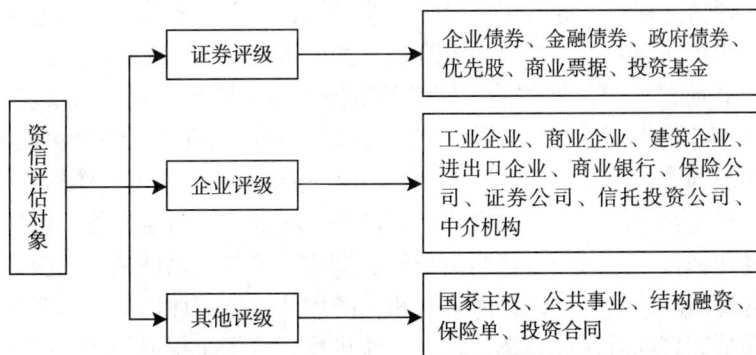

**图 15-1　资信评估的分类**

## 二、公开评估和内部评估

资信评估按照评估结果是否公开，可以分为公开评估和内部评估两类。

1. 公开评估。公开评估一般是指独立的资信评级机构所进行的资信评估，其评估结果要向社会公布，要向社会提供有关评估对象的资信信息。这要求评估机构在保守委托人商业秘密的前提下，客观公正地发布权威性的评估结果。

2. 内部评估。内部评估也称为非公开性评估，其评估结果不向社会公布，由评估机构自己掌握，如银行对借款人信用等级的评估，就属于这一种。

## 三、有偿评级和无偿评级

资信评估按照评估机构是否收费，可以分为有偿评级和无偿评级。

1. 有偿评级。有偿评级是指资信评估机构在接受客户的委托进行资信评估时，一般要收取一定的费用，即所谓的有偿服务。实行独立经济核算的资信评估机构，为了自身的生存和发展，在接受客户的委托时，按规定要收取一定的资信评估费用。

2. 无偿评级。无偿评级是指资信评估机构提供评级结果但不收取费用，即无偿服务。

# 第三节　资信评估的程序

## 一、资信评估的一般程序

为了保证资信评估工作的严肃性、客观性、公正性、正确性和权威性，必须严格评估程序。资信评估的程序，通常可以分为七个阶段：前期准备阶段、信息收集阶段、信息处理阶段、初步评级阶段、确定评级阶段、宣布等级阶段和跟踪评级阶段。

1. 前期准备阶段。资信评估的前期准备阶段约需 1 周的时间，大致包括以下工作：①客户提出资信评估申请，签订《资信评估协议》。客户向资信评估公司提出评估申请，资信评估公司应与客户签订《资信评估协议》，作为整个资信评估工作的依据。《资信评估协议》的主要内容包括：评估对象、评估目的、双方的权利与义务、评估的收费及支付方式、出具评估报告的时间、违约责任等。②成立项目资信评估组。资信评估公司应根据客户成立专门的评估小组，具体负责相关的评估工作。评估小组由 3~6 人组成，其在组长的领导下制订项目评估方案、安排工作进度、分配小组成员的工作任务、组织项目资信评估方案的实施。③评估小组向客户发出《评估调查资料清单》，要求客户提供资信评估所需材料。评估小组开出的材料清单要清楚明确，以便客户做好准备。

2. 信息收集阶段。信息收集阶段是资信评估工作中最辛苦的阶段，根据不同项目工作量大小的差异，需要1~2周的时间。工作内容可以归纳为以下几个方面：①现场调查。如对客户提供的各种文件资料进行认真的阅读，并检查客户所提供的文件资料是否齐全、内容是否完整，是否符合和达到资信评估指标体系的要求；对缺少的文件资料，应及时向客户提出，要求客户尽快提供。②面对面交流。与客户的有关人员进行直接接触，是收集资信评估所需情况的最好办法之一。接触的方式包括：访问、交谈、征求意见、讨论会、座谈会等。③进一步核实。对客户反映的情况和提供的文件资料，评估小组还应当通过一定渠道进行核实。其基本方法是，向客户的主管部门、开户银行，以及客户所在地的工商管理部门、税务部门和客户的往来单位进行调查，进一步核实。

3. 信息处理阶段。信息处理是资信评估的一项重要工作，需要3~6天。其工作内容包括：①对收集到的文件资料进行分类整理。如按照资信评估的要素，对所收集的文件资料进行分类；按照资信评估的指标体系，对所收集的文件资料进行分类；按照客户提出的保密要求，对所收集的文件资料进行分类。②按照资信评估的要求填写资信评估工作底稿。如填写客户信用等级得分计算表，编制客户财务分析指标计算表等。

4. 初步评级阶段。资信评估的初评工作由评估小组进行，需要3~6天的时间。其工作内容可以归纳为以下几项：①评估小组各成员根据所了解的情况、所收集的信息和所查阅的文件资料，对客户的资信状况作出初步评价和判断，并开会进行交流；成员通过交流、讨论，统一评估的看法和意见，提出初步的评级结果。②根据小组成员会议形成的结论，编写出《资信评估分析报告》，作为确定客户资信等级的初步意见；并将分析报告提交资信评估公司的评级委员会。

5. 确定评级阶段。确定客户等级的工作由资信评估公司的评级委员会负责，需时间10天左右。其工作内容包括：①审阅评估小组提交的《资信评估分析报告》，听取评估小组的评估情况汇报，与评估小组成员进行交流（如提问或指出存在的问题）。②评级委员会成员对客户的资信等级进行投票表决，确定客户的资信等级，并根据表决结果形成《资信评估报告》。③资信评估公司向客户提交《资信评估报告》和《资信评估分析报告》，征求客户对评估结果的意见。客户应在规定的时间（如5天）内对评估结果表示态度，如无意见即可公布评估结果。④客户如果对评估结果有意见，可以提出复评要求，并提出复评的理由及相关文件资料。复评以一次为限，复评结果为最终结果。

6. 宣布等级阶段。资信评估结果由资信评估公司负责宣布，但宣布的方式应听取客户的意见。评估结果的宣布方式有两种：公开与不公开。①对于要求公开其资信评估结果的，资信评估公司应与客户签订相关的《委托协议》，然后由资信评估公司以《资信等级公告》的形式在报刊上登载。②资信评估公司可以自办报刊，对所评估客户的资信等级进行如实报道。

7. 跟踪评级阶段。资信评估公司宣布了客户的资信等级后，在资信等级的有效期内（企业评级的有效期一般为2年，债券评级的有效期为债券的期限）由于客户内外部情况和环境的变化等原因，可能出现现有资信等级与事实不符的现象。因此，资信评估公司对客户的资信状况要进行跟踪监测，应根据实际情况和跟踪评估的程序调整客户的资信等级，并采取相应方式予以宣布。

## 二、日本公社债研究所的评级程序

日本的信用评级方法可以用日本公社债研究所的评级方法加以说明。日本公社债研究所最初对公司债，无论有无发债人的评级委托，均以公布的资料为基础，全部进行评级。1978 年以后，这种做法有了改变，即原则上是向发行人索取评级调查所必需的资料，在与发行人进行会晤之后决定评级。对于日元计值外债及预备评级，一直是根据发债人的委托进行评级。

评级时提供的资料有：发债人过去业绩的详细数据、未来业绩的预测、资金计划、事业计划、研究开发的状况和课题完成情况等。对于过去的数据，要求发债人提供 5 年的资料；对于将来的计划，原则上要求发债人提供 3~5 年的资料。

评级负责人根据发债人提供的文件资料以及通过与发债人的会晤所得到的情报，分析发债人的现状，推动将来支付本息的能力，并对发行契约进行仔细研究。

评级负责人应将调查分析的结果写成报告，提交评级委员会并进行详细说明。评级委员会决定了债券的等级后，应通知委托人。对于投资者希望了解的债券等级，可以通过阅读《日经公社债情报》（周刊）、《评级报告》（月刊）而得到。

日本公社债研究所的评级程序如图 15-2 所示。

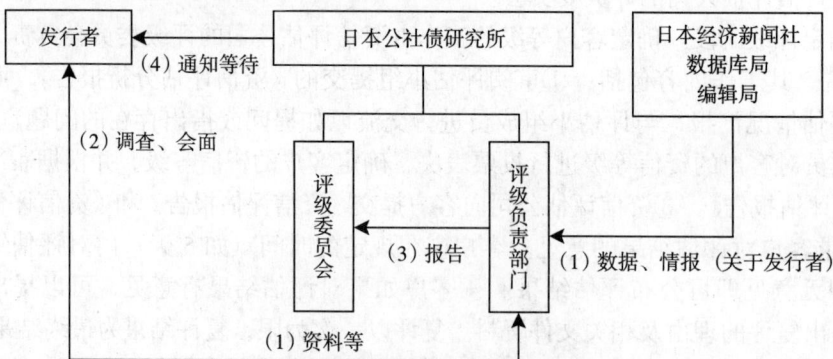

图 15-2　日本公社债研究所的评级程序

## 三、美国的债券评级程序

在美国，债券评级方法依评级机构不同而有所不同，并依债券种类及发债人性质而有所区别。从穆勒公司和标准普尔公司对债券的评级方法进行归纳，美国的债券评级程序包括如下内容：①债券发行人或其代理人向评级机构提出"评级委托"，并制作评级审查所需的文件资料。②评级机构在接受委托后，组织项目评级小组；项目评级小组由熟悉相关业务的专家组成，项目小组成立后即利用资信评估公司积累的资料和掌握的情报进行分析。③项目评级小组收到委托人提供的文件资料后，要进行认真研究，并列出咨询事项表，还要与委托人进行面谈，了解澄清有关问题。④项目评级小组经过分析，形成债券等级的意见，并向公司的评级委员会提交评级方案。⑤公司评级委员会通过投票方式，确定债券等级，并通知委托人。委托人如果对评估决定有不同意见，可以提出复评。⑥评级机构宣布评级结果。⑦评级机构进行跟踪评估。

美国的债券评级程序如图 15-3 所示。

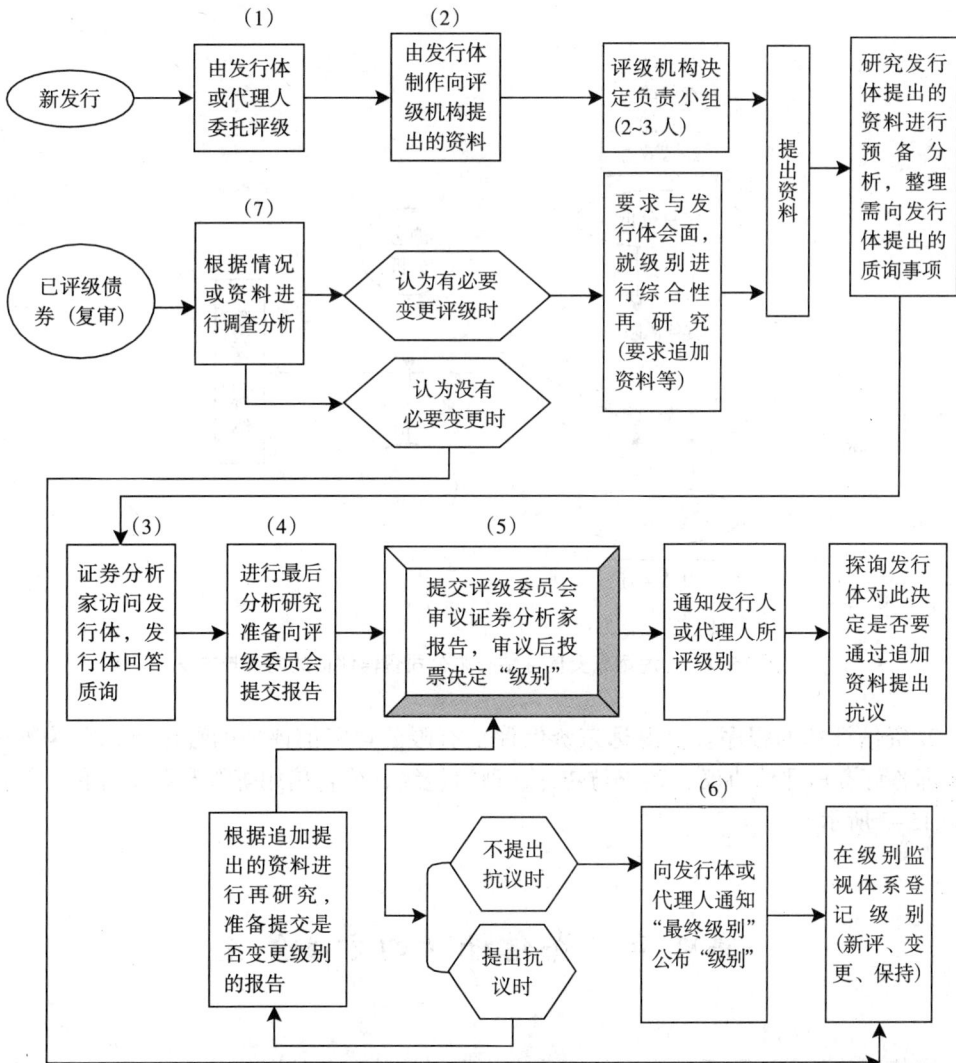

**图 15-3　美国的债券评级程序**

注：根据 Ratings guide, credit overview. Corporate bond ratings an overview（均来自标准普尔公司）等制作。

## 四、上海远东资信评估有限公司资信评估的内容、方法与程序

上海远东资信评估有限公司为了做到评估结果能科学、客观、公正、全面、准确地反映受评企业的实际资信情况，制定了科学、严谨的评估方法和评估程序。

1. 评级的内容与方法。上海远东资信评估有限公司把评估内容分为六个方面，即基本素质、财务结构、偿债能力、经营能力、经营效益和发展前景，在分析手段上采取定性分析与定量分析相结合、动态分析与静态分析相结合的方式。其资信评级的内容与方法如图 15-4 所示。

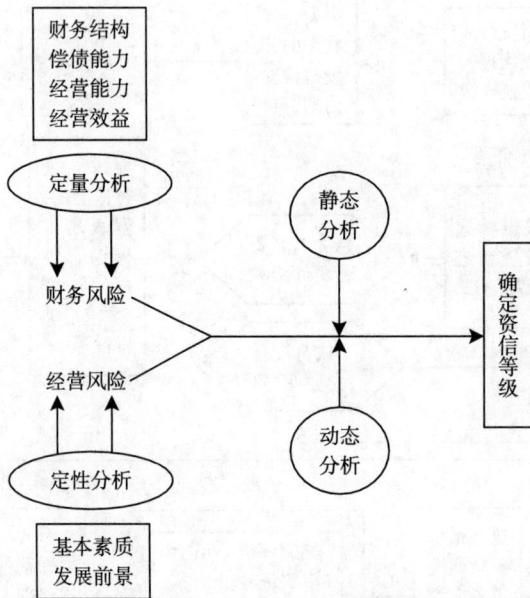

图 15-4 上海远东资信评估有限公司资信评估的内容与方法

2. 资信评估的程序。上海远东资信评估有限公司资信评估的程序可以分为五个阶段，即签订资信评估协议、调查与初评、评审定级、公告信用等级和跟踪评估。其内容如图 15-5 所示。

# 第四节 资信评估的方法体系

资信评估的方法体系是指资信评估机构在对评估对象的资信状况进行客观公正的评估时所要涉及的因素以及需要采用的方式方法。其包括七个方面的内容：评估要素、评

```
┌─────────────────────────┐
│  企业申请，签订评级协议  │
└─────────────────────────┘
             │
             ▼
┌─────────────────────────┐
│  推荐评级金融机构初评    │
└─────────────────────────┘
             │
             ▼
┌─────────────────────────┐
│  组成评级小组，审核企业资料  │
└─────────────────────────┘
             │
             ▼
┌─────────────────────────┐                    ┌──────┐
│ 到企业现场调研，企业补充材料 │◄──────────────│ 企业 │
└─────────────────────────┘                    │ 异   │
             │                                  │ 议   │
             ▼                                  │ 处   │
┌─────────────────────────┐                    │ 理   │
│  分析论证形成评估报告    │                    │      │
└─────────────────────────┘                    │      │
             │                                  │      │
             ▼                                  │      │
┌─────────────────────────┐                    │      │
│ 评级公司专家委员会评审定级 │─────────────────►│      │
└─────────────────────────┘                    └──────┘
             │
             ▼
┌─────────────────────────┐
│ 评级公司颁发资信等级证书 │
└─────────────────────────┘
             │
             ▼
┌─────────────────────────┐
│  信贷咨询系统登录，社会公告 │
└─────────────────────────┘
             │
             ▼
┌─────────────────────────┐
│    监察与跟踪评估        │
└─────────────────────────┘
```

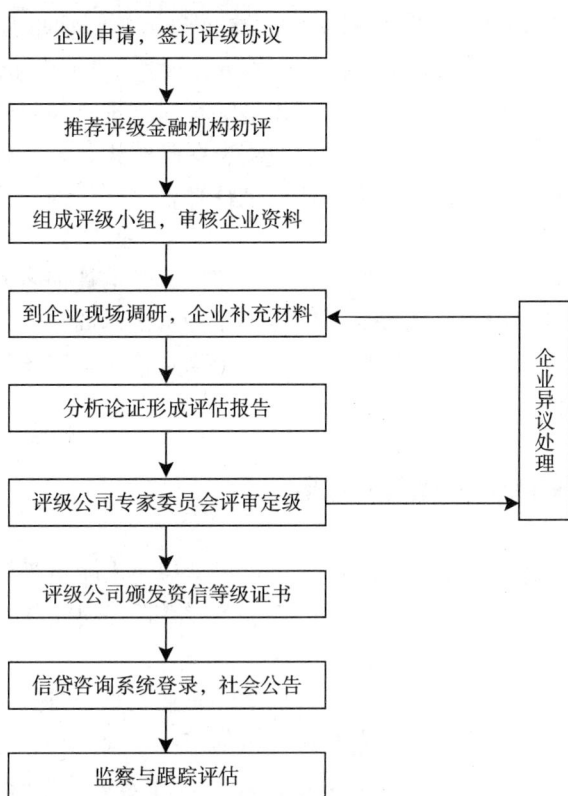

**图 15-5　上海远东资信评估有限公司的资信评估程序**

估指标、评估方法、评估标准、评估权重、评估等级和评估报告。

## 一、资信评估的要素

影响客体资信等级的因素很多，资信评估机构在进行某一特定客体的资信评估时，应从以下五个方面开展工作，即资信的环境要素、资信的基础要素、资信的动力要素、资信的表现要素和资信的保证要素。

1. 资信的环境要素。资信的环境要素是指影响资信评估客体资信状况的外部条件，包括法律环境、市场环境、政策环境和经济环境。客体的资信状况主要取决于客体自身的财务活动，但外部环境对客体的资信状况可能会产生重大的影响，所以在资信评估时必须考虑客体的外部环境。

2. 资信的基础要素。资信的基础要素是指影响资信评估客体资信状况的内部条件，如企业素质、规模实力、管理机制等。客体的资信状况与这些基础要素的关系十分密切，一般说来内部条件好的，其资信状况亦好；反之，其资信状况较差。

3. 资信的动力要素。资信的动力要素是指资信评估客体所具有的能对其资信状况产生重大影响的能力，如经营能力、成长能力、发展潜力等。如果某个企业具有这些能力，其发展就有动力，这种动力就能推动企业前进，改善企业的资信状况。

4. 资信的表现要素。资信的表现要素是指能够直接体现、表明或说明资信评估客体的资信状况的各种实际资料，如企业的经营业绩、资产结构、自有资金、支付能力、履约情况和违约记录等。当然，对这些资料还要进行综合分析，因为孤立地看，有些资料可能给人产生某种错觉。

5. 资信的保证要素。资信的保证要素是指能够保证资信评估客体履行其义务的客观条件，如盈利水平、融资担保方式等。一般说来盈利水平越高，资信评估客体的资信等级也就越高；反之，资信等级越低。融资担保对提高资信评估客体的资信等级也具有积极的作用，进行资信评估时必须注意这一点。

## 二、工业企业资信评估要素的主要内容

概括地讲，评估一家工业企业资信状况，可以从以下七个方面进行：企业素质、资金实力、财务情况和盈利情况、资金信用、生产要素利用情况、经营效率、发展前景。以下分析各要素的内容以及考核指标：

1. 企业素质。是指企业必须具备的各种要素，企业就是各种要素的集合体，这些要素也决定了企业的生产经营能力。企业素质考察的内容主要包括：①企业领导班子及其成员的素质（如政治思想，知识结构，管理能力，人际关系处理能力，班子成员结构，决策、执行、监督机制）。②企业职工队伍的素质（如职工年龄、知识、技术，生产与非生产的结构，供产人员结构，文化水平结构等）。③企业技术素质（如技术装备、工艺水平、加工生产能力、产品质量和品种、开发能力、科研能力等）。④企业经营素质（如经营决策能力，市场开发能力，竞争力，在同行业中的地位）。

2. 资金实力。是指企业在生产经营、产品开发、规模扩张的物质基础，其与企业资信呈正向关系。体现企业资金实力的指标有：注册资本、投资总额（包括借款）、企业资金自有率（企业资金自有率＝所有者权益总额÷资产净额）。

3. 财务情况和盈利情况。是指企业的流动资金运用情况、资本的来源情况和利润实现情况。其考察的指标包括：流动性比率、资本结构比率和盈利能力比率。

（1）流动性比率的内容及计算公式：

流动比率＝流动资产÷流动负债×100%

现金比率＝（货币资产＋短期投资）÷流动资产×100%

速动比率＝（货币资产＋短期投资＋短期应收票据＋应收账款）÷流动负债×100%

应收账款周转率＝赊销收入净额÷平均应收账款余额

存货周转率＝产品销售成本÷平均存货

原材料周转率＝产品销售成本÷原材料平均余额

在产品周转率＝产品销售成本÷在产品平均余额

产成品周转率 = 产品销售成本 ÷ 产成品平均余额

（2）资本结构比率的内容及计算公式：

负债比率 = 负债总额 ÷ 全部资产（扣除折旧）× 100%

所有者权益比率 = 企业资金自有率 ÷ 资产总额 × 100%

负债对所有者权益比率 = 负债总额 ÷ 所有者权益总额 × 100%

利息保障倍数 = （利润总额 + 利息费用）÷ 利息费用

（3）盈利能力比率的内容及计算公式：

资本金利润率 = 利润总额 ÷ 所有者权益平均余额 × 100%

营业收入利税率 = 利税总额 ÷ 产品销售收入净额 × 100%

成本利润率 = 利润总额 ÷ 产品销售成本 × 100%

资产报酬率（税前）= （利润总额 + 利息费用）÷ 平均资产余额 × 100%

资产报酬率（税后）= ［税后利润 + 利息费用 × （1 – 税率）］÷ 平均资产余额 × 100%

产值利润率 = 产品销售利润 ÷ 工业总产值 × 100%

4. 资金信用。是指企业在生产经营活动中债务的发生以及清偿的情况，它是反映企业资信状况的重要依据。考核企业资金信用的指标有：

贷款偿还率 = 到期并已偿还的借款额 ÷ 期末借款总余额 × 100%

　　　　　 = （1 – 期末逾期贷款余额 ÷ 期末借款总余额）× 100%

$$货款支付率 = \frac{期初应付货款 + 本期外购货款 - 期末应付货款}{期初应付货款 + 本期外购货款} × 100\%$$

$$\frac{销售货款}{回收率} = \frac{期初应收货款 + 期初发出商品本期销售收入总额 - 期末应收货款 - 期末发出商品}{期初应收货款 + 期初发出商品 + 本期销售收入总额}$$
　　　　　 × 100%

5. 生产要素利用情况。是指企业对所拥有的生产要素包括劳动力、劳动资料和劳动对象用于生产经营及开发研究的情况。其考核的指标主要包括三类：

（1）反映企业劳动力利用情况的指标。

反映企业劳动力利用情况的指标包括劳动生产率和出勤率。

劳动生产率：

全体劳动生产率 = 工业总产值 ÷ 全职在册平均人数 × 100%

生产人员劳动生产率 = 工业总产值 ÷ 生产人员平均人数 × 100%

出勤率：

出勤率 = 出勤工时 ÷ 制度工时 × 100%

　　　 = （制度工时缺勤工时）÷ 法定工作日 × 日工时 × 100%

出勤工时利用率 = 生产工时 ÷ 出勤工时 × 100%

生产工时 = 出勤工时 – 停工工时 – 非生产工时

有效工时率 = 有效工时 ÷ 生产工时

　　　　　 = （生产工时 – 废品和返修工时）÷ 生产工时 × 100%

（2）反映企业生产设备利用情况的指标。

现有设备利用率＝使用设备数÷现有设备数×100%

生产设备台时产量＝产品产量÷生产设备实际运转时数

单位价值生产设备的产值＝产品产值÷生产设备的平均总值

（3）反映企业材料利用情况的指标。

单位产品原材料消耗量＝原材料消耗总量÷产品产量

原材料利用率＝产品产量÷原材料消耗总量×100%

6. 经营效率。是指企业生产经营成果的好坏和效率的高低，反映企业经营效率的指标及其计算公式如下：

生产增长率＝［本年生产（或产值）÷上年生产产量或产值－1］×100%

优等品率＝优等产品产量÷各等级产品产量之和×100%

产品平均等级＝∑（产品等级×该等级产量）÷各等级产品产量之和×100%

销售合同完成率＝按合同销售实际数÷销售合同订货率×100%

合同执行率＝（1－未履行合同份数÷应履行合同份数）×100%

合格品率＝合格产品数量÷送检产品数量×100%

返修率＝返修工时÷产品生产工时总数×100%

销售收入增长率＝（本期销售总额÷上期销售总额－1）×100%

产成品销售率＝1－产品积压率

　　　　　　＝［1－（期末产成品资金－期初产成品资金）÷产品工厂总成本］×100%

营运资金周转次数＝产品销售收入÷平均营运资金

利润增长率＝（本期利润总额÷上期利润总额－1）×100%

经营比率＝经营费用÷产品销售收入净额×100%

其中经营费用包括：销售成本、销售费用和管理费用。

7. 发展前景。是指企业未来的潜力和发展空间，包括先天发展力、后天推动力、影响力和营运力。先天发展力是指企业作出重大战略决策后为企业带来的发展能力，如行业、产业所处的发展阶段，政府对行业的政策、企业在行业中的地位。后天推动力是指企业诞生后自我培养出来的能力，如人的能力、资金能力、设备能力、技术能力、销售能力。影响力是指企业在对外关系中的影响力或在社会上的地位作用，如在金融市场、商品生产、技术市场、人才市场的作用等。营运力是指企业对日常经营活动的管理能力，如制度、规章、定额、议事程序、办事程序。

## 三、商业企业资信评估要素的主要内容

商业企业资信评估要素的内容，大体上可以分为五个方面：企业素质、资金信用、经营管理水平、盈利能力和发展前景。

1. 企业素质。反映商业企业素质的要素主要包括：领导及员工素质、管理素质、技

术装备水平、竞争能力、拥有的无形资产、荣誉称号。

2. 资金信用。反映商业企业资金信用的要素主要包括：

流动资产负债率 = 流动资产 ÷ (流动借款 + 应付款 + 欠交税金) × 100%

流动资产自有率 = (自有资产 + 外部投入 + 流资周转专用资金) ÷ 期末流资 × 100%

呆滞资金占压率 = (有问题商品 + 待核损失 + 未补亏损 + 未摊费用 + 逾期账款
　　　　　　　 + 被挪用挤占资金) ÷ 期末流资 × 100%

贷款偿还率 = (1 − 逾期贷款余额 ÷ 期末贷款总余额) × 100%

货款支付率 = (期初应付货款 + 本期购货款 − 期末应付货款)
　　　　　　　 ÷ (期初应付货款 + 本期购货款) × 100%

3. 经营管理水平。反映商业企业经营管理水平的要素主要包括：

商品销售增长率 = (本期销售收入 ÷ 上年销售收入 − 1) × 100%

库存商品适销率 = (1 − 有问题商品额 ÷ 库存商品总额) × 100%

销售货款回收率 = (期初应收货款 + 本期销售额 − 期末应收货款)
　　　　　　　 ÷ (期初应收货款 + 本期销售额) × 100%

商品流通费用率 = 商品流通费用总额 ÷ 商品销售额 × 100%

全部流资周转天数 = 360 × 全部流资平均占用额 ÷ 销售收入净额

4. 盈利能力。反映商业企业盈利能力的要素主要包括：

全部流资利税率 = 本期实现利税总额 ÷ 全部流资平均占用数 × 100%

销售收入利税率 = 本期实现利税总额 ÷ 商品销售收入 × 100%

利润增长率 = (本期实现利润总额 ÷ 上年利润额 − 1) × 100%

5. 发展前景。反映商业企业发展前景的要素主要包括：竞争能力、发展规划及措施、管理手段等。

## 四、进出口企业资信评估要素的主要内容

进出口企业资信评估的要素与商业企业基本相同，包括企业素质、资金信用、盈利能力、经营管理状况、经济效益和发展前景。此处主要分析其中 3 个要素。

1. 经营管理状况。反映进出口企业经营管理状况的要素主要包括：

出口合同率 = 实际履行合同数 ÷ 应履行合同数 × 100%

按期收汇率 = (1 − 逾期应收外汇货款 ÷ 全部应收外汇货款) × 100%

出口库存适销率 = 适销商品库存额 ÷ 出口商品库存总额 × 100%

出口计划完成率 = 实际出口额 ÷ 计划出口额 × 100%

费用降低率 = (上期费用水平 ÷ 本期费用水平 − 1) × 100%

2. 经济效益。反映进出口企业经济效益的要素主要包括：

全部资金创汇率 = 全年出口额 ÷ 总资产 × 100%

出口成本降低率 = (上期 1 美元出口成本 − 本期 1 美元出口成本)

$$\div 本期 1 美元出口成本 \times 100\%$$

营业利润率 = 营业利润 ÷ 营业收入 × 100%

资本金利润率 = 利润总额 ÷ 资本金总额 × 100%

3. 资金信用。反映进出口企业资金信用的要素主要包括：

流动比率 = 流动资产 ÷ 流动负债 × 100%

速动比率 = 速动资产 ÷ 流动负债 × 100%

资产负债率 = 负债总额 ÷ 资产总额 × 100%

应收账款损失率 = 坏账损失 ÷ 应收账款余额 × 100%

流动资产负债率 = 流动资产 ÷ (流动借款 + 应付款 + 欠交税金) × 100%

流动资产自有率 = (自有资产 + 外部投入 + 流资周转专用资金) ÷ 期末流资 × 100%

贷款偿还率 = (1 - 逾期贷款余额 ÷ 期末贷款总余额) × 100%

购货款支付率 = (期初应付货款 + 本期购货款 - 期末应付货款)
$$\div (期初应付货款 + 本期购货款) \times 100\%$$

## 五、建筑企业资信评估要素的主要内容

建筑企业由于具有生产任务不稳定、生产条件多变化、劳动密集型、产品使用和生产的长期性、投资的巨大性、工程复杂、量大等特点，所以对其资信的评估要从以下七个方面入手：①国家的政治制度、社会状况、经济发展程度。②国家有关建筑行业的政策。③企业的基本素质。包括：基本情况、经营规模、盈利情况、发展经历、人员素质、工程质量和安全生产的情况等。④企业的技术素质。包括企业对新的施工工艺、新的施工方法，以及新材料、新技术、新产品都掌握与运用情况。⑤企业的管理素质。⑥企业的财务质量。⑦企业的发展前景。

建筑企业资信评估要素的主要内容，除了上述的相关指标外，其特定的指标包括：

年营业额增长率 = [(报告期营业额 ÷ 上期营业额) - 1] × 100%

年利润增长率 = (报告期利润 ÷ 上期利润 - 1) × 100%

年产值利润率 = 年利润 ÷ 年产值 × 100%

企业人员素质：生产与非生产、文化水平结构、技术职称结构、年龄结构

工程质量合格率 = 一次验收合格工程 ÷ 年工程量 × 100%

工程优良品率 = 评为优良工程量 ÷ 年工程量 × 100% (工程量指建筑面积)

伤亡率 = 伤亡人数 ÷ 全部职工平均人数 × 100%

工程竣工率 = 年竣工面积 ÷ 施工面积 × 100%

合同履约率 = 按合同点交工程数 ÷ 按合同应占交工程数 × 100%

## 六、商业银行资信评估要素的主要内容

影响商业银行资信的要素，可以归纳为以下六个主要方面：企业实力、资产质量、清偿能力、盈利水平、管理水平和发展前景。反映商业银行资信状况的具体因素主要包括：

资产总额、存款总额、资本金总额和利润总额。

资产结构比率＝流动性总资产÷中长期资产×100%

存贷比例＝贷款平均余额÷存款平均余额×100%

单个贷款比例＝对同一客户贷款余额÷资本金总额×100%

股东贷款比例＝对股东贷款余额÷该股东已缴股金×100%

综合资产风险度＝$\sum$资产风险权金额÷$\sum$资产余额

贷款资产风险度＝$\sum$贷款风险权金额÷$\sum$贷款余额

投资资产风险度＝$\sum$投资资产风险权金额÷$\sum$投资资产金额

拆出资产风险度＝$\sum$拆出资产风险权金额÷$\sum$拆出资产余额

逾期贷款率＝逾期贷款月平均余额÷贷款月平均余额×100%

催收贷款率＝催收贷款月平均余额÷贷款月平均余额×100%

呆账贷款率＝呆账贷款月平均余额÷贷款月平均余额×100%＜（2%）

资本充足率＝核心资本÷风险资产总额

流动比率＝流动资产÷流动负债×100%

旬流动比率＝流动资产旬末平均余额÷流动负债旬末平均余额×100%

库存现金占用率＝库存现金÷对外现金收付差×100%

备付金率＝（在人行的备付金存款＋库存现金）÷存款日均余额×100%

收入利润率＝利润总额÷营业收入×100%

资本金利润率＝利润总额÷资本金总额

# 第五节　资信评估的指标

## 一、资信评估指标的种类

指标是对社会现象某一方面情况或特征的概括，资信评估指标就是对资信评估客体资信状况某一方面情况和特征的概括。如国民收入这一指标就是对一个国家在一定时期内新创造价值的概括，流动比率这一指标就是对一个企业短期偿还能力的概括。任何一

个完整的指标都应该由两个部分组成，即指标名称和指标状况。

资信评估指标是对资信评估要素的分类，是对资信评估要素中各个方面的情况或特征的进一步具体化。如为了进一步说明和分析企业的偿债能力，资信评估机构可以制定以下一些指标：资产负债率、流动比率、速动比率、利息保障倍数、现金流量比率、贷款按期偿还率和利息按期偿还率。

在实际工作中，资信评估指标的种类很多。

1. 按照指标的量化程度，可以分为两类：定量指标和定性指标。定量指标是指可以用数量表示资信评估客体资信状况的指标，如销售收入、资产总额、利润总额、资产周转率、存货周转率、资产报酬率、净资产收益率、销售利润率、资产负债率等。定性指标是指只能用文字对资信评估客体的资信状况加以说明或描述的指标，如企业的法律环境、市场环境、政策环境，以及企业的发展前景和企业的领导素质、职工素质、竞争地位、遵守财经法规纪律等。

2. 按照指标的经济内容，可分为财务指标和非财务指标。财务指标是指利用会计账簿、报表的记载所得和所计算出的数据，反映企业单位财务状况和财务成果，如资产负债率、流动比率、速动比率、现金比率、速动资产够用天数、销售利润率、资产报酬率、净资产报酬率、财务杠杆比例、应付账款周转率、存货周转率、应收账款周转率、总资产周转率。非财务指标是指从财务会计系统以外的渠道获得的用于反映企业信用情况的信息，如统计资料提供的信息：①基本素质指标（规模、组织制度、技术装备、员工素质结构等）。②管理能力指标（治理结构、经营者素质、生产经营规章、经营业绩等）。③企业环境指标（政治、经济、地理、文化、法律等）。④创新能力指标（研究机构、研究人员、研究经费来源、研究成果）。⑤发展前景指标（在行业中的地位、在市场所占份额、竞争力与竞争对象）。

3. 按照指标所反映的时间，可分为历史性指标和未来性指标。历史性指标（或实际数据）主要指历史数据、资料、信息、情报；未来性指标（或预测数据）是指测算、规划的数据和资料等。

资信评估指标的制定是一项十分复杂的工作，它需要长期摸索、不断改进、逐渐完善。为了保证资信评估的效率，资信评估指标的制定，应遵循如下原则：重要性、通用性和特殊性。所谓重要性是指在制定资信评估指标时一定要选择既能反映客体某一方面情况或特征，又同客体的资信状况有密切联系的指标。有些指标虽然能够反映客体的一些重要情况，但与客体的资信状况没有联系，这样的指标就没有必要作为资信评估指标，如设备利用率和劳动生产率等指标。所谓通用性是指资信评估指标的制定应同国家的有关规定保持一致，如财务分析指标就完全可以利用国家财务制度规定的指标，这样既便于资信评估所需数据资料的收集，又便于分析、判断和理解。所谓特殊性是指资信评估指标的制定要充分体现客体所在行业的特点，对不同行业，资信评估指标应有所不同，如对金融机构的资信评估指标就应该不同于工商企业的资信评估指标。

## 二、资信评估指标体系

资信评估指标体系是指所有相关的资信评估指标的有机结合。单个资信评估指标只能反映客体资信状况的某一方面或个别特征，只有把各个资信评估指标有机地结合起来，进行综合评定，才能确定客体资信状况的全貌。

在实际工作中，资信评估指标体系还没有一个统一的模式，各个资信评估机构所建立的资信评估指标体系都不同。如有的专业资信评估公司把资信评估指标体系分为六大部分，中国建设银行把资信评估指标体系分为四个部分，中国工商银行把资信评估指标体系分为六个部分，1992年全国信誉评级协会筹备组把资信评估指标体系分为五个部分。

1. 专业资信评估机构的企业资信评估指标体系。有些专业资信评估机构在建立资信评估指标体系时，首先把资信评估要素分为六个方面，然后在此基础上设立资信评估指标，从而建立了自己的资信评估指标体系（如图15-6所示）。

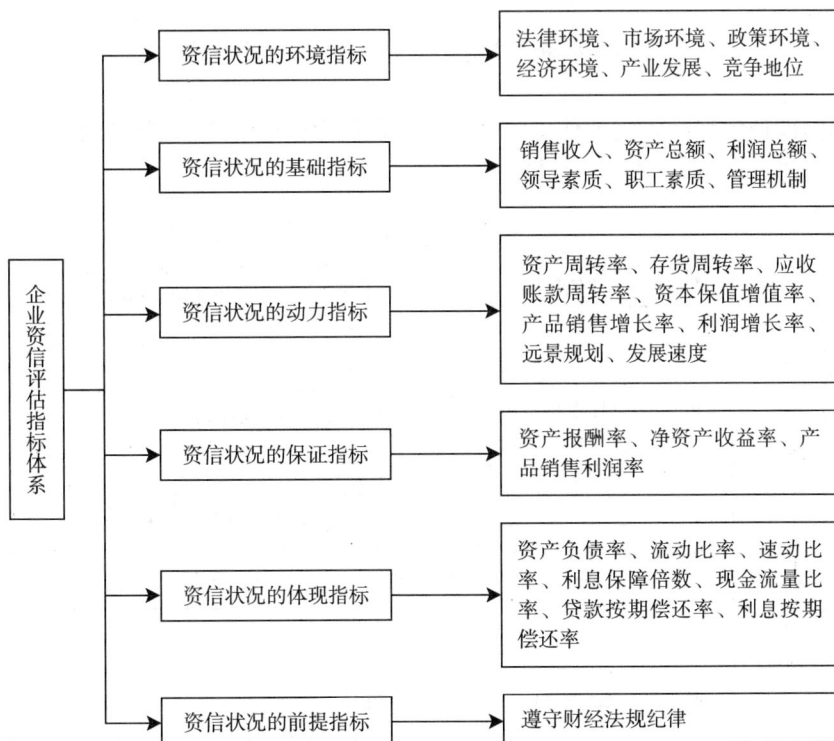

图 15-6　专业资信评估机构的企业资信评估指标体系

2. 中国工商银行的企业资信评估指标体系。中国工商银行对企业资信评估指标体系的划分，虽然在形式上与上述专业结构的划分有些相同，也分为六个部分，但在内容上却存在较大区别。中国工商银行企业资信评估指标体系的内容如图 15-7 所示。

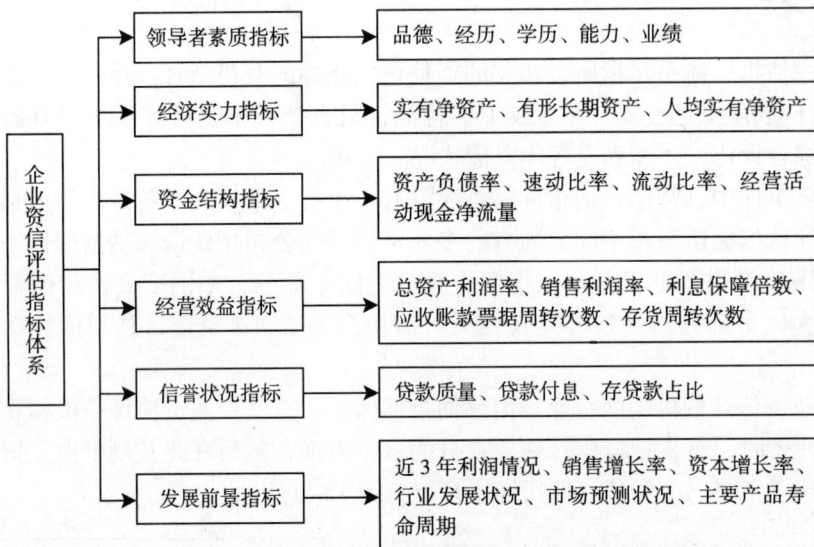

| 领导者素质指标 → 品德、经历、学历、能力、业绩 |

**图 15-7　中国工商银行企业资信评估指标体系**

3. 中国建设银行的资信评估指标体系。在资信评估中，中国建设银行把资信评估指标体系分为四大类 16 个项目，如图 15-8 所示。

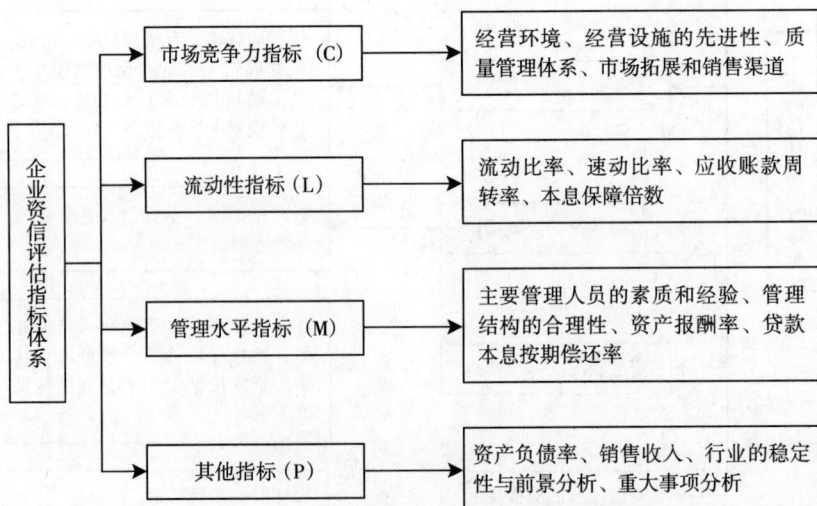

**图 15-8　中国建设银行企业资信评估指标体系**

4. 全国信誉评级协会筹备组的企业信用评级指标体系。1992 年全国信誉评级协会筹备组组织制定了《债券信用评级办法》和《企业信誉评级办法》，其在评级办法中把工业企业信誉评估指标分为五个方面，如图 15-9 所示。

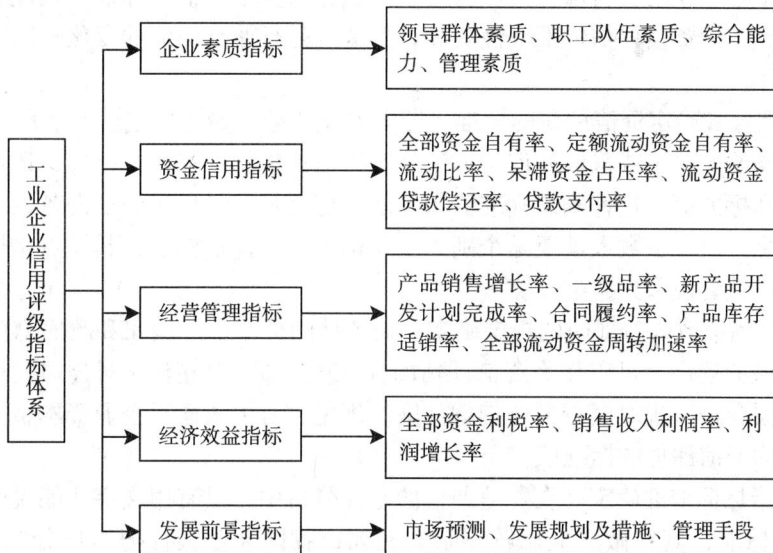

图 15-9  全国信誉评级协会筹备组的工业企业信用评级指标体系

此外，有些资信评估机构还把企业资信评估要素，按照一定顺序进行分解，形成了多层次的资信评估指标体系。

# 第六节  资信评估的标准与权重

## 一、资信评估的标准

资信评估标准是指资信评估人员客观公正地衡量资信评估客体资信状况的尺度，是资信评估人员判断和评价资信评估客体资信状况好坏的准绳。正确确定资信评估标准，是保证资信评估公正性，防止主观武断、各行其是的要求；是提高资信评估工作效率，避免重复劳动的要求；是促进企业快速发展，防止标准值选择不当影响企业积极性的需要。

目前，在我国资信评估标准的确定方法有以下几种方式：

1. 定量指标标准的确定。定量指标标准的确定方法主要有三种：

（1）以行业的平均值作为资信评估的标准。以行业的平均值作为评级标准时，对于接近行业平均值的，应给予中等资信分值；对超过平均值的，应给予中等以上的资信分值；对于低于平均值的，应给予中等以下的资信分值。行业的平均值，一般可以根据国家统计信息中心公布的资料求得。以行业平均值作为资信评估的标准，其优点是可以体现行业的特点，使资信评估的准确性更高；其缺点是行业平均值的变化较频繁，难以掌握和正确运用。

（2）根据经验确定资信评估的标准。即聘请懂业务、熟悉情况、有实践经验专家和专业人士共同研究讨论或采取咨询的方法确定资信评估的标准值。此外，还可以借鉴国际上的惯例和标准值。这种确定标准值的方法的优点是，可以充分征询各方面对资信评估标准的意见，避免少数人甚至是个别人主观确定资信评估标准；其缺点是标准值的确定缺少证据，缺乏说服力，难以统一。

（3）根据国家或政府部门的规定确定资信评估的标准值。国家和政府部门在有关法规文件中所做的规定，可以作为资信评估的标准值，如《公司法》对公司发行债券的额度规定、有关金融法规对银行发放贷款额度的规定、有关法律对企业资本金数额的要求等都可以作为资信评估的标准值。

2. 定性指标标准的确定。在资信评估的定性分析中，只有用文字才能说明不同资信等级的评级标准，其在做法上比较复杂。例如，我国商业银行把客户分为 A、B、C、D、E 五类，其分类的标准如下：

A 类客户主要是政府全力支持、经营稳定的公共事业、基础设施经营单位，自然垄断性企业，长期以来持续稳健发展、技术创新能力强的企业，高速发展、产业前景广阔的朝阳产业，著名跨国公司的分支机构或合资企业等，以及信誉良好的金融机构和中产阶级个人客户等。

B 类客户是目前经营状况良好，但产业或企业前景存在一定的不确定性，在积极支持的同时要加强对其行业、企业信息的收集分析工作，特别是要做好中期预测工作，根据实际情况相机决策。

C 类客户是目前经营状况良好，但企业或产业已处于下滑阶段，需要对其中短期发展趋势进行认真分析，稳妥地制定帮扶或者退出策略。

D 类客户是已经发生拖欠银行本息情况，企业经营状况不稳定，银行资产已处于实际风险中，此时银行需要根据实际情况确定对企业进行债务重组谈判或采取资产保全措施。

E 类客户是待发展的客户或潜在的客户，一是现为其他银行的优质客户、日后可能成为自己服务对象的客户；二是目前经营状况一般的中小企业，特别是高新技术企业。

## 二、资信评估的权重

资信评估权重是权衡各个资信评估指标作用大小的数值，也叫做重要性系数。在资信评估中衡量资信状况的指标很多，但每个指标反映资信状况的作用是不同的，有的指标作用较大，有的指标作用较小。为了使每个指标都能发挥应有的作用，就要确定每一个评估指标的权重或重要性系数。

重要性系数的确定方法有两种：一是专家咨询法。即由资信评估机构提出一个初步方案，反复征求专家的意见，最后根据专家们的一致意见确定资信评估指标的权重。二是投票表决法。即根据有关专家们投票的结果，确定资信评估指标的权重。

在我国的资信评估实际工作中，资信评估权重还显得比较乱，还没有形成统一的意见和做法，不同评估机构的资信评估指标权重存在较大区别。

1. 国家有关部门制定的资信评估指标权重。在我国资信评估发展的初期，国家有关部门制定了工商企业债券信用评级标准，并规定了各项指标的计分标准及权重。

（1）商业（物资）企业技改债券信用评级计分标准，如表 15-1、表 15-2 所示。

**表 15-1　商业（物资）企业技改债券信用评级财务质量得分计算**

| 项　目 | 权数% | 计分标准 |
|---|---|---|
| 甲 | 乙 | 丙 |
| 一、企业素质 | 10 | 1. 领导素质强的得 3 分；2. 管理素质强的得 2 分；3. 经营素质强的得 3 分；4. 竞争能力很强的得 3 分 |
| 二、财务素质 | 35 | 1. 资金实力 9 分；2. 经营管理 9 分；3. 资金信用 8 分；4. 经济效益 9 分。详见《财务质量计分表》 |
| 三、建设项目 | 15 | 1. 项目状况 5 分，凡符合国家商业政策，建设条件好的计满分；2. 项目经济指标 5 分，重点考核内部收益率、投资回收期两项内容，大型企业及资金密集型项目可适当放宽；3. 资金落实 5 分 |
| 四、发展前景 | 10 | 1. 企业或项目在区域经济中占重要地位的得 5 分；2. 项目主导产品占优势的得 5 分 |
| 五、偿债能力 | 30 | 1. 能按期偿还全部债务的得 30 分；2. 偿债资金来源对本期拟发行的债券能够还本付息的得 10 分，如果资金来源不可靠的酌情减分 |
| 合计 | 100 | 不包括经验评估、加减分数 |
| 经验评估 | ±5 | 评委在对上述评价的基础上认为有必要时，根据实际状况在 5 分范围内加减若干分 |

**表 15-2　商业（物资）企业技改债券信用评级财务质量得分计算**

| 指标名称 | 单位 | 实际值 | 基准参照值 | 实际值占参照值的% | 满分 | 得分 |
|---|---|---|---|---|---|---|
| 甲 | 乙 | 1 | 2 | 3 = 1÷2 | 4 | 5 = 3×4 |
| 一、资金实力 | | | | | 9 | |
| 1. 全部资产自有率 | % | | 30%以上 | | 4 | |
| 2. 流动比率 | % | | 120%以上 | | 5 | |
| 二、经营管理 | | | | | 9 | |
| 1. 销售收入增长率 | % | | 5%以上 | | 3 | |
| 2. 商品库存适销率 | % | | 95%以上 | | 3 | |
| 3. 流动资金周转加速率 | % | | 3%以上 | | 3 | |
| 三、资金信用 | | | | | 8 | |
| 1. 流动资金贷款偿还率 | % | | 100% | | 3 | |
| 2. 货款承付率 | % | | 95%以上 | | 3 | |

续表

| 指标名称 | 单位 | 实际值 | 基准参照值 | 实际值占参照值的% | 满分 | 得分 |
|---|---|---|---|---|---|---|
| 甲 | 乙 | 1 | 2 | 3＝1÷2 | 4 | 5＝3×4 |
| 3. 货款回收率 | % | | 95%以上 | | 2 | |
| 四、经济效益 | | | | | 9 | |
| 1. 利润增长率 | % | | 5%以上 | | 3 | |
| 2. 销售利润率 | % | | 同行业均值+10%以上 | | 3 | |
| 3. 资金利税率 | % | | 同行业均值+10%以上 | | 3 | |
| 合计 | | | | | 35 | |

（2）工业企业债券信用评级计分标准，如表 15-3、表 15-4 所示。

**表 15-3　工业企业债券信用评级财务质量得分计算**

| 项　目 | 权数% | 计分标准 |
|---|---|---|
| 甲 | 乙 | 丙 |
| 一、企业素质 | 10 | 1. 领导整体素质和综合能力很强的得 3 分；2. 科学管理水平很高的得 4 分；3. 竞争能力很强的得 3 分 |
| 二、财务素质 | 35 | 1. 资金实力 9 分；2. 经营管理 9 分；3. 资金信用 8 分；4. 经济效益 9 分。详见《财务质量计分表》 |
| 三、建设项目 | 15 | 1. 建设必要性和建设条件好的得 1 分；2. 各项资金渠道全面落实的得 5 分；3. 内部收益率在 15%以上的得 3 分，达不到的按比率（实际收益率÷15%）×3 计分；4. 动态投资回收期在 60 个月以内的得 3 分，达不到按（实际回收期÷60）×3 的比率计分 |
| 四、发展前景 | 10 | 1. 企业和项目在产业、区域经济中的地位和发展趋势，最高得 3 分；2. 主导产品的地位和作用的最高得 3 分；3. 发展前景、市场竞争能力强的最高得 4 分 |
| 五、偿债能力 | 30 | 偿债资金足够偿还全部债务没有风险的最高得 30 分，足够偿还到期债券本息的得 20 分，偿还债券资金不足的不计分 |
| 合计 | 100 | 不包括经验评估、加减分数 |
| 经验评估 | ±5 | 评委在对《评估报告》初稿进行综合评价基础上，依据经验，认为有必要增减分数时，可在 5 分内掌握 |

**表 15-4　工业企业债券信用评级财务质量得分计算**

| 指标名称 | 单位 | 实际值 | 基准参照值 | 实际值占参照值的% | 满分 | 得分 |
|---|---|---|---|---|---|---|
| 甲 | 乙 | 1 | 2 | 3＝1÷2 | 4 | 5＝3×4 |
| 一、资金实力 | | | | | 9 | |
| 1. 全部资产自有率 | % | | 60%以上 | | 4 | |
| 2. 流动比率 | % | | 120%以上 | | 5 | |
| 二、经营管理 | | | | | 9 | |
| 1. 销售收入增长率 | % | | 5%以上 | | 3 | |
| 2. 产成品销售率 | % | | 95%以上 | | 3 | |
| 3. 全部流动资金周转加速率 | % | | 4%以上 | | 3 | |
| 三、资金信用 | | | | | 8 | |
| 1. 流动资金贷款偿还率 | % | | 100% | | 3 | |

续表

| 指标名称 | 单位 | 实际值 | 基准参照值 | 实际值占参照值的% | 满分 | 得分 |
|---|---|---|---|---|---|---|
| 甲 | 乙 | 1 | 2 | 3 = 1 ÷ 2 | 4 | 5 = 3 × 4 |
| 2. 货款承付率 | % | | 95% | | 3 | |
| 3. 货款回收率 | % | | 95%以上 | | 2 | |
| 四、经济效益 | | | | | 9 | |
| 1. 实现利润增长率 | % | | 5%以上 | | 3 | |
| 2. 销售利税率 | % | | 15%以上 | | 3 | |
| 3. 资金利税率 | % | | 15%以上 | | 3 | |
| 合计 | | | | | 35 | |

2. 多层次企业资信评估指标及其权重，如表 15-5 所示。

表 15-5　企业资信评估指标及其权重

| 第一层指标 | 第二层指标 | 第三层指标 |
|---|---|---|
| 企业基本素质评价（20分） | 企业规模（10%） | |
| | 企业管理水平（30%） | |
| | 企业技术装备水平（20%） | |
| | 职工基本素质（20%） | |
| | 固定资产折旧程度（20%） | |
| 财务状况评价（25分） | 偿债能力（30%） | 总资产负债率（40%）<br>流动比率（30%）<br>逾期债务比率（30%） |
| | 盈利能力（40%） | 销售毛利率（60%）<br>资产报酬率（40%） |
| | 营运能力（30%） | 应收账款周转率（50%）<br>存货周转率（50%） |
| 企业创新能力评价（30分） | 创新财力投入指标（30%） | 创新费用收入比率（50%）=创新费用/销售收入<br>开发研究费用收入比率（50%）= 开发费用 / 销售收入 |
| | 创新物力投入指标（20%） | 新技术装备率（40%）=新技术设备/固定资产<br>近三年设备更新率（60%）=3年更新设备/固定资产余额 |
| | 创新人力投入指标（30%） | 专职研发人员比（40%）=研发人数/职工人数<br>大专以上职工占比（20%）= 大专以上人数 / 职工人数<br>新产品销售人员占比（40%）=新品销售人数/销售人数 |
| | 创新成果指标（20%） | |
| 企业成长与发展能力（25分） | 未来两年内新品种增长率（30%） | |
| | 未来两年内市场占有增长率（30%） | |
| | 未来两年内新品收入增长率（20%） | |
| | 未来两年内新品收入比率增长率（20%） | |

3. 全国信用评级协会制定的企业信用评级标准值及其权重，如表 15-6 所示。

**表 15-6  企业信用评级标准值及其权重（1992 年制定）**

| 指标名称 | 权重 | 标准值 | 指标名称 | 权重 | 标准值 |
|---|---|---|---|---|---|
| 一、企业素质 | 6 | | 10. 合同履约率 | 4 | 100% |
| 二、资金信用 | 31 | | 11. 产品销售率 | 5 | 95%以上 |
| 1. 全部资金自有率 | 8 | 60%以上 | 12. 成品库存适销率 | 4 | 95%以上 |
| 2. 定额资金自有率 | 4 | 30%以上 | 13. 资金周转加速率 | 8 | 4%以上 |
| 3. 流动比率 | 8 | 130%以上 | 四、经济效益 | 22 | |
| 4. 呆滞资金占压率 | 4 | 5%以下 | 14. 全部资金利税率 | 8 | 15%以上 |
| 5. 流资贷款偿还率 | 4 | 100% | 15. 销售收入利润率 | 7 | 15%以上 |
| 6. 贷款支付率 | 3 | 95%以上 | 16. 利润增长率 | 7 | 5%以上 |
| 三、经营管理 | 36 | | 五、发展前景 | 5 | |
| 7. 产品销售增长率 | 6 | 10% | 17. 市场预测 | 2 | |
| 8. 一级品率 | 5 | 国家目标 | 18. 发展规划及措施 | 2 | |
| 9. 开发计划完成率 | 4 | 100% | 19. 管理手段 | 1 | |

4. 中国工商银行资信评估指标权重及标准值。中国工商银行的信用评级工作已有多年历史，并积累了丰富的评估经验，1992 年其先后制定了工商企业、房地产企业、建筑安装企业信用等级评定标准。其工商企业信用等级评定标准如表 15-7 所示。

**表 15-7  中国工商银行企业信用等级评定标准（1999 年 1 月 15 日修订）**

| 项目 | 分值 | 内容及计算公式 | 分数段及取值 |
|---|---|---|---|
| 一、领导者素质 | 10 | | |
| 1. 品质 | 2 | 企业法定代表人遵纪守法，诚实守信情况 | 好：2 分；<br>一般：1 分；<br>差：0 分 |
| 2. 经历 | 2 | 企业法定代表人或主要经营者从事本行业工作的情况 | 有 5 年以上经历得 2 分；<br>有 2 年以上经历得 1 分；<br>工作经历不满 2 年得 0 分 |
| 3. 学历 | 2 | 企业主要领导的学历情况 | 80%为本科学历得 2 分；60%以上为本科学历得 1.5 分；50%以上为本科学历得 1 分；30%以上为本科学历得 0.5 分；本科学历占比不足 30%得 0 分 |
| 4. 能力 | 2 | 企业领导层威信和经营管理能力 | 强：2 分；<br>一般：1 分；<br>差：0 分 |
| 5. 业绩 | 2 | 企业法人近 3 年的业绩情况 | 3 年内获得省部级以上优秀称号得 2 分；<br>业绩一般得 1 分；<br>其他得 0 分 |

| 项　目 | 分值 | 内容及计算公式 | 分数段及取值 |
|---|---|---|---|
| 二、经济实力 | 10 | | |
| 1. 实有净资产（万元） | 4 | =资产总额-负债总额-待处理资产损失 | 生产企业：大于5000得4分；大于4000得3.5分；大于3000得3分；大于2000得2.5分；大于1000得2分；大于500得1.5分；大于100得1分；不足100得0分<br>流通企业：大于1000得4分；大于500得3.5分；大于400得3分；大于300得2.5分；大于200得2分；大于100得1.5分；大于50得1分；不足50得0分 |
| 2. 有形长期资产（万元） | 3 | =固定资产净值+在建工程+长期投资 | 生产企业：大于5000得3分；大于3000得2分；大于1000得1分；大于500得0.5分；不足500得0分<br>流通企业：大于1000得3分；大于700得2分；大于500得1分；大于300得0.5分；不足300得0分 |
| 3. 人均实有净资产（万元/人） | 3 | =实有净资产/(在册职工数+离退休职工数) | 生产企业：大于5得3分；大于4得2分；大于3得1分；不足3得0分<br>流通企业：大于3得3分；大于2得2分；大于1得1分；不足1得0分 |
| 三、资金结构 | 20 | | |
| 1. 资产负债率（%） | 10 | =负债总额/资产总额 | 生产企业：小于50得10分；小于55得9分；小于60得8分；小于65得7分；小于70得6分；小于75得5分；小于80得4分；小于85得3分；小于90得2分；大于90得0分<br>流通企业：小于60得10分；小于65得9分；小于70得8分；小于75得7分；小于80得5分；小于85得4分；小于90得3分；小于95得2分；大于95得0分 |
| 2. 速动比率（%） | 2 | =（流动资产-存货）/流动负债 | 生产企业：大于100得2分；大于80得1.5分；大于50得1分；小于50得0分<br>流通企业：大于80得2分；大于60得1.5分；大于40得1分；不足40得0分 |
| 3. 流动比率（%） | 5 | =流动资产/流动负债 | 生产企业：大于150得5分；大于130得4分；大于120得3分；大于110得2分；大于100得1分；不足100得0分<br>流通企业：大于120得5分；大于110得4分；大于100得3分；大于95得2分；大于90得1分；不足90得0分 |
| 4. 经营活动现金净流量（万元） | 3 | | 大于一年期借款得3分；大于工行一年期借款得2分；大于0得1分；小于0得0分 |
| 四、经营效益 | 20 | | |
| 1. 总资产利润率（%） | 5 | =利润总额/资产总额 | 生产企业：大于4得5分；大于3得4分；大于2得3分；大于1得2分；大于0得1分；小于0得0分<br>流通企业：大于3得5分；大于2.5得4分；大于2得3分；大于1得2分；大于0得1分；小于0得0分 |
| 2. 销售利润率（%） | 5 | =销售利润/销售收入净额 | 大于25得5分；大于20得4分；大于15得3分；大于10得2分；大于5得1分；大于0得0.5分；小于0得0分 |
| 3. 利息保障倍数 | 4 | =（利润总额+财务费用）/财务费用 | 大于5或财务费用小于0得4分；大于4得3分；大于3得2分；大于1得1分；小于1得0分 |

续表

| 项　目 | 分值 | 内容及计算公式 | 分数段及取值 |
|---|---|---|---|
| 4. 应收账款票据周转次数（次/年） | 3 | =销售收入净额/（应收账款平均余额+应收票据平均余额） | 生产企业：大于 8 得 3 分；大于 4 得 2 分；大于 1 得 1 分；小于 1 得 0 分<br>流通企业：大于 10 得 3 分；大于 6 得 2 分；大于 3 得 1 分；小于 3 得 0 分 |
| 5. 存货周转次数（次/年） | 3 | =产品销售成本/平均存货成本 | 大于 6 得 3 分；大于 3 得 2 分；大于 1 得 1 分；小于 1 得 0 分 |
| 五、信用状况 | 30 | | |
| 1. 贷款质量 | 12 | | 无逾期、呆滞、呆滞贷款，且无次级、可疑、损失贷款得 12 分；无呆滞、呆滞贷款，且无可疑、损失贷款得 9 分；有呆滞、呆滞贷款、可疑、损失贷款之一者得 0 分 |
| 2. 贷款利息 | 12 | | 无欠息得 12 分；欠息额少于一个季度应付利息得 10 分；欠息额少于 2 个季度应付利息得 6 分；欠息额超过 2 个季度应付利息得 0 分 |
| 3. 存贷款占比（%） | 6 | =存款/贷款 | 大于 180 得 6 分；大于 80 得 5 分；大于 60 得 3 分；大于 50 得 1 分；小于 50 得 0 分 |
| 六、发展前景 | 10 | | |
| 1. 近 3 年利润情况 | 2 | 连续盈利或减亏 | 连续 3 年得 2 分；连续 2 年得 1.5 分；3 年内有盈利或减亏得 1 分；3 年内无盈利或减亏得 0 分 |
| 2. 销售增长率（%） | 2 | =（本年销售收入–上年销售收入）/上年销售收入 | 大于 10 得 2 分；大于 8 得 1.5 分；大于 5 得 1 分；大于 1 得 0.5 分；小于 1 得 0 分 |
| 3. 资本增值率（%） | 2 | =（期末所有者权益–期初所有者权益）/期初所有者权益 | 大于 7 得 2 分；大于 5 得 1.5 分；大于 3 得 1 分；大于 1 得 0.5 分；小于 1 得 0 分 |
| 生产企业： | 4 | | |
| （1）企业发展状况 | 1 | 本行业所处的发展阶段 | 成熟行业得 1 分；新兴行业得 0.5 分；衰退行业得 0 分 |
| （2）市场预测状况 | 1 | 主要产品的市场供求 | 供不应求的得 1 分；供求平衡的得 0.5 分；供大于求的得 0 分 |
| （3）主要产品寿命周期 | 2 | | 投入期得 1.5 分；成长期得 2 分；成熟期得 1 分；衰退期得 0 分 |
| 流通企业： | 4 | | |
| 地理环境和销售渠道 | 4 | | 位于繁华商业区且销售渠道稳定得 4 分；位于一般商业区、销售渠道稳定得 3 分；不在商业区、有稳定顾客群、销售渠道不稳定得 2 分；不在商业区、销售渠道不稳定得 1 分 |
| 总计 | 100 | | 得分大于 90 为 AAA 级；得分大于 75 为 AA 级；得分大于 60 为 A 级；得分大于 45 为 BBB 级；得分大于 30 为 BB 级；得分少于 30 为 B 级 |

　　5. 中国建设银行资信评估指标权重及标准值。中国建设银行在企业资信评估实践中，积极开拓，并制定了企业信用评级指标体系以及评估的权重和标准值。其企业信用等级评分标准如表 15-8 所示。

### 表 15-8　中国建设银行客户信用等级得分计算

| 指标名称 | 分值 | 计分标准或计算公式 | 计算公式 |
|---|---|---|---|
| 一、市场竞争力（C） | 20 | | |
| 1. 经营环境 | 5 | 得到政府的支持，交通信息条件好，行业竞争、地方法律环境好得 5 分；虽有支持，但条件有限、环境一般得 2 分；经营环境不好不得分 | |
| 2. 经营设施的先进性 | 5 | 技术、装备很先进，给企业带来较强竞争优势得 5 分；使企业具有竞争优势得 4 分；经营设施处于中上水平得 3 分；经营一般得 2 分；较差不得分 | |
| 3. 质量管理体系 | 5 | 有严格、规范的质量管理或通过了 ISO9000 系列质量管理认证得 5 分；有规范的质量管理制度得 4 分；有较规范的质量管理制度得 3 分；质量管理体系不完善得 1 分；没有质量管理体系不得分 | |
| 4. 市场拓展及销售情况 | 5 | 市场拓展能力强，销售网络运行良好得 5 分；市场拓展能力较好，具有较好的经营渠道得 4 分；市场拓展能力一般，销售网络初具规模得 3 分；市场拓展能力较差、销售网络存在一定问题得 1 分；市场拓展能力差，缺乏有效的经营渠道不得分 | |
| 二、流动性（L） | 20 | | |
| 1. 流动比率（%） | 5 | 权重×（实际财务比率－最低标准值）/（最高标准值－最低标准值） | =流动资产/流动负债 |
| 2. 速动比率（%） | 5 | 权重×（实际财务比率－最低标准值）/（最高标准值－最低标准值） | =（流动资产－存货）/流动负债 |
| 3. 应收账款周转率（%） | 5 | 权重×（实际财务比率－最低标准值）/（最高标准值－最低标准值） | = 产品销售收入净额/（应收账款平均余额 + 应收票据平均余额） |
| 4. 本息保障倍数 | 5 | 权重×（实际比率－最低标准值）/（最高标准值－最低标准值） | =［利润总额＋折旧＋摊销＋财务费用－（应收账款增加＋应收票据增加－应付账款增加－应付票据增加）］/（财务费用＋本年度到期借款） |
| 三、管理水平（M） | 20 | | |
| 1. 主要管理人员的素质和经验 | 5 | 领导人有丰富的经验，管理能力强，经营历史业绩显著，个人的社会信誉好得 5 分；管理能力强，有较好的管理经验得 4 分；管理能力强，有一定的管理经验得 3 分；管理能力、管理经验一般，但信誉较好得 2 分；其他不得分 | |
| 2. 管理结构的合理性 | 5 | 领导班子结构合理、团结、稳定、内部管理机制完善、约束激励制度健全的得 5 分；上述方面较好，但存在某些不足的得 4 分；上述个别方面存在一定缺陷的得 2 分；上述各方面存在较大缺陷的不得分 | |

续表

| 指标名称 | 分值 | 计分标准或计算公式 | 计算公式 |
|---|---|---|---|
| 3. 资产报酬率（%） | 5 | 权重×（实际财务比率 – 最低标准值）/（最高标准值 – 最低标准值） | =（利润总额 – 财务费用）/年平均总资产 |
| 4. 贷款本息按期偿还率 | 5 | 权重×（实际财务比率 – 最低标准值）/（最高标准值 – 最低标准值） | =到期归还银行贷款本息数/当期累计应归还银行贷款本息数 |
| 四、其他（P） | 20 | | |
| 1. 资产负债率（%） | 5 | 权重×（实际财务比率 – 最低标准值）/（最高标准值 – 最低标准值） | =负债总额/资产总额 |
| 2. 销售收入 | 5 | 销售收入来源稳定、保持增长趋势得5分；收入稳定得3分；销售收入不稳定，下降严重不得分 | |
| 3. 行业稳定性和前景分析 | 5 | 行业稳定且前景较好得5分；行业稳定但前景一般或行业不稳定但前景较好得3分；行业变动大且前景差不得分；其他得1分 | |
| 4. 重大事项分析 | 5 | 重大事项对企业有积极影响，无负面影响得5分；正面影响较大得3分；负面影响明显不得分 | |

## 三、资信评估指标的计分办法

信用评估指标的计分，分为定量指标的计分和定性指标的计分。定性指标的计分在后面的定性分析方法中进行分析讨论，此处主要说明定量指标的计分问题。为了准确地计算各定量指标的实际得分，定量指标的计分一般采用权重计分的方法。其计算的基本公式如下：

某评估指标得分 = 权重×（实际财务比率 – 最低标准值）/（最高标准值–最低标准值）

例如，已知某企业偿债能力的实际指标和评价企业偿债能力的指标权重、标准值等，则该企业偿债能力的实际得分如表15-9所示。

**表15-9 某企业偿债能力计分**

| | 指标名称 | 权重 | 最高标准值 | 最低标准值 | 实际财务比率 | 实际得分 |
|---|---|---|---|---|---|---|
| 偿债能力 | 资产负债率（%） | 5 | 0.3 | 0.8 | 0.7 | 1 |
| | 流动比率（%） | 2 | 2 | 1 | 3 | 4 |
| | 速动比率（%） | 2 | 1.5 | 0.5 | 2.5 | 4 |
| | 现金流的债务比率（%） | 4 | 1 | 0.4 | 0.8 | 2.7 |
| | 现金利息保障倍数（%） | 3 | 1.5 | 0.7 | 1 | 1.125 |
| | 营业活动现金流量比率（%） | 4 | 0.9 | 0.4 | 0.5 | 3.2 |
| | 合计 | 20 | | | | 16.025 |

从上述计算表可以看出，在资信评估中该企业偿债能力得16.025分，为评估权重总

分的 80%，说明企业的偿债能力比较强。

# 第七节 资信评估的等级

资信评估等级是对资信评估客体资信状况全貌的表述，是资信评估公司向社会或有关方面表达资信评估客体资信状况的一种方法。资信评估等级一般用比较简单明了的符号来表示，如用 AAA 表示资信状况最好，用 D 表示资信状况最差。

## 一、资信评估等级符号

目前，国际上对资信评估等级的表述方式基本相似，但也各有特色。以下主要介绍一些发达国家的信用评级机构所使用的资信等级符号。

1. 加拿大两家评级机构的等级符号。加拿大也是北美国家，其资信等级符号与美国的基本相同。如表 15–10 所示。

表 15–10　加拿大资信评估机构的资信等级符号

| 公司债务 | | | 商业票据 | | |
|---|---|---|---|---|---|
| 等　级 | CBRS 公司 | DBRS 公司 | 等　级 | CBRS 公司 | DBRS 公司 |
| 最高等级 | $A^{++}$ | AAA | 最高等级 | $A_{-1}$ | $R_{-1}$ |
| 次高等级 | $A^{+}$ | AA | 次高等级 | $A_{-2}$ | $R_{-2}$ |
| 中上等级 | A | A | 中间等级 | $A_{-3}$ | $R_{-3}$ |
| 中间等级 | $B^{++}$ | BBB | 较低等级 | $A_{-4}$ | U |
| 中下等级 | $B^{+}$ | BB | 无等级 | — | NR |
| 较低等级 | B | B | | | |
| 投机债券 | C | CCC | | | |
| 倒闭债券 | D | CC, C | | | |
| 无等级 | S | NR | | | |

2. 美国的资信评级机构使用的评级符号。美国是信用评级实施最早的国家，其主要信用评级机构所使用的资信等级符号，既有相同之处，又存在一些差别，如表 15–11 所示。

3. 日本公社债研究所的等级符号评级。根据《日本公社债研究所的债券评级》的介绍，日本资信评估机构所使用的信用等级符号及其定义如表 15–12 所示。

4. 澳大利亚的资信等级符号。澳大利亚的评估制度与美国基本相同，它的评级对象是投资银行、一般企业、金融公司。评级时，有的以评级对象企业提出的资料作为基础

表 15–11　美国主要信用评级机构的资信等级符号

| | Moody | S&P | Fitch | D&P | MCM |
|---|---|---|---|---|---|
| 投资级 | Aaa | AAA | AAA | $D\&P_{-1}$ | AAA |
| | | | | $D\&P_{-2}$ | |
| | Aa | AA | AA | $D\&P_{-3}$ | AA |
| | | | | $D\&P_{-4}$ | |
| | | | | $D\&P_{-5}$ | |
| 等级划分 | A | A | A | $D\&P_{-6}$ | A |
| | | | | $D\&P_{-7}$ | |
| | | | | $D\&P_{-8}$ | |
| | Baa | BBB | BBB | $D\&P_{-9}$ | BBB |
| | | | | $D\&P_{-10}$ | |
| | Ba | BB | BB | $D\&P_{-11}$ | BB |
| | | | | $D\&P_{-12}$ | |
| | | | | $D\&P_{-13}$ | |
| 投机级 | B | B | B | $D\&P_{-14}$ | B |
| | Caa | CCC | CCC | $(D\&P_{-15})$ | (DP) |
| | | | | $(D\&P_{-16})$ | |
| | Ca | CC | CC | $(D\&P_{-17})$ | DD |
| | | | | $(D\&P_{-18})$ | |
| | C | CC | CC | $(D\&P_{-19})$ | |
| | | | | $(D\&P_{-20})$ | |
| 备注 | Aa 级至 B 级各等级进一步分为 1、2、3 个等级 | AA 级至 B 级各等级用+、–符号记忆部分为 3 个等级 | AA 级至 B 级各等级用+、–符号记忆部分为 3 个等级 | 15 级至 20 级未曾使用过 | DP 为无红利优先股份 |

表 15–12　日本资信评估机构的信用等级符号及其定义

| | |
|---|---|
| AAA | 综合性判断安全程度最高 |
| AA | 安全程度相当高，但又不及第一等级的因素 |
| A | 综合来看，安全程度高于平均水平，有部分优势因素 |
| BBB | 安全程度为平均水平，可以认为将来还本付息是安全的，但也存在必须经常注意的因素 |
| BB | 如考虑到将来，在安全性方面有值得担心的因素 |
| B | 获利能力极低，改善一时也有困难，在现阶段中无法判断将来的安全性 |
| CCC | 尚在偿还公司债利息，但处于债务过多状态，或正在接受债权人减免利息、延期偿还等特别救济措施 |
| CC 和 C | 发生延付、拒付债券利息的情况 |

注：对于表中符号，有时加上+、–符号来表示，如 A⁺、A⁻。A⁺意味着"A 级，但接近上一等级 AA"；相反 A⁻意味着"接近下一等级 BBB"。

进行分析，但一般情况是根据公开发表的资料和澳大利亚评级公司自己收集的资料进行评级。因此，凡能取得其公开发表资料的企业均为评级对象，而不向评级企业收取评级费用。评级公司对负有无担保债务的企业优先给予评级，一般债务级别评定之后有效期限为 1.5~2 年，商业票据级别的有效期限为 180 天，但评级的变更可以随时进行。澳大利亚资信等级符号有两类：一般公用事业信用等级符号和商业银行信用等级符号，如表 15-13 所示。

表 15-13 澳大利亚信用等级符号及其含义

| 一般事业公司 | | 商业银行 | |
|---|---|---|---|
| 级别 | 含义 | 级别 | 含义 |
| AAA | 偿债能力最高 | R1 | 最适合投资 |
| AA | 同上，有时受经济波动的影响 | R2 | 比较适合投资 |
| A | 偿还能力较高，但易受外界经济环境的影响 | R3 | 可以投资 |
| BBB | 极易受外界经济环境影响 | R4 | 不适合投资 |
| BB，B | 极易受外界经济情况摆布 | R5 | 前景不好 |
| CCC，CC，C | 偿还能力很差，纯属投机型 | | |

## 二、资信评估等级符号的含义

1. 工商企业的等级划分及其含义。按照一般的国际惯例，工商企业的等级划分采用四等十级制，第一等资信状况包括三个级别，即 AAA 级、AA 级和 A 级；第二等资信状况包括三个级别，即 BBB 级、BB 级和 B 级；第三等资信状况包括三个级别，即 CCC 级、CC 级和 C 级；第四等资信状况包括一个级别，即 D 级。有时为使资信级别更为精确，每一个资信级别都可以使用"+"号和"−"号进行调节，其含义为：例如 A+表示评级结果为 A 级，但资信状况略好于一般 A 级，低于 AA 级；A-表示评级结果为 A 级，但资信状况略逊于一般 A 级，高于 BBB 级。

AAA 级企业是具有最高级的信用企业。这种企业具有极好的经营业绩、优良的资产质量、雄厚的经济实力、极强的盈利能力和偿债能力，企业的经营和发展受不确定性因素的影响极小，企业陷入财务困境及资信危机的可能性极小。

AA 级企业是具有很高资信水平的信用企业。这类企业的资产质量和信用状况很好，盈利能力很强，具有很强的经济实力和偿债能力，企业经营和发展受不确定性因素的影响很小，企业陷入财务困境及资信危机的可能性很小。

A 级企业是具有较高资信水平的信用企业。这类企业的资产质量和信用状况较好，盈利能力较强，具有较强的经济实力和偿债能力，但企业的经营和发展有时易受一些不确定性因素的影响。

BBB 级企业是具有中等资信水平的信用企业。这类企业的资产质量和信用状况一般，经济实力一般。盈利能力和偿债能力均处于一般水平，影响企业经营和发展的不确定性因素较多。

BB 级企业的资信水平欠佳，有一定的经济规模和发展潜力，但其经济实力和盈利能力容易因外部不确定性因素的变化而受到影响。

B 级企业的资信水平低，这类企业在行业和区域经济中的地位尚未确定，资产质量和盈利能力差，经济实力不强，其经营和发展经常受到外部不确定性因素的影响。

CCC 级企业的资信状况处于较低水平，这类企业在行业和区域经济中的地位可以忽略，经营业绩较差，经济实力较弱，资产质量较差，几乎没有盈利能力。

CC 级企业资信水平很低，资产质量和经营业绩很差，经常处于亏损状态，经营风险较大。

C 级企业基本没有信用，没有经营能力，亏损严重，濒临破产边缘，偿债能力极差，企业经营处于恶性循环状态。

D 级企业的资信水平很低，毫无经营能力、资不抵债、亏损非常严重，属于破产企业。

2. 金融企业的等级划分及其含义。金融企业又可分为银行和非银行金融机构两种，但它们的等级划分及含义基本相同，所以这里我们以商业银行为例进行说明。

商业银行的资信等级按国际惯例一般采用三等十级制。第一等资信状况为"绩优级"，它包括四个资信级别，即 AAA 级、AA 级、A 级和 BBB 级；第二等资信状况为"绩劣级"，它也包括四个资信级别，即 BB 级、B 级、CCC 级和 CC 级；第三等资信状况为"破产级"，它包括 C 级和 D 级两个资信级别。同工商企业的资信级别一样，每个资信级别也可以使用"+"号和"−"号进行微调。

AAA 级是商业银行的最高级信用等级。这类商业银行具有极好的经营业绩、优良的资产质量、雄厚的经济实力，在全国性金融市场中占有相当重要的地位，银行资产经营的安全性极高，受外部不确定性因素的影响极小，基本没有经营风险。

AA 级商业银行的资信水平很高，经营业绩、资产质量和信用状况很好，在全国性金融市场中占有较重要的地位，银行的经营和发展有时可能受一些不确定性因素的影响，但银行陷入财务困境和信用危机的可能性很小。

A 级商业银行的资信水平较高，经营业绩、资产质量和信用状况较好，在某区域性金融市场中占有比较重要的地位，资产经营的安全性较高，还本付息的能力较强，但在全国性金融市场中的地位较弱，银行的经营和发展有时易受一些不确定性因素的影响，从而导致其经营状况恶化。

BBB 级商业银行的资信状况处于一般水平，其经营业绩、资产质量和信用状况处于中等水平，在某区域性金融市场中占有一定的地位，但在全国性金融市场中的地位可以忽略。目前银行资产的安全性和还本付息能力没有问题，但受不确定性因素的影响较多。

BB 级商业银行的资信水平欠佳，有一定的经济规模和发展潜力，但其经济实力及按期还本付息的能力容易因外部不确定性因素的变化而受到影响。这类银行在区域性金融市场中的地位尚不稳定，有一定的经营风险，不能保证银行在将来的经营和发展中的安全性和还本付息的可靠性。

B 级商业银行的资信水平低，资产质量不理想，经营业绩不佳，经济实力不强，在区域性金融市场中的地位尚未确定，其经营和发展经常受到外部不确定性因素的影响，在银行资产的安全性和还本付息的履约能力方面不可靠。

CCC 级商业银行的经营业绩差，资产质量差，没有盈利能力，在区域性金融市场中的地位和作用可以忽略，银行资产经营的安全性差，还本付息的违约风险较大。

CC 级商业银行的资信水平很低，资产质量和经营业绩很差，经常处于亏损状态，经营风险较大，具有很强的投机性，在财务质量或经营中存在严重缺陷。

C 级商业银行基本没有信用，没有经营能力，存在亏损严重，濒临破产边缘，按期还本付息基本没有希望，银行经营与发展处于恶性循环状态。

D 级商业银行的资信状况最差，毫无经营能力，亏损相当严重，按期还本付息已经没有可能，属于破产倒闭的商业银行。

3. 长期债券的等级划分及其含义。按照国际惯例，长期债券的等级一般划分为三等十级。第一等为"投资级"债券，有 AAA、AA、A 和 BBB 四个资信级别；第二等为"投机级"债券，包括 BB、B、CCC、CC 和 C 级五个资信级别；第三等为"违约级"债券，只有 D 级一个资信级别。每一个资信级别均可使用"+"、"-"号进行微调。

AAA 级长期债券的资信等级最高，这种债券的如期还本付息能力极强，几乎没有任何风险，安全性极高。

AA 级长期债券的资信水平很高，这种债券的还本付息能力很强，投资安全性很高、基本没有风险，但某些保护性条款的保护性比 AAA 级要低。

A 级长期债券还本付息的能力较强，投资安全性较高、风险较低，但有时受一些不确定性因素的影响。

BBB 级长期债券的资信等级处于一般水平，有足够的还本付息能力，但其安全性很可能要受到一些不确定性因素的影响，有一定的投资风险。它是正常情况下投资者所能够接受的最低资信等级的长期债券。

BB 级长期债券的资信水平欠佳，有一定的还本付息能力，其安全性容易受到一些不确定性因素的影响。

B 级长期债券的资信水平较低，按期还本付息的能力较小，经常受到一些不确定性因素的影响，安全性较差。

CCC 级长期债券投机性较强，按期还本付息的能力小，安全性差，违约的可能性较大。

CC 级长期债券的投机性很强，按期还本付息的可能性很小，安全性很差，风险很高。

C 级长期债券基本没有按期还本付息的能力，投机性极强、安全性极差、风险极高，濒临倒闭的边缘，是投机类债券中资信水平很低的债券。

D 级长期债券属于违约债券，根本没有还本付息的希望。

4. 短期债券的等级划分及其含义。短期债券的资信等级按照国际惯例划分为二等六级。第一等资信状况为"投资级"，包括 A–1、A–2、A–3 三个级别；第二等资信状况为"投机级"，包括 B、C、D 三级。每一等级同样可用"–"、"+"号进行微调。

A–1 级是最高资信等级的短期债券，它具有极强的还本付息能力，安全性极高。

A–2 级短期债券的资信水平很高，它的还本付息能力很强，但它所具备的债券保护条款的变动幅度比 A–1 级要大，因而其安全性低于 A–1 级。

A–3 级短期债券具有足够的还本付息能力，但有时易受外部不确定性因素的影响，其安全性稍差。

B 级短期债券具有一定的还本付息能力，但影响债券安全性的不确定性因素较多，属于投机性债券。

C 级短期债券的还本付息能力极差，属于高风险型投机性债券。

D 级短期债券不能按期还本付息，属于违约型债券。

5. 基金的等级划分及其含义。基金的资信等级按国际惯例一般划分为二等六级。第一等为"投资级"基金，包括 AAA 级、AA 级、A 级三档；第二等为"投机级"基金，包括 B 级、C 级和 D 级三档。每一资信等级均可用"+"、"–"进行微调。

AAA 级基金是资信等级最高的基金，这种基金的投资安全性极高。基金资产减值的可能性极小，投资于该类基金几乎没有任何风险。

AA 级基金的投资安全性很高，基金资产减值的可能性很小，投资于该类基金风险性很小，它属于高等级资信的投资基金。

A 级基金的投资安全性较高，基金资产减值的可能性较小，但由于受到一些不确定性因素的影响，投资于该类基金有一定的风险。

B 级的基金投资安全性欠佳，由于受到一些不确定性因素的影响，基金资产可能减值，投资于该类基金有较大的风险。

C 级基金的投资安全性很低，影响基金资产质量的不确定性因素很多，基金资产减值的可能性很大，投资于该类基金有很大的风险。

D 级基金是资信等级最低的基金，这类基金的投资安全性极低，基金投资质量极差，基金资产的减值已经不可避免。

## 三、资信等级的确定

1. 债券等级的确定标准。我国有关部门曾统一制定了债券信用级别评定标准，如表 15–14 所示。

2. 中国建设银行客户信用等级评定标准。中国建设银行评定客户信用等级的标准比较特别、很有特色，如表 15–15 所示。

中国建设银行的评级标准还规定，不符合国家环境保护政策、产业政策和银行信贷政策的客户，或贷款分类结果为可疑和损失类的客户，其信用等级为 F。

**表 15-14　债券信用级别评定标准一览**

| 级别分类 | 级别划等 | 级别次序 | 计分标准 | | 级别含义 |
|---|---|---|---|---|---|
| | | | 上限 | 下限 | |
| 投资级 | 一等 | AAA | 90 | 100 | 该债券到期具有极高的还本付息能力，投资者没有风险 |
| | | AA | 80 | 89 | 该债券到期具有很高的还本付息能力，投资者基本没有风险 |
| | | A | 70 | 79 | 该债券到期有一定的还本付息能力，经采取措施后，有可能按期还本付息，投资者风险较低 |
| 投机级 | 二等 | BBB | 60 | 69 | 该债券到期还本付息资金来源不足，发债企业对经济形势变化的应变能力差，有可能延期支付本息，投资者有一定的风险 |
| | | BB | 50 | 59 | 该债券到期还本付息能力脆弱，投资风险较大 |
| | | B | 40 | 49 | 该债券到期还本付息能力低，投资者风险很大 |
| | 三等 | CCC | 30 | 39 | 该债券到期还本付息能力很低，投资风险极大 |
| | | CC | 20 | 29 | 该债券到期还本付息能力极低，投资风险最大 |
| | | C | 0 | 19 | 企业濒临破产，该债券到期没有还本付息的能力，绝对有风险 |

**表 15-15　中国建设银行客户信用等级评定标准一览**

| 信用等级 | 总得分 | 市场竞争力得分（C） | 流动性得分（L） | 管理水平得分（M） | 其他得分（P） |
|---|---|---|---|---|---|
| AAA | S≥70 | C≥15 | L≥15 | M≥15 | 不限定 |
| AA | 60≤S<70 | 12≤C | 12≤L | 12≤M | 不限定 |
| A | 50≤S<60 | 9≤C | 9≤L | 9≤M | 不限定 |
| BBB | 45≤S<50 | 不限定 | 不限定 | 不限定 | 不限定 |
| BB | 40≤S<45 | 不限定 | 不限定 | 不限定 | 不限定 |
| B | S<40 | 不限定 | 不限定 | 不限定 | 不限定 |

# 第八节　资信评估报告

　　资信评估报告是资信评估公司说明或反映资信评估客体资信总括情况的文件，是资信评估公司对资信评估客体资信状况的鉴定书，是资信评估工作的结晶。其主要作用是为客户和投资者提供客观公正的资信信息，为客户的融资决策和投资者的投资决策提供依据，降低客户的融资成本，保护投资者的利益。所以，资信评估公司应在调查研究的基础上，客观公正、真实准确、规范清楚地编写资信评估报告，使其具有说服力和权威性。资信评估报告主要由信用评级分析报告和信用等级报告两个文件组成。

## 一、信用评级分析报告

　　信用评级分析报告资信评估公司的资信评估小组根据实地调查研究的情况对资信评

估客体的资信状况所作的分析总结，是信用评级报告的基础。信用评级分析报告的内容主要包括：客户概况；宏观环境及产业情况分析；客户基础素质分析；经营管理状况分析；盈利能力、偿债能力、成长能力、经营能力等财务指标分析；客户发展前景分析；风险因素及对策分析；综合评价（如信用评估的主要依据、信用评估的得分情况、信用等级建议等）；必要的附件等。

## 二、信用等级报告

信用等级报告是资信评估公司根据信用评级分析报告和信用评级委员会的投票表决结果，在征得客户的同意后编写的反映资信评估客体资信状况的总结性文件。它是资信评估工作的最终成果，其主要内容包括以下三个方面：序言、评估结果和风险分析。序言主要说明信用评级工作的主体、客体、基础、依据、方法和程序等；评估结果则揭示资信评估客体的信用等级以及有效期限；风险分析主要是向投资者说明投资风险。

# 第九节　资信评估的基本方法

从目前各国研究的成果看，资信评估的方法可以归纳为以下五大类：定性分析法、财务评价法、数学模型评估法、经验模型评估法和加权综合评估法，后四种方法均为定量分析法。

## 一、定性分析法

定性分析是资信评估工作的重要方法之一，资信评估工作离不开定性分析。在资信评估的实际工作中，定性分析法按照分析人员的不同可以分为以下三种：

1. 专业人员个人分析法。专业人员长期从事资信评估工作，积累了丰富的实践经验，由专业人员个人担负有关资信评估工作，往往能够产生事半功倍的效果。因为，发挥资信评估专业人员个人在资信评估工作中的作用，是调动评估人员提高工作积极性、创造性和主观能动性的最好方法。专业人员在资信评估活动中，个人分析判断事物的方法主要有：相关推断法、对比类推法和多因素综合推断法。

（1）相关推断法。即根据因果性原理，从已知的资信状况和经济指标发展变化趋势，判断未来的资信状况。如企业的信誉同企业领导人的品德和能力有关，企业领导人的品德好、工作能力强，就可以推断企业的信用会越来越好。

（2）对比类推法。即根据类推原理，把资信状况同其他类似情况加以联系对比分析以推断未来资信状况的趋向。如房地产市场交易量日益上升，可以推断房地产企业的资信状况将越来越好。

（3）多因素综合推断法。即在深入分析众多资信因素的基础上，综合判断今后资信状况的发展趋向。如通过对金融市场、消费市场、国家税收政策等的综合分析，可以推断企业的资信状况。

2. 专业人员集体分析法。由于个人经验和判断能力的局限性，往往需要依靠集体的力量才能保证资信评估的质量。在实际资信评估工作中，专业人员集体分析所采用的方法主要有征求意见法和集体讨论法。

（1）征求意见法。即通过信函、通信、咨询等手段向有关专业人员征求意见，从而分析客户的资信状况、确定客户的资信等级的方法。

（2）集体讨论法。即通过座谈、研讨等会议形式集体研究讨论，从而统一对资信状况的意见，提出准确结论。这种方法虽然从形式上能够集思广益，但是会议容易被少数甚至个别人控制，无法真正实现畅所欲言的目的。

3. 专家调查法。这种方法也称为特尔菲法，是美国兰德公司 20 世纪 60 年代首创的。它是针对集体讨论法的缺陷提出的，其基本做法是用背靠背的办法征求专家的意见。即先把调查表发给专家分别填写，然后收回加以整理，形成正式意见；如果专家们的意见不统一，则再向专家们征询，如此反复，直至意见达到统一。

## 二、财务评价法

财务评价法是指利用财务指标进行信用评估的方法，实践中具体运用的方法主要包括：财务比率分析法、结构分析法、趋势分析法。

1. 财务比率分析法。财务比率分析法是对比较重要的财务比率进行分析，进而了解资信状况的一种财务评价方法。例如通过分析企业资产负债率的高低以及贷款质量，我们可以知道企业的信誉状况；通过分析企业的速动比率、流动比率等财务指标，我们可以知道企业的支付能力；通过分析企业的利润总额、资产利润率、销售利润率等财务指标，我们可以知道企业的经营效益等。

财务比率分析方法涉及两个问题：第一是怎样分析；第二是什么财务比率最重要。利用财务比率分析研究企业的资信状况，所采取的方法是比较法，将需要分析的财务比率与评估标准比较、与历史比较、与资信状况较好的企业比较，通过比较了解差距、了解发展趋势，从而判断其信用状况。最重要的财务比率应该是实际工作中使用频率最高的财务比率，但是由于不同行业、不同国家在分析目的、偏好、习惯上存在差异，所以对财务比率的运用也是完全不同的。据统计中美两国在财务比率的使用上存在较大的差异，有些财务比率美国人使用，我国却不使用；而我国使用频率很高的比率，美国人却不使用。这些差异如表 15-16 所示。

从表 15-16 可以看出，两国使用频率较接近的财务比率有：流动比率、速动比率、每股收益、存货周转率、资本收益率、销售毛利率等。

**表 15-16 中美两国在财务比率使用上存在的差异**

| 财务比率 | 美国使用频率 | 中国使用频率 |
|---|---|---|
| 税前净利润率 | 100% | 0% |
| 流动比率 | 86% | 50% |
| 债务÷资本率 | 86% | 0% |
| 税后净利润率 | 86% | 0% |
| 每股收益 | 57% | 25% |
| 股利支付率 | 43% | 0% |
| 价格÷收益比率 | 43% | 0% |
| 存货周转率 | 43% | 75% |
| 利息保障倍数 | 43% | 0% |
| 固定费用偿还率 | 43% | 0% |
| 资本收益率、速动比率 | 29% | 50% |
| 每股股利、每股账面价值、总资产周转率、财务杠杆系数 | 0%、14% | 0% |
| 资产负债率、销售毛利率 | 0%、14% | 75%、75% |

财务比率分析法的优点是分析的数据来源客观、估计成分少；分析方法也较为简单；灵活性强、针对性强，不同的目的可以选择不同的评估指标体系。其缺点是分析的数据资料受会计方法、会计政策的影响大；缺乏统一的评判根据；容易以偏概全；该方法也忽视了非财务比率在资信评估中的作用。在实际工作中，杜邦分析法实际上是一种比较典型的财务比率分析法。

杜邦分析法是利用各种财务指标之间的内在联系，对企业单位的财务状况和经济效益进行综合分析和评价的一种财务评价方法。由于其是美国杜邦公司最先采用的一种财务评价方法，故得名杜邦分析法。杜邦分析法的运用如图 15-10 所示。

杜邦分析法的特点是：①净值报酬率或权益报酬率是其核心，是其管理目标，是分析研究企业资信状况的重要财务比率。②左边部分，主要分析评价企业的营运能力和盈利能力，展示企业营运能力、盈利能力两者之间的内在联系。③右边部分，主要分析展示企业的偿债能力，财务结构、资本结构和资产结构。④简明、系统、清晰地展示了企业财务指标之间的联系；有利于观察了解企业财务情况，分析原因、制定措施、完善管理，进一步通过对比分析，可以了解企业的信用状况及影响的因素。

2. 结构分析法。结构分析法是指通过比较财务项目结构来揭示企业财务信用发展趋势和状况的方法。其基本做法是先计算出各局部或部分与整体的比例关系，从而确定各个分项目在项目总体中的地位作用；一般讲比重较大的分项目，对总体的影响较大，或者说比重较大的分项目可能决定了企业的资信状况。如对企业贷款结构的分析，如果逾期贷款所占的比重大，就可以初步说明企业的资金信用较差。例如，A 和 B 两家企业分别借款 50000 万元和 30000 万元，其借款的结构如表 15-17 所示。

表 15-17 的分析表明，A 企业的不良贷款占其贷款总额的比例为 40%，B 企业的不

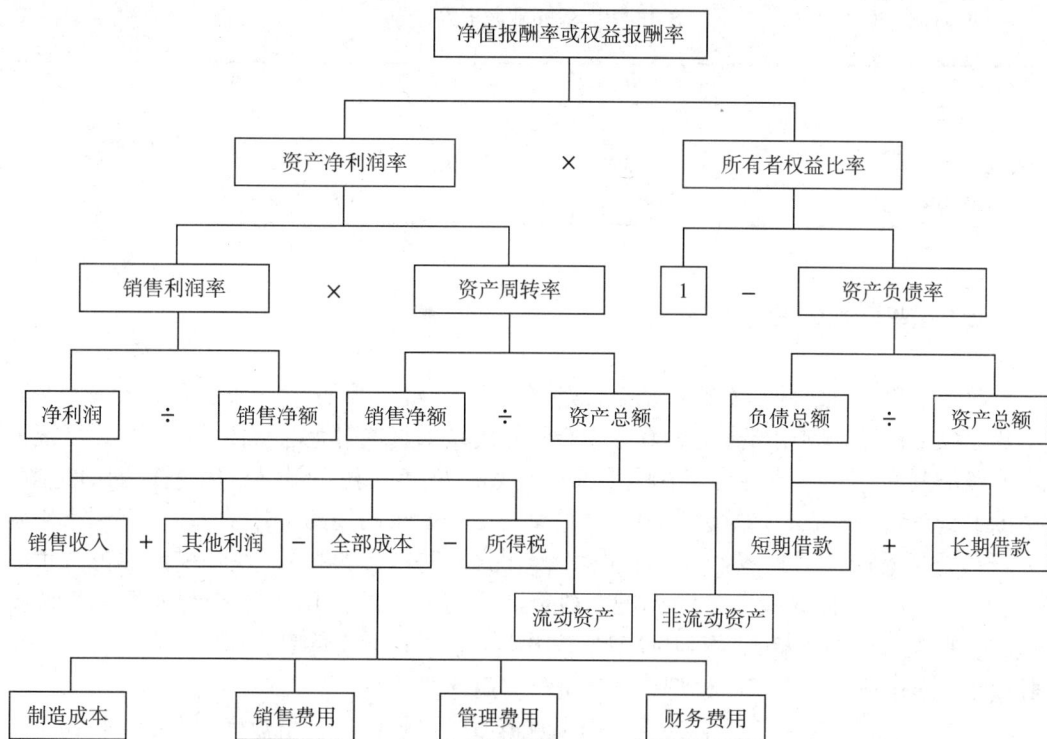

**图 15–10　杜邦分析法的运用**

**表 15–17　企业借款结构分析一览**

| 项　目 | A 企业 | | B 企业 | |
|---|---|---|---|---|
| | 金额（万元） | 占比（%） | 金额（万元） | 占比（%） |
| 贷款总额 | 50000 | | 30000 | |
| 其中：正常贷款 | 30000 | 60 | 6000 | 20 |
| 逾期贷款 | 12000 | 24 | 12000 | 40 |
| 呆滞贷款 | 8000 | 16 | 9000 | 30 |
| 呆滞贷款 | | | 3000 | 10 |

良贷款占其贷款总额的比例为 80%。显然，前者的资信状况要好于后者的资信状况。

3. 趋势分析法。这种分析方法是指将资信评估客体连续几年的财务指标进行对比，研究观察其发展变化从而分析判断资信状况的一种财务评价方法。如观察比较企业连续几年利润的实现情况，可以初步断定企业的资信状况正在向好的或坏的方向发展。例如，某企业近几年实有净资产、有形长期资产和人均实有净资产的情况如表 15–18 所示。

根据表 15–18 的资料可知，该企业的资产指标近五年呈上升趋势，说明企业经济实力正在逐步增强，表明企业的资信状况正在向好的方向发展；否则，说明企业的经济实力正在下降，资信状况也将随之降低。

**表 15-18　某企业经济实力分析**

单位：万元

| 项　目 | 2002 年末 | 2001 年末 | 2000 年末 | 1999 年末 | 1998 年末 |
|---|---|---|---|---|---|
| 实有净资产 | 6400 | 6050 | 5950 | 6020 | 5810 |
| 有形长期资产 | 5740 | 5530 | 5120 | 5230 | 4980 |
| 人均实有净资产 | 7.8 | 6.9 | 5.5 | 4.9 | 4.5 |

## 三、数学模型评价法

数学模型评价法的基本精神是指在选择样本和综合、筛选各种重要财务比率的基础上建立数学模型，利用所建立的数学模型计算的结果直接对企业整体财务、信用状况做出明确的判断。这种模型始于 20 世纪 60 年代末 70 年代初，最早运用这个方法的是美国的 Edward I. Altman（爱德华·阿尔曼），他在 1968 年发表的《财务比率、多因素判别分析和公司破产预测》一文中，提出了著名的 Z 评分法。目前，数学模型评价法主要有：Altman 的 Z 指数破产预测模型、Chesser（切塞）的信用预测模型（或 Y 指数模型）、中国的企业失败和信用判别模型、中国台湾的 Y 指数模型、日本开发银行的 Z 指数模型、Bathory（巴索里）模型、营运资产信用评估模型。

1. Altman（阿尔曼）的 Z 指数破产预测模型。阿尔曼的 Z 指数模型有两个：一个主要适用于上市公司，另一个主要适用于私营公司。其模型建立的基本步骤：

第一步，将 1946~1965 年间申请破产的 33 家企业归为一组，另外任意选择 33 家企业为一组。

第二步，在收集有关企业资产负债表和损益表的基础上，整理出被认为对资信评价有用的 22 个财务比率，并按照流动性、收益性、稳定性、支付能力、活动比例五项标准进行分类。

第三步，使用有关显著性检验的统计方法，对两组之间的各项指标进行比较，从中选出对预测破产最有用的 5 个变量，建立如下方程：

$$Z = aX_1 + bX_2 + cX_3 + dX_4 + eX_5$$

第四步，通过对选择样本的回归分析，计算出 a、b、c、d、e 的值得出回归方程。

（1）适用于上市公司的 Z 指数模型：

$$Z = 1.2X_1 + 1.4X_2 + 3.3X_3 + 0.6X_4 + 0.999X_5$$

式中：$X_1$ = 营运资本 ÷ 总资本（流动率）

　　　　$X_2$ = 留存收益 ÷ 总资产（收益率）

　　　　$X_3$ = 息税前收益（稳定性）

　　　　$X_4$ = 权益市场价估 ÷ 账面债务总额（支付能力）

　　　　$X_5$ = 销售收入 ÷ 资产总额（周转率）（活动比例）

判别准则：Z 值越大，企业破产的可能性越小。即 Z > 2.99，企业不会破产；Z

< 1.81，企业将会破产；1.81 < Z < 2.99，为不确定区或"灰色地区"或"无知地带"，企业经营状况极不稳定，其可能会破产，也可能不会破产。

（2）适用于私营企业的 Z 指数模型：

$$Z = 0.717X_1 + 0.847X_2 + 3.3X_3 + 0.42X_4 + 1.0X_5$$

式中：$X_1$、$X_2$、$X_3$、$X_5$ 与上市公司的 Z 指数模型相同，$X_4 =$ 权益账面价值 ÷ 账面债务总额。

判别准则：Z 值越大，企业破产的可能性越小，即 Z > 2.90，企业不会破产；Z < 1.23，企业将会破产；1.23 < Z < 2.90，为不确定区域或灰色区域，企业可能会破产，也可能不会破产。

2. Chesser 的信用预测模型。与 Altman 的模型相比，Chesser 的信用预测模型是非常有名的资信评估模型。Chesser 将借款人分为两类：一类是正常守约的，即能严格履行贷款合同、保证有能力按照约定的条件偿还贷款本息的借款人；另一类是非正常违约的，即指那些未能履行贷款合同、贷款难以全部或按期偿还的借款人，也包括那些对贷款合同做出对银行不利修改的借款人。该模型的目的，在于区分这两类不同性质的贷款申请，确定某一贷款申请人不能严格履行贷款合同的概率是多少。

Chesser 认为严格履行贷款合同的概率为 P，其计算公式为：

$$P = 1 \div (1 + e^{-y})$$

式中：e 为常数（其值约为 2.718），y 为未知数。

判别准则：P > 0.5，表明借款人属于难以履行合同的一类；P < 0.5，表明借款人属于会严格履行合同的一类。

Chesser 先后分析了四组 15 个财务比率，最后确定了模型中使用的 6 个财务比率；并得出了计算 y 值的数学模型。y 值的数学模型如下：

$$y = -2.0434 - 5.24X_1 + 0.0053X_2 - 6.6507X_3 + 4.4009X_4 - 0.0791X_5 - 0.1020X_6$$

式中：$X_1 =$（现金 + 有价证券）÷ 资产总额

$X_2 =$ 销售收入 ÷（现金 + 有价证券）

$X_3 =$ 息税前收益 ÷ 资产总额

$X_4 =$ 负债总额 ÷ 资产总额

$X_5 =$ 固定资产总额 ÷ 净资本

$X_6 =$ 净营运资本 ÷ 净销售收入

据统计，利用该模型进行贷款管理，在违约前一年，违约行为被预见到的概率为 75%；在违约前两年，违约行为被预见到的概率为 57%。

3. 日本开发银行的 Z 指数模型。20 世纪 70 年代，日本开发银行致力于研究开发企业业绩评价、风险评估的方法。它们选择了东京证券交易所 310 家上市公司作为研究对象，分成优良企业和不良企业两组，建立破产模型，进行财务困境预测。其建立的判别模型为：

$$Z = 2.1X_1 + 1.6X_2 - 1.7X_3 - X_4 + 2.3X_5 - 2.5X_6$$

式中：$X_1$ = 销售额增长率

$X_2$ = 总资本利润率

$X_3$ = 他人资本分配率

$X_4$ = 资产负债率

$X_5$ = 流动比率

$X_6$ = 粗附加值生产率（即折旧率、人工成本、利息、利税之和与销售额之比）

判别准则：Z 值越大，企业越优秀；反之，是不良的象征。即 Z > 10，优秀企业；Z < 0，不良企业；0 < Z < 10，可疑区域或灰色区域。

4. 我国的企业失败和信用判别模型。我国学者高培业博士在研究 Altman 和 Chesser 的预测模型的基础上，提出了我国的企业失败和信用判别模型。他对企业失败的分类标准是以五级贷款分类法为基础的，正常类和关注类的贷款企业被认为信用良好，而其他类别以及出现贷款超期或两次以上债务重组的被认为失败企业。他选择了 163 家制造类企业（失败企业 80 家，非失败企业 83 家）和 140 家非制造类企业（失败企业 74 家，非失败企业 66 家），最后得出以下模型：

制造类：

$$Z = -2.8878 + 1.3152X_1 + 2.402X_2 + 8.8816X_3 + 0.4716X_4 + 1.3413X_5$$

$$Y = 1.83161 + 2.6483X_1 + 0.00005X_2 + 11.05X_3 - 5.6238X_4 + 0.1218X_5 - 0.0005X_6$$

非制造类：

$$Z = -3.4588 + 9.3231X_1 + 3.751X_2 + 8.4681X_3 + 0.0766X_4 + 0.7186X_5$$

$$Y = 1.02986 + 4.034591X_1 - 0.00073X_2 + 6.34342X_3 - 3.82423X_4 - 0.0139X_5 + 0.00197X_6$$

5. 中国台湾的 Y 指数模型。陈肇荣先生利用中国台湾地区企业财务资料计算，得出 Y 指数模型：

$$Y = 0.35X_1 + 0.67X_2 - 0.57X_3 + 0.29X_4 + 0.55X_5$$

式中：$X_1$ = 速动比率

$X_2$ = 静态资金状况（营运资金 ÷ 资产总额）

$X_3$ = 固定比率（固定资产 ÷ 资本净值）

$X_4$ = 应收账款周转率

$X_5$ = 动态资金状况（现金流入量 ÷ 现金流出量）

6. Bathory（巴索里）模型或 B 指数模型。B 指数模型是 Bathory 在弥补 Z 模型不足的基础上建立的，它的显著特点是计算简单、数据容易获得。其具体内容如下：

$$B = B_1 + B_2 + B_3 + B_4 + B_5$$

式中：$B_1$ = 税前利润 ÷ 营运资本

$B_2$ = 股东权益 ÷ 流动负债

$B_3$ = 有形资产净值 ÷ 负债总额

$B_4$ = 营运资本 ÷ 总资产

$B_5$ =（税后利润 + 折旧 + 递延税）÷（银行借款 + 应付税金 + 租赁费用）

Bathory 模型的 B 值越低，表明被评估公司的前景越糟。

7. 营运资产信用评价模型。该模型是根据营运资产评估值 W 的大小来判断评估对象的信用等级，概括说来营运资产评估值越大，评估对象的风险就越高；反之，风险就越低。该模型同 B 指数模型的主要区别在于，它不仅给出了资信评估值，而且还给出了信用额度，信用额度为营运资产的一定比例。

营运资产信用评价模型的主要内容如下：

$W = W_1 + W_2 - W_3 - W_4$

式中：W = 营运资信用评价模型评估值

$\quad\quad W_1$ = 流动比率 = 流动资产 ÷ 流动负债

$\quad\quad W_2$ = 速动比率 = (流动资产 – 存货 – 预付费用) ÷ 流动负债

$\quad\quad W_3$ = 流动负债权益比率 = 流动负债 ÷ 净资产

$\quad\quad W_4$ = 总负债权益比率 = 负债总额 ÷ 净资产

信用额度 = 营运资产 × 相应比例

营运资产 = (营运资本 + 净资产) ÷ 2

营运资产信用评价模型也建立了评价的标准值和信用额度，如表 15–19 所示。

**表 15–19　营运资产评估标准以及信用额度百分比**

| 评估值 | 风险类别 | 信用程度 | 信用额度 |
|---|---|---|---|
| W ≤ -4.6 | 高 | 低 | 0% |
| -4.6 < W ≤ -3.9 | 高 | 低 | 2.5% |
| -3.9 < W ≤ -3.2 | 高 | 低 | 5% |
| -3.2 < W ≤ -2.5 | 高 | 低 | 7.5% |
| -2.5 < W ≤ -1.8 | 高 | 低 | 10% |
| -1.9 < W ≤ -1.1 | 有限 | 中 | 12.5% |
| -1.1 < W ≤ -0.4 | 有限 | 中 | 15% |
| -0.4 < W ≤ 0.3 | 有限 | 中 | 17.5% |
| 0.3 < W ≤ 0.9 | 有限 | 中 | 20% |
| 1 < W | 低 | 高 | 25% |

例如：某公司的流动比率为 2，速动比率为 1，短期债务净资产比率为 0.75，债务净资产比率为 1.25，营运资本为 300 万元，净资产为 800 万元。

则 $W = 2 + 1 - 0.75 - 1.25 = 1$

营运资产 = (300 + 800) ÷ 2 = 550 (万元)

对照上表该公司的风险程度：低；信用程度：高；信用额度：25%；信用额：550 × 25% = 137.5 (万元)。

## 四、经验模型评价法

运用数学模型进行资信评估，虽然具有精确的优点，但也存在较大局限性：①模型的建立需要许多条件，其运用也须满足多种假定。②模型的适用性较低，在某一环境下建立的一种模型在另一环境中就不适用了，至今也没有研究出能普遍适用的数学模型。所以，在许多场合仍然需要人们对企业信用凭经验作出最终判断。在长期的资信评估实践中，人们总结出了资信评估应该着重考虑的关键因素，而且发现这些因素经常结合在一起作为评价依据，具有一定的稳定性。所谓经验模型评价法就是比较稳定地把若干经验评价因素结合起来进行资信评估的方法。经验模型评价法主要包括：5C 信用评价模型、5W 信用评价模型、CAMPARI 信用评价模型、LAPP 评价模型、SWOT 评价模型、CAMEL 评价模型。

1. 5C 信用评价模型。该模型认为：在评估企业信用时应该考虑以下 5 个方面的因素：品格、能力、资本、担保品、环境。由于这 5 个因素的英文的首位字母都是 C，故称为 5C 评价模型。

品格（Character）：品行、人格，是否诚实可信，偿还债务的主动性，对他人利益的态度。在企业信用评价中，主要指领导人的能力、作风，以及企业在同行中的地位、信誉。

能力（Capacity）：管理能力、营运能力、盈利能力、偿债能力。

资本（Capital）：企业资本充足与否。

担保品（Collateral）：担保品的价值良好与否。

环境（Condition）：包括企业内部情况和外部条件。内部情况是指企业的经营特点、经营方式、技术设备状况、劳资关系等企业自身能控制的方面。外部条件是指企业生产经营所面临的在政治、经济、法律、文化、地位等方面的有利条件和不利条件。

中国台湾的周大中在其《现代金融学》中指出，5C 的形成有个发展过程，如表 15-20 所示。

表 15-20 5C 的形成与发展过程

| 3C | 4C | 5C | 6C |
| --- | --- | --- | --- |
| Character（品格） | Character（品格） | Character（品格） | Character（品格） |
| Capacity（能力） | Capacity（能力） | Capacity（能力） | Capacity（能力） |
| Capital（资本） | Capital（资本） | Capital（资本） | Capital（资本） |
| | Collateral（担保品） | Collateral（担保品） | Collateral（担保品） |
| | | Condition（环境） | Condition（环境） |
| | | | Continuity（事业的连续性） |

信用评估的 5 要素中，品格是最主要的因素；其次为经营能力，有德无才的经营者可能使资金有去无来；再者资金多少，也不重要，借款到手，就宣布破产的大有人在；担保品常受其他要素的影响，若其他要素良好，则担保品可从宽少取甚至免提，否则，担保要从严；环境对企业的影响是大的，如信用环境、经济环境、法律环境。

周大中在《现代金融学》中还提出了 5P 的信用评估模型，即

Personal factor 借款户因素，包括个人及公司借款户信誉、人格及守信程度等；

Purpose factor 用途因素，需具有增强生产性的积极意义；

Payment factor 偿还来源；

Protest factor 债权保障因素；

Perspective factor 借户前景。

2. 5W 信用评价模型。该模型是将所要评估的因素，归纳成 5 个问题，即谁借款、为什么借款、借款担保是什么、何时偿还、如何偿还，根据这 5 个问题评估借款的信用度。这 5 个问题的英文拼写都含有 W，所以称该模型为 5W 信用评估模型。

Who，谁借款，即发放贷款前必须先了解贷款人的基本情况，如他的财务状况、经济能力、借款权利等；

Why，为什么借款，即借款人为什么需要借款，作为贷款机构要了解借款人借款的动机、目的、用途等；

What，凭什么借款或依靠什么借款，借款人以什么作为借款的担保品，具有担保品的借款风险程度较低；

When，什么时候偿还，即借款人何时归还贷款；

How，怎样偿还，即借款人如何归还贷款。

3. CAMPARI 信用评估模型。该模型认为，信用评估应着重从如图 15-11 所示的几个方面入手：

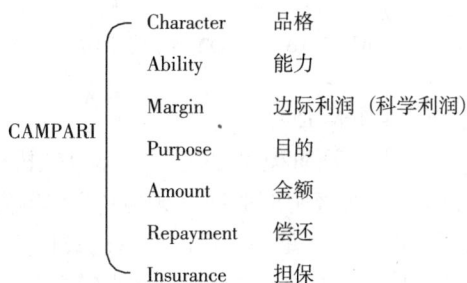

CAMPARI
- Character　品格
- Ability　能力
- Margin　边际利润（科学利润）
- Purpose　目的
- Amount　金额
- Repayment　偿还
- Insurance　担保

**图 15-11　CAMPARI 信用评估模型**

其中品格、能力、目的、担保的含义与上述模型的相同。另外 3 个评价因素：边际利润是指贷款将给借款人带来的新增利润；金额是指借款人借款金额的大小；偿还是指贷款偿还方式的安排。

这一评价模型的特点是，将贷款金额与贷款给借款人所带来的新增利润纳入到评估

体系中，使评估工作由比较注重评估对象的过去，过渡到注重评估对象的未来。

4. LAPP 评价模型。该模型认为，信用评价的主要依据是四个方面，如图 15–12 所示。

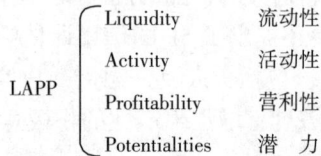

$$
\text{LAPP}
\begin{cases}
\text{Liquidity} & \text{流动性} \\
\text{Activity} & \text{活动性} \\
\text{Profitability} & \text{营利性} \\
\text{Potentialities} & \text{潜　力}
\end{cases}
$$

**图 15–12　LAPP 评价模型**

其中流动性、营利性概念与财务比率分析法中的含义相同，因此可以分别用相关财务比率来衡量。活动性是指评估对象的经营能力、创新能力和监督激励机制的科学性；潜力是指评估对象未来的发展能力与空间。因此，这种评价模型也是一种比较注重未来的评价方法。

5. SWOT 评价模型。SWOT 模型认为评估对象在不同的形势下，存在不同的特征和信誉状况，具有不同的信用等级。因此，评价企业信用可以从考察评估对象的特征入手，通过对评估对象特征的分析研究，了解评估对象所处的形势，最后根据评估对象所处的形势评定其信用等级。该模型把评估对象所处的形势概括为四种：优势、劣势、机会和威胁，并以这四个概念的英文的第一个字母为该模型命名，即 SWOT（如图 15–13 所示）。

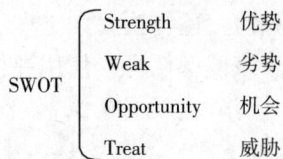

$$
\text{SWOT}
\begin{cases}
\text{Strength} & \text{优势} \\
\text{Weak} & \text{劣势} \\
\text{Opportunity} & \text{机会} \\
\text{Treat} & \text{威胁}
\end{cases}
$$

**图 15–13　SWOT 评价模型**

SWOT 评估模型的基本内容如表 15–21 所示。

6. CAMEL 评价模型。CAMEL 评价模型是美国联邦金融机构检查委员会 1979 年 11 月公布实施的美国金融机构统一评级制度的简称，也称为"骆驼评级体系"。这套评级制度起先包括五个基本项目，即资本充足率、资产质量、管理能力、营利性和流动性；综合评级分为 5 级，A 级最好，其次为 B 级、C 级、D 级，最差为 E 级。其主要内容如下：

（1）资本充足率（Capital Adequacy）。参照《巴塞尔协议》的精神，把资本分为核心资本和附属资本两部分，要求在 1992 年年底，资本总额与总资产之比达到 8%。

（2）资产质量（Assete Quality）。即把资产乘以一定风险权数，求得加权风险资产，再与资本相比，以反映金融机构的风险状况。此比例小于 5% 最好，其次为 5%~15%，再次为 15%~30%，30%~50%为差，大于 50%为最差。

**表 15-21　SWOT 评估模型的具体内容**

| 优势（S） | 劣势（W） |
|---|---|
| 产权技术 | 设备老化 |
| 成本优势 | 战略方向不明 |
| 竞争优势 | 竞争地位恶化 |
| 特殊能力 | 产品线范围太窄 |
| 产品创新 | 管理不善 |
| 具有规模经济 | 营销水平低于同行业其他企业 |
| 良好的财务资源 | 战略实施的历史记录不佳 |
| 机会（O） | 威胁（T） |
| 产品国际化 | 市场增长缓慢 |
| 可增加互补产品 | 竞争压力增大 |
| 又进入新市场的可能或扩大市场面 | 不利的政府政策 |
| 有能力进入更好的企业集团 | 新的竞争者进入行业 |
| 开展产品满足用户需要 | 用户讨价还价能力强 |
| | 替代品销售额在逐步上升 |

（3）管理能力（Management）。没有作出定量描述，主要是对管理者的能力、管理系统的效率和执法情况等进行主观评价。

（4）营利性（Earning）。以税后净收益与总资产之比衡量，并根据金融机构资产规模大小加以区别。例如总资产规模小于 1 亿美元的银行，此比例达到 1.15 % 以上为 1 等，达到 0.95%为 2 等，达到 0.75%为 3 等，小于 0.75%为 4 等，净亏损为 5 等。

（5）流动性（Liquidity）。重点是观察短期投资、主要存款、贷款、租赁、变动债务等与总资产之比。

1996 年 7 月，美国联邦金融机构检查委员会对上述评级标准提出了修改意见，同年 12 月获得批准。从 1997 年元旦开始实施的评级标准又增加了市场风险敏感性（Sensitivity to Market Risks）等评级项目，强调对风险的管理，包括对利率风险、价格风险、外汇风险的识别、衡量、监控等，这样美国的金融机构评级指标体系，现在改称为"CAMELS 体系"。

## 本章小结：

资信评估实质上是一种信息服务活动，因为其工作的内容就是根据特定要求收集获取信息、整理信息、加工处理信息和输出或向市场传递信息。资信评估的主体一般是独立、中立并具有审核测评能力的法人评估单位，也可以是评估结果不对外公开的非独立机构，如银行的信用评级机构。资信评估的客体有两个方面，即企业和证券。前者包括工商企业和各类金融组织，后者主要是指债券、股票和商业票据。评估主体是根据客体的委托开展工作的，资信评估的内容比较广泛复杂，其主要包括客体的基本素质、资产质量、经济实力、经济效益、经营管理水平、筹集资金用途、盈利能力和发展前景等。资信评估必须有一套科学的指标体系作为评级的依据，以确保资信评估结果的严肃性、可比性、权威性和有用性。

为了保证资信评估工作的严肃性、客观性、公正性、正确性和权威性，必须严格评估程序。资信评估的程序，通常可以分为七个阶段：前期准备阶段、信息收集阶段、信息处理阶段、初步评级阶段、确定评级阶段、宣布等级阶段和跟踪评级阶段。

资信评估的方法体系是指资信评估机构在对评估对象的资信状况进行客观公正的评价时所要涉及的因素以及需要采用的方式方法。其包括七个方面的内容：评估要素、评估指标、评估方法、评估标准、评估权重、评估等级和评估报告。决定影响客体资信等级的因素很多，资信评估机构在进行某一特定客体的资信评估时，应从以下五个方面开展工作：资信的环境要素、资信的基础要素、资信的动力要素、资信的表现要素和资信的保证要素。

资信评估指标是对资信评估要素的分类，是对资信评估要素中的各个方面的情况或特征的进一步具体化。如为了进一步说明和分析企业的偿债能力，资信评估机构可以制定以下指标：资产负债率、流动比率、速动比率、利息保障倍数、现金流量比率、贷款按期偿还率和利息按期偿还率。

资信评估标准是指资信评估人员客观公正地衡量资信评估客体资信状况的尺度，是资信评估人员判断和评价资信评估客体资信状况好坏的准绳。资信评估权重是权衡各个资信评估指标作用大小的数值，也叫做重要性系数。

资信评估等级是对资信评估客体资信状况全貌的表述，是资信评估公司向社会或有关方面表达资信评估客体资信状况的一种方法。

资信评估报告是资信评估公司说明或反映资信评估客体资信总括情况的文件，是资信评估公司对资信评估客体资信状况的鉴定书，是资信评估工作的结晶。其主要作用是为客户和投资者提供客观公正的资信信息，为客户的融资决策和投资者的投资决策提供依据，降低客户的融资成本，保护投资者的利益。所以，资信评估公司应在调查研究的基础上，客观公正、真实准确、规范清楚地编写资信评估报告，使其具有说服力和权威性。资信评估报告主要由信用评级分析报告和信用等级报告两个文件组成。

资信评估的方法可以归纳为以下五大类：定性分析法、财务评价法、数学模型评估法、经验模型评估法和加权综合评估法，后四种方法均为定量分析法。

**本章重要概念：**

资信评估　公开评估　资信评估要素　资信评估指标　资信评估标准　资信评估权重　资信评估报告

**思考题：**

1. 资信评估的作用。

2. 资信评估的基本程序。

3. 资信评估方法体系的内容。

4. 在资信评估中，定性分析法、财务评价法、数学模型评估法、经验模型评估法和加权综合评估法等各自的利弊。

# 第十六章　项目融资风险担保方式

## 第一节　融资担保的基本方式与作用

### 一、担保与融资担保

融资担保是担保的重要组成部分。

担保（Security）是指在经济活动中，为了确保交易的实现和合同的完成，由当事人或第三人提供的履约保证或作出的履约承诺。担保的范围非常广泛，按照经济活动性质，担保可分为贸易担保、融资担保和工程担保等。

融资担保是指对融资主体在资金融通活动中承担的责任所作出的各种履约承诺和保证，其中最主要的是当债务人违反合同时，债权人可以通过执行担保来确保债权的安全性。贸易担保、工程担保与融资担保的联系非常密切，他们往往可以转化为融资担保。

在市场经济条件下，经济主体之间的交往都离不开担保。现代市场经济是一种信用经济，离开了信用活动，现代市场经济将寸步难行。在市场经济的发展历史中，信用经济大大降低了交易成本，扩大了市场规模。但是，信用经济在促进交易成本降低和市场关系发展的同时，也会给经济发展带来风险。这是因为，信用经济稳定地、周而复始地进行，要以受信人具有守信，即以具有信守偿付承诺的能力和意愿为前提。当授信人授信失当，或受信人回避自己的偿付责任时，风险就发生了。为了防止这种风险的广泛发生和防止经济生活的混乱，任何社会都需要一定的社会机制来保证信用关系的稳定可靠。在前现代社会里，信用交易一般在较小的社区范围内进行，在这样小的社区里，由于人们"抬头不见低头见"，信用关系往往可以利用宗教关系、邻里关系等来加以维持和保证。现代市场经济的特点是，信用经济的地域范围扩大到了整个国家民族，乃至全世界。信用经济的这种扩大要求建立起相应的信用管理体系，以支持、保证或稳定信用活动。否则，一个环节的失信行为就可能引发一连串与之相关的信用交易链条的断裂；一个国家的经济中如果发生较大面积的失信行为，就会造成该国经济的全面混乱，甚至使整个国家或一系列国家陷入金融危机。

根据现代经济学的研究分析，发生信用风险的根本原因在于信息不对称。在信息不对称的情况下，信用关系是不牢靠的。为了使信用活动正常进行，信息的弱势方面就要加强对信用的风险管理。也就是说，要加强对信息的收集、分析，并相机采取措施在事前、事中和事后防止信用风险的发生。信用管理一般由当事人自身组织实施，但是有关信息由第三方去收集和提供往往更为节约和更为方便。所以，在市场经济的早期阶段，就出现了征信所等提供企业和个人信用记录的服务机构。

然而，保证信用经济，防止信用风险的另一种方法是担保，即用物质财富保证受信方履行偿付责任。这种担保，既可以由受信人自身提供，也可以由第三方提供。用受信人自有的财富提供担保，往往存在自身资产数量的限制，而由第三方提供担保则不存在这种限制；而且，由专业机构进行信用担保，还能够改善信用管理和降低交易成本。

## 二、融资担保的基本方式

融资担保的核心是融资的债权担保，债权担保的方式很多，可以从以下几个方面进行归类。

1. 物的担保和人的担保。物的担保和人的担保是融资担保的两种基本形式，这两种担保形式不仅在担保标的上存在明显差异，而且在性质、主体、效力和作用等方面也存在较大区别。

（1）物的担保。物的担保是指以特定财产为标的而设定的担保。在融资活动中，物的担保主要表现为对项目资产的抵押和控制上，这里面包括对项目的不动产和有形动产的抵押、对无形动产设置担保物权等几个方面，即以项目特定物产的价值或某种权利的价值作为担保，如债务人不履行其义务，债权人可以行使其对担保物的权力来满足自己的债权。如果债务人违约，享有担保权益的债权人可以直接占有担保条件下对项目资产，或者为了自己的利益经营这些项目资产，或者将项目资产出售来获得清偿。融资中比较常用的物的担保主要有两种：抵押和担保。

（2）人的担保。人的担保是指以债务人以外的第三人的信用为标的而设定的担保。最典型的人的担保，为保证担保。

人的担保与物的担保的区别在于：①性质不同。人的担保并不涉及当事人的特定财产，只是当事人之间的债权债务关系，性质上属于债权范围；而物的担保是设定在特定财产之上的，性质上属于物权范围。②主体不同。人的担保的设定只能以债务人以外的第三人的信用为标的，债务人不能充当保证人；而物的担保的设定只要求标的为特定财产，至于是债务人的财产，还是第三人的财产在所不问。③担保的标的不同。人的担保的标的是担保人的信用，而物的担保的标的必须是担保人的特定财产。④权利设定的公示方法不同。人的担保无须登记或进行其他公示；而物的担保依照物权公示原则，物权的设定、变动或消失必须进行必要的公示，否则无对抗第三人的效力。⑤效力不同。人的担保性质上属于债权，主债权人对担保人的财产无优先受偿权；而物的担保属于物权，主债权人对担保物享有优先受偿权。⑥作用不同。人的担保无须公示，设定手续简便快捷，但其财产极易变动，因而其担保力不强；物的担保设定手续烦琐，但以特定财产为标的，对债权人比较安全可靠。

2. 法定担保和约定担保。担保按照其设定是否基于当事人的意思，可分为法定担保和约定担保。法定担保是指基于法律的规定在特定财产上当然发生的担保，如民法上的留置权、法定抵押权，破产法上的优先权等；约定担保则是指基于当事人的意思，以契约的方式设立的担保，如民法上保证担保、约定抵押权等。

法定担保和约定担保的区别在于：①两者设定的条件不同。法定担保的设定是基于法律的直接规定，无须当事人事先约定；而约定担保则基于当事人的意思以当事人之间订立担保合同为成立条件，没有担保合同，约定担保无从产生。②两者的功能不完全相同。法定担保以维护交易上的公平为目的，带有社会政策的色彩，其作用仅在于保全主债权；而约定担保大多带有媒介融资的作用，因而又称为融资性担保。

3. 本担保与反担保。担保以设定目的的不同，可分为本担保和反担保。本担保是指以保证主债权的实现为目的而设定的担保。反担保是相对于本担保而言的，它是指在本担保设定后，为了保障担保人在承担担保责任后，其对被担保人的追偿权得以实现而设定的担保。

本担保与反担保的区别：①反担保与本担保设定的目的不同，反担保是为了保障担保人对被担保人追偿权的实现而设定的担保，因而反担保的对象是担保人对被担保人的追偿权，而非主债权。②反担保从属于本担保而存在，所以反担保随本担保的成立而成立、随本担保的无效而无效。③反担保制度的适用范围不如本担保广泛，反担保制度只适用于第三人为主债权人提供担保的情况。

4. 国内担保与国际担保。按照担保关系是否具有涉外因素，担保可分为国内担保和国际担保。国际担保是指担保法律关系中的主体、客体或内容具有涉外因素的担保，如担保主体的一方或双方为外国人，或担保物位于国外，或担保关系双方的权利义务具有涉外因素等。所谓国内担保则是指担保关系的主体、客体和内容均不具有涉外因素。

国内担保和国际担保的区别在于：①适用法律不同。国内担保的设定、变更或消灭，只适用本国法律的规定；而国际担保因具有涉外因素，因而在法律适用问题上较为复杂，如有的适用国际条约或国际惯例，有的适用担保人住所地法。②担保方式的选择不同。如在国际担保中，一般较少采用物权担保方式，而广泛采用保证担保方式。

5. 直接担保、间接担保、或有担保和意向性担保。按照当事人或关系人在融资中承担的经济责任形式，融资担保可分为直接担保、间接担保、或有担保和意向性担保。

（1）直接担保（Direct Guarantee）。直接担保是指融资当事人或关系人以自身的财产或信用而设定的担保，如在项目融资中经常使用的资金缺额担保和第一损失担保。在这类担保中，担保人为了避免或减少自己的责任，往往在设计担保文件时对担保的金额或时间加以限制，使担保成为在金额上或时间上有限的一种担保。

（2）间接担保（Indirect Guarantee）。亦称非直接担保，它是指在融资活动中当事人或关系人以商业合同或政府特许权协议的形式为融资提供的一种担保，如以"无论提货与否均须付款协议"为项目融资提供的担保，政府特许权协议为 BOT 融资提供的担保。

（3）或有担保（Contingent Guarantee）。或有担保是指对融资中的一些不可抗拒或不可预测的风险因素所提供的担保，如对自然灾害、政治风险、政策风险所提供的担保。提供这类担保的担保人，通常是商业保险公司。

（4）意向性担保（Implied Guarantee）。意向性担保是指与融资当事人有关的关系人表现出的对融资提供一定支持的意愿。如借款人的主管部门或母公司因所属单位的借贷融资而向贷款银行发出的"支持信或安慰信"。支持信的内容主要包括：主管部门或母公司确认它了解所属所进行的融资安排，表示它不会减少它在所属的股本，陈述它将继续支持所属的业务经营和发展。支持信不是真正意义上的担保，它所表示的意愿并不具有法律上的约束力，但它在融资中的作用是不可低估的，没有这种担保有些融资可能就无法进行。

6. 专业担保与非专业担保。专业担保是指由专门担保机构提供的担保服务，该机构以提供担保为主要业务。非专业担保是指由一般法人提供的担保，该机构不以担保为主要业务。

专业担保与非专业担保在担保人、被担保人、债权人法律关系方面是相同的，都是用于《民法通则》、《担保法》、《经济合同法》等法律规范。但是，专业担保与非专业担保还有很大的区别：一是非专业担保是自发的、零散的、没有统一标准的，仅为满足个案需要，不具有系统引导社会资源的作用；而专业担保却可以为特定目标集中地提供服务，从而引导资金和其他经济资源的配置，具有经济杠杆的作用，当其为政府利用时可以成为实现特定经济目的和政策的工具。二是非专业担保是一种民事行为，属于民法调整的范围；而专业担保尤其是政策性担保直接或间接地服务于政府的经济职能，因此应主要由经济行政法来调整。

## 三、融资担保的功能作用

1. 融资担保的功能。保障融资的实现是融资担保的基本功能。融资是一种互利互惠的调节和配置资源的活动，这种活动的最终实现一是靠融资当事人之间的信用，二是靠融资担保。当融资当事人的信用较低或不被他人所了解时，融资担保就成为融资能否实现的关键。因为融资担保具有信用增级的作用，能促进资金融通，促进融资活动的顺利进行。

当然，融资担保也具有补偿的功能，即当融资当事人不能履行融资合同所规定的义务时，担保人负责履行债务人的债务，使债权人获得赔偿。但是，融资担保的根本目的和功能是保障融资的实现，其补偿功能是第二位的。

2. 融资担保的作用。融资担保在融资中发挥着很大的作用，其主要表现在以下几个方面：①融资担保可以提升融入资金一方的资信，实现其融入资金的目的。②融资担保是分散融资风险的重要手段。③融资担保在一定条件下可以成为一种投资手段。④融资担保可以促进社会信用意识的提高，改善社会信用环境。

当然，融资担保也具有一定的局限性，其主要表现在：融资担保不可能把一个坏的项目变成可行性强的项目；融资担保也不可能将一个能力低下的企业管理者变成可以信赖的精明强干的管理者；融资担保也不可能把一个糟糕的贷款人转变成为一个好的贷款人。

## 第二节　融资担保的理论基础与特点

### 一、融资担保的经济学理论基础

融资担保的理论基础主要是指用于解释融资担保产生发展原因的各种学术观点或学说。按照经济学的理论，融资担保的理论基础包括：风险转嫁理论、信息不对称理论和市场缺陷理论。

1. 风险转嫁理论与融资担保。风险转嫁理论源于风险存在的客观性。在经济活动（特别是融资活动）中，由于融资主体受各种主客观等不确定因素的影响，常常面临各种风险和损失。如在借贷融资中，商业银行由于受到宏观经济条件、宏观经济政策、借款人的经营状况、偿债意愿、经济实力以及自身信贷经营管理水平、人员素质等各种错综复杂因素的影响，使其贷款债权不可避免地面临着无法预料的风险。因此，债权人（如商业银行）为了最大限度地控制和减少融资活动中的债权风险，必然要寻求各种风险管理的有效途径。风险转嫁理论则正适应了这种客观需求。

所谓风险转嫁是指某个经济主体为了避免风险损失，有意识地将损失或与损失有关的财务后果转嫁给其他经济主体承担的行为。转嫁风险的途径包括两种：一是将担有风险的财产或活动转移给其他人；二是将风险及损失的有关财务后果转嫁出去。转嫁风险不同于规避风险，规避风险是停止或放弃某些活动，如融资活动，这样风险既不会存在也不会产生；但转移风险并没有消除风险，风险依然存在，只是风险在不同经济主体之间发生了位移。风险转移也不同于风险损失控制，风险损失控制是指采取积极防御与抢救措施，以减少损失出现的可能性；而风险转移只是将风险转移给他人承担，风险损失的控制由他人去采取措施。

2. 信息不对称理论与融资担保。根据现代经济学的分析，发生融资风险的根本原因在于信息不对称。一般说来，资金供给方是信息的弱势方，资金需求方则是信息的强势方，后者有一些前者所不知晓的内部信息。这样，资金供给方在融资中就要面临风险和损失。在信息不对称的情况下，资金供给方为了降低融资风险，一是通过加强对信息的收集、分析并相机采取措施在事前、事中和事后防止融资风险的发生；二是设定融资担保，通过融资担保，降低融资风险和损失。

在对融资信息的管理中，采用何种手段防范风险，主要取决于管理成本。对于大型企业而言，可能采用设定担保的风险管理成本与收集信息所发生的风险管理成本没有多大区别。但是，对于大多中小企业而言，采用设定担保的风险管理成本要比收集信息的风险管理成本低得多。

3. 市场缺陷与融资担保。在市场经济条件下，市场作为资源配置的一种方式，其功能并不是万能的，市场机制具有本身所固有的缺陷，经济学称为"市场失灵"和"市场缺陷"。市场的失灵，客观上要求政府介入我们的经济生活中。在融资中，由于资本具有"嫌贫爱富"、趋向"锦上添花"等特性。因而一些具有发展潜力，但是暂时又缺乏条件的企业，在融资时就遇到了较大的困难，特别需要政府的帮助和支持。政府如果直接对这些企业进行注资，其效率和影响可能都很差，然而，如果由政府出资组建融资担保机构，再由担保机构按照市场化的原则选择企业，并提供融资担保，国外的实践证明效果较好。

## 二、融资担保的特点

1. 融资担保与保险的功能不同。融资担保的首要功能是保障融资的实现，促进资金融通；保险的功能是在发生保险合同约定的损失时确保投保人能获得赔偿。融资担保促进资金融通的保障功能是第一位的，对债权人的补偿功能是第二位的。设定担保的目的不是为了获得补偿，而是为了促进融资的实现。如果当事人设定担保的目的是为了获得补偿，并从补偿中获利，其行为往往是非法的。与此相反，参加保险的目的就是为了获得补偿，以补偿为直接目的的投保行为是合法的。专业担保具有经济杠杆的属性，它能够引导社会资源、生产要素的流向，它的经济效益这样间接地从服务对象的各种经济增量中体现出来。保险则具有稳定器的作用，它主要是对可保利益提供保障，一般不具有使社会资源、生产要素重新组合的作用，它的经济效益主要从保险公司的盈利中直接表现出来。

2. 融资担保与保险的运营机制不同。融资担保承担责任的载体一般是担保人自身的财产。保险是在互助共济的原则下，由众多投保人共同分摊风险损失，其承担补偿责任的载体主要是由投保人交纳保费而形成的保险基金。专业担保机构的担保基金收入可能来自众多会员的集资，但其形成具有封闭性，只有具备特定资格和条件者才能成为担保基金会的成员。对担保机构来说，提供担保的前提是确认没有风险和损失，因此如果担保机构发生代偿，应属于判断上的失误和项目经营上的损失。保险的前提是肯定风险和损失的存在，因此如果保险公司发生赔付，完全是经营中的正常情况。保险是按大数法则运营的，其经营策略是通过尽可能地推销保险单来获取盈利。担保机构提供担保的数量是有限的，其经营策略是限量保本。从责任的确定看，保险遵循近因原则。"近因"是指直接造成事件发生的关键因素，与"远因"相对；"远因"指的是那些虽然对事故的发生起了一定作用，但并非起主导性作用的原因。按照近因原则，只有当承保风险损失的发生具有近因的时候，保险人才会负赔偿责任。保险人可以通过免责条款将各种"远因"产生损失的情况排除掉，大大减少承担赔付责任的概率。担保则一般只要发生了损失，不论其产生损失的原因如何，担保人都要履行担保责任。

3. 融资担保与保险的法律关系不同。融资担保法律具有从属性，担保合同按照我国《担保法》的规定属于主合同的从合同；而保险合同是独立的法律关系。担保法律关系具有限制性担保人是被担保人的潜在的债权人和财产所有者，担保人对被担保人的财产权有加以限制的权力，由此派生出担保人对被担保人的生产经营有监督权；而保险人对投标人的财产权一般都没有限制的权力，对其经营活动更没有监督的权力。法律关系的内容不同。融资担保既是担保人对被担保人履约能力的证明，也是对其信誉品质的承认和保证，是一种显著的人格化的社会关系；而保险则是一种相对比较单纯的经济关系。

## 第三节　融资担保的机构

为了发展经济，促进经济的稳定、持续增长，解决融资难的问题，世界上绝大多数国家，无论是发达国家还是发展中国家都设立了专门的融资担保机构或信用机构，建立了比较完善和稳定的融资或信用担保体系。根据国际劳工组织的统计，截止到1997年，世界被统计的177个国家和地区（不包括中国），设立了融资担保机构的有146个。如日本的信用担保协会、马来西亚的信贷担保公司、韩国的信用担保基金会、意大利的信贷担保基金和互助担保基金、英国的出口信贷担保局、英国的信用保证公司、瑞士的信用保证互助会、匈牙利的信用保证公团、奥地利的小型企业担保银行等。可见，世界大多数国家和地区都有正在运行的融资担保机构，都在为当地的经济发展发挥作用。

针对我国中小企业融资难的问题，国家在1999年下发了《关于建立中小企业信用担保体系的指导意见》[国经贸中小企业（1999）第540号]。自1999年以来，我国许多地方都成立了中小企业信用担保机构，在解决中小企业融资难的问题上进行了有益的探索。截止到2000年底，全国已有28个省、市、自治区开展了建设信用担保体系的试点工作，并组建了200多个地市级信用担保机构。

在世界各国中，最早建立信用担保体系的国家是日本。1937年日本就成立了地方性的信用担保机构——东京都中小企业信用担保协会，1958年成立全国中小企业信用保证协会联合会。截止到2001年3月末，全国的信用保证协会已经有52家，接受保证的单位个案470万件，接受保证的余额达到41万亿日元，从事保证业务的干部职工6000多人。西方发达国家，如美国、德国和加拿大分别从1953年、1954年和1961年开始建立信用担保机构。进入 20 世纪 60 年代后，建立信用担保体系，特别是建立中小企业信用担保体系，在各国迅速展开，而且还组建了旨在促进各国中小企业信用担保机构之间相互交流、协助的国际组织。如 1988 年 10 月成立的亚洲中小企业信用保证协会（亦称亚洲中小企业信用保证制度实施机构联盟）；欧洲于 1994 年成立欧洲投资基金，并在 15 个成员国中选择 25 家商业银行作为协助银行，为中小企业提供信用担保服务；在美洲，已经开展信用担保的国家，也于 1996 年开始交流经验，寻求区域性合作。

## 一、融资担保机构的种类

1. 政策性融资担保机构、互助性融资担保机构和商业性融资担保机构。从各国的实践看，融资担保机构按照其性质可以分为三类：政策性融资担保机构、互助性融资担保机构和商业性融资担保机构。

（1）政策性融资担保机构。它是指由政府出资组建，不以营利为目的，用于间接支持中小企业发展的非金融机构。如日本的信用保证协会，其基本财产除了内部积累外，在外部来源中国家占 59%，地方政府占 24%，金融机构占 17%。

（2）互助性融资担保机构。它是指由企业自发自愿出资组建的、并在为会员提供融资担保服务的非金融机构。如意大利的信贷担保协会、互助担保社团和互助担保基金会，葡萄牙的中小企业协会，埃及的中小企业互助担保公司。

（3）商业性融资担保机构。它是以营利为目的的担保组织，如美国的市政债券保险公司和美国资本市场担保公司。

2. 中小企业融资担保机构和证券融资担保机构。按照业务类别和服务对象，融资担保机构可分为中小企业融资担保机构和证券融资担保机构。

（1）中小企业融资担保机构。它是以中小企业的借贷融资为服务对象的融资担保机构，世界各国的主要融资担保机构大多如此。

（2）证券融资担保机构。它是指为发行债券融资提供担保的专业担保机构。如美国市政债券保险公司主要为市政债券融资提供担保，美国资本市场担保公司则为世界排名第一的资产证券化信用增级商。

3. 事业法人、社团法人和企业法人模式信用担保机构。按照我国现行《担保法》的规定，融资担保机构可选择的组织形式有三种模式：事业法人模式信用担保机构、社团法人模式信用担保机构和企业法人模式信用担保机构。

（1）事业法人模式信用担保机构。事业法人是指依靠国家财政预算拨款从事非生产经营活动的组织。按照事业法人模式建立起来的融资担保机构，不以营利为主要目的，或者是坚持保本微利的经营原则，因而有利于贯彻政府扶持政策和产业政策意图。这种模式也符合国际惯例，目前多数国家或地区的信用担保机构都主要是作为公益法人或特殊法人组织而存在的。这种模式也便于争取政府在资金、人员、设备以及财税方面的支持，从而有利于融资担保业务的展开。这种模式主要适合于政策性融资担保机构采用，如日本东京信用保证协会、韩国信用保证基金、我国台湾地区中小型企业信用保证基金等都是采用这种组织形式。这种模式的融资担保机构，在我国一般称为"信用担保中心"。

（2）社团法人模式信用担保机构。社团法人是由社员集合而成的社会组织。社团法人的成立需要有 2 人以上的社员出资，并订立章程，并经有关行政机构登记而成立。这种模式的融资担保机构，在我国一般称为"信用担保协会"。

（3）企业法人模式信用担保机构。企业法人是以营利为目的的社会经济组织。信用担保是一种高风险的中介服务活动，设立以营利为目的的融资担保机构，要求担保机构实行科学的管理、规范运作；要求担保从业人员具有较强的业务素质和经验积累，以识别和控制担保风险；要求建立完善的激励机制和约束机制，最大限度地实现责权利的有机统一，提高信用担保机构的经营水平和运作效率。这种模式的融资担保机构，在我国一般称为"信用担保公司"。

## 二、融资担保机构的功能作用与经营原则

1. 融资担保机构的功能。融资担保机构作为为融资提供专业担保服务的非金融机构，其功能有：政策导向功能、信用扩张功能、桥梁纽带功能和风险分散功能。

（1）政策导向功能。融资担保机构，特别是政策性融资担保机构的业务立足点，是为政府的产业政策所扶持的中小企业提供信用保证，并以此向中小企业传递政府的政策意图，从而引导中小企业朝着健康有序的方向发展。

（2）信用扩张功能。融资担保机构在运行过程中，其可以以所拥有的担保基金，通过银行向中小企业提供数倍于担保基金的贷款。如我国财政部关于《中小企业融资担保机构风险管理暂行办法》（2001 年 3 月 26 日）规定，融资担保机构担保责任余额最高不超过自身实收资本的 10 倍。即融资担保机构的实收资本若为 100 万元，则其可以为中小企业贷款提供 1000 万元的担保。在美国，融资担保机构的担保责任余额，可以达到其担保基金的 50 倍。在日本，融资担保机构的担保责任余额，可以达到其担保基金的 60 倍。

（3）桥梁纽带功能。通过融资担保机构的信用担保，在较大程度上消除融资双方信息不对称的问题，把资金需求方与资金供给方连接起来，把中小企业与贷款银行连接起来，实现资金和资源的流通和重新配置，提高融资效率，促进经济金融的快速发展。

（4）风险分散功能。融资担保机构在资金融通过程中，不是逃避风险，而是主动承担融资中的风险，主动承担部分或全部融资损失，所以起到了分散融资风险的作用。在实践中，有些国家的融资担保机构可以承担部分贷款损失，有些国家的融资担保机构承担全部贷款损失，如日本的信用保证协会对银行贷款的信用保证是 100%，即金融机构贷款 1000 万元，保证协会就提供 1000 万元的担保。

2. 融资担保机构的经营原则。融资担保机构是服务于资金融通的中介机构，是一国经济金融发展中不可缺少的非金融机构，为了发挥其功能作用，其在经营中应遵循如下

原则：社会性原则、稳健性原则、流动性原则、保本微利原则和择优担保原则。

（1）社会性原则。社会性原则也可称为社会责任原则，是指融资担保机构在开展担保业务活动过程中，既要履行担保职责以体现社会责任，又要尽量促进企业结构、产业结构优化、社会环境的改善，以及社会公平与安定的实现，以达到担保机构自身利益与社会整体利益的和谐统一。坚持社会性原则对融资担保机构具有特别重要的意义，它能促使融资担保机构致力于取得全面的经营效果，产生良好的社会影响，如促进国民经济持续、稳定、协调的发展，促进企业结构、产业结构的调整升级，促进社会信用基础的建立。坚持社会性原则，要求融资担保机构以国家的各项法律法规和政策为准绳，规范地开展融资担保业务。

（2）稳健性原则。所谓稳健性原则是指融资担保机构在业务活动中应尽可能地保持资产、收益、信誉，以及所有生存经营发展的条件免遭损失或免遭重大损失，确保担保基金的良性运转。融资担保业是一个高风险的行业，担保基金的安全不仅关系到担保机构的生存发展，而且涉及整个经济金融的稳定与繁荣。所以，坚持稳定性原则，对于维护担保机构的信誉，树立企业和金融机构对担保行业的信心，有效防范和控制担保风险，实现担保基金的保值增值，充分发挥融资担保功能，维护社会信用环境，促进社会经济的稳定与发展等都具有极为重要的意义。

（3）流动性原则。所谓流动性原则是指融资担保机构应保持以适当的价格或以较快的速度收回或获取资金的能力，以随时应付代偿、支付以及其他各种合理的资金需求。融资担保机构注重流动性原则的主要原因，是受保企业的风险难以预料，使得代偿资金的需求具有不确定性，担保机构为了维护自身的信誉，必须有足够的流动性资产以保证随时支付的需要。

（4）保本微利原则。这一原则的核心是融资担保机构的经营必须有一定的盈利，哪怕这个盈利水平非常之低。保本微利是融资担保机构生存发展的基础，没有盈利不能保本，又没有其他资金来源，融资担保机构的业务能力就会受到影响，整个融资担保行业就只能始终处于一种萎缩的状态。

（5）择优担保原则。提供融资担保不是发放扶贫资金，融资担保机构也不是慈善组织，为了提高融资担保的效率，担保机构应该按照一定标准，有选择地向企业提供融资担保。一般来讲，政策性融资担保机构的选择标准是国家的产业政策，商业性融资担保机构的选择标准是企业的财务效率。

### 三、融资担保机构的资金来源

资金是融资担保机构开展担保业务（包括担保赔付业务）的基础，其来源主要包括三大部分：资本金、准备金和其他资金。

1. 融资担保机构的资本金。根据国际劳工局对世界各国融资担保基金的分析，融资担保机构的资本金构成有两种模式："基金化"模式和"非基金化"模式。

（1）"基金化"模式是指融资担保机构的资本金由担保组织发起人和参与者出资或提供，如菲律宾是由中央银行出资组建，韩国是由银行机构出资参与组建，秘鲁是由银行及非银行机构（包括私人组织、部门、商会以及小企业家协会）参与组建，日本、肯尼亚、厄瓜多尔、哥伦比亚是由全国性私人和公共组织组建。为使担保机构有效运转，许多国家采取让所有利益相关者持有担保机构的股权或管理权的方法。银行作为担保利益的主要相关者，在担保机构持有股份的情况比较普遍。如在比利时，银行持股50%；在德国，银行持股56%。

（2）"非基金化"模式是指担保机构的发起人不向担保机构投入资本金，而由被授权的商业银行操作担保业务，贷款银行依赖担保机构的承诺得到担保。如阿尔及利亚、突尼斯、荷兰的担保机构，均采取该种资本金管理模式。

比较上述两种模式，前一种模式会使风险得到更有效地分散，但可能增加业务成本；后一种模式减轻了担保机构或发起人的财务负担、业务成本较低，但增加了贷款银行的责任，有可能产生"道德风险"。

2. 融资担保机构的准备金。融资担保机构的准备金是指担保机构按照一定标准提取的责任和损失准备金，它是增强担保机构补偿能力的一项重要举措，体现了担保机构稳健经营的原则。在日本，信用保证协会提取的准备金有三种：保证责任准备金、求偿损失准备金和收支差额准备金。

（1）保证责任准备金是指按照保证余额和逾期保证债务的一定比例提取的用于代位补偿支出的准备金，其计提比例及计算表达式为：

保证责任准备金 = 期末保证余额 × 0.6% + 逾期保证债务 × 10%

（2）求偿损失准备金是指担保机构向金融机构代位补偿后，按照代位补偿金额的一定比例预提的求偿准备金。其计提方法是：代位求偿一年的，按其数额的33%计提；代位求偿二年的按67%计提；代位求偿三年的按100%计提。这样代偿权如三年不能回收，计有100%的求偿准备金冲抵。

（3）收支差额准备金是指信用保证协会在一个财政年度内如果实现收支盈利，则将盈利的50%转为基本财产（即信用保证协会的自有资产），另外的50%计提收支差额准备金。计提收支差额准备金的最高限额，为其当年基本财产的50%。信用保证协会一旦出现亏损，首先动用收支差额准备金进行冲抵，如收支差额准备金不能完全弥补亏损，则冲减基本财产。

3. 融资担保机构的其他资金。融资担保机构的其他资金是指除了上述两项资金来源以外的各种资金来源，包括国内外捐赠、向国家和地方财政借入的资金。如日本大藏省为了增强信用保证协会的资金实力，每年的财政预算列支中都有一笔通过有关渠道融通给信用保证协会的资金，这笔资金没有回收期限，且利率为零。

# 第四节　融资担保的基本程序

融资担保是一个十分复杂、长期的过程，不同国家或同一国家的不同担保机构，在担保业务的具体操作上可能存在较大的差异，但基本步骤是相同的。在这里，我国根据国际劳工组织所开发的一套培训教材为基础，具体说明融资担保的程序步骤。融资担保的基本程序，包括以下六个方面的内容：建立业务关系、评估借款人、发放贷款与提供担保、贷款跟踪、担保赔付和追偿债务。

## 一、担保机构与贷款银行建立业务关系

担保业务的开展要依靠贷款银行的协助，没有贷款银行的协助，担保将被束之高阁，因此担保业务运行的第一步就是担保机构与贷款银行建立业务关系。建立担保业务关系实质上是担保机构选择贷款银行、贷款银行选择担保机构的结果，即建立担保业务关系是双向选择的结果，或者说业务关系的确立应该建立在相互了解的基础之上。在市场经济条件下，不同经济主体之间的相互了解是通过对对方的评估来实现的，所以担保机构与贷款银行业务关系的确立，要经历"两个评估"，即担保机构评估贷款银行和贷款银行评估担保机构，在评估的基础上签订业务合同。

1. 担保机构评估贷款银行。为了降低融资担保的风险和降低业务成本，担保机构应该选择能力较强的贷款银行作为自己开展担保业务的合作伙伴，并将业务关系长期稳定下来。

担保机构选择贷款银行的过程实际上是评估贷款银行的过程，在许多国家对贷款银行的评估是由专门的信用评级机构负责进行的，这样担保机构没有必要自己去做这些工作。但是，在没有专门的信用评级机构的地方，担保机构就不得不自己去对贷款银行进行评估了。担保机构对贷款银行的评估，主要包括以下几个方面的内容：①贷款银行的偿债能力。②贷款组合的质量。③风险评估程序。④贷款审批程序。⑤贷款回收情况。⑥行政管理程序。⑦贷款银行的综合信誉。

2. 贷款银行评估担保机构。根据商业银行经营的原则，贷款银行在与担保机构建立业务关系时，应确信在借款人违约时，担保机构会及时履行代为清偿义务；贷款银行为了降低贷款风险，需要选择一个管理水平是自己放心的担保机构。

一般而言，贷款银行对担保机构的评估，主要包括以下内容：贷款银行要查阅担保机构的财务报表，要求担保机构详细说明担保赔付程序，以及赔付后的追偿程序。担保机构的财务报表要按被广泛接受的会计准则来准备。贷款银行要确信担保机构有足够的清偿能力，并有一套有效率的担保赔付支付程序。

3. 担保机构与贷款银行签订业务合同。确定业务关系应签订相关的书面合同或协议。签订书面合同的目的是明确双方的权利与义务，防止以后对各自的权利义务发生争议。

担保机构与贷款银行业务合同的内容，主要包括以下条款：①规定担保机构应该建立一条明晰的内部程序，该程序能够确保担保机构的行为有一致性和可预见性。②规定"担保标准"和贷款种类（如对消费贷款、业务合同签订以前已发放的贷款以及业务合同订立以前已重组的贷款均不予担保）。③规定贷款银行与借款人必须采取书面形式订立合同。④必须规定贷款银行向担保机构索赔时的条件。⑤规定担保机构的支付条件，即索赔程序的确认及付款期限。⑥规定保费的具体内容（数额、时间以及支付形式）。⑦规定担保机构向借款人追偿赔付款的权利和责任。⑧拒绝履行担保责任的情形（a. 贷款银行没有付保费。b. 贷款银行没有得到担保机构的许可而自行重组或安排贷款。c. 提出索赔的时间超过担保责任期限。d. 订立业务合同之前发放的贷款。e. 不满足担保标准）。⑨明确规定贷款银行应该在一定时间内，将自己已担保的逾期贷款的有关信息提供给担保机构。⑩合同条款赋予担保机构查阅被担保借款人的贷款档案资料。此外，在业务合同中，还可以明确规定担保的范围（本金、利息、罚金和法律费用）以及双方各自应该承担的份额；可以明确贷款银行可以享受的最大担保额以及单笔贷款的最大担保额；可以明确贷款银行的最大风险组合；可以在合同中赋予担保机构一定权限，增加或减少保费；等等。

## 二、评估借款申请

对借款申请的评估是在借款人提出借款要求，并需要担保机构提供担保以后。所以，评估借款申请包括两个阶段的工作：申请担保和评估借款人。

1. 申请担保。借款人申请担保分为直接申请和间接申请。在直接申请中，借款人先找到贷款银行，贷款银行再把借款人介绍给担保机构。在间接申请中，借款人先向担保机构提出担保申请，然后由担保机构帮助借款人联系合适的贷款银行。

2. 评估借款人。对借款人的评估可以由贷款银行进行，也可以由担保机构进行。一般而言，最好是由贷款银行对借款人进行评估，担保机构根据贷款银行的评估结果决定是否提供担保。因为，①贷款银行通常比较擅长于评估工作。②避免重复的审查评估行为，降低总成本。但是，在实际操作中，担保机构遇到下列情况时，还得亲自对借款人进行评估。这些情况包括：①贷款银行不具备对小额贷款的评估技术。②出于对业务成本的考虑，贷款银行不愿意评估小额贷款。③贷款银行有逆向选择倾向，只对高风险贷款使用担保。

## 三、发放贷款与提供担保

按照所订立的业务协议，贷款银行发放贷款，担保机构就向贷款银行提供贷款担保，这是融资担保业务具体实施的第一个环节。在实际工作中，这一环节的操作程序有两种模式：个案担保模式和自动/组合担保模式。

1. 个案担保模式。个案担保模式是指对所有贷款申请实施逐个评估、逐个贷款、逐个担保的贷款担保方式。其操作程序，包括以下内容：①借款人直接向贷款银行提出贷款申请。②针对用款项目以及借款人的还款能力和还款愿望进行审查评估，如果能够提供充分、良好的担保物，担保机构就不会参与到贷款活动中来。③贷款银行同意向有担保机构担保的借款人发放贷款。④担保机构中规定的期限内，完成对贷款项目进行审查评估，如果拒绝担保应向贷款银行说明原因。⑤担保机构与借款人签订协议，担保机构需要得到借款人同意其享有对贷款银行的代位求偿权，有权查阅借款人的账目和经营情况。⑥担保机构向贷款银行开出保费支付清单。⑦担保机构开具担保函，这是担保机构与贷款银行签订的、约定双方权利和义务的合同。⑧在借款人满足了担保要求和全部其他条件后，贷款银行同意与借款人签订借款合同。⑨贷款银行发放贷款，并通知担保机构。⑩贷款银行按照约定的条件向担保机构支付保费，担保开始生效；有些担保机构会给予贷款银行不超过 30 天的宽限期，用来在贷款发放后支付保费。

2. 自动/组合担保模式。自动/组合担保模式或授权贷款担保模式，是指担保机构授权贷款银行根据约定的条件、在限度内先向借款人发放担保贷款，然后定期（如每月一次）向担保机构报告，并按照担保机构的通知支付保费，从而担保生效的一种贷款担保业务程序。

自动/组合担保模式与个案担保模式的区别是：①担保机构提供给贷款银行一定的担保额度，贷款银行在额度内有权决定对符合条件的借款人发放有担保的贷款。②贷款银行要每月向担保机构提交担保贷款月度报告，在报告中应列明新发放的贷款。③担保机构一旦收到贷款银行提交的担保贷款月度报告，就应出具担保确认书和保费支付清单；贷款银行要按约定交付保费，如果贷款银行没有交付某笔贷款的保费，则该笔担保无效。

## 四、贷款跟踪

担保机构跟踪已提供担保的贷款，是降低担保风险和损失的一个必须步骤。担保机构通过对担保贷款的跟踪，了解借款人的还款能力和态度，对逾期贷款，针对具体情况采取相应的措施。

1. 贷款跟踪的方式。对担保贷款的跟踪可以是全面跟踪，也可以是只对逾期担保贷款进行跟踪；可以由担保机构跟踪，也可以由贷款银行进行跟踪。如何跟踪担保贷款，首先应该考虑跟踪成本，并且应该在担保业务合同中明确规定。但是无论怎样跟踪，贷款银行都应该将更多的有关信息与担保机构分享，如果贷款银行不能在合同规定的时间内向担保机构提供未按期还款的借款人信息，那么担保机构有权解除合同。比较理想的情况是担保机构完全信任贷款银行，从而把跟踪调查工作全权交给贷款银行完成。但在实际工作中，担保机构经常会参与对逾期贷款的跟踪调查工作，尤其是当担保机构的担保比例较大、贷款银行缺乏调查逾期贷款的动力时。

对担保贷款的跟踪调查，主要采取的形式包括：电话联系、拜访、信函等。通过这些形式了解借款人的财务情况，在情况发生变化时重新对贷款作出评估，对担保物进行再估价，对借款人的还款意愿作出判断。

2. 担保贷款的重组。对担保贷款的跟踪调查，可以了解到借款人对归还贷款的态度和能力，有些借款人可能是不愿意归还贷款，或无能力归还贷款；有些借款人可能是愿意还款，但目前暂时没有能力还款。对后一种情况，担保机构或贷款银行有必要讨论对其展期，或者是进行债务重组。

贷款银行对担保贷款的重组，必须获得担保机构的同意。当各方都同意重组债务后，贷款银行应将贷款重组的条件通知担保机构，担保机构也要对担保期限和条件作出相应的调整，并向贷款银行出具确认函。担保机构一般不会允许贷款银行独立进行债务重组，除非担保机构对贷款银行特别信任，因为如果没有担保机构参与债务重组，贷款银行很可能会对他已知道的无法收回的贷款进行债务重组，这必然会增加担保机构的责任。但是，允许贷款银行独立进行债务重组有一个优点，就是可以降低交易成本。

## 五、担保赔付

借款人不能偿还担保贷款时，贷款银行可以向担保机构提出索赔。借款人不能偿还借款的重要标志：一是贷款已经逾期，长期拖欠（如拖欠至少90天）；二是贷款以后已用适当方式向违约的借款人发出通知；三是贷款银行已将违约借款人的借款由"逾期"改记为"呆账"。担保索赔是一项非常复杂的工作，从过程来看可以分为两个阶段：确认索赔和履行赔付。

1. 确认索赔。担保索赔是从确认索赔开始的，确认索赔主要包括以下内容：

（1）贷款银行计算出借款人的到期债务总额。根据我国《担保法》的规定，贷款担保的有效范围，一般限于以下七个内容：①贷款本金，即贷款合同的主债权。②利息，即贷款本金所产生的法定息。③实现贷款债权的费用，如债权人的通知、催告等费用。④实行担保债权的费用，如抵押登记费、担保物拍卖费用。⑤贷款银行占有质物后所支付的保管费用。⑥罚息，亦即违约金。⑦损害赔偿金。

（2）贷款银行请求法院出具支付令，要求借款人履行债务；在债务人不偿还债务的情况下，贷款银行向担保机构索赔，并附上法院支付令。

（3）担保机构审查索赔请求。一般而言，担保机构与贷款银行之间的信任度，依赖于担保机构快速地履行其全部担保责任的能力，贷款银行总是希望或要求担保机构尽可能快速、简捷地进行赔付。但是，担保机构在审查索赔请求时，还是要确认以下事实，或者说，担保机构审查索赔请求所做的工作包括以下内容：①贷款银行是否在相应时期内支付了保费。②贷款银行是否在约定的时间内向法院递交了索赔请求。③债务没有重组，或债务的重组是否获得了担保机构的同意。④贷款银行是否遵守了协议规定的全部条款。⑤借款人是否符合担保贷款的条件，而且贷款是在担保合同或担保函签订后发放的。担保机构应提高工作效率，尽快履行赔付责任。如担保机构认为贷款银行索赔无效，应该给予贷款银行尽可能详细的解释，说明拒绝赔付的理由，避免贷款银行对担保机构失去信心。

2. 履行担保赔付。担保机构应该在收到贷款银行索赔请求后的一定期限内，履行担保赔付，支付担保赔付款。担保机构和贷款银行应在签订业务合同时，约定担保赔付的方式。担保赔付的方式很多，其中最常用的是：①一次性支付。②一旦索赔申请送达法院，担保机构就应该提前支付 30%~50% 的款项，余款则在诉讼程序结束后或判决下达后再支付。③担保机构代借款人履行还款义务，还款条件与借款人相同。④法律诉讼程序全部结束后，再进行担保赔付。

以上担保赔付支付方式，可以归为两类：一次性全部支付和延迟分期支付。一次性全部支付方式的优点是，可以降低操作成本，便于贷款银行与担保机构相互理解；在法律体系效率低下的地方，这一支付方式的优点表现得更为明显。延迟分期支付方式的优点是，有利于改善担保机构的现金流，促进贷款银行主动、密切地关注和跟踪诉讼程序，尽可能追回欠款。

## 六、追偿债务

如果担保机构在借款人违约时代其向贷款银行清偿债务，这时借款人就负有向担保机构偿还担保赔付款的义务。借款人的这一义务，在有些国家就体现在法律中，但在有些国家则需要约定。如在哥伦比亚，借款人的这一义务就体现在法律文件中，其法律规定：一旦担保机构进行了赔付，就自动取得对借款人的求偿权。在某些国家，借款人的这一义务则需要在签订借贷协议时来约定。

担保机构追偿债务的方式，有通过法律手段收回和向借款人催收两种。通过法律手段收回比较简便，但收回的成本很高，收回担保赔付款的代价十分昂贵，担保机构应尽可能地采取催收的方式收回担保赔付款。根据不同的文化和法律环境，担保机构可以运用以下方法向借款人催收担保赔付款：①向借款人施加社会压力。②占有借款人商业价值有限但私人价值高的担保物。③在以存款作为第一还款保证的操作中，占有这笔存款。④在有连带责任的贷款操作中，占有连带责任人的资产。

## 第五节　融资担保机构的业务管理

融资担保机构的业务管理，主要包括以下主要内容：担保对象、担保限额、担保风险分担、担保费、担保杠杆系数、担保放大系数和定款倍率等。

## 一、担保对象及其限额

为了发挥担保的作用，担保机构在开展担保业务之前应该确定自己服务的对象，制定一系列担保标准。

1. 担保对象。担保对象是指担保机构服务的目标。担保机构服务的目标可以很宽，也可以很窄，其宽窄主要取决于担保机构的实力和能力，实力和能力较强的担保机构可以在较宽泛的范围内开展担保业务，其他担保机构则应该适当控制自己的业务范围。但是，无论业务范围是宽还是窄，担保机构都应该制定相应的标准，进一步明确自己的服务目标。

在对企业融资的担保中，各国的担保机构多以中小企业作为自己服务的对象，但中小企业是一个复杂的群体，界定这个群体就涉及一个标准问题。世界各国对中小企业的定义存在较大的区别，大多数担保机构是从员工人数、销售总额和固定资产总额三个方面界定中小企业的范围。但是也有一些国家的担保机构，只是以员工人数，或销售总额，或固定资产总额作为担保标准。例如，以员工人数或销售总额或固定资产总额为担保标准的国家及其限制标准，如表16-1所示。

表 16-1　以员工人数或销售总额或固定资产总额为担保标准的国家及其限制标准

| 国家名称 | 员工人数（人） | 销售总额（万美元） | 固定资产总额（万美元） |
|---|---|---|---|
| 比利时 | 50 | | |
| 匈牙利 | 300 | | |
| 哥伦比亚 | 200 | | 150 |
| 捷克斯洛伐克 | 500 | | |
| 芬兰 | 500 | | |
| 意大利 | 250 | 2600 | 1300 |
| 韩国 | 300 | | |
| 巴拉圭 | 100 | | |
| 波兰 | 100 | | |
| 罗马尼亚 | 400 | | |
| 加拿大 | | 350 | |
| 智利 | | 78 | |
| 埃及 | | | 150 |
| 印度 | | | 17~22 |
| 马来西亚 | | | 100 |
| 泰国 | | | 200 |
| 津巴布韦 | | 55 | |

资料来源：摘自 Levitsky，1997。

从表 16-1 中可以看出，比利时等国家是以员工人数作为确定中小企业的标准，加拿大等国家是以年销售总额作为确定中小企业的标准，埃及等国家是以固定资产总额作为确定中小型企业的标准。

2. 担保限额。担保限额是指担保机构设定的为单个企业提供的最高或最低担保额。设定担保限额将一部分借款人排除在担保的范围之外，防止大量贷款进入或流向某一个企业，所以设定担保限额实质上也是在确定担保对象。对担保限额的设定，各国的具体做法并不完全相同，有的国家是设定一个比例，有的国家是确定一个担保金额。例如，有的国家明确规定单个借款人获得的担保不得超过整个担保基金的 5%，我国规定担保机构对单个企业提供的担保不得超过担保机构自身实收资本的 10%；有的国家规定了单个企业的最高担保限额，如日本中小型企业信用保证协会对一般企业的信用保证限额是 2 亿日元，对特别小额的店铺的信用担保限额是 500 万日元；有的国家规定了单个企业的最低担保限额，如法国规定的最低担保额为 5 万美元，而津巴布韦规定的最低担保额为 25 美元；还有些国家既规定了单个企业的最高担保限额，又规定了单个企业的最低担保限额，如肯尼亚规定最高担保额为 18 万美元、最低担保额为 630 美元，泰国规定最高担保额为 40 万美元、最低担保额为 8000 美元。此外还有一些国家规定了担保的限额，如表 16-2 所示。

表 16-2 世界上一些国家担保机构担保限额一览

| 国家及担保机构 | 最低担保额（美元） | 最高担保额（万美元） |
| --- | --- | --- |
| 哥伦比亚 | 50 | |
| 丹麦 | 4500 | |
| 埃及 | 1400 | 20.5 |
| 芬兰 | 10000 | |
| 法国 | 50000 | |
| 德国 | 13000 | |
| 印度尼西亚（PKK） | 3000 | |
| 肯尼亚 | 630 | 18 |
| 卢森堡 | 10000 | |
| 马来西亚 | 270 | 19 |
| 马里（巴马科项目） | 1000 | |
| 摩洛哥 | 4500 | |
| 秘鲁 | 1250 | |
| 菲律宾 | 930 | |
| 波兰 | 5000 | 3.72 |
| 泰国 | 8000 | 40 |
| 英联邦 | 500~5000 | |

续表

| 国家名称 | 最低担保额（美元） | 最高担保额（万美元） |
|---|---|---|
| 津巴布韦 | 25 | |
| 匈牙利 | | 10 |
| 加拿大 | | 19 |
| 千里达岛多巴奇 | | 2.6 |
| 印度尼西亚（PKPI） | 15000 | |

资料来源：摘自 Levitsky，1997。

## 二、担保风险分担

在一个担保项目中，各方当事人都需要承担风险，只有这样才能促使借款人、贷款银行和担保机构共同努力把风险降到最低。担保风险的分担，就是指对于贷款风险损失，借款人、贷款银行和担保机构都应该承担，当然承担责任的方式和承担损失的多少可以不同。担保风险的分担比例应该事先通过协商的方法确定，并在业务合同或贷款协议中作出约定或明确说明。

1. 担保风险分担的安排。担保风险分担主要涉及的是如何在贷款银行与担保机构之间安排贷款损失，即担保机构承担多少贷款损失，贷款银行承担多少贷款损失。双方都希望对方多承担一些风险损失，自己少承担一些风险损失。在融资担保实践中，担保风险分担取决于诸多因素，各国的做法也不相同。如在日本，担保贷款损失 100% 由信用保证协会承担；在美国，对 15.5 万美元以下的贷款提供 90% 的担保，对 15.5 万~75 万美元的贷款只提供 85% 的担保；在奥地利，财政担保公司最高只承担贷款总额 85% 的风险，贷款银行自己最低也要承担 15% 的风险。

国际劳工组织认为，安排风险分担时应考虑发放担保的类型，即是个案担保还是自动/组合担保。在个案担保项目中，由于担保机构直接审查评估借款人，应承担较大比例的风险，其承担的损失通常为 60%~80%。在自动/组合担保项目中，贷款银行有充分的自主权发放贷款而无须事先得到担保机构的同意，这就容易产生道德风险，由于这些原因，贷款银行应该承担较大比例的担保贷款风险，所以按 50∶50 的比例分担贷款风险较为合适。

2. 担保机构担保损失的计算。担保机构的担保损失是指担保机构代为清偿额与追偿收回债务之间的差额。其计算公式如下：

担保机构的担保损失 =（担保贷款 – 追偿收回债务）× 风险分担比率

例如，借款人违约，未偿还的到期担保贷款 800 万元，借款人提供了价值 20000 元的担保物。担保机构与贷款银行分担风险，其中担保机构承担 70% 的风险损失。假定担保机构在履行了担保义务后，仅收到抵押物的变现收入 20000 元，则担保机构的贷款担保损失为 558.6 万元。其计算如下：

担保机构的担保损失 = (800 – 2) × 70% = 558.6 (万元)

## 三、担保费

担保费是担保机构向贷款银行收取的承担贷款担保的费用，由担保贷款金额和担保费率两个因素决定。即：

担保费 = 担保贷款金额 × 担保费率

1. 担保费的构成。担保机构向贷款银行收取的担保费，是由三个方面的内容所决定的，即资金成本、管理费用和风险金。

(1) 资金成本。这是指担保机构借入资金开展担保业务所发生的费用。在多数情况下，担保机构的资本金都是担保机构的发起人和参与者通过投入股本而形成的，但在少数情况下担保机构也会利用借款来支撑其担保业务的发展。因此，如果担保机构的担保业务利用了借款，则其收取的担保业务费中就应该包括借款的成本。

(2) 管理成本。这是指担保机构开展担保业务所发生的各种管理费用，如业务及行政管理人员的薪水和工资，营销费用，国内和国际差旅费，培训费用，固定资产折旧与推销等。担保机构的这些费用支出应该由其担保业务收入来补偿，所以担保费应包括管理费用。

(3) 风险金。这是对担保机构承担风险损失的一种补偿。开展担保业务可能要承担很大的风险损失，对于这些风险损失，担保机构特别是商业性担保机构需要有一定的补偿来源，收取担保费是担保机构获得风险损失补偿的重要手段。风险金比例的高低，主要受以下因素的影响：①承保比例。承保比例越高、风险越高，风险金比例也越高；反之，风险金比例较低。如哥伦比亚国民担保基金的担保费比率，就是根据担保比例确定的，担保比例小于 20% 时、担保费率为 0.8%；担保比例达到 80% 时，担保费率为 3.6%。②担保期限的长短。担保期限越长、风险越高，风险金比例也越高；反之，风险金比例较低。如中国建设银行规定一年期以内的费率为 0.3%，一年以上的根据风险程度每年按 0.2%~0.4% 计收，最低为 100 元。③借款企业的规模和对中小企业的优惠扶持的原则。为了限制大企业的行为，对规模较大企业的贷款提供担保，收取费用的比例较高；反之，收取费用的比例较低。如在韩国，中小企业的年保证费率为 1%，大型企业的年保证费率为 1.5%。

2. 担保费的支付。支付担保费是担保合同生效的必要前提条件，贷款银行只有按约定交付了保费，贷款损失才能得到清偿。担保费的支付时间，应该由担保机构与贷款银行事先确定。担保费的支付方式，有两种形式：一次性支付和按年支付。对于期限较短的担保，其担保法可以一次收取；对于期限较长的担保，担保费应该按年收取。如日本，担保费一般是一次性收取，如果保证期限过长，担保费收取过多，则每两年收取一次，收取数额逐次递减。

## 四、担保的杠杆系数、放大系数和定款倍率

1. 担保杠杆系数。担保杠杆系数是指担保机构担保数额与担保机构资本金的比率，亦称为担保倍数，它有法定杠杆系数、约定杠杆系数和实际杠杆系数之分。

（1）法定杠杆系数是指由国家法律或法规所确定的担保机构以自身的资本金开展担保业务的最高额度倍数。如在日本，按照《信用保证协会定款条例》的规定，日本小规模的信用保证协会最高信用保证额是其自有资金（或基本财产）的14~15倍，中等规模的为16~17倍，规模大的为18倍。在我国，财政部《中小企业融资担保机构风险管理暂行办法》第八条规定，担保机构担保责任余额一般不得超过担保机构自身实收资本的5倍，最高不得超过10倍。

（2）约定杠杆系数是指担保机构与贷款银行通过谈判协商，或经过长期合作在已经形成的信用关系的基础上，所确定的担保机构可以以自身资本金承担担保责任的倍数。担保机构信誉越高，约定杠杆系数也就越大，也就越接近法定杠杆系数。

（3）实际杠杆系数是指担保机构账面担保余额与账面资本金之间的比率，它反映了担保机构经营的效率。

2. 担保放大系数。担保放大系数是指贷款银行提供的担保贷款数额与担保机构提供担保余额的比率，它是担保机构所承担的担保风险损失比例的倒数。例如，担保机构如果承担的贷款风险损失比例是100%，则担保放大系数为1；它意味着担保机构提供100元担保，借款人只能获得100元贷款；或者说，贷款银行发放100元贷款，担保机构就都提供100元的担保。又例如，担保机构如果承担的贷款风险损失比例是50%，则担保放大系数为2；它意味着担保机构提供100元担保，借款人就可以获得200元的贷款；或者说，贷款银行发放的200元贷款，担保机构只需要提供100元的担保。再例如，如果担保机构承担的贷款风险损失是5%，则担保放大系数为20。即担保机构承担的贷款风险损失的比例越低，担保放大系数就越大。

3. 定款倍率。定款倍率是指担保机构担保杠杆系数与担保放大系数的乘积，它是指由于担保机构担保杠杆系数与担保放大系数的共同作用，担保机构往往只需较少的资金，即可以为各类企业提供数倍于自有资金的贷款担保。其计算公式如下：

定款倍率 = 担保杠杆系数 × 担保放大系数

例如，某担保机构有资本金2000万元，其法定杠杆系数为15倍，其承担的贷款风险比例为20%。则其定款倍率为75。这意味着该担保机构的2000万元资本金可以为各类企业提供的贷款担保金额可以达到15亿元。

据日本全国信用保证协会联合会会长牧野洋一在"2001年中国担保论坛"会上介绍，日本全国各信用保证协会的定款倍率在35~60。

# 第六节　融资担保的内容及其措施

由于融资活动涉及面广，关系比较复杂，融资担保的内容十分广泛。按照融资方式，担保机构或担保人对融资的担保可以分为以下主要内容：银行贷款担保、资产证券化担保、项目融资担保、租赁融资担保、贸易融资担保、债券融资担保、票据融资担保等。上述各类融资担保，由于融资结构的不同，所采用的担保手段都存在较大的区别，但基本措施都可以通用。所以，以下主要介绍项目融资担保、资产证券化融资担保和贸易融资担保等及其措施。

## 一、项目融资担保

项目融资是首先在美国，继而在欧洲金融市场，近十几年又在发展中国家开始采用的一种独特的资金融通方式。项目融资实质上是一种无追索或有限追索的借贷融资安排。项目融资的核心是归还借款的资金来自项目自身的经济强度，而不是其他来源。项目融资的一个重要特点是，贷款的发放是以未来的财产（即拟建项目的资产和现金流）为保证。因此，项目融资担保实质上也是借贷融资担保，只是比一般借贷融资担保要复杂一些。

1. 项目融资的担保人。项目融资的担保人包括三个方面：项目的投资者、项目利益关系人和商业担保人。

（1）项目投资者作为项目融资的担保人。在这里，项目的投资者是指项目股东或项目发起人，其为项目融资提供担保是项目融资担保结构中比较常见的、很重要的一种形式。项目投资者可以为项目融资提供的担保，主要有：完工担保、无论提货与否均须付款、提货与付款等。

（2）项目利益关系人作为项目融资担保人。项目利益关系人包括：项目承包商、项目产品或设施用户、供应商、政府机构、政策性金融机构。项目承包商为了在激烈的竞争中获得大型工程项目的承包合同，往往愿意为项目提供完工担保（如"交钥匙"工程），在有些项目融资（如 BOT 融资）中工程承包商甚至会为项目投资者提供一定的财务安排。项目产品或设施用户是指项目产品的购买者或项目设施的使用者，他们会因为与项目公司签订一项长期购买协议或设施使用协议，而为项目融资提供一种间接担保。项目供应商是指项目设备和原材料的卖方，他们在提供项目所需物质的同时，为项目提供商业信用、出口信贷，还可以为项目提供设备质量担保和"供货或付款"的担保。政府机构在一个国家的建设中，往往是新建项目的发起人，其可以为项目融资提供的担保，一般为间接担保，如政府机构与私人资本签订的特许权协议，对项目融资具有很重要的担保作用。政策性金融机构包括国际性金融组织和国内政策性银行，其为了鼓励商业银行向其投资的项目提供贷款，也会为项目融资提供担保。

（3）商业担保人。商业担保人在项目融资所提供的担保，主要有两种类型：一是为项目投资者在项目中或项目融资中所必须承担的义务提供担保；二是为项目的意外事件（如政治风险、自然风险）提供保险。

2. 项目融资担保的主要形式。项目融资的信用保证结构十分复杂，其担保的形式主要有三种：完工担保、资金缺额担保和商业合同担保。

（1）完工担保（Completion Guarantee）。完工担保是指对项目建设工期和项目建设成本所作的一种保证，担保人保证项目能够按期建成、保证项目的建设费用不会超支。

"完工"有技术性完工和经济性完工之分，技术性完工仅指工程项目设施的建成，经济性完工是指在技术性完工的基础上，工程项目顺利投产，能生产出预计的经济效益和收益。经济性完工才是项目融资意义上的最终完工。在担保协议中，对完工的标准和含义应该作出明确详细的规定。

完工担保的提供者主要有两类：一是项目的投资者，二是工程承包商。

项目投资者作为完工担保人，其基本责任是向贷款银行作出保证，在计划内的资金安排之外，必须提供能够使项目按照预定工期完工所需的资金，或按照预定"经济性完工"标准完工的超过原定计划资金安排之外的任何所需资金。如项目投资者不履行其提供资金的担保义务而导致该项目不能完工，则其需要偿还贷款银行的贷款。项目投资者作为完工担保人，该担保合同可以是一个独立协议，也可以是贷款协议的一个组成部分。在项目完工担保期间，一旦项目出现工期延误或成本超支，项目投资者应依照担保协议履行完工担保义务，其通常采用的方式只要有两种：一是项目投资者追加对项目公司的股本资金投入；二是项目投资者自己或通过其他金融机构向项目公司提供初级无担保贷款（即准股本资金），这种贷款必须在高级债务偿还后才有权要求清偿。

工程承包商作为完工担保人，是包括在工程承包合同中的一种附加条件，通过这种担保条件的引入可以减轻项目投资者所需承担的完工担保责任。在实际工作中，如果工程承包商具有较高的资信、具有较丰富的管理经验、具有较成熟的施工生产技术，可以增强贷款银行对项目完工的信心，贷款银行甚至可以不要求项目投资者提供任何项目完工担保。工程承包商作为完工担保人，其基本方式是：支付投标押金、申请履约担保、提供商业信用（包括预付款和留置资金）、提供项目运行担保。

工程承包商提供的完工担保与项目投资者提供的完工担保的区别是：投资者的完工担保要求尽全力去执行融资协议，实现项目完工；而工程承包商的完工担保只是在工程合同违约时，才支付工程合同价格的一部分给予担保受益人。

（2）资金缺额担保（Deficiency Guarantee）。这种担保有时也称为现金流量缺额担保，是项目进入正常生产阶段后在担保金额上有所限制的一种直接担保，其主要责任是保证项目公司有比较充足的现金流。设计这种担保的基本目的有两个：第一个目的是保证项目具有正常运行所必需的最低现金流量；第二个目的是降低贷款银行的损失。资金缺额担保的形式，主要有：项目投资者提供担保存款或备用担保信用证，项目公司建立"留置基金"。

（3）商业合同担保。这种担保是指以"无论提货与否均须付款"协议、"提货与付款"协议、"供货或付款"协议和"特许权协议"为基础的项目担保。这些协议或合同在较大程度上保证了项目公司的现金流量，可以降低贷款银行对项目贷款的风险，增强了贷款银行对项目融资的信心，因此项目公司在申请银行贷款时，往往以这些协议作为贷款保证。

## 二、资产证券化融资担保

资产证券化融资担保，也称为信用增级或信用提级。见本书第十一章第五节资产证券信用增级。

## 三、贸易融资担保

贸易融资有广义和狭义之分。广义的贸易融资是指商业信用以及在商业信用基础上形成的银行借贷信用，狭义的贸易融资是指银行对进口商或出口商发放的与贸易结算相关的贷款。如出口信贷融资、福费廷融资、保付代理融资等。

贸易融资的方式比较多，其担保结构也比较复杂，不同的融资方式，甚至同类融资方式由于所面临的环境和对象等方面存在的差异，担保人及其所采用的担保方式也必然不完全相同。在贸易融资特别是国际贸易融资中，充当担保人的大多是银行、政府、官方信贷机构，或是资信良好的大公司。贸易融资担保的形式，概括起来主要有两类：担保函和备用信用证。

1. 担保函与银行保函。担保函是担保人根据申请人的要求，向受益人开出的保证履行一定义务或承担经济赔偿责任的书面承诺。这种承诺有单独的和共同的之分，由一个担保人出具的担保称为单独的担保（Indvidual Guarantee），由两个以上的担保人共同出具的担保称为共同的担保（Joint Guarantee）。

担保函的种类很多，以下重点介绍银行保函的内容。银行保函也称为银行保证书（Bank Lettle Guarantee），是银行根据申请人的要求，向受益人开立的担保履行某项义务、承担经济赔偿责任的书面承诺文件。

（1）银行保函的种类。在日常业务中，常见的银行保函有以下几种：投标保函、履约保函、预付款保函、借款保函、租赁保函、付款保函、留置金保函、透支保函和票据担保等。根据其与基础业务合同（如商务合同）的关系，银行保函可以分为独立性保函和从属性保函。所谓独立性保函（Independent Guarantee）是根据商务合同开出的，但又不依附于商务合同，而存在的具有独立法律效力的法律文件。在独立性保函下，银行承担第一性的付款责任，即当受益人在保函项下合理索赔时，担保银行就必须付款，而不管担保申请人是否同意付款，也无须调查合同履行的事实。独立性保函是现代保函的主要形式，是采用比较广泛的一种担保形式。所谓从属性保函（Accessary Guarantee）是商务合同的一个附属性契约，其法律效力随商务合同的存在而存在，随商务合同的变化、灭失而变化、灭失。在从属性保函下，担保银行承担第二性的付款责任，即只有当担保申请人违约时，担保银行才负责赔偿。

按照担保人承担的风险，银行保函还可以分为信用性质的保函和付款性质的保函。信用性质的保函是指银行凭自身的信用为申请人的资信状况或履约能力等进行的担保，如投标保函、履约保函、预付款保函等。付款性质的保函是指银行向保函受益人保证一旦受益人在合同规定的时间内履行了其责任义务，申请人就必须付款，否则担保银行责任履行付款责任，如借款保函、透支保函、租赁保函、进口付款保函等。

（2）银行保函的内容。银行保函的种类虽然很多，条款各异，但基本内容是相同的，归纳起来主要有以下几点：①银行保函申请人的名称和详细地址。②银行保函受益人的名称和详细地址。③担保人的名称和详细地址。④担保函开立的日期以及开立的依据（如协议的号码、日期及事由）。⑤担保金额（包括大写和小写）。⑥保函的有效期（包括生效日期和失效日期）。⑦保函的性质，即保函的种类。⑧保函的索赔文件，即受益人向担保人提出索赔时应附的文件。⑨担保人的责任及申请人、受益人的权利和义务。⑩保函的仲裁条款。

2. 备用信用证。备用信用证（Standby Letter of Credit），简称"备用证"，是一种特殊形式的信用证，是保函的亲兄弟。美国联邦货币监理官给备用信用证的定义是："备用信用证是代表开证行对受益人承担一项义务的凭证。在此凭证中，开证行承诺偿还开证申请人的借款或开证申请人的放款，或在开证申请人未履约时保证为其支付。"备用信用证最早出现于19世纪中叶的美国，当时美国的联邦法律禁止银行为其客户提供担保书；但银行为了满足其客户的要求，变相做担保业务，就创立了这种实际上属于保函性质的支付承诺。

在实际工作中，所使用的备用信用证主要有：履约备用证、预付款备用证、投标备用证、反担保备用证、融资备用证和直接付款备用证等。

备用信用证的种类较多，其基本要素主要包括：备用证的完整编号、当事人的姓名、基础合同的基本情况（如签订的日期、编号及主要内容）、备用证担保的范围（如金额、币种）、索赔时需提交的文件和备用证的有效期等。

备用信用证与跟单信用证都属于信用证范畴，都属于银行信用。其主要区别表现在：①两者的适用范围不同。跟单信用证一般只用于贸易支付，而备用信用证则可以有多种用途。备用信用证最普遍的作用，是用做投标、履约等的担保。②信用的抵押不同。跟单信用证是有在运货物作抵押的银行信用；而备用信用证一般是无抵押的银行信用，在多数情况下，银行只凭一张违约说明书和书面索偿付款。③银行在其中的地位不同。在备用信用证业务中，银行处于次债务的地位，只有当申请人不履行付款或其他义务时，它才承担付款责任。在跟单信用证业务中，开证银行对受益人作出的是这样一种承诺，只要受益人履行了跟单信用证中规定的条件，其就可以取得该信用证中的款项。

备用信用证与银行保函有联系，也有区别。备用信用证实际上是一种银行保函，两者的差异主要表现在以下几个方面：①执行的依据不同。根据国际商会1993年第500号出版物《跟单信用证统一惯例》的规定，备用信用证适用的国际惯例为该惯例。目前，它已被世界上大多数国家的银行所承认，并遵照执行。而银行保函则应遵照国际商会1992年第458号出版物（《合约保证书统一规则》）执行，但该规则至今仍未被世界各国所认可，在实际工作中也很少被采用。②付款依据不同。备用信用证一般要求受益人在索赔时，应提交即期汇票及表明申请人未能履约的书面声明。而银行保函则不需要受益人提交汇票，担保银行仅凭受益人提交的书面索赔及证明申请人违约的声明即须付款。

## 第七节 国外融资担保制度

在世界各国中，最早建立企业信用担保体系的国家是日本。1973年，日本就成立了东京都中小企业信用保证协会。进入20世纪50年代，一些发达国家开始实施中小企业信用保证体系。按照时间顺序，设立中小企业信用担保机构的国家是：日本、美国、德国、加拿大、意大利、马来西亚、韩国、西班牙、英国、法国、芬兰、荷兰、奥地利、瑞士、葡萄牙、卢森堡、比利时、菲律宾、印度尼西亚、尼泊尔、新加坡、泰国、印度、匈牙利、波兰和埃及。据国际劳工组织1997年统计调查，在被调查统计的177个国家和地区中，有146个担保机构，即世界大多数国家都有正在运行的贷款担保机构。下面主要介绍日本、美国等国家的中小企业信用担保制度。

### 一、日本中小企业信用保证制度

信用保证制度在日本已经有60多年的历史。目前，日本有关信用保证的法律、法规，主要包括：《信用保证协会法》（昭和三十三年）、《信用保证协会法施行规则》（昭和五十六年）、《中小企业信用保险法》（昭和五十七年）。截至2001年3月末，信用保证协会已经遍及全国所有47个都道府县即5个主要城市共52个地区，每个地区都有一家信用保证协会；全国信用保证协会的基本财产规模达到14000亿日元（约为930亿元人民币），其中国家等外部机构提供的外部资金与内部资金大约各占50%，在外部资金的组成中，国家和地方政府的出资占82%；全国信用保证协会接受保证的余额达到470万件个案、41万亿日元（约相当于27300亿元人民币，按1元人民币 = 15日元换算）。从事保证业务的干部职工6000多人。其中，日本最大的信用保证机构东京信用保证协会基本财产为2000亿日元（约为130亿元人民币），接受保证的余额为84万件个案、7万亿日元（约为 4700 亿元人民币），从事保证业务的干部职工约 700 人。日本的 52 家信用保证协会，分别独立经营业务，为了这 52 家保证协会能够步调一致，不分头行动，各保证协会共同出资成立了全国信用保证协会联合会。联合会负责协调保证协会之间的意见，进行与政府机构的联络，开展信用保证业务的调查研究。2001 年 1 月还由全国 52 家信用保证协会出资，成立了保证协会债权回收股份公司，使债权回收业务一元化，提高债权回收率，改善保险收支。日本信用保证体系的建立，得到了政府的高度重视和极大的支持，其也在日本经济、特别是中小企业的发展中发挥了重要的、积极的作用。

1. 日本信用保证协会的资金来源。日本信用保证协会的资金来源由两个部分组成：基本财产和借入资金。

（1）基本财产。基本财产是日本信用保证协会的自有资产，这部分资产是保证协会开展担保业务的最基本的基金。其来源渠道有三个：出捐金、负担金和基金准备金。

出捐金是地方政府和公共团体捐助的资金。它由日本大藏省每年列入国家财政预算，按照全国各地经济发展水平及信用保证协会规模的不同分别下拨给地方政府，地方政府根据自身财力状况，再拿出不少于大藏省拨付资金 2 倍的资金向各自的信用保证协会出捐。

负担金是由金融机构按照其接受信用保证协会保证数额和代位补偿额的大小而向信用保证协会捐助的资金。因为涉及税收，金融机构将捐助的资金直接计入其经营费用，因此称其为负担金。

基金准备金是指信用保证协会从每年的业务收支差额中转入的资金。这部分基金已成为信用保证协会的最主要的资金来源，1994 年其已经约占信用保证协会基本财产的 75%。

（2）借入资金。这是指信用保证协会从国家和地方财政部门借入的资金。日本大藏省为了增强日本信用保证协会的资金实力，每年财政预算列支并通过中小企业信用保险公库融资给信用保证协会。这部分资金被称做融资资金，它没有回收期限，且利率为零。这样，借入资金不仅增强了信用保证协会的代位补偿能力，而且给信用保证协会带来了数额不小的利差收入。按照规定，信用保证协会不能用借入资金直接向中小企业发放贷款。

2. 日本信用保证协会的服务内容。日本信用保证协会的服务内容包括服务对象与限额。

（1）担保服务对象。日本信用保证协会是为增强中小企业的融资能力而设立和经营的，因而它以中小企业为基本服务对象，主要承做借款信用保证。信用保证协会面向各行各业的中小企业，重点是工商业和服务业。对于设备资金和流动资金借款，信用保证协会也可提供信用保证服务，但其对流动资金借款的保证程度比重很大。

为了明确信用保证的对象，日本信用保证协会在其章程中对中小企业的资格条件作出了相应的规定。按照各信用保证协会章程的规定，可以获得信用保证协会保证的中小企业的资格条件为：一是规模限制（具体为：工矿企业的从业人数在 300 人以下或资本金在 1 亿日元以下，批发企业的从业人数在 100 人以下或资本金在 3000 万日元以下）；二是应属于具有经营实绩的经济实体。

在日本，金融业把贷款分为商业性融资和政策性融资。与此相适应，信用保证也分为普通保证和制度保证。普通保证主要是与商业性融资相配套的保证，制度保证是与政策性融资相配套的保证。制度保证是由政府机关作为实施特殊政策手段而设置的，其对利用者的资格条件有一定的限制，但同时又在财产抵押和保费方面提供很多优惠。例如，政府为鼓励中小企业到海外投资而设置的海外投资保证，政府为防止公害而设置的公害防止保证。在日本的信用保证业务中，制度保证占主导地位。

（2）信用保证的限额与收费。日本信用保证协会对一家中小企业提供的信用保证是有最高限额规定的，据日本全国信用保证协会联合会会长牧野洋一在"2001 年中国担保论坛"的讲话中介绍，2000 年以后对个人和法人的保证最高限额一般为，普通保证 2 亿日元、无抵押保证 8000 万日元。此外，根据企业规模和投资方向的不同，信用保证协会的保证限额也还有一些差别，如海外投资保证限额为 2 亿日元，新技术开发保证限额为 1.5 亿日元，防止公害保证限额为 2000 万日元，特别小额的店铺的保证限额仅为 500 万日元。

日本信用保证协会向委托企业征收信用保证费，作为承担中小企业信用保证委托业务的代价。保证费率最高为年 1%，各信用保证协会根据保证的种类和保证金额的不同，降低收费费率。据牧野洋一介绍，2000 年日本全国信用保证协会的平均保证费率为 0.82%。在日本，确定保证费率要综合考虑两个因素：一是考虑信用保证的风险概率；二是考虑担保机构的融资成本和对中小企业优惠扶持的原则。

3. 信用保证程序。在日本，信用保证业务的流程包括六个阶段：申请、评审、提供保证、收取保证费、代位补偿和代位求偿。

（1）信用保证申请。中小企业通常向金融机构提出附加保证贷款申请，并提供相关资料，金融机构对中小企业进行初步评审后，将拟发放贷款的企业推荐给信用保证协会，并向信用保证协会提出信用保证申请，同时中小企业按照规定要求填写《信用保证委托书》、《经营状况申报表》等，送交信用保证协会。中小企业也可以直接向信用保证协会的营业窗口提出担保申请，或通过工商团体，或通过地方有关行政机关向信用保证协会提出担保申请，然后在经信用保证协会审查同意保证后再推荐给金融机构。

（2）调查评审。信用保证协会在收到中小企业信用保证委托申请后，要对其进行资信调查。调查的重点主要是：企业经营者本人的主要经历、家庭成员、职业、收入、经营管理能力；企业近年的经营业绩、资产负债比例、债务偿还情况；借入资金的用途、预期盈利水平、债务偿还能力；连带保证人的经济实力、抵押资产价值、资产是否已经抵押等。对小型项目或小额贷款的调查，主要以书面材料和通过计算机网络信息进行；对大额贷款及有特殊情况的项目要到实地考察，涉及专业技术的项目则应该聘请有关专家参与评审。

（3）提供保证。在信用保证协会，调查人员应将评审结果提交审查委员会，由审查委员会研究决定是否提供信用保证。经审查决定给予信用保证的，信用保证协会应该向金融机构发出《信用保证书》，金融机构收到《信用保证书》后向借款人发放贷款。信用保证协会在向金融机构承诺信用保证的同时，应与中小企业信用保险公库签订《信用保险协议》，并向中小企业信用保险公库交纳保险费。此外，信用保证协会还要同地方政府的有关部门签订《损失补助协议》。

（4）收取保证费。在日本，信用保证协会通过金融机构向接受信用保证的企业收取保证费，或者说保证费是由金融机构代收的。保证费一般是一次性收取，如果保证时间过长、保证费收取过多，则每两年收取一次，收取数额逐次减少。

（5）代位补偿。如果被保证企业能够按照借款合同的约定偿还金融机构的贷款本息，则信用保证协会相应地解除保证责任。如果被保证企业发生经营困难，资金周转失灵，不能按时向金融机构归还贷款本金利息，企业应向金融机构报告事故情况；并由金融机构向信用保证协会发出《事故报告书》，说明事故发生的原因以及催收的情况；信用保证协会在收到《事故报告书》后，应在约定时间内（90天内）进行调查、调解工作，如果三方能够达成一致意见、能够实现调解，就按照新的协议实施贷款的还本付息；如果经过调解，金融机构不同意延长还款期限，也不同意增加还款次数以减少每次还款数额，则信用保证协会在30天内向金融机构代位补偿，其金额包括所欠本金、利息以及120日内的利息。信用保证协会代位补偿后，应将代位补偿情况通报中小企业信用保险公库，中小企业信用保险公库按照《信用保险协议》的规定向信用保证协会支付保险金；同时，信用保证协会还要将代位补偿的情况通知地方政府的有关部门，地方政府的有关部门按照《损失补偿协议》向信用保证协会提供政府损失补偿金。对于信用保证协会未保险的损失的补偿，各地方的补偿比例略有不同。

（6）代位求偿。信用保证协会向金融机构代位补偿后，即自动取代金融机构债权人的地位，取得代位求偿权。此后，信用保证协会首先同借款企业商讨重振计划，帮助摆脱困境，然后同借款企业制订还本付息计划；该计划的特点是还款期限一般较长，还款次数增加、每次还款数额较小。如果借款企业无法继续经营，则要求连带保证人偿还贷款本息；如连带保证人仍不能全部偿还贷款，则通过法院拍卖抵押财产偿债。信用保证协会求偿权收回后，要向中小企业信用保险公库按照其支付保险金的比例返还保险金，如果接受了损失补偿，也要按照同样的比例返还。

4. 信用保证风险的控制方式。日本的信用保证协会为了降低信用保证风险，对信用保证总额实行定额控制，并通过优化自身资产结构，提取各种准备金来保证其具有较强的补偿能力，体现其稳健经营的原则。

（1）控制信用保证总额。按照《信用保证协会定款条例》第七条的规定，日本各信用保证协会的最高保证金额是其基本财产的14~18倍，其中小规模的信用保证协会为14~15倍，中等规模的信用保证协会为16~17倍，规模较大的信用保证协会为18倍。由于日本对信用保证实现了再保险制度，信用保证协会保证额的70%~80%由中小企业信用保险公库再保险，一旦出现代位补偿，信用保证协会将只承担20%~30%的保证责任。所以，日本信用保证协会定款倍率可以高达60倍。据牧野洋一介绍，根据各信用保证协会的规模和能力，现在全国各信用保证协会的定款倍率在35~60倍之间，东京信用保证协会的定款倍率最高为60倍，全国平均为52倍。

（2）优化资产结构。为了确保信用保证协会资产的流动性，保证代位补偿资金的支付，有关方面特别规定：各信用保证协会支配的流动资产减去借入资金后，其数额必须大于保证余额的2%；信用保证协会购置的不动产不得大于其基本财产的25%。

（3）提取准备金。日本信用保证协会提取的准备金有三种：保证责任准备金、求偿损失准备金和收支差额准备金。

5. 信用保险制度。日本为了保障信用保证制度作用的正常发挥，减轻信用保证协会的经济压力，制定了《中小企业信用保险公库法》。根据这一法律，日本于1958年由政府拨款即拨付资本金，成立了中小企业信用保险公库，对信用保证协会的代位补偿损失进行赔偿。信用保险公库不同于一般的保险公司，它是为信用保险而专设的，为非营利性质的特殊法人，国家对其收入全部免税，并由国家预算列支，逐年补充资本金。中小企业信用保险公库设在东京，全国仅此一家，它直接与日本各地的52家信用保证协会发生业务关系。

（1）信用保险的作用与特点。信用保险的作用包括：当信用保证协会发生代偿时，代偿资金的70%~80%由信用保险公库在接到信用保证协会通知后的两个月内拨付或补偿；信用保险公库将政府融资低息贷给信用保证协会，使信用保证协会获得相当数额的利息收入。

根据日本《中小企业信用保险公库法》的规定，其信用保险具有如下的特点：信用保证协会一旦对中小企业提供担保，即自动取得保险公库的保险；信用保险公库对信用保证协会的担保提供70%~80%的保险，而不是对担保金额提供100%的担保；信用保证协会为中小企业代偿后所回收的求偿款，要按照相应保险比例返还保险公库；信用保险公库的保险费率低，不以营利为目的。

（2）信用保险的条件和种类。根据《中小企业信用保险公库法》的要求，只有符合以下四个条件的中小型企业信用保险公库才会为其提供保险：必须符合中小企业法中规定的中小企业条件；必须是金融机构贷款；必须是制造业、建筑业、批发零售业的中小企业，农林渔业、金融保险业等除外；借入资金必须用于企业的流动资金和购置设备。

日本信用保险主要有两种：一般保险和特殊保险。一般保险主要包括普通保险、无担保保险、特别小企业保险、公害防治保险、能源对策保险、海外投资保险和新事业开拓保险。特殊保险主要是对灾害、矿业、破产企业、小企业（店铺）、传统工艺等的保险。日本中小企业信用保险公库对不同企业的贷款担保所提供的保险，在保险限额、保险费率和代偿率等方面都存在一定差别。例如，一般保险的保险限额为200万~5000万日元，代偿补偿率为70%~80%，保险费率为0.33%~0.57%；特殊保险的代偿补偿率为70%~80%，保险费率最低为0.15%，最高为0.57%。一般保险的种类，及其保险限额、代偿补偿率和保险费率，如表16-3所示。

**表 16-3　中小型企业信用保证协会一般保险**

| 保险种类 | 保险限额（万日元） | 代偿补偿率（%） | 保险费率（年%） |
|---|---|---|---|
| 普通保险 | 2000 | 70 | 0.57 |
| 无担保保险 | 200 | 80 | 0.46 |
| 特别小企业保险 | 500 | 80 | 0.33 |
| 公害防治保险 | 5000 | 80 | 0.50 |
| 能源对策保险 | 2000 | 80 | 0.55 |
| 海外投资保险 | 2000 | 80 | 0.55 |
| 新事业开拓保险 | 1500 | 80 | 0.55 |

（3）信用保险业务流程。信用保险业务是通过计算机网络系统完成的，当某一信用保证协会发生一笔信用保证业务时，该信用保证协会即通过其与中小企业信用保险公库的计算机网络系统，将这笔业务的信息传递给保险公库，包括担保企业的名称、担保额、担保期限、种类等信息。每个信用保证协会每半年与保险公库履行一次保险手续，补签保险合同，并按年度进行保险费的结算。当被保险企业不能按期偿还贷款，信用保证协会代为偿付时，信用保证协会通知保险公库，保险公库将组织调查，核实后按保险合同支付，一般在信用保证协会代偿后的两个月内可以完成支付。当信用保证协会从被保险企业收回代偿资金时，仍按相同的保险比例，将收回的资金返还给保险公库。

信用保险业务的流程如图 16-1 所示。

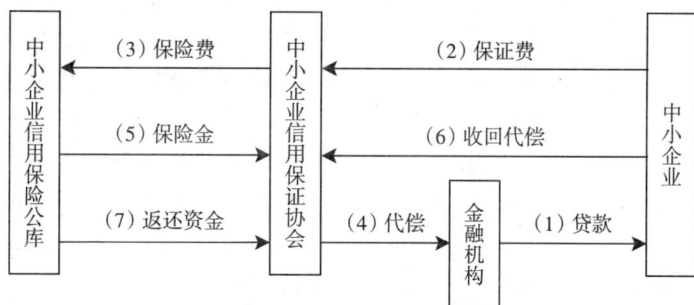

**图 16-1　信用保险业务的流程**

6. 政府、金融机构和信用保证协会的关系。在实际工作中，日本信用保证协会面临以下四个方面的关系：

（1）政府与信用保证协会的关系。政府与信用保证协会的关系表现为：根据法律确立信用保证协会作为公共法人的法律地位和运行规则。在信用保证的运作上，信用保证协会制定章程和业务管理办法，与委托人签订合同，与金融机构签署约定书，提取各种准备金，实施稳健经营等，均受到国家法律的保护。政府主管部门（大藏省、通产省）对信用保证协会的设立、章程和业务办法及其变更进行确认，对执行情况进行监督检查，制定规范的事业报告书并下达信用保证协会参照执行，对年度事业报告书进行分析，依法对信用保证协会的财产和经营、债务进行检查，对违法、违反章程、违反保证业务办法的行为进行监督并作出处分。国家对信用保证协会提供资金支持，国家资金投入和优惠政策是信用保证制度的支柱。国家对信用保证制度的支持，主要表现在：一是政府出台建立保证资金，使信用保证协会具有必要的保证能力和发展的可能性，分担信用保证协会进行信用保证的风险；二是由政府出资做后盾，进行信用保证保险；三是提供融资基金，为信用保证协会疏通保证融资渠道、增强收支平衡能力提供支持；四是对不能收回的求偿权给予最终的补偿，从而彻底消除了信用保证协会的后顾之忧；五是政府对信用保证协会依法减免收费，比如免除法人税、所得税、都道县民税、事业税、印花税等，对于设定抵押反担保的登记费由4%减至1%。

（2）信用保证协会与金融机构的关系。信用保证协会为金融机构创造安全的信用环境，金融机构为信用保证协会提供资金支持。它们的关系是：金融机构按照信用保证业务发展的需要、自身保证放款的规模以及风险度为信用保证协会提供负担金，国家允许负担金列入成本开支；金融机构的高级管理人员出任保证协会的理事，参与信用保证协会重大问题的决策。信用保证协会与金融机构签订规范的约定书，对保证关系的成立、保证合同的效力、贷款还款的报告、保证合同的变更、保证债务的履行及其期限、保证费的委托征收、债权的安全管理、债权移交、免责等事项做出明确规定；保证责任的界定等，则按照国家颁布的有关法令和核准的协会章程、保证业务管理办法执行；信用保证协会向国家筹借的融资基金存入金融机构，在金融机构的放大功能下，为信用保证放款提供了资金来源；金融机构根据大藏省发布的指导性意见，努力降低运作成本，对保证贷款实行下浮率（下浮部分通常相当于当时利率的10%），使贷款利率加保证费的总体融资成本低于其他融资方式，以减轻中小企业的融资负担；金融机构就自身被担保的贷款，为信用保证协会代收代转保险费。

（3）信用保证协会的内部结构。为了降低运行成本，信用保证协会一般根据业务的发展规模决定内部层次、二级单位的多少，实行综合部门精干、专业部门细化的管理原则，使部门职责分明，分工严密；信用保证协会依据保证业务的流程将担保工作划分为审查、承包、管理等各个环节，并按照职能分工、相互制约、有机配合的原则设置部门；在机构设置上，体现充分竞争的原则；按照保证限额划分各部（或支所）和协会领导的审批权限，实行分级管理。员工薪金和福利由协会理事会决定，其水平略高于国家公务员的薪金和福利。

（4）信用保证协会的同业联系。日本信用保证协会均为独立法人，其基本基金为当地政府的出资和当地银行提供的负担金，服务范围也基本在属地以内。各信用保证协会的联系，主要通过其自愿组建的日本信用保证联合会。信用保证联合会属于行业协会性质，它的职能一是推进会员间的联络、合作与交流；二是代表信用保证协会业界与政府进行沟通、协商或交涉。

7. 日本中小企业信用保证协会的特点。日本中小企业信用保证协会的特点，包括以下几个方面：

（1）基本财产来源渠道广泛。同其他一些国家比较，日本信用保证协会基本财产的来源是比较广泛的，归纳起来主要由政府出资、金融机构摊款和累计余额构成。政府出资部分由大藏省每年列入国家预算，按照经济发展水平和信用保证协会的规模下拨给各地方政府，地方政府根据其财力状况至少拿出不少于大藏省拨付资金两倍的资金向信用保证协会出捐。金融机构摊款直接计入其经营费用，享受免税待遇。信用保证协会还可以向国家和地方借入资金。大藏省每年从财政预算列支，并通过中小企业信用保险公库融资给新信用保证协会，这些融资没有回收期限，其利率为零。信用保证协会的借入资金不仅提供了其为中小企业提供信用保证的能力、代位补偿能力，而且给信用保证协会带来了利差收入，保证了信用保证协会的良性运行。

（2）贷款担保对象和贷款用途体现政府政策。日本信用保证协会的贷款担保对象，主要是有经营业绩的中小企业。担保贷款的用途，主要是设备资金和流动资金，其中流动资金贷款的比例占90%以上。此外，贷款信用保证分为普通保证和制度保证，制度保证是由政府机关作为实施特殊政策配套而设置的，对利用者的资格有一定限制，但同时给予很多优惠待遇，体现了政府对中小企业的扶持政策和方针。

（3）有较完备的担保体系和信用保险体系。担保体系和信用保险体系的完善，是日本中小企业获得商业银行贷款支持的重要条件。日本政府为了确保信用保障制度作用的发挥，由政府拨付资本金成立了中小企业信用保险公库。保险公库不同于一般的保险公司，它属于非营利性质的特殊法人，国家对其收入全部免税，并由国家预算列支，逐年补充资本金。当信用保证协会发生代偿时，代偿资金的70%~80%由保险公库在两个月内拨付。根据《中小企业信用保险公库法》的规定，信用保证协会一经为中小企业提供担保，便自动取得保险公库的保险。这种再保险制度，保证了中小企业信用保证协会的有效运行。

（4）有较完善的中小企业金融服务体系。日本业已存在的较完善的中小企业金融服务体系，是中小企业信用担保制度发挥效用的体制基础。特别是日本商业银行积极应对国家中小企业金融政策，大力支持信用保证协会业务的运行，使二者相得益彰。

（5）有效的资本扩张机制。有效的资本扩张机制，是日本信用保证协会顺利发展的前提条件。信用保证协会虽然是非营利性机构，但在基金管理上却是非常灵活，其资金来源除了收取保费外，或有同业拆借、基金存储获取利差等多方面的收入渠道。这些为信用保证协会的资本扩张和自身发展，创造了极为有利的条件。

（6）健全的法制体系。为了确保信用保障制度的运行，日本政府制定了一系列有关信用保证的法律和法规，如《中小企业信用保证协会法》、《中小企业法》、《中小企业信用保险公库法》、《信用保证协会定款条例》、《信用保证协会法施行规则》等；随着经济的发展，日本政府还不定期地对现行法律进行调整或出台新的法律。

## 二、美国中小企业信用保证体系

1. 美国小企业信用保证体系的基本概况。美国中小企业信用担保体系包括管理机构以及服务对象与条件。

（1）美国小企业管理局（Small Business Administration）。美国执行中小企业信用保证职能的机构是美国小企业管理局。1953 年，美国国会通过《小企业法》，同意成立美国小企业管理局。其是独立的联邦政府机构，局长由总统任命。小企业管理局的经费，由联邦和州财政负担。小企业管理局委托大学和研究机构所做课题研究的费用，也由政府承担。其宗旨是在小企业创办之初或为现有企业的发展提供贷款、贷款担保、经营管理咨询等业务，以促进小企业的发展。小企业管理局在全美有 2000 多个分支机构，与950 个研究中心有业务联系；其工作人员中，有由 13000 名退休经理、会计、法律等专业人士组成的志愿服务咨询人员。此外，美国小企业管理局根据美国国会通过的《小企业投资公司条例》对一些私营投资公司发放小企业投资公司牌照，并通过其实现对小企业的金融支持。自 1953 年以来，小企业管理局已为近 2000 万多家小企业提供了直接或间接融资支持，是美国最大的融资担保人。仅 2000 年小企业管理局就为小企业提供了123 亿美元的贷款担保。美国许多知名的大公司，如大名鼎鼎的 Intel、American on Line、Sun 等公司，在创建初期，都得到了小企业管理局批准设立的小企业投资公司的金融支持。

（2）小企业管理局的服务对象与条件。小企业管理局的服务对象是美国的小企业，主要为它们提供贷款担保和管理咨询服务。小企业管理局为了有效地开展担保业务，在全国设立了 600 个咨询中心，在提供贷款担保的同时，也为小企业免费提供诸如企业规划、账目管理、现金流量分析、制定预算等服务。小企业管理局对承保项目收取年承保额 2%的担保费用。但是，小企业管理局对贷款不是全额担保，其对 15.5 万美元以下的贷款提供 90%的担保，对 15.5 万~75 万美元的贷款提供 85%的担保。小企业投资公司对小企业的支持，以股本融资为主，对创立初期小企业的融资支持具有风险投资的性质。

2. 担保业务的运作过程。美国中小企业管理局担保业务的基本程序包括：

（1）受理申请担保。小企业管理局受理企业申请担保的时间一般很短。其工作内容主要包括：审查要求担保的项目是否属于本机构运作的领域或范围，是否属于本机构支持的行业，是否符合本机构选择项目的基本标准。

（2）项目评审。项目评审的目的，主要是审查项目的可行性。小企业管理局对项目的评审一般要成立项目评审小组，项目评审小组由技术分析师、财务专家、融资专家、项目负责人等人员组成。评审组成员对项目提出报告，最后经评审委员会讨论得出可行与否的结论。

（3）担保收费谈判。这是担保业务运作的一个环节，由于每个项目的情况都存在较大的区别，不可用一个统一的标准，所以担保的收费数额要通过谈判来确定。

（4）签订合同。这是担保谈判协商的结晶，是对谈判结果的书面表达，是履行义务的开始。

3. 美国小企业信用担保体系的特点。美国小企业信用担保体系具有如下特点：

（1）贷款担保计划周密。贷款担保计划是根据政府的产业政策和《小企业法》的规定，由联邦政府制定的。这个计划对各项基金的用途、贷款条件、担保金额、担保费用、贷款利息标准，以及执行机构的职责等均作出了明确详细的规定。小企业管理局负责管理计划的执行和完成情况。另外，小企业管理局每年还要向国会听证会报告计划执行情况，提出下年度的预算申请。年度预算经国会批准后，计划才能执行。

（2）基金来源基本依靠政府财政。美国小企业管理局在开展信用保证方面的资金来源，主要依靠联邦和州财政负担。

（3）机构多、服务项目广泛。美国小企业管理局在全美有 2000 多个分支机构，这为小企业申请担保提供了便利。这些机构不仅为企业提供贷款担保，而且还为企业提供规划、管理、分析等服务；不仅务实，而且还与研究机构合作开展课题研究。特别是由专业人士组成的志愿服务咨询人员，更是体现了美国制度的与众不同。

（4）严格明确借款企业资格。美国政府为了保证担保贷款确实用于有发展潜力的企业和降低贷款风险，对借款企业的资格作出了如下规定：一是只有符合小企业标准的企业才有资格获得贷款担保；二是要求企业主动投入一定比例的资本金；三是企业的现金流量不仅能够偿还担保贷款，而且能够偿还所有债务；四是要求借款企业有足够的流动资金保证企业正常营运；五是要求企业和业主提供一定数量的贷款抵押。

（5）根据资金用途分类管理。美国小企业管理局为了满足不同小企业的借款需要，设立了流动资金贷款担保、固定资产贷款担保和风险投资担保等不同业务，并制定了不同的管理办法、确定了业务重点。

（6）金融机构大力支持。美国的金融机构虽然不向小企业管理局提供基金支持，但金融机构特别是私营金融机构，是小企业管理局担保贷款的主要参与者。目前，美国有 8000 多家贷款机构参加美国小企业管理局的计划。截至 2000 年 6 月，发放小企业管理局担保贷款最多的三家机构是：美洲银行（Bank of America）贷款余额 160 亿美元；美国银行（US Bank）贷款余额 90 亿美元；富国银行（Wells Fargo Bank）贷款余额 80 亿美元。

## 三、奥地利中小企业信用保证体系

1. 奥地利信用保证体系的构成。奥地利中小企业信用保证体系由两大类机构组成：开展境内信用担保业务的机构和开展境外信用担保业务的机构。

（1）开展境内信用担保业务的机构。在奥地利开展境内信用担保业务的机构主要有区域担保银行、勃格斯担保银行和财政担保公司。

区域担保银行是指按地方州设立的信用保证结构。奥地利一共有九个州，每个州都成立了自己的区域性担保银行。这类信用担保机构的服务范围仅限于本州，单个项目的担保金额较小，但是其对地方经济的发展有着积极的推动作用。

勃格斯担保银行是奥地利联邦经济部属下的一个全国性的担保机构，其服务对象是奥地利的中小企业。该银行依据《奥地利银行法》、《担保导则》和有关贸易规则开展业务。其支持中小企业发展的措施主要有：一是为企业向银行借款提供担保，单个项目的担保限额的上限为1000万奥地利先令；二是以利息补贴的形式保证中小企业所付的贷款利息不会因为贷款期内市场利率的上升而超过一个上限；三是支持企业内部改造，支持创建新企业，支持中小企业对外组建合资公司、开展境外投资活动。

财政担保公司是1969年由奥地利联邦财政部出资成立的，其开展业务的依据是联邦政府专门为其制定的《奥地利担保法》。财政担保公司的境内业务，除了贷款担保外，还有股本金担保，还帮助企业进行发展战略研究和业务策划。其担保的投资额不小于1000万奥地利先令。其担保的对象必须是中小企业，按照规定，中小企业的标准是：营业额不超过2500万美元，或资产负债总额小于1250万美元，雇员在250人以内。

（2）开展境外信用担保业务的机构。奥地利政府为了鼓励企业开展境外投资和项目合作，降低企业在国家投融资的政治风险和商业风险，在融资担保机构的设置方面作出了统一部署，如设立奥地利调控银行和东西方基金。

奥地利调控银行是奥地利政府设立的、专门为奥地利企业向境外投资提供政治风险担保的机构，其担保的上限为项目投资的50%。该银行还为国内企业的出口业务提供保险和担保。

东西方基金是奥地利联邦财政部1990年在财政担保公司下设立的一家基金组织，其主要目的是专门用来分散企业境外投资的商业风险。该基金被授权的最高担保额为100亿奥地利先令，所涉及的项目遍及全世界。按照规定其对项目的担保损失赔偿，最高不得超过项目投资额的50%。

2. 奥地利信用保证的特点。奥地利信用保证的特点是：

（1）比较重视项目前期的评审工作，各担保机构都有自己的一套较科学的项目评审方法。在财政担保公司的担保业务过程中，一般是由贷款银行指导财政担保公司，要求其为贷款提供担保。财政担保公司对贷款项目评审工作的重点，是评估贷款企业的资产负债表和企业未来的盈利能力。为此，财政担保公司设计了一套独特的数据模型来完成这项工作。为了准确地把握企业的负债情况，财政担保公司要对企业进行调查，同银行方面进行面谈。如果企业与一两家银行长期保持有良好的业务关系和私人关系，则说明企业具有一定的抵御风险的能力；如果企业交往的银行过多过杂，负债数额较大，则说明企业的情况比较糟糕。评审人员对项目经过数据分析和实地考察，要形成一份20多页的评审报告。实际上，最终能够获得贷款担保的项目，只占评审项目的1.5%左右。由于财政担保公司的评审方法科学、细致、严格，故其在国内评审领域享有较高的威望，不仅得到了政府有关部门的赞扬，而且令商业银行信服。

在勃格斯担保银行的担保业务活动中，先由贷款银行对申请担保的项目进行预审，起草详细描述项目情况的材料，并提出保证措施和建议。勃格斯担保银行对担保申请项目的评审，分两个阶段进行，即先由评审人员对项目进行分析，然后由担保项目评审委员会审定。评审人员对申请担保项目的分析审核工作，主要包括以下内容：①确定项目属于哪类中小企业投资计划。因为不同类型投资计划的担保条件是不同的。②审核申请担保企业经营者的素质、经验和经营管理能力。③申请担保企业的财务状况，对贷款的依赖程度和还款能力。④评审人员的分析审核要形成一个评审报告，并将评审报告提交由 10 人组成的贷款担保项目审查委员会审定。

（2）比较注重对担保项目执行过程进行跟踪和监控。例如，财政担保公司制定了一套风险分级标准，用来对在保项目进行跟踪和监控；该机构每年派人对担保项目至少进行一次考察，详细调查分析项目执行的情况和结果；其监控的重点主要有：企业的透明度和可控性、财务结构状况、盈利水平和管理部门的战略策划能力等。在分析时，该机构对每一项监控内容的实际状况给出三个不同的分数，如 0 分、1 分、2 分分别表示好、中、差；并规定总分在 0~2 分为绿灯，3~5 分为黄灯，6~8 分为红灯，以此判别项目的风险情况。财政担保公司认为，一旦项目获得担保，其享有的权利就是有限的，所以担保合同中一定要写明企业应及时提供哪些信息、担保公司享有哪些权利，以免出现被担保方不合作的现象。为了有效解决项目出现的问题，财政担保公司设立了一项基金，用来聘请专家，帮助项目摆脱不利局面。

在区域担保银行的业务活动中，有关方面每年都要对项目进行一次检查、汇报，及时解决某些担保合同在执行过程中发生的争议，而项目的监控工作通常由贷款银行负责。

（3）比较健全的风险分散和控制机制。奥地利的信用保证系统，建立了比较完善的风险分散和控制机制，主要表现在以下四个方面：①政府和某些金融机构为担保公司提供再保险。②开展联合担保，对金额较大的项目有两家或两家以上的担保机构进行联合担保。③只有在被担保企业破产时，担保机构才履行代偿的责任。④对不同项目采取不同比例的担保，但是绝对不搞全额担保。

（4）政府全力支持信用担保。奥地利政府对融资担保的全力支持，主要表现在以下两个方面：①联邦财政是最终担保人。如财政担保公司和勃格斯担保银行都是在年初将当年可能发生的代偿额上报财政部，由财政部列入年度预算，在发生代偿后从中列支。但是，担保机构必须设法追偿，并将追回的款项上交财政部。每一笔代偿费用及其追偿、上交情况都要单独列账。②免除税收。奥地利担保机构具有很强的政策性，因此政府对其经营收入免除各种税收。

### 本章小结：

融资担保是指对融资主体在资金融通活动中承担的责任所作出的各种履约承诺和保证，其中最主要的是当债务人违反合同时，债权人可以通过执行担保来确保债权的安全性。贸易担保、工程担保与融资担保的联系非常密切，它们往往可以转化为融资担保。

按照当事人或关系人在融资中承担的经济责任形式，融资担保可分为直接担保、间接担保、或有担保和意向性担保。按照担保物质形式，融资担保可分为物的担保和人的担保。担保按照其设定是否基于当事人的意思，可分为法定担保和约定担保。

融资担保的基本功能，是保障融资的实现。融资是一种互利互惠的调节和配置资源的活动，这种活动的最终实现一是靠融资当事人之间的信用；二是靠融资担保。当融资当事人的信用较低或不被他人所了解时，融资担保就成为融资能否实现的关键。因为融资担保具有信用增级的作用，能促进资金融通，促进融资活动的顺利进行。当然，融资担保也具有补偿的功能，即当融资当事人不能履行融资合同所规定的义务时，担保人负责履行债务人的债务，使债权人获得赔偿。但是，融资担保的根本目的和功能是保障融资的实现，其补偿功能是第二位的。融资担保也具有一定的局限性，主要表现在：融资担保不可能把一个坏的项目变成可行性强的项目，不可能将一个能力低下的企业管理者变成可以信赖的精明强干的管理者，也不可能把一个糟糕的贷款人转变成为一个好的贷款人。

与保险比较，融资担保具有如下特点：功能不同；作用不同；承担责任的载体不同；订立协议的前提不同；经营的原则不同；赔付的条件不同；合同的法律地位不同；所体现的关系不同。

融资担保的理论基础包括：风险转嫁理论、信息不对称理论和市场缺陷理论。

融资担保机构作为为融资提供专业担保服务的非金融机构，其功能有：政策导向功能、信用扩张功能、桥梁纽带功能和风险分散功能。资金是融资担保机构开展担保业务（包括担保赔付业务）的基础，其来源主要包括三大部分：资本金、准备金和其他资金。融资担保机构的业务管理，主要包括以下主要内容：担保对象、担保限额、担保风险分担、担保费、担保杠杆系数、担保放大系数和定款倍率等。

融资担保是一个十分复杂、长期的过程，不同国家或同一国家的不同担保机构，在担保业务的具体操作上可能存在较大的差异，但基本步骤是相同的。根据国际劳工组织所开发的一套培训教材，融资担保的基本程序包括以下六个方面的内容：建立业务关系、评估借款人、发放贷款与提供担保、贷款跟踪、担保赔付和追偿债务。

**本章重要概念：**

融资担保　直接担保　间接担保　或有担保　意向性担保　"非基金化"模式　保证责任准备金　求偿损失准备金　收支差额准备金　担保杠杆系数　定款倍率　担保放大系数　完工担保

**思考题：**

1. 融资担保的功能作用。

2. 融资担保的方式与理论基础。

3. 融资担保的基本程序与特点。

4. 分析美国霍普威尔电站项目的融资担保措施。

5. 分析澳大利亚波特兰铝厂项目的融资担保措施。

6. 分析法国欧洲迪斯尼乐园项目的融资担保措施。

7. 分析澳大利亚昆士兰州煤炭港口项目的融资担保措施。

8. 分析英国北海油田项目的融资担保措施。

9. 分析中国 H 市交通收费资产证券化的融资担保措施。

10. 分析中国岭南市市政基础设施证券化的融资担保措施。

11. 分析美国玻璃制造商"空手牵三家"的融资担保措施。

# 第六篇　项目融资文件

项目融资文件是指根据项目融资的需要所制定的法律文书，其是顺利开展项目融资工作的依据和保证。项目融资文件包括三个部分：项目协议、融资协议和担保协议。

# 第十七章　项目协议

## 第一节　项目协议种类与构成

项目协议（Project Agreements）是指项目发起人以及项目公司与项目建设、生产和经营有关的参与者（不包括债权人），为了明确自己在项目建设、生产、经营中的权力、责任和利益所签订的各种具有法律效力的文书，如股东协议、工程承包协议、成品销售协议、材料供应协议和项目运营协议等。由于项目之间存在的差别比较大，所以每个项目的项目协议都有所不同。一般来讲，按照项目协议的基本功能，其可以分为三类：项目组织协议、项目生产经营协议、项目成本协议。

1. 项目组织协议。项目组织协议是项目发起人按照国家法律和自己开展生产经营的需要或偏好，设立某种经济组织而共同制定的有关法律文件，如股东协议或备忘录、公司章程等。

2. 项目生产经营协议。项目生产经营协议是指项目参与者在项目生产和经营活动中，凭借其就可以履行自己的权力、获得自己的利益和承担自己的责任或项目风险的各种法律文书，如特许协议、包销协议等。

3. 项目成本协议。项目成本协议是指能够对项目建设支出产生重大影响的各种法律文书，如工程建设或承包协议、原料供应协议、项目运营或维护代理协议等。

项目协议的主要构成如图 17-1 所示。

### 一、股东协议的内容

1. 股东协议书是为明确股东的权利与义务而订立的契约文书。它的特征与一般的经济合同的特征相同。股东协议书有的以"合作协议书"的形式出现，有的以"股东协议书"的形式出现。

2. 股东协议书的主要内容：协议订立的宗旨和订协议人（股东）；股东合作内容；成立组织的名称；出资、盈利的分配、亏损的承担；合作期限、合作方式；股份的转

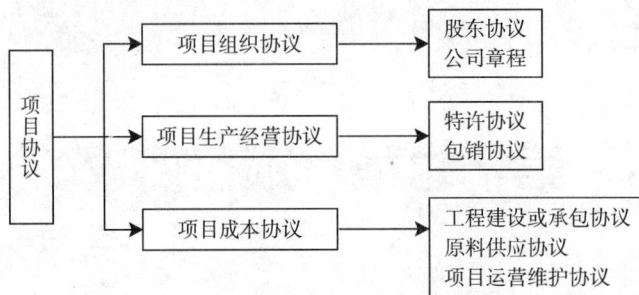

图 17-1 项目协议的主要构成内容

让；股东议事方式；股东权利与义务；生效时间与股东签字。

3. 股东协议书范例如下：[①]

### 股东协议书范例

股东各方：

甲方：法定地址：××市东丽区福山路 28 号

乙方：法定地址：××经济技术开发区第三大街 51 号 W2AB-6 层

丙方：法定地址：××市东丽区开发区一经路 18 号

丁方：法定地址：××市和平区南京路 235 号河川大厦 A 座 27 层

经上述股东各方充分协商，就投资设立天津滨城置地有限公司事宜，达成如下协议：

一、拟设立的公司名称、经营范围、注册资本、法定地址、法定代表人：

1. 公司名称：

2. 经营范围：（以公司登记机关核定的经营范围为准）

3. 注册资本：10000 万元

4. 法定地址：

5. 法定代表人：

二、出资方式及占股比例：

1. 甲方以现金作为出资，出资额 4000 万元人民币，占公司注册资本的 40%。

2. 乙方以现金作为出资，出资额 1000 万元人民币，占公司注册资本的 10%。

3. 丙方以现金作为出资，出资额 3000 万元人民币，占公司注册资本的 30%。

4. 丁方以现金作为出资，出资额 2000 万元人民币，占公司注册资本的 20%。

新组建的公司注册资金 10000 万元，先期各股东约定按照 20% 实际投入，其余资金按照公司需要在两年内注入。

三、企业的经营宗旨：

以建立现代企业制度为原则，促使东丽区经济发展能更适应市场需求，充分发挥现

---

①《股东协议书范例》［EB/OL］. 上海法律网，http://www.sh148.org/law04/10154.html。

代企业的优势，全力追求最优经营业绩和利润的最大化，为全体股东提供优厚的回报。

四、共守原则：

1. 企业坚持入股自愿、股权平等、利益共享、风险共担的原则。

2. 企业的股本总额为全体股东认缴股本的总和，股东一经入股，在企业办理工商登记后不得退股。

3. 企业在办理注册登记后向股东签发记名的出资证明书，作为股东的入股证明和分红依据。

五、股东的出资额按下列原则提交到位：

1. 全体股东在本协议签字后 7 日内，必须按协议向企业筹备组办理入股资产移交和认缴出资的手续。移交、认缴手续完结后，其入股资产和出资归企业法人所有。

2. 企业正式设立后，一年内股东不得转让其全部或部分股份，一年后需转让股份的，按企业章程的有关规定执行。

六、股东各方应完成组建企业的以下有关事项：

1. 成立公司筹备组，成员由各股东方派员组成，出任法人代表一方的股东代表为组长，负责办理组建企业的申请手续，并负责完成下列工作：

（1）组建企业筹备工作机构及配备工作人员。

（2）向有权审批企业的部门申报企业组建的有关申请报告及文件资料。

（3）负责向全体股东办理出资清缴手续。

（4）向工商行政管理部门申请开业登记注册，并负责办理税务登记、银行开户等手续。

（5）负责企业筹备过程中全体股东委托的其他事宜。

（6）出任法人代表的股东方先行垫付筹办费用，公司设立后该费用由公司承担。

2. 其他股东负责完成下列工作：

（1）各自认缴的出资额按本协议规定的时间到位。

（2）提供工商登记的有关资料，协助办理工商登记。

（3）负责企业筹建工作机构委托的其他事宜。

七、公司股东会：

股东会是企业的最高权力机构。股东会由全体股东组成，股东会每年至少召开一次。股东会的权利和义务在企业章程中另行规定。

八、公司董事会：

公司设董事长一名，副董事长一名，董事三名，董事长为公司的法人代表，由甲方推荐产生。董事会的权利和义务在企业章程中另行规定。

九、公司经理：

公司设经理，由董事会聘任，经理的权利和义务在企业章程中另行规定。

十、公司财务会计制度：

1. 公司按照法律、行政法规和国务院财政主管部门的规定建立本公司的财务、会计制度。

2. 公司应当在每一会计年度终了时制作财务会计报告并依法经审查验证。财务会计报告包括下列财务会计报表及附属明细表：资产负债表、损益表、现金流量表、财务情况说明表、利润分配表。

3. 公司应当在每一会计年度终了时制作财务会计报告，依法经审查验证，并在制成后十五日内，报送公司全体股东。

4. 公司分配当年税后利润时，应当提取利润的10%列入公司法定公积金，并提取利润的5%~10%列入公司法定的公益金，公司法定公积金累计额为公司注册资本的50%以上的，可不再提取。

5. 公司法定公积金不足以弥补上一年度公司亏损的，在依照前条现定提取法定公积金和法定公益金之前，应当先用当年利润弥补亏损。

6. 公司提取的法定公益金用于本公司职工的集体福利。

7. 公司弥补亏损和提取公积金、法定公益金后所余利润，按照股东的出资比例分配。

十一、公司的清算：

1. 公司有下列情况之一的，应予解散：

（1）营业期限届满。

（2）股东会决议解散。

（3）因合并和分立需要解散的。

（4）违反国家法律、行政法规，被依法责令关闭的。

（5）其他法定事由需要解散的。

2. 公司依照第十一条第（1）款第1、2项规定解散的，应在15日内成立清算组，清算组人选由股东会确定；依照第十一条第（2）款第4、5项规定解散的，由有关主管机关组织有关人员成立清算组，进行清算。

3. 清算组的权利和义务由公司章程另行规定。

十二、违约责任：

1. 任何股东未按协议规定如期缴纳出资时，每逾期一个月，违约股东应向企业缴付认股额的5%作为违约金。

2. 因任何股东违约，造成本协议不能履行或不能完全履行时，除应赔偿企业的实际损失外，守约股东都有权要求其退出企业。

3. 任何股东不得用企业的名义进行违法活动。如发生，该股东应承担相应的法律责任和造成的全部损失。

十三、其他事项：

1. 由于不可抗力的原因，使本协议无法继续履行，企业设立失败，任何股东均不负违约责任，企业筹备组应负责退还股东的全部出资。创立过程中已开支的费用，由全体股东按其股份比例分摊。

2. 凡因执行本协议所发生的或与本协议有关的一切争议，由全体股东协商解决。

3. 按照本协议规定的各项原则所制定的企业章程为本协议的组成部分，全体股东均应遵守。

4. 本协议经订立协议的全体股东签字盖章，并经审批部门审核后生效。

5. 本协议的未尽事宜，由订立协议的全体股东协商解决，必要时可对本协议作补充。补充协议必须交审批部门备案，补充协议限于企业创立会召开之前。

6. 本协议自各股东方签字盖章之日起生效。一式 8 份，各方股东各执两份，以便共同遵守。

甲方：

法定代表人：　　　　　　　　签订日期：　　　年　　月　　日

乙方：

法定代表人：　　　　　　　　签订日期：　　　年　　月　　日

丙方：

法定代表人：　　　　　　　　签订日期：　　　年　　月　　日

丁方：

法定代表人：　　　　　　　　签订日期：　　　年　　月　　日

## 二、公司章程的内容

1. 公司章程是指公司依法制定的、规定公司名称、住所、经营范围、经营管理制度等重大事项的基本文件。或是指公司必备的规定、公司组织及活动的基本规则的书面文件，是以书面形式固定下来的股东共同一致的意思表示。公司章程是公司组织和活动的基本准则，是公司的宪章。它既是公司成立的基础，也是公司赖以生存的灵魂。

公司章程是公司设立的最主要条件和最重要文件。公司的设立程序以订立公司章程开始，以设立登记结束。我国《公司法》明确规定，订立公司章程是设立公司的条件之一。审批机关和登记机关要对公司章程进行审查，以决定是否给予批准或者给予登记。公司没有公司章程，不能获得批准；公司没有公司章程，也不能获得登记。

2. 公司章程是确定公司权利、义务关系的基本法律文件。公司章程一经有关部门批准，并经公司登记机关核准即对外产生法律效力。公司依公司章程，享有各项权利，并承担各项义务，符合公司章程的行为受国家法律的保护；违反章程的行为，有关机关有权对其进行干预和处罚。

3. 公司章程是公司对外进行经营交往的基本法律依据。由于公司章程规定了公司的组织和活动原则及其细则，包括经营目的、财产状况、权利与义务关系等，这就为投资者、债权人和第三人与该公司进行经济交往提供了条件和资信依据。凡依公司章程与公司经济进行交往的所有人，依法可以得到有效的保护。

4. 公司章程是公司和自治规范。公司章程作为公司的自治规范，是由以下内容所决定的。①公司章程作为一种行为规范，不是由国家，而是由公司股东依据公司法自行制定的。公司法是公司章程制定的依据。公司法只能规定公司的普遍性的问题，不可能顾及各个公司的特殊性。而每个公司依照公司法制定的公司章程，则能反映本公司的个性，为公司提供行为规范。②公司章程是一种法律外的行为规范，由公司自己来执行，无须国家强制力保障实施。当出现违反公司章程的行为时，只要该行为不违反法律、法规，就由公司自行解决。③公司章程作为公司内部的行为规范，其效力仅及于公司和相关当事人，而不具有普遍的效力。

5. 公司章程必须载明的事项。公司章程必要记载事项是指章程中必须予以记载的、不可缺少的事项，公司章程缺少其中任何一项或任何一项记载不合法，就会导致整个章程的无效，对于章程的绝对必要记载事项，各国公司法都予以明文规定，主要是公司性质所要求的章程的必备条款。通常包括公司的名称、住所地、公司的宗旨、注册资本、财产责任等。

依据我国《公司法》的规定，有限责任公司章程应当载明下列事项：①公司的名称和住所。②公司的经营范围。③公司的注册资本。④股东的姓名或者名称。⑤股东的权利和义务。⑥股东的出资方式和出资额。⑦股东转让出资的条件。⑧公司的机构及其产生办法、职权、议事规则。⑨公司的法定代表人。⑩公司的解散事由和清算办法等。

股份有限公司的章程应当记载的事项包括：①公司名称和住所。②公司经营范围。③公司设立方式。④公司股份总数以及股东的权利和义务。⑤董事会的组成、职权、任期和议事规则。⑥公司法定代表人。⑦监事会的组成、职权、任期和议事规则。⑧公司利润分配办法。⑨公司的解散事由和清算办法。⑩公司的通知和公告办法。

6. 公司章程的法律效力。公司章程一经生效，即发生法律约束力。公司章程的社团规章特性，决定了公司章程的效力及公司和股东成员，同时对公司的董事、监事、经理具有约束力。我国《公司法》规定："设立公司必须依照本法制定公司章程。"公司章程对公司、股东、董事、监事、经理具有约束力。

(1) 公司章程使公司受约束。公司章程是公司组织与行为的基本准则，公司必须遵守并执行公司章程。根据公司章程，公司对股东负有义务。因此，一旦公司侵犯了股东的权利与利益，股东可以依照公司章程对公司提起诉讼。

(2) 公司章程使股东受约束。公司章程是公司的自治规章，每一个股东，无论是参与公司初始章程制定的股东，还是以后因认购或受让公司股份而加入公司的股东，公司章程对其均产生契约的约束力，股东必须遵守公司章程的规定并对公司负有义务。股东违反这一义务，公司可以依据公司章程对其提出诉讼。但应当注意的是，股东只是以股东成员身份受到公司约束，如果股东是以其他的身份与公司发生关系，则公司不能依据公司章程对股东主张权利。

(3) 公司章程使股东相互之间受约束。公司章程一般被视为已构成股东之间的契约关系，使股东相互之间负有义务，因此，如果一个股东的权利因另一个股东违反公司章程规定的个人义务而受到侵犯，则该股东可以依据公司章程对另一个提出权利请求。但应当注意，股东提出权利请求的依据应当是公司章程中规定的股东相互之间的权利义务关系，如有限责任公司股东对转让出资的优先购买权，而不是股东与公司之间的权利义务关系。如果股东违反对公司的义务而使公司的利益受到侵害，则其他股东不能对股东直接提出权利请求，而只能通过公司或以公司的名义进行。

（4）公司章程使公司的董事、监事、经理受约束。作为公司的高级管理人员，董事、监事、经理对公司负有诚信义务，因此，公司的董事、监事、经理违反公司章程规定的职责，公司可以依据公司章程对其提出诉讼。然而，董事、监事、经理是否对股东直接负有诚信义务，则法无定论。一般认为，董事等的义务是对公司而非直接对股东的义务。因此，在一般情形下，股东不能对董事等直接起诉。但各国立法或司法判例在确定上述一般原则的同时，也承认某些例外情形。当公司董事等因故意或重大过失违反公司章程的职责使股东的利益受到直接侵害时，股东可以依据公司章程对公司的董事、监事、经理等提出权利主张。有的国家的法律对董事、股东的某些直接责任作了规定，如日本《商法》第166条第（3）款中专门规定了董事对包括股东在内的第三者的责任；董事在执行其职务有恶意或重大过失时，该董事对第三者亦承担损害赔偿的连带责任。我国《公司法》没有规定董事对第三者的责任问题，也没有规定股东的代表诉讼。但《到境外上市公司章程必备条款》中，为了适应境外上市的需要，与境外上市地国家的有关法律相协调，规定了股东依据公司章程对董事的直接的诉讼权利。该《必备条款》第7条还将公司章程的效力扩大至除董事、监事、经理以外的其他公司高级管理人员，即公司的财务负责人、董事会秘书等，规定："公司章程对公司及其股东、董事、监事、经理和其他高级管理人员均有约束力；前述人员可以依据公司章程提出与公司事宜有关的权利主张。股东可以依据公司章程起诉公司的董事、监事、经理和其他高级管理人员。"

## 三、特许协议

特许协议（Concession Agreement），一个国家（政府）同国外或国内投资者个人或法人约定在一定期间，在指定地区内，允许其在一定条件下享有专属于国家的某种权利，投资从事于公用事业建设或自然资源开发等特殊经济活动，基于一定程序，予以特别许可的法律协议。

特许协议的基本特征是：①主体一方是政府，另一方是国内或国外私人投资者。②基于东道国政府的许可，行使专属于国家的某种权利。③特许协议签订的依据：要经过东道国立法机关授权的行政机关批准或立法机关审议。

获得特许权的国内外投资者或企业法人在授予的特许权期间有不良行为的，授予特许权的部门应当依法终止特许协议，取消其特许权，并可以实施临时接管。例如，特许权获得者擅自转让、出租特许权的；或者擅自将所经营的财产进行处置或者抵押的；或者因管理不善，发生重大质量、生产安全事故的；或者擅自停业、歇业，严重影响到社会公共利益和安全的；或者有法律、法规禁止的其他行为的，授予特许权的部门应当依法终止特许协议，取消其特许权，并实施临时接管。

　　特许协议通常被看作是公私合伙结构，双方就风险承担、价格设定、利润分配方面等有着共识。特许协议参考文本如下：

---

**案例** **特许经营合同参考文本**①

特许人：

受许人：

各方对下列事项达成一致：

**第1条　宗旨**

特许人授予受许人在特许经营下商品化经营（制造）下述产品（服务）之权，或者接受根据本合同条款在该建筑物内和在第4条所规定的区域执行特许经营协定。

**第2条　受许人的法律地位**

2.1　受许人以自身名义，自付费用，作为单独的商人进行其活动。因此，他须尊重对所有商人共同的法律要求，特别是有关资格的规则以及社会的、财务的和商业的要求。作为一个独立的商人，受许人应就其活动自负一切风险和从一切赢利中获利。

2.2　受许人不是特许人的代理人、买卖代表，也不是他的雇员或合伙人。受许人不是作为特许人的佣金代理人，受许人无权以特许人的名义签订合同，使特许人在任何方面对第三人承担责任，或由特许人负担费用，承担任何义务。

**第3条　授予的各项权利**

为了使受许人正常经营，特许人授予受许人下列各项权利：

（a）使用代表＿＿＿＿＿＿（加以描述）的式样的权利，经依照＿＿＿＿＿＿登记为产品（服务）的商标（使用登记为……专利的制造技术的权利）；

（b）使用＿＿＿＿＿＿名字/标志的权利；

（c）查阅并使用作为本协议附件，称作＿＿＿＿＿＿文件所规定专有技术的权利；

（d）在引进以及经营过程中协助受许人从技术、商业、法律和经营受益的权利，第5节和第6节中有规定；

（e）出售和使用特许人制造的产品（由指定的供应商）意即……

**第4条　区域**

使用授予受许人特许经营的权利应在本协议附件3所载地区和建筑物中行使。受许人未经特许人事前书面许可不应变更其建筑物地址。

**第5条　专属性**

5.1　在本合同期间，在第4节所载区域中，特许人承诺：

---

①《特许经营合同参考文本》[EB/OL]. 法律快车，http://www.lawtime.cn/info/fanben/jytxjy/2008101441709.html。

——不将本特许经营的全部或部分授予第三者；

——本身不从事全部或部分的特许经营，也不以相似的方法出售本特许经营范围内的产品（服务）；

——不向任何第三者供应全部或部分、本特许经营范围内的产品（服务）。所有在法律上或在事实上控制特许人，或为特许人所控制或与其共同受到控制的人或公司，均认为是第三者。

5.2　在本协议期间，特许人应：

——在第 1 条所载的建筑物内独自经营特许经营；

——不得在第 4 条规定的地域之外与特许经营范围内的产品（服务）寻求客户。

**第 6 条**　期间

本协议在签字之日生效，为期_____年。

本合同自动延长连续的_____年期，除非特许人或受许人在第一个期限届满前或每一个延期届满前至少_____月发出通知。

用挂号信或任何其他书面传递手段，可借以准确确定收到通知的日期（该日期可用以计算通知期间）。本协议在签字日生效，期间可不确定。

各方不发出_____月通知将停止本合同，用挂号信或任何其他书面传递手段，可代理以确定收到通知的日期（该日期是该通知期间的起始日）。

## 四、包销协议

1. 包销协议的种类。包销协议（Exclusive Sale Agreement 或 Off-take Agreement）是一种长期购买、销售合同。根据协议，资信度比较高的买家同意或承诺在某段特定时期、以确定条件（如项目产品数量、价格或固定金额）购买项目产品，如照付不议协议、吞吐量协议等。

所谓"照付不议协议"（Take-or-par Agreement），是指按照国际惯例和规则，在市场变化情况下，付费不得变更，用户的用量未达到约定的数量或数额，仍须按此量付款；供应方供量未达到约定数量时，要对用户作相应补偿。如购电协议或电力包销协议、LNG（液化天然气）购买协议等，都可以是照付不议协议。目前，国内的"西气东输"、"忠武管道"等天然气项目均是按照"照付不议"原则签署的。一般认为，"照付不议协议"是能源上游提供商为化解自身风险，而强加给下游消费者的"不平等条约"。其实不然，交易双方签订"照付不议协议"是一种"博弈"。在项目开发建设中，项目公司或产品卖方需要投入大量资金，其整体风险巨大，"照付不议"原则上能够保证上游提供商的成本回收，提高上游厂商生产热情。"照付不议"也规定了不管市场变化保持恒定价格供应的原则，随着国际能源、产品吃紧，价格高涨，长远期对下游用户的好处显而易见。如 1999 年中海油从澳大利亚西北大陆架天然气项目进口 LNG，签署 25 年"照付不议"供气合同。后来，国际市场风起云涌，能源价格走高，"照付不议"使广东成了这一次博弈中的赢家。根据协议，澳大利亚卖到广东的液化天然气，价格最高不超过国际油价25美元时相对应的LNG价格，这也是目前亚洲最低气价。如果按现在的LNG价格计算，间接给广东节省了8亿美元，折合人民币约64亿元。

所谓吞吐量协议（Throughput Agreement）主要用于石油或天然气管道项目。根据吞吐量协议项目公司通过管道把石油或天然气按照规定的价格运送到进一步加工的地方或向第三方销售。

2. 包销协议适用的范围。包销协议适用的范围比较广，概括起来包括三个方面：①商品项目，如金、银、铜、锡、石油、天然气和煤等项目。②工业项目，如加工鲜花、蔬菜、木料、包装食品、新闻用纸和医药供应等项目。③基础设施项目，如电厂、管道、电信固定线路延长、散装水加工和供应等项目。

3. 包销协议一般包括下列主要内容：①包销协议的名称、签约日期与地点。②包销协议双方的关系；在包销协议中，都要明确包销商与项目公司之间的关系，即属买卖关系；包销人承担的义务，如承诺以出口方作为包销商品的唯一供应来源；承诺在一定期限内购买的最低数额；提供市场信息和售前售后服务；对出口方的商标权和专利权的保护。③包销商品的范围，项目公司经营商品种类繁多，即使同一类或同一种商品，其中也有不同的牌号与规格。因此，在包销协议中，双方当事人必须对包销商品的范围作出规定。为了避免协议双方当事人对包销商品的范围产生争议，最好在协议中对包销商品停止生产或有新品种产生对协议是否适用，应予以明确。④包销期限，包销期限的长短应明确规定，在我国出口业务中，通常规定为一年；但按有些国家的习惯和做法，在包销协议中不规定期限，只是规定中止条款或续约条款等。⑤包销的数量与金额，对协议双方均有同等约束力。有时在协议书中规定最低数量和金额，则包销商必须承担向项目公司购买规定数量和金额的义务，而项目公司必须承担向包销商提供上述数量和金额的责任。⑥作价办法，包销商品作价办法有不同做法，其中一种做法是在规定的期限内一次作价，即无论协议内包销商品价格上涨、下落与否，以协议规定价格为准；另一种做法是在规定的包销期内分批作价，由于国际商品市场的价格变化多端，因此，采用分批作价较为普遍。⑦中止协议的办法。⑧其他规定，即对广告、宣传、市场报导和商品保护等方面的规定。

## 五、建设合同

建设合同是项目公司与工程承包商就项目建设的造价、工期、质量和技术等所签订的法律文书。建设合同按照其所包括的内容，可以分为：设计合同、采购合同、施工合同、设计—采购—建设合同或交钥匙合同。

1. 交钥匙合同（Turnkey Contract）是某些项目的所有者有时出于对项目建设过程的管理不太熟悉考虑，将项目实施过程所涉及的设计、施工、材料和设备采购、竣工和保修一揽子发包给一个承包商而采用的一种简单项目管理模式。项目所有者的主要目的是，在保证建设投资项目预期功能目标的前提下，通过固定最终价格（有时还有固定竣工日期）的方式，与承包商订立合同。

由于承包范围包括整个项目建设全过程的各个方面，承包商往往采用联合体方式作为承包人，或实力较强的承包商接受合同后，再将工作任务分解后发包给不同的分包商实施，由多个承包商共同分担项目的利益与风险。

2. 项目建设风险分配的原则是，哪种风险在项目所有者和承包商间谁最有能力承担就归于哪一方的平衡分配风险原则，进而使项目所有者能够按较低价格签订合同，仅在实际发生特殊的非正常风险情况下，才增加进一步费用。交钥匙承包工程承包范围的广泛性，使得承包商几乎要承担项目实施过程中可能发生的各种风险，因此承包的合同价较高。交钥匙合同采用不可调价的固定总价方式承包，既不以实际完成的工程量作为给承包商支付的依据，也不考虑合同履行期间市场价格浮动对施工成本的影响。

交钥匙承包通常也采用招标方式选择承包商。为了确保价格、时间和功能的确定性，招标过程中，在招标文件中的"项目所有者要求"文件对承包商实施过程的要求比较明确，给予承包商时间和机会研究所有有关资料，签订合同前项目所有者与承包商就技术问题和商务条件进行讨论后达成的协议也将作为合同的组成部分。

项目实施过程中允许承包商按他选择的方式自由地进行工作，只要最终结果满足项目所有者规定的功能标准即可，因此交钥匙合同条件中不设工程师对承包商的工作进行监督和管理。项目所有者对承包商的工作只进行有限的控制，一般不进行干预。

3. 交钥匙合同的内容。FIDIC 即国际咨询工程师联合会（Fédération Internationale Des Ingénieurs Conseils）1999 年出版了《设计采购施工（EPC）/交钥匙工程合同条件》，该"条件"适用于项目建设总承包的合同，也是由通用条件和专用条件两部分组成。按照"条件"规定，交钥匙合同的条款应包括：一般规定，雇主，雇主的管理，承包商，设计，员工，生产设备、材料和工艺，开工、延误和暂停，竣工试验，雇主的接收，缺陷责任，竣工后试验，变更和调整，合同价格和付款，由雇主终止，由承包商暂停和终止，风险与职责，保险，不可抗力，索赔、争端和仲裁，共 20 条 166 款。

## 六、原料供应合同

原料供应协议是项目公司与原材料、能源供应商就项目运行（即生产经营）过程中所需原材料、能源的数量、质量和价格等签订的具有法律效率的文书。根据原料供应协议，原材料、能源供应商应该按照约定价格和数量、质量向项目公司供给项目运行所需的原材料和能源，如果供应商不能执行原料供应协议，造成项目公司采购成本超支，供应商应该承担相应的经济责任。项目公司与项目设备供应商也可以签订类似合同。

原料供应协议也可以称为需求合同、供应或支付协议，供货或付款协议，其对项目公司和供应商都存在利与弊。

## 七、运营维护协议

项目的开发、建设与经营管理是一项非常复杂的工作，项目发起人由于种种原因可能会将项目的筹划、建设、运营和维护等工作委托给其他人（包括自然人和企业法人）来承担。为了明确委托人与受托人之间的权利义务，其应该签订运营维护协议。根据运营维护协议，受托人为项目提供相应的服务，并按照约定收取服务费。

项目的运营维护，一般有三种模式：由项目公司承担项目的运营维护，由第三方承担项目的运营维护，由股东的子公司承担项目的运营维护，由项目公司与第三方共同承担项目的运营维护。选择项目运营维护模式的基本要素是：有无运营维护的经验、运营维护成本的高低。

# 第二节 项目协议的功能与作用

## 一、项目协议的基本功能

项目协议的基本功能是：适当分配项目风险。

任何一个项目在实施前都会进行可行性研究，通过研究比较不同方案，一般都会选择技术可行、经济合理、管理可靠、社会效果良好的项目方案。但是，市场（包括技术市场、金融市场、商品市场和人才市场等）是不断变化的，项目的参与者也会由于市场的变化而变化，国家政策也会发生变化。因此，项目的建设与经营，充满了不确定性因素，面临诸多风险。

风险的客观性已经成为人们的共识，共同分担风险的观念也已经基本上为人们所接受。这样，在实际工作中，人们面临的主要问题是如何分配风险。

在项目融资的实践中，人们分配项目风险的基本方式是签订各种项目协议。如股东协议规定了各股东在公司制或合伙制项目公司中的股份和各自在项目公司中的行为，确定了股东们的责任和义务，也就是将项目投资风险在股东之间分配；特许协议是在政府和私人资本之间分配项目投资风险，包销协议是在项目公司与包销商之间分配项目市场风险，建设合同是在项目股东与工程承包商之间分配项目完工风险，原料供应协议是在项目股东与原材料、能源供应商之间分配项目市场风险，运营维护协议是在项目股东与经营者之间分配项目经营风险。

当然，适当分配项目风险并不是平均分配项目风险，而应该是根据协议双方的抗御风险的能力和控制风险的能力来决定。如私人资本方面承担项目的完工风险、环保风险和经营风险等，公共部门承担项目的政治风险、一部分金融风险和市场风险等。根据 E. S. 萨瓦斯的分析，合作项目的风险分担大多分为三种：公共部门承担的风险、私营部门承担的风险、公共部门和私营部门共担的风险，其具体内容如表 17-1 所示。

**表 17-1　PPP 模式的主要风险及其分配的基本格局**

| 风险类别 | 发现类型 | 风险分配 |
|---|---|---|
| 商业风险 | 成本超出风险<br>经营风险<br>利润风险 | 政府部门承担<br>私人资本方面承担<br>政府做出最低消费量保障 |
| 财政风险 | 财务风险<br>汇率风险 | 私人资本方面承担，政府提供担保<br>私人资本方面承担，政府承诺一个固定汇率 |
| 政治风险 | 价格规制风险<br>充公风险<br>转资风险 | 根据预约定价公式适时调整<br>政府做出承诺，或公平价格赎买<br>所在国政府承诺，或第三方担保 |
| 其他风险 | 争端解决风险<br>技术风险<br>环境风险<br>不可抗力风险 | 将合同条款效力延伸至第三国<br>私人资本方面承担<br>政府负担环境治理的责任<br>向第三方投保 |

资料来源：侯峻：《PPP 模式在城市公共产品投资中的应用研究》，《现代城市研究》2008 年第 6 期；E. S. 萨瓦斯：《民营化与公私部门合作伙伴》，中国人民大学出版社，2002 年。

例如，在成都自来水六厂项目和中国香港迪斯尼主题公园项目中，其风险在公私间所做的安排（如表 17-2、表 17-3 所示），都体现了由具有抗风险能力和控制风险能力的合作者分担风险的基本要求。

在项目融资中，有人认为"要把尽量多的风险转移给私营企业"、"承担较多的风险就可以获得较多的回报"、"承担风险是获得高额回报的机会"，这是十分错误的。因为，私人资本承担风险的能力和控制风险的能力是有限的，让私营企业承担其无法承担或无法控制的风险，一旦风险发生，必然会降低提供公共设施或服务的效率和增加控制风险的总成本。

**表 17-2　成都自来水六厂项目风险及其分配**

| 风险种类 | | 防范措施 |
|---|---|---|
| 原水供应风险 | | 由成都市政府承担 |
| 净水销售风险 | | 由成都市政府、成都市自来水总公司承担 |
| 金融风险 | 利率风险 | 订立利率风险控制协议 |
| | 汇率风险 | 建设期，由承包商承担；建设完工后，由成都市政府、项目公司、债权人共同承担 |
| | 外汇风险 | 外汇短缺风险，由项目公司承担；外汇汇出风险，由成都市政府和项目公司共同承担 |
| | 通货膨胀风险 | 项目公司承担 |
| 法律风险 | | 由成都市政府承担 |
| 不可抗力风险 | | 项目公司自费购买保险，自来水总公司支付不可抗力付款 |

资料来源：蒋先玲：《项目融资》，中国金融出版社，2004 年，第 21~24 页。

表 17-3　中国香港迪斯尼主题公园项目风险及其分配

| 公共部门承担的风险 | 私人资本方面承担的风险 | 公私双方共同承担的风险 |
|---|---|---|
| 施工现场的获得风险 | 已有建筑物的风险 | 污染土地和周围环境的风险 |
| 私方伙伴缺乏经验风险 | 未预见到的不利地质条件 | 开发风险 |
| 法律、政策风险 | 土地改造风险 | 市场风险 |
| | 设计施工和运营风险 | 财务风险 |
| | 停业风险（如罢工等） | 不可抗力风险 |

资料来源：王秀芹、梁学光、毛伟才：《公私伙伴关系 PPP 模式成功的关键因素分析》，《国际经济合作》2007 年第 12 期。

另外，随着时间的变化项目参与者的能力会发生变化，因而项目风险的分配也不是一成不变的，或者说随着时间的变化，应对项目风险实施新的安排或分配。如伦敦地铁公司将地铁系统维护和基础设施供应以 30 年特许经营权的方式转给了三家基础设施公司，为了维护合作双方的利益，其在协议中内嵌了一个定期审核的机制，签约各方可以在 PPP 框架内每 7.5 年重新约定合约条款。[①]

## 二、项目协议的主要作用

项目融资是不同社会经济主体的一种合作形式，其合作的范围和内容都十分广泛，但合作成功的关键和实质不仅在于人财物的"合"，而且在于"分"。这种"分"，包括投资合作项目权、责、利在项目参与者之间的划分，即项目参与者在投资合作项目中权力的分配、责任的分担、利益的分享。项目参与者合的内容与分的内容均体现在项目协议中，所以项目协议的主要作用就是明确项目参与者各自的权力、各自的责任和各自的利益。

1. 明确项目参与者各自的权力，就是通过签订各种项目协议把投资项目的所有权、决策权、经营权、监督权，在项目参与者之间进行新的布置和调配。按照产权理论，项目的所有权、决策权、经营权和监督权是根据投资结构确定的。但是，从实践看，有的投资者偏好所有权，有的投资者偏好经营权；有的投资者比较注重眼前的权利，有的投资者比较注重未来的权利。因此，可以而且有必要对项目的"权"在项目参与者之间进行调配或新的布置。项目参与者通过签订项目协议调配项目的"权"，主要包括以下几个方面：

（1）所有权与经营权的分离，即通过签订各种项目协议把项目的所有权与经营权分别调配给项目参与者，如公共部门拥有所有权、私人资本方面拥有经营权；或者在合作中，把私人资本设计成为合作项目的出租人，公共部门成为合作项目的承租人。

（2）所有权的调配，即通过签订各种项目协议把项目的所有权在项目参与者中做出

---

① 王濒：《伦敦地铁 PPP 模式仲裁机制》，《中国投资》2005 年第 4 期。

新的布置，如公共部门先将项目的所有权"出卖"给私人资本方面，然后或最终，根据协议，私人资本方面再将项目所有权无偿或有条件地交还给公共部门。

（3）经营权的调配，即通过签订各种项目协议把项目的经营权在项目参与者中做出新的布置，如公共部门先获得较短时期的项目使用权，然后私人资本拥有较长时期的合作项目经营权，最终公共部门获得合作项目的经营权；或者在项目融资中，项目公司是一个空壳公司，公司的经营权由管理公司行使。

（4）决策权的调配，即通过签订各种项目协议把项目各项重大事务或各个阶段工作的决策权在项目参与者中做出新的布置，如公共部门拥有合作项目的设计方案决策权，私人资本方面拥有项目建设决策权和经营决策权。

（5）监督权的调配，即通过签订各种项目协议把项目的各类检查监督工作在项目参与者中做出新的布置。但是，在公私合作模式下，私人资本方面是合作项目开发建设和经营管理的主体，所以公私合作项目的监督权应该在公共部门方面。公共部门对公私合作项目监督的主要内容包括：现金流管理、资金使用计划、相关合同的备案、检查账簿、财务信息报告制度、审计，以及对运营成本的监管，如对职工工资及社会福利基金的监管、维修费的监管、基本折旧和大修理费用的监管和企业管理费的监管等。通过监督掌握私人资本方面运营的有效信息，为政府公共部门决策提供参考和依据。

2. 明晰项目参与者各自的责任，就是项目协议的签订可以把投资项目的各项具体工作及其风险在项目参与者之间做出有效的安排。如在金融市场具有优势的参与者承担融资工作与风险，在土地市场具有优势的参与者承担土地征用和拆迁等工作及其风险，在建筑市场具有优势的参与者承担与项目建设相关的工作及其风险，在技术市场具有优势的参与者承担技术开发工作及其风险，在器材市场具有优势的参与者承担设备材料采购供应等工作及其风险，在人才市场具有优势的参与者承担招聘、培养经营管理人员和生产技术人员的工作及其风险，在经营管理方面具有优势的参与者承担组织生产的工作及其风险，在商品市场具有优势的合作方承担项目产品或劳务销售的工作及其风险等。

例如，在PPP模式中，公共部门的责任主要包括：制定公私合作的政策；确定公私合作的领域与项目；衡量项目风险并建议分担风险的安排；制定项目建设和服务标准，确保项目符合卫生、安全和环境标准；监督合作项目的建设与经营，保障社会公众利益；按照合作协议的规定，对私人资本在合作项目中的活动给予支持和资助。公共部门承担的风险主要是政治风险。

私人资本在PPP模式中的责任主要包括：以创新和具有成本效益的方法为合作项目提供服务；依法筹集合作项目所需资金；积极开拓市场，增加合作项目的经营收入；按照合作协议的约定分担项目风险。私人资本在PPP模式中承担的风险可以是经营风险、金融风险、技术分析等。

3. 维护项目参与者各自的利益，就是项目协议的签订可以把投资项目开发建设经营的各种利益在项目参与者之间进行合理的分配。项目参与者合作的目的都是获得一定的利益，但侧重点有所不同，公共部门侧重于社会利益，私人资本侧重于经济利益；公共部门侧重于长远利益，私人资本侧重于近期利益；私人资本侧重于货币性收益，公共部门侧重于非货币性收益。从经济利益的角度看，项目参与者通过项目协议实施"利"的分享，主要包括以下几个方面：

（1）项目参与者分享合作项目的收益，即项目参与者按照出资比例或其他约定分享合作项目的成果，包括分享项目产品、分享项目设施服务、分享项目建成投产后的净收益或超额利润等。

（2）政府让利与补助，即政府为了激励私人资本方面对私人资本投资收益的让利与补助。政府的让利主要包括：对私人资本在合作项目中获得的收益给予减税或免税，投资扣税等优惠政策。政府对私人资本方面的补助主要表现在：政府对合作项目的投资（如政府投资占合作项目总投资的 50%以上）、公共部门将建成项目无偿交私人资本经营、公共部门为合作项目提供资金缺额担保、政府允许合作项目根据市场价格水平调整项目产品或项目服务的价格与收费标准。

（3）私人资本回报社会。私人资本回报社会，主要表现在：对贫困人口、贫困地区的捐赠，将在合作项目获得的收益继续投资公共项目，如投资教育、文化事业等。

### 本章小结：

项目融资文件是指根据项目融资的需要所制定的法律文书，其是顺利开展项目融资工作的依据和保证。项目融资文件包括三个部分：项目协议、融资协议和担保协议。

项目协议是指项目发起人以及项目公司与项目建设、生产和经营有关的参与者（不包括债权人），为了明确自己在项目建设、生产、经营中的权力、责任和利益所签订的各种具有法律效力的文件。按照项目协议的基本功能，其可以分为三类：项目组织协议、项目生产经营协议、项目成本协议。项目组织协议是项目发起人按照国家法律和自己开展生产经营的需要或偏好，为设立某种经济组织而共同制定的有关法律文件。项目生产经营协议是指项目参与者在项目生产和经营活动中，凭借其就可以履行自己权力、获得自己利益和承担自己的责任或项目风险的各种法律文件。项目成本协议是指能够对项目建设支出产生重大影响的各种法律文件。

项目融资是不同社会经济主体的一种合作形式，其合作的范围和内容都十分广泛，但合作成功的关键和实质不仅在于人财物的"合"，而且在于"分"。这种"分"，包括投资合作项目权、责、利在项目参与者之间的划分，即项目参与者在投资合作项目权力的分配、责任的分担、利益的分享。项目参与者合的内容与分的内容均体现在项目协议中，所以项目协议的主要作用就是明确项目参与者各自的权力、各自的责任和各自的利益。

### 本章重要概念：

项目融资文件　项目协议　项目组织协议　项目生产经营协议　项目成本协议　股东协议　特许协议　包销协议　工程建设或承包协议　原料供应协议　项目运营或维护

代理协议

**思考题：**

1. 项目融资文件的构成。
2. 项目协议的构成与作用。
3. 股东协议的基本内容。
4. 特许协议的主要内容。
5. 包销协议的主要内容。
6. 工程建设或承包协议的构成内容。
7. 原料供应协议的构成内容。
8. 项目运营或维护代理协议的构成内容。

# 第十八章 融资协议

项目融资协议是项目资金安排的法律文书，其主要包括：贷款协议、股东支持协议、账户协议和准股本融资协议。

## 第一节 贷款协议

贷款协议（Facility Agreement）是债权人与债务人、担保人根据有关法律、法规，经过协商后共同签订，主要约定债权人与债务人、担保人之间的权利义务关系的法律文书。不同的贷款协议，其具体内容各不相同。

### 一、贷款协议的种类

在借贷实践中，从不同角度可将借贷协议分为如下不同种类：

1. 按提供贷款的主体，可分为国内商业银行借贷协议和国际借贷协议，国际借贷协议包括：政府借贷协议、国际金融机构借贷协议、国际商业银行借贷协议。[①]

国内商业银行贷款协议和国际商业银行借贷协议是指商业银行向政府机构、企业或团体及个人提供贷款所签订的协议。它具有如下特征：①提供贷款的银行为商业性银行，即以营利为目的的银行。②贷款利率比较高，还款期比较短，往往还要求借款人提供担保。③借款人大多可以自由使用贷款，不受贷款银行的限制。④贷款规模或数额比较大。⑤受金融市场影响较大，贷款条件较苛刻或严格，旨在降低风险的条款比较多。

政府借贷协议是指一国政府利用其财政资金，向另一国政府及其机构或公私企业提供优惠贷款所签订的协议。政府贷款具有如下特征：①以政府名义提供贷款，贷款机构通常是政府财政主管部门或政府所设专管部门。②贷款条件优惠，具有经济援助性质。此种贷款的优惠表现在以下方面：贷款期限比较长，通常为中长期贷款；贷款利率比较低，通常为无息或低息。③以政府间外交关系良好为前提条件，两国间通常事先达成经

---

① 《国际借贷协议》[EB/OL]. 百度百科，http://baike.baidu.com/view/2767721.html。

济援助方面的协定。④政府贷款多属于项目贷款或有条件贷款，即借款方只能将借款用于某一特定项目或只能在某些条件下使用。

国际金融组织借贷协议是指世界性或区域性的国际金融组织向一国政府或公私企业提供贷款所签订的协议。国际金融组织贷款具有如下特征：①各国际金融组织按其组织章程或有关贷款方面的专门规定或规则提供贷款。②各国际金融组织要求贷款对象大部分是成员国或成员国政府或公私机构。③贷款审批程序较为严格，但条件比较优惠。④贷款的目的大多是解决成员国、特别是不发达成员国在国际收支上的困难或帮助成员国发展某一方面的经济和资源开发。

国际借贷协议作为国际经济合同的一种，除具有国际经济合同的一般法律特征之外，还具有自己的如下特征：①国际借贷协议的标的是国际货币，而不是实物。并不是所有国家的货币都可以作为国际借贷协议的标的物，有些国家的货币在国际金融市场上不能与其他外国货币相兑换，不能自由流通，因此，不能作为国际借贷协议的标的。只有在国际金融市场上能自由流通、交换，并为各国所乐意接受的国际货币才有资格充当国际借贷协议的标的物，这类国际货币主要有：美元、英镑、德国马克、日元、瑞士法郎、法国法郎、瑞典克朗、丹麦克朗、荷兰盾、意大利里拉、新加坡元、港元等 20 多种货币，此外，国际货币基金组织创设的特别提款权和欧洲经济共同体制定的欧洲货币单位虽属于记账单位，但也都有国标货币的某些职能，同样可以作为国际借贷协议的标的。②国际贷款协议的种类较多，内容较为复杂，其涉及的种类可以因主体、贷款期限、贷款组织方式、贷款用途、贷款利率、贷款担保等因素的不同而不同。国际贷款协议的内容相对其他国际经济合同而言，所涉及的文件较多，涉及的条款也较多。③国际贷款协议的法律适用和司法管辖问题更为复杂，有时甚至涉及十几个国家的法律和管辖权。例如，银团贷款协议涉及多家提供贷款的银行，因此适用何种法律以及管辖权往往成为协议的重点之一。

2. 按贷款方的数量，可分为独家借贷协议和银团借贷协议。

独家借贷协议是指由一家贷款方向借款人提供贷款所签订的协议。

银团借贷协议则是指由数家银行组成一个银行集团，按一定贷款条件向同一借款人提供贷款所签订的协议。银团贷款有以下特点：①提供贷款的银行有两家以上，而借款人是共同的。两家以上国际商业性银行共同提供的贷款称国际辛迪加贷款。国际商业性银行与国际金融机构共同向同一借款人提供的贷款称为联合贷款。②国际银团贷款可以分散贷款风险，尤其适合于那些贷款的数额比较巨大，贷款期限比较长的贷款。当借款人到期无力偿还全部或部分借款本息时，各参与贷款银行可以分担损失。③利用国际银团贷款方式可以避开有些国家法律规定的某些借贷方面的限制，如数量限制、期限限制、借款人或贷款人资格限制等。④国际银团贷款大多由一家或数家银行牵头，联合其他多家银行，按共同的贷款条件向借款人提供贷款。牵头银行通常代表其他银行与借款人谈判，借款人不必与每一家贷款银行谈判，因此贷款程序并不十分复杂，借款成本也比较低。

3. 按贷款期限，可分为短期借贷协议、中期借贷协议和长期借贷协议。

短期国际借贷协议规定的贷款期限一般在 1 年以下。中期国际借贷协议的贷款期限一般为 1~5 年。长期国际借贷协议的贷款期限则多在 5 年以上，有的长达 50 年之久。

4. 按贷款利率是否浮动，可分为固定利率的借贷协议和浮动利率的借贷协议。固定利率的借贷协议是指贷款利率在贷款协议有效期间内固定不变的借贷协议，多适用于短期借贷。浮动利率贷款协议的贷款利率在贷款协议有效期间是变化的，多适用于中长期贷款。

5. 按是否提供担保，可分为有担保的借贷协议和无担保的借贷协议。

有担保的借贷协议要求借款人提供担保，如物权担保或信用担保，以保证到期还款，减少贷款风险。大部分借贷协议为有担保的借款协议。无担保的借款协议不要求借款人提供借款担保，多用于政府贷款或国际金融组织贷款。

6. 按贷款用途，可分为项目借贷协议和非项目借贷协议。

项目借贷协议是指借款人为某一特定项目的建设而向贷款人贷款时所签订的协议。它要求借款人必须将借款用于该特定项目，并以该特定项目的预期收益偿还贷款本息，不得挪作他用。非项目借贷协议则不要求借款人必须将借款用于某一项目，或用于某一特定目的。政府借贷及国际金融组织借贷多属于项目借贷，而国际商业银行借贷多属于非项目借贷。银团贷款协议是银团贷款成员与借款人、担保人根据有关法律、法规，经过协商后共同签订，主要约定银团贷款成员与借款人、担保人之间的权利义务关系的法律文本。

## 二、借贷协议的主要内容

借贷协议作为明确借贷双方权利与义务关系的重要法律文件，虽然其所包含的具体内容与条款因贷款的不同类型而有所区别，但仍有相当多的条款是共同具备的。和其他经济合同一样，借贷协议也由三部分组成，即约首、正文（Main Text）和约尾。约首部分一般载明借方与贷方的名称、法定地址、法定代表人；签约的原则和基本依据、签约目的；签约时间与地点（有时放在约尾）。约尾主要包括借方与贷方法定代表人或被授权签字人的签字、附件的名称等。正文是借贷协议的核心内容，基本条款如下：

1. 定义（Definitions）条款。定义条款对协议中论及的关键性名词或专业名词等予以定义，避免借贷双方在履行合同中出现误解或纠纷。由于借贷协议具有很强的技术性，特别是国际项目借贷协议还涉及特定项目，因此，定义条款是国际借贷协议中必不可少的条款。

2. 贷款额和货币（Commitment Amount Currency）。贷款货币是指借贷双方选用哪种货币用作贷款使用的币种。在国际借贷中，贷款货币应为在国际市场上可自由流通的货币。但是，由于各国基本上实行浮动汇率制，因此在选择贷款货币时应特别注意货币的汇率风险，尽量将贷款货币的汇率风险降到最低点。在协议中，不仅可以选择一种贷款货币，为了减少汇率风险，还可以选择多种贷款货币，即一笔贷款使用两种以上货币作为贷款货币。有时也可以选择综合贷款货币单位，如欧洲经济共同体的欧洲货币单位（ECU）、国际货币基金组织的特别提款权（SDR）。欧洲货币单位是欧洲经济共同体于1979年1月1日正式建立欧洲货币体系的同时创立的，作为成员国货币的定值标准、共同体财政预算和成员国之间结算的工具以及国际储备的手段。欧洲货币单位是欧洲经济共同体九种货币按权数加权平均，即根据成员国国民生产总值和共同体内部贸易额大小确定权数，按加权平均法逐日计算币值。九种货币所占权数每五年调整一次。欧洲货币单位在欧洲经济共同体内部实行固定汇率，对欧洲经济共同体以外国家实行浮动汇率。特别提款权是国际货币基金组织在1968年创立的一种记账单位和货币定值标准。为了分散货币汇率风险，国际借贷协议也规定借款方在提款时可以在约定的几种货币中选择一种货币，或在贷款转期时选择另外一种货币作为贷款货币。贷款金额也称贷款额度，是贷款方向借款方提供贷款的总数额。

3. 贷款期限、贷款利息率、利息的计算。贷款期限是指从借贷协议生效之日起至借款方还清所有借款本金及利息之日止的期间。根据期限长短可分为短期、中期和长期。通常，贷款额度越大，贷款期限越长。

贷款利息率也称贷款利率，是一定时期内银行贷款的利息额与贷出或吸进的货币资金之间的比例，通常以百分率表示。利息是贷款银行依利率计算的法定孳息。如前所述，贷款利率有固定利率和浮动利率之分。固定利率也并不是一成不变的，有时贷款银行会定期予以调整。浮动利率则多按贷款期限和贷款额度的累进制递增。

4. 贷款的用途范围（Purpose of Loan and Use of Proceeds）。政府借贷协议对贷款使用的目的一般都做明确规定，特别是项目贷款必须写明项目名称、各项目的资金分配等。非经贷款方同意，借款人不得改变贷款的使用用途。国际金融组织提供的贷款大多也对贷款的使用用途予以限制，借款人必须专款专用。而国际商业银行贷款较为自由，一般不对贷款的使用用途有任何约束。但是，无论何种机构提供的贷款，借款人只能将它用于合法目的，这是最基本的要求，如果贷款方对借款人非法使用贷款并不知情，贷款方的合法权利仍将受到保护。

5. 贷款的提取（Drawdown）与贷款的偿还（Repayment）。贷款的提取条款主要列明借款人提取贷款的方式（一次提取或分期提取）、时间、数额、地点以及提款通知等事项。大多数借贷协议都要求借款人在借贷协议有效期间内提取借款时，应事先（通常提前5天或更长）向贷款方发出书面提款通知，注明提款日期、提款数额、该笔提款的利息期、借款方的银行账户、提款地点等。按国际金融市场惯例，提款通知应是不可撤销的，提款日期也应为银行营业日，提款地点应为货币发行国内（即由贷款方将贷款直接划拨到借款方在该国银行而不是第三国的银行账户上）。

贷款的偿还（Repayment）条款主要规定贷款偿还的方式、提前还款等事项。贷款偿还方式在实践中有以下几种：①到期一次性还本付息。②自提取贷款之日起分期偿还本息。选用此种方式时，应规定分期偿还的次数（通常按年偿还）、偿还的时间、每次偿还的数额、利息的计算等。贷款人比较愿意接受分期还款方式，这样可以减少贷款风险。提前还款是指借款方在还款期未到之前即先行偿还贷款的行为。提前还款在某些情况下对借款人有利而对贷款人不利，所以对是否允许提前还款以及提前还款的条件应予明确规定。在项目贷款中，贷款人依赖项目投产后所取得的收益作为还款来源，项目早期完工，对贷款人更有还款保证，因此，借款人及早完成项目则应及早还款，贷款人对此一般不加以限制。而其他一些贷款则往往规定限制借款人提前还款，即使允许提前还款，也大多规定提前还款额应包括提前还款额的利息，有的还要求借款方对贷款方因提前还款时利率发生变动而造成的损失予以补偿。

6. 陈述与保证（Representations and Warranties）。陈述与保证条款主要载明借款人对其法律地位、签约资格、签约能力、财务及商务状况、偿还能力等所作的声明和陈述，并对其真实性予以承诺和保证。如借款人违反上述保证，则应承担违约责任。贷款人针对借款人此类违约的不同情况，有权行使下列权利：①将陈述与保证条款作为履行每一笔贷款义务的先决条件。如果借款人陈述与保证的内容与事实不符，贷款方有权中止该笔贷款。②有权解除或取消尚未发放的贷款或宣告已发放的贷款到期。在国际借贷协议中，要求借款人予以陈述和保证，其主要目的在于保护贷款人权利，减少贷款人的贷款风险。

7. 约定（Covenants）条款与权利转让（Assignment）条款。由于贷款人在借贷关系中相对借款人面临更大的风险，因此约款也是单方面要求借款人对贷款人所做的保证，但该保证与"陈述与保证条款"保证的内容不同，"陈述与保证条款"旨在由借款人保证其签约权力和行为能力的真实性。而约定条款主要要求借款人承诺在借贷协议之间承担一系列作为或不作为义务，旨在促使借款人履行借贷协议，特别期还本付息。因此，约定条款和"陈述与保证条款"是相辅相成的。约定条款因每笔借贷协议的特点而有所差别，借贷数额越大，约定条款越多。

权利转让（Assignment）条款主要由借款人对贷款人转让其在借贷协议中的权利问题予以规定。通常情况下，贷款人有转让其权利的自由，但是贷款人转让其权利的自由要有所限制，在让与权利之前必须经借款人同意，并不得增加借款人的负担，否则转让无效。而对于借款人的提款权一般禁止转让。

8. 税收（Taxes）承担与贷款费用（Fees and Expenses）。在国际借贷中，该条对借贷双方履行及签订国际借贷协议中涉及的税收问题作出明确规定。通常情况下，贷款方应负责承担对其贷款所得利息所征收的税款。

贷款费用指在签订及履行借贷协议中所涉及的费用，如管理费、代理费杂费等。该条主要明确这些费用的分担问题。

9. 违约责任。该条主要规定违约的构成及应承担的违约责任或守约方可以采取的救济方法、不可抗力的认定等，借贷双方凡是基于非不可抗力原因而不能全部或部分履行借贷协议的情形，都构成违约。例如，借款人到期不能还本付息、陈述与保证失实、违反约定事项、违反借贷协议的其他条款等；贷款人不能提供全部或部分贷款、贷款人不能按期提供贷款等。此外，借款人或贷款人还存在着先期违约或预期违约的可能，如借款人丧失清偿能力、借款人资产被征用或贬值或毁损、借款人对其他债权人连续或多次违约等；贷款人宣告破产或无提供贷款能力、贷款人资产被征用等。凡是在借贷协议签订后、履行期到来之前，违约方明确表示或从其行为中充分判断出其将不能全部或部分履行借贷协议的，均构成先期违约。对于先期违约，守约方有权事先采取防范措施，以避免损失的发生，如中止履行借贷协议。发生违约行为后，守约一方有权根据违约行为的性质以及严重性采取如下措施：①中止借款人提取借款。②取消尚未提取的贷款。③宣布贷款立即到期。④要求损害赔偿。⑤要求实际履行。⑥要求解除全部合同。⑦持有借款人存款的贷款人在借款人违约时将借款人存款与未偿还贷本息或他赔偿予以冲抵。⑧要求支付违约利息等。

10. 适用法律和司法管辖权（Governing Law and Jurisdiction）和争议解决条款。因借贷协议发生纠纷所引用的法律或适用的法律，当事人可以自行协商确定某一国内法或国际惯例或国际公约。

争议解决条款又称仲裁条款，因为大部分当事人都选择仲裁方式解决因借贷协议所发生的争议。所以应载明仲裁地点、仲裁机构、仲裁裁决的效力。选择仲裁方式之后，则不能选用诉讼方式。

在实际业务中，由于每一笔借贷有其不同的特点，借贷当事人各不相同，因此，协议的内容远比以上条款详细和复杂。如有的借贷协议还可能涉及取消还款和提前还款（Cancellation and Prepayment），费用（Fees and Expenses），前提条件（Precedent Conditions for Drawdown），约定（Covenants），情势变迁（Changes in Circumstances），补偿（Indemnity），代理行和贷款行（Agent and Lender），通信、语言和生效（Communication, Language and Effectiveness），法律意见书及其他附件（Legal Opinion, Appendixes）等条款。

# 第二节　股东支持协议

股东支持是指为了降低债权人的投资风险、保护债权人的利益，项目发起人对债权人所面临的各种项目风险所做的承诺与保证，反映项目发起人所做承诺和保证的法律文书或协议条款就是股东支持协议（Equity Support Agreement），如股东放弃项目的风险、项目竣工风险、项目运营风险等所做的各种保证。

## 一、与项目放弃风险相关的股东支持协议

在项目融资中，债权人面临的第一个风险就是项目发起人可能在项目竣工前放弃项

目，即放弃风险。

债权人为了降低或避免放弃风险，往往要求项目发起人作出如下承诺，作为贷款的前提条件：

1. 严格的基础股本承诺。即项目发起人提供给项目的基础股本要满足债权人的要求或达到债权人满意的水平。根据项目风险的不同，债权人要求基本股本占项目总投资或项目预计总成本的20%~40%。

2. 第一笔贷款的基础股本承诺。即债权人提供第一笔贷款时，项目发起人向项目注入的基础股本应该达到全部基础股本的一定比例；否则，债权人不会对项目提供贷款。在之后的贷款发放中，每次贷款前，项目基础股本都应该达到贷款协议规定的水平。如第一次发放贷款前，项目发起人必须为项目注入30%~40%的基础股本。

例如，某项目总投资1亿元，资本结构为70∶30，即项目发起人应该为项目注入基础股本为3000万元，项目的债务资金7000万元。这样，①项目的股本资金满足了债权人对项目股本的要求。②项目获得债务资金前，项目发起人必须向项目注入股本资金1200万元（3000万元×40%）。如果经过协商，双方同意项目发起人注入股本1200万元以后，项目股本资金与债务资金的支取保持18∶70的比例，则第一笔贷款的金额是4669万元（1200÷18×70）。

## 二、与项目竣工风险相关的股东支持协议

与项目竣工风险相关的股东支持协议，主要来自两个方面：一是债权人对工程建设安排不满意，要求项目发起人提供工程竣工担保；二是债权人对项目的其他情况不满意，要求项目发起人提供备用股本来承担相关风险。

1. 债权人对工程建设安排不满意，要求项目发起人提供工程竣工担保。一般情况下，项目发起人的策略是通过签订工程承包合同尽可能地将项目的竣工风险转移给工程承包商。根据合同规定，承包商没有达到合同要求，项目公司由此减少收入或增加运营成本，由工程承包商给予业绩违约支付。如果债权人对工程承包合同的条款不满意，他将要求项目发起人在提供基础股本承诺后还必须提供竣工担保。债权人比较满意的竣工担保方式是，项目发起人从一家声誉良好的金融机构获得不可撤销的备用信用证来支持竣工担保。如果违反了竣工担保，债权人可以要求备用信用证项下的支付。

2. 债权人对项目的其他情况不满意，要求项目发起人提供备用股本来承担相关风险。导致债权人要求项目发起人为项目的其他问题提供担保的主要包括以下几种情况：①项目文件没有包括照付不议协议。②建设计划不确定或带有严重的技术问题。③项目的技术是新的，设备生产商不能提供履约担保。④工程承包商接近破产或面临实质性的潜在风险。⑤项目场地面临严重的环境或考古风险，而工程承包商或东道国政府不愿意承担风险；等等。

债权人要求项目发起人提供备用股本来承担相关风险，一般都是双方激烈谈判的主

题。因为备用股本是一项长期的备用承诺，且如果项目发起人的资信等级不高，债权人会要求项目发起人从一家声誉良好的金融机构获得不可撤销的备用信用证来支持该承诺。

## 三、与项目运营风险相关的股东支持协议

根据项目在建设和运营中的不同风险，债权人可能要求项目发起人提供以下单一或组合的支持。

1. 要求发起人维持项目所有权。为了防止项目发起人在贷款期间通过转让公司股份而逃避债务，债权人会要求项目的牵头发起人按约定的比例，在贷款期间或贷款偿还前维持其在项目公司的直接和间接股权。同时，维持在项目公司的全部或主要股权会使项目发起人面临风险，并激励他们加强管理、做出正确的经营决策。

2. 发生项目违约时，要求发起人根据项目需要加速基本股本和备用股本的支付。违约严重时，根据各方谈判的结果，也可以加速备用股本来全部或部分偿还贷款。

3. 要求项目公司建立特定的现金储备，包括：偿债储备账户（Debt Service Reserve Account，DSRA）和大修储备账户（Major Maintenance Reserve Account，MMRA）。债权人建立偿债储备账户的目的是，资金缺乏可以满足偿债的支付或要求；偿债储备账户包括高级偿债储备账户和/或次级偿债储备账户。

债权人要求建立大修储备账户的目的，一是保证项目大修的资金需要；二是债权人可以控制这些资金，在债务人违约时用这些资金偿还他们的贷款。

4. 要求项目发起人承担恢复项目设施的责任。即在项目商业运营后的任何时候，如果发生政治不可抗力事件（如项目可能受到战争、革命或国民暴动的严重破坏等）造成项目毁损，债权人要求发起人事先做出恢复设施的承诺。如果相关协议把项目的政治风险分配给了东道国政府，而事件发生后，东道国政府认为损失超过了预先规定的限度，政府只提供部分资金，则债权人要求项目发起人在贷款期提供其余部分的支持。

5. 要求项目发起人对没有产品包销协议的项目提供支持或担保。即如果项目没有签订产品包销协议，债权人认为项目风险较大。这样，债权人会要求项目发起人做出更加严格的竣工担保。

6. 要求发起人对存在关联交易的项目提供支持。在实际工作中，项目公司与项目发起人之间经营联系比较密切，有些项目发起人对项目提供服务，或者项目公司为项目发起人提供服务。为此，很可能出现项目发起人占用项目公司资金或侵害项目公司利益的情况，从而增大债权人的贷款风险。这样，债权人对存在关联交易的项目，要求项目发起人提供支持。这种支持包括：①债权人要求项目发起人以次级贷款的方式为项目公司提供营运资本来满足任何成本超支。一般情况下，只要高级贷款还未偿还，项目发起人就不能要求项目公司偿还次级贷款。②项目发起人为项目公司提供服务，债权人要求项目发起人从项目公司获得服务收入或收取费用，在级别上低于贷款偿还。如项目发起人为项目提供原材料，其原材料的收费在时间上晚于贷款的偿还，这样可以提高债权人贷

款资金的安全程度。③项目公司为项目发起人提供服务，债权人要求项目发起人签署"现金补足协议"。按照协议的规定，要求使用项目公司服务的项目发起人在项目出现收益不足时支付必要的资金来满足项目的成本支出和偿还贷款的偿还需要。如规定项目的股东无论是否获得项目产品或服务，每月都必须支付一定比例的项目运营成本或加工产品加工费。④要求项目发起人承担一定的价格风险。即项目产品（服务）、项目所需原材料（能源）等，都具有价格风险，债权人为了保护自己的利益，常常要求项目发起人作出如下承诺：当产品和服务的市场价格低于约定价格下限时，发起人保证支付底限价格；在市场价格高于规定的下限时，可以反方向进行调整。

7. 要求发起人对存在货币风险的项目提供支持。债权人要求项目发起人提供的项目货币风险支持主要包括：①贬值风险保险。即在一些发展中国家，由于货币贬值、通货膨胀的发生，可能造成项目经营困难、按期还款困难。为了防止这种情况的出现，债权人要求项目公司建立货币储备账户，其规模大小视通货膨胀、货币贬值的幅度决定。这样，当发生严重的通货膨胀、货币贬值时，可以从该账户提取资金来弥补运营和其他费用。②制订两种还款计划。即债权人要求项目公司根据预测的现金流制订两种还款计划：在预测项目现金流比较充裕时，使用基础条款还款计划；在项目现金流不太充裕时，使用备选方案。根据这种安排，当项目现金流比预测的高或多时，还款计划加速。③提供返还红利担保。即债权人要求项目发起人作出承诺，在项目缺乏资金时归还已经获得的分红。

## 第三节  账户协议

债权人为了降低贷款风险，除了要求项目发起人提供股东支持协议，还要求项目公司签署账户协议（Accounts Agreement，AA）。债权人通过账户协议，控制项目的现金流，确定项目资金的使用顺序，保证项目资金按照规定分配与支付。

### 一、项目账户的构成内容

按照账户协议的要求，项目账户包括收益账户、经营账户、大修理储备账户、偿债支付账户、偿债储备账户、小额现金账户、争议支付账户、补偿账户和回收账户。[①]

1. 收益账户（Proceeds Account）。项目一般有两个收益账户：境外外汇账户和境内本币账户。境外外汇账户主要用于存放项目所拥有的贷款资金、发起人的基础股本和备

---

① ［美］M. Fouzul Kabir 等：《大项目融资》，朱咏等译，清华大学出版社，2005 年。

用股本、过桥贷款和项目所有的外汇收益。境内本币账户主要用于存放项目所有的本币贷款资金、发起人的基础股本和备用股本、过桥贷款和项目所有的本币收益。在国际项目融资中，本币账户的收益要定期转换成外汇和转移到境外收益账户。除非项目账户协议明确允许，项目公司承诺不提取任何收益账户中的资金。

收益账户的资金可以用于以下支出：根据运营预算在到期和可以支付时，支付成本备用或支付债务；根据规定条件向其他抵押账户转移资金；用于支付允许购买的支出。出现如下情况时，项目公司不能从收益账户提取资金：账户已经透支；债权人发出了停止提取资金的通知；该支付与优先顺序不一致。

根据规定，所有从收益账户中进行的资金支取都必须至少在 3 个工作日之前提出书面申请，必须向债权人就资金的用途做出详细的描述。每次提款，项目公司必须陈述和保证该提款与批准预算及账户协议条款相一致。项目公司和账户银行除了向受限支付账户转移资金外，没有得到债权人签署的指示，不仅不能从收益账户中支付、转移或提取资金，而且不能从偿债储备账户、大修理储备账户和次级偿债账户中提取资金。

2. 经营账户。按照账户协议，项目公司管理项目运营支出，需开立和维持两个经营账户：外汇账户和本币贷款，外汇账户用于经营中需要用外汇支付的经营成本费用，本币贷款用于经营中可以用本币支付的经营成本费用。

项目经营成本优先获得支付可以保证项目的经营不至于中断，降低项目的经营风险。根据账户协议的规定，项目公司可以将每月经营需要的费用资金，按经过审批的经营预算，从收益账户转移到外汇账户和本币贷款。

3. 大修理储备账户。为了维护项目大修的需要，保证项目经营的正常进行，债权人要求项目公司开立和维持大修理账户，并按照预先谈妥的目标余额，每月从收益账户中转入一定数额的资金。项目公司每月提取的大修理资金，可以根据大修理账户目标余额与大修间隔期来确定。如大修理账户目标余额是 300 万元，大修理间隔为 5 年，计划每半年提取一次，则每月提取金额为 5 万元 $[300/(12 \times 5)]$。

项目公司可以在需要的时候指示账户银行从大修理账户中提取大修理成本，也可以在运营账户缺乏资金时从大修理账户提取资金用作经营成本。

4. 偿债支付账户（DSPA）。为了保证能够按期偿还债务，项目公司每月应该从收益账户转入一定资金到偿债支付账户。项目公司每月提取的偿债资金，由还款期和每期的还款额度决定。例如，项目每季度还款 300 万元，则每月从收益账户提取偿债资金 100 万元。这样，就可以保证下一个还款日的账户余额与还款计划规定的金额相等。

5. 偿债储备账户。包括高级偿债资金账户或刺激偿债资金账户，偿债资金账户的首期资金来自作为项目成本的债务和股本资金。每月提取的偿债资金，应该根据项目现金流确定。如果项目各期的现金流差距较大，则在现金流比较大的月份应该多提取偿债资金资金；否则，少提取或不提取。

6. 受限支付账户。该账户位于项目现金收益使用的最后一环，项目收益在满足了所有其他要求后才转入该账户。项目公司可以指示境外账户银行，将所有剩余资金转入受限账户。

上述收益账户、经营账户、大修理储备账户、偿债支付账户、偿债储备账户和受限支付账户都属于项目收入账户。账户协议除了收入账户外，还有其他账户：小额现金账户、争议支付账户、补偿账户和回收账户。

7. 小额现金账户。该账户主要用于支付项目日常经营的小额支付。该账户不受制于优先顺序。账户银行根据项目公司的指示（按事先约定），在每个日历年度不受优先条款的顺序限制向该账户转入一定金额的资金。

8. 争议支付账户。该账户用来支付有关争议的不利裁决所造成的资金支付。项目公司可以不时地善意对抗一项起诉或义务，但必须保持适当的储备。

9. 补偿账户。该账户主要用于接收如下项目收入：工程承包商的违约赔偿、与项目终止相关的赔偿、与征用有关的赔偿、与保险有关的赔偿、与第三方责任有关的赔偿。

账户协议规定，补偿账户中的任何余额都可以根据优先顺序进行使用。

10. 回收账户。该账户存储所有发起人的过桥贷款，包括违约支付和保险收益。账户协议规定，项目公司就收到的每一笔回收资金通知债权人，并提供回收资金的证据。回收资金不需要遵守优先顺序，项目公司可以指示账户银行从回收账户中提取任何金额并划入受限支付账户。

项目公司经过债权人许可，可以对上述账户的资金进行投资。

在账户协议下，项目公司授予债权人不可撤销的审计权，以检查账户的记录。

## 二、项目资金的支付顺序

债权人要求项目发起人签署账户协议的目的是，确保项目公司一定根据协议规定的优先顺序（Order of Priority）使用资金。这种优先顺序除了维护项目的营运和债权人同意的其他支出，主要是保证偿债优先于其他支付或分配。一般情况下，项目现金流的支付优先顺序如下：

（1）转移到运营账户，保证项目正常经营的资金需要。

（2）转移到大修理储备账户，保证项目大修理的资金需要。

（3）支付给高级偿债支付账户，保证到期高级债务的偿还。

（4）支付给高级偿债储备账户，保证以后到期高级债务的偿还。

（5）支付给次级偿债支付账户，保证到期次级债务的偿还。

（6）支付给次级偿债储备账户，保证以后到期次级债务的偿还。

（7）根据贷款协议进行自愿提前还款的转移，即在满足债务正常偿还的前提下，项目公司可以提前归还贷款本息。

（8）用于允许的其他资本支出、支付。

（9）对受限制支付账户进行支付。

账户协议的构成内容与项目现金流的分配如图 18-1 所示。

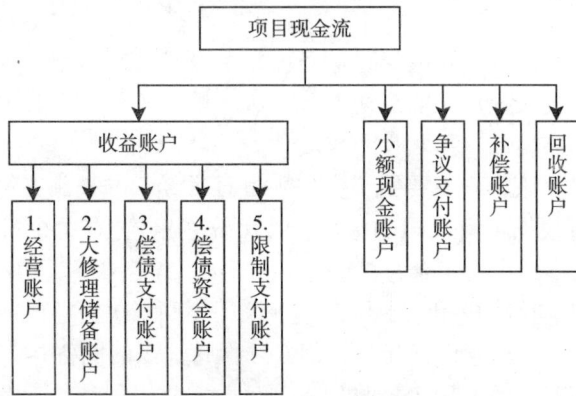

图18-1　账户协议的构成内容与项目现金流的分配

# 第四节　准股本融资协议

准股本资金是指项目投资者或者与项目利益有关的第三方所提供的一种从属性债务 (Subordinated Debt)。项目融资中最常见的准股本资金有无担保贷款、可转换债券和零息债券三种形式。

## 一、无担保贷款协议及其作用

1. 无担保贷款协议的主要内容。无担保贷款是不以具体某项资产作为担保的借款负债形式，即不用债务人或第三方依法提供担保而发放的贷款。

2. 无担保贷款协议在项目融资中的作用。在项目融资中，无担保贷款一般都是项目发起人根据债权人的要求，提供给项目公司的一种准股本资金，它可以起到增强债权人信心的作用。所以，无担保贷款协议的条款，需要获得债权人的认可。

## 二、可转换债券协议及其作用

1. 可转换债券协议的内容。可转换债券是可转换公司债券的简称，又简称可转债。英译为：Convertible Bond。它的主要内容是持有者可以在特定时间、按特定条件转换为普通股票的特殊企业债券。可转换债券兼具债券和股票的特征。

2. 可转换债券协议的作用。在项目融资中，可转换债券协议的作用包括：①可以降低贷款风险，增强债权人的信心；②项目发起人通过可转换债券协议可以推迟拥有项目的时间。

## 三、零息债券协议的主要内容

1. 什么是零息债券。零息债券的英译为：Zero-Coupon Bond；Capital Appreciation Bond；Zero；Zero-Coupon Government Bond。亦作：零债券。零息债券是指以贴现方式发行，不附息票，于到期日按面值一次性支付本利的债券。零息债券发行时按低于票面金额的价格发行，而在兑付时按照票面金额兑付，其利息隐含在发行价格和兑付价格之间。零息债券的最大特点是避免了投资者所获得利息的再投资风险。零息债券是不派息的债券，投资者购买时可获折扣（即以低于面值的价格购买），在到期时收取面值。由于这些特性，零息债券对利率的改变特别敏感。一般而言，债券价格与利率变动呈反比关系。

2. 零息债券协议的基本条款。债券以低于面值的贴现方式发行，由其发行贴现率决定债券的利息率；债券的兑付期限固定，到期后将按债券面值还款，但支付的顺序应该排在高级债务的后面。

零息债券的优点是：公司（债务人）每年无须支付利息或只需支付很少的利息；按税法规定，零息债券或低息债券发行时的折扣额可以在公司应税收入中进行摊销。许多国家的法律规定，此类债券可以避免利息所得税。

其缺点是：债券到期时要支出一笔远大于债券发行时的现金；这类债券通常不能提前赎回。因此，假如市场利率下降，公司不能要求债券投资者将债券卖回给公司。

3. 零息债券协议在项目融资中的作用。发起人签署零息债券协议可以为债务融资或债权人提供担保；项目公司发行零息债券则可以在不付息的情况下，可得到利息税务扣减。

**本章小结：**

项目融资协议是项目资金安排的法律文书，主要包括贷款协议、股东支持协议、账户协议和准股本融资协议。

贷款协议是债权人与债务人、担保人根据有关法律、法规，经过协商后共同签订，主要约定债权人与债务人、担保人之间的权利义务关系的法律文本。不同的贷款协议，其基本框架相同、具体条款可以根据当事人的意愿设定。

股东支持是指为了降低债权人的投资风险、保护债权人的利益，项目发起人对债权人所面临的各种项目风险所做的承诺与保证，反映项目发起人所做承诺和保证的法律文书或协议条款就是股东支持协议，如股东放弃项目的风险、项目竣工风险、项目运营风险等所做的各种保证。

债权人为了降低贷款风险，除了要求项目发起人提供股东支持协议，还要求项目公司签署账户协议。债权人通过账户协议，控制项目的现金流，确定项目资金的使用顺序，保证项目资金按照规定分配与支付。按照账户协议的要求，项目账户包括收益账户、经营账户、大修理储备账户、偿债支付账户、偿债储备账户、小额现金账户、争议支付账户、补偿账户和回收账户。

准股本资金是指项目投资者或者与项目利益有关的第三方所提供的一种从属性债务。项目融资中最常见的准股本资金有三种形式：无担保贷款、可转换债券和零息债券。

**本章重要概念:**

贷款协议　股东支持协议　账户协议　准股本融资协议　收益账户　经营账户　大修理储备账户　偿债支付账户　偿债储备账户　小额现金账户　争议支付账户　补偿账户　回收账户

**思考题:**

1. 项目融资协议的构成与作用。
2. 项目融资中，设立账户协议的基本要求。
3. 准股本资金的种类及其作用。
4. 股东支持协议的主要内容。
5. 贷款协议的基本内容。

# 第十九章　担保协议

投资者（包括债权人）都希望从投资中获得合理回报、债权人希望按期收回贷款本息，这些理论听起来容易，但要真正实现确实很难的。项目建设开发经营期间有诸多不确定因素，因此投资者一般希望项目公司或债务人提供相应的担保。

担保被定义为保护或保证，经常与抵押物互用。担保、抵押等一般指一项义务、抵押、担保契约、承诺、转让、押金、质押或留置权等，是债务人以及项目的参与者为了债权人的利益而在自己的资产上设立的。如果债务人不能按期还款，债权人可以获得债务人及其项目参与者的资源来弥补自己的贷款。[①]

## 第一节　项目融资担保协议的构成内容

### 一、建设期担保协议与贷款期担保协议

项目融资担保协议，按照其主要作用可以分为：建设期担保协议和贷款期担保协议。

1. 建设期担保协议。建设期担保协议的主要作用是保证项目按照预定的工期、造价、质量建成、投入生产经营，其包括：工程承包合同、发起人完工担保协议、股本支持协议和相关的备用信用证。

2. 贷款期担保协议。贷款期担保协议的主要作用是保证项目能够按期归还贷款本息，其包括：动产担保契约、项目执行协议、项目包销协议、项目特许协议、原材料供应协议、项目运营维护协议、项目贷款人间协议、项目保险合同、股份质押协议、政治风险保险合同等。

项目建设期担保协议和贷款期担保协议的构成内容如表19-1所示。

---

① ［美］M. Fouzul Kabir 等：《大项目融资》，朱咏等译，清华大学出版社，2005 年。

**表 19-1　项目融资担保协议的构成**

| 建设期担保协议 | 整个贷款期担保协议 | 其他担保协议 |
|---|---|---|
| EPC 合同<br>发起人完工担保协议<br>股本支持协议<br>相关的备用信用证 | 法律抵押：<br>　租赁的土地/附着资产<br>担保契约：<br>　动产<br>转让：<br>　项目合同<br>　—执行协议<br>　—包销协议<br>　—特许权协议<br>　—原料供应协议<br>　—运营维护协议<br>　—相关的备付信用证<br>　—许可、执照和授权<br>　—无形资产<br>　—贷款人间协议<br>　—保险<br>　—直接协议<br>质押：<br>　股份<br>　消极承诺<br>　固定/浮动抵押<br>　项目公司账户 | 转让：<br>　政治风险保险 |

## 二、直接担保协议、间接担保协议、或有担保协议和意向性担保协议

按照担保人承担的责任，担保协议可以分为：直接担保协议、间接担保协议、或有担保协议和意向性担保协议。

1. 直接担保协议。该类协议一般由项目发起人等非专业担保机构签署，其以自有资产承担相关责任，如项目发起人、工程承包商、为项目提供的完工担保、金融机构为项目提供的履约担保。

2. 间接担保协议。该类协议一般由项目产品或服务的购买商以及项目原材料、能源的供应商签署，其以协议下的权力承担相关责任。如"无论提货与否均需付款协议"、"供货与付款协议"等。

3. 或有担保协议。该类协议一般由专业担保机构签署，其以保险基金承担相关责任，如财产保险合同、政治保险合同等。

4. 意向性担保协议。该类协议一般由项目的总公司或母公司发出，其主要表达对项目融资知晓、支持和欢迎的意思，如安慰信、支持信等。

# 第二节 项目融资担保协议范本

担保协议是一种从属合同，在实际工作中，其文本形式千千万万，且一些担保协议都不是独立的法律文书，而仅仅是主合同的一部分。如有些贷款担保协议，仅仅体现在担保人在贷款合同的签名盖章。

## 一、担保协议的内容

一般情况下，担保协议的内容主要包括：签订担保协议的时间、当事人（包括委托人与担保人）、担保事由、担保人的意愿、反担保、声明和保证、违约事件、保函项下的索赔、担保费用和适用法律等。

担保协议的范本见附件X。

### 附件X

#### 担保协议的范本

本担保协议书于×××年×月×日由以下两方在××××签订：

1. 公司（以下称"委托人"）

住所：

2.××××××有限公司（以下称"担保人"）

住所：××××××××××××

鉴于以下理由：

（1）委托人拟与（以下称"贷款人"）签订关于×××的借款合同（以下称"借款合同"）。

（2）委托人申请担保人为其开立上述借款合同项下以贷款人为受益人，金额不超过××币×××元的保函（以下称"保函"），或者申请担保人为上述借款合同提供保证担保，与贷款人签订上述借款合同项下的保证。

一、定义

1. 在本担保协议书，除非根据上下文应另作解释，下列术语应具有如下含义：

法律：是指中国的宪法、法律、行政法规、法规性文件、地方性法规、行政规章、地方政府规章（包括有权解释机关对上述各项所作的解释和说明）、条约义务和《中华人民共和国最高人民法院公布的司法解释和判例》；

反担保人：是指债务人以及债务人之外的其他人；

反担保方式：是指债务人提供的抵押或者质押，也可以是债务人之外的其他人提供的保证、抵押或者质押。

2. 本担保协议书中的"年"、"季度"、"月"、"日"均指公历下的该年、该年度、该季度、该月和该日。

二、担保人同意为委托人向贷款人开具相关保函或者同意与贷款人签订上述借款合同项下的保证合同。

三、反担保

在担保人开立保函之前，或者在担保人与贷款人签订上述借款合同项下的保证合同之前，委托人必须向担保人提供下列一项或多项反担保方式：

1. 经担保人认可的第三人，正式向担保人签发以担保人为受益人的不可撤销、连带责任反担保保证书，或者与担保人签订反担保保证合同。

2. 委托人以其合法拥有的、法律规定可以设定抵押权或质权的财产抵押或质押给担保人，以作为其偿付债务的反担保方式。委托人必须在本担保协议书签订之时与担保人签订"抵押合同"或"质押合同"，且委托人须按法律规定办理抵押物或质物的抵押或质押登记手续。其中抵押物或质物的有关内容如下：

名　　称：　　数　量：　　　　所有权：　　　　所在地：　　　　其　他：

3. 第三人（在委托人要求下）以其合法拥有的、法律规定可以设定抵押权或质权的财产抵押或质押给担保人，以作为委托人偿付债务的反担保方式。第三人必须在本担保协议书签订之时与担保人签订"抵押合同"或"质押合同"，且第三人须按法律规定办理抵押物或质物的抵押或质押登记手续。其中抵押物或质物有关内容如下：

名　　称：　　数　量：　　　　所有权：　　　　所在地：　　　　其　他：

4. 委托人向担保人支付人民币×××元，以作为其偿付债务的履约保证金，该保证金在委托人清偿借款合同项下的本金、利息及其他费用、本担保协议书项下的担保费用后返还给委托人。若委托人未依约按时清偿借款合同项下的本金、利息及其他费用、本担保协议书项下的担保费用，则担保人有权扣收该保证金以充抵上述款项。该保证金所生孳息归担保人所有。

5. 委托人或第三人与担保人将另行签署下列一种或多种文件：

（1）反担保保证合同；

（2）质押合同；

（3）抵押合同。

上述文件将作为本协议的附件，与本协议具有同等法律效力。

四、文件的提供

在担保人开立保函之前，或者在担保人与贷款人签订上述借款合同项下的保证合同之前，委托人必须向担保人提供下列文件的正本，或经委托人的法定代表人签字并加盖公章证实为真实和完整的副本：

1. 委托人的企业法人营业执照。

2. 委托人的公司章程。

3. 委托人全体现任董事名单及签字样本。

4. 同意委托人签订本担保协议书的董事会决议。

5. 委托人的上年度财务报告及审计报告书，以及申请前一个月的财务报表。

6. 抵押物或质物的所有权证（若有抵押物或质物时），以及其他相关资料。

7.第三人的相关资料。

五、声明和保证

委托人声明和保证如下：

1. 委托人是依照中华人民共和国法律注册成立及有效存在的公司。

2. 委托人有充分的和法定的权力签署和执行本协议。

3. 委托人有法定的权力与贷款人签署合同，并且有足够的能力履行合同。

4. 委托人完全接受担保人向贷款人开立的保函条款。

5. 委托人向担保人保证对所提供的所有文件、资料的真实性负全部责任。

6. 委托人保证不使担保人因为委托人开具保函而蒙受任何损害和损失。

7. 委托人保证履行与贷款人签署的合同。

8. 委托人有义务及时向担保人如实通报履约情况及经营中的重大事项，如营业地址、法人代表、产权等的变更，诉讼事项，资金借贷，经营损失等一切影响委托人的债权、债务关系的重大事项。并且委托人保证接受担保人对担保期间内委托人的生产经营状况及决策等事宜进行任何形式的定期或不定期的检查和评审，如果发生审计费用由委托人承担，委托人对此予以积极配合。委托人保证将借款合同签署后第一个月的财务报表报送担保人，以后按季度向担保人报送财务报表。

9. 为抵消担保人向委托人追索保函项下的债务，担保人有权处分抵押物。

10. 担保人不对贷款人提交的索赔文件、单据或证明文件所述之真实性任何责任。

六、违约事件

以下各项构成违约事件：

1. 委托人在本担保协议书签订后，未按本担保协议书的规定向担保人提供任何反担保方式，或者委托人向担保人提供的反担保方式不符合本担保协议书的规定。

2. 向担保人签发以担保人为受益人的不可撤销、连带责任反担保保证书的反担保人，或者与担保人签署反担保保证合同的反担保人未经担保人认可。

3. 委托人或第三人未按本担保协议书的规定与担保人签署抵押/质押合同。

4. 委托人或第三人未按本担保协议书的规定向担保人提供抵押物或质物。

5. 委托人或第三人虽与担保人签署了抵押/质押的协议书，但未办理抵押物或质物的抵押/质押登记手续。

当上述情形发生时，均视为委托人违约。

当上述情形发生时，以及在此之后任何时间，担保人可：①要求委托人继续向担保人提供经担保人认可的反担保保证人；②要求委托人或第三人按本担保协议书的规定与担保人签署抵押/质押合同，继续办理抵押物/质物的合法登记手续；③要求委托人或第三人采取其他补救行为，即以其拥有的其他财产抵押/质押给担保人，并办理相关抵押/质押登记手续。

七、保函项下的索赔

当贷款人按保函或保证合同的规定向担保人索赔，且担保人认为索赔文件、单据或证明符合保函或保证合同的规定，担保人迫于履行担保义务而为委托人垫款向贷款人支付时，担保人对委托人及其继承人、受让人有绝对的追索权，不受委托人接受上级单位任何指令和委托人与任何单位签订的任何协议、文件的影响。担保人有权自垫款之日起，除按银行同期贷款利率向委托人收费外，还要按日垫款金额的1%乘以实际垫款天数向委托人收取罚金。委托人必须在收到担保人追债后的七日内，无条件地向担保人偿清全部垫款及应付罚金。

八、修改

委托人要求担保人修改保函内容时，或者修改担保人与贷款人签订上述借款合同项下的保证合同，须向担保人提交书面的修改申请和贷款人对所作修改的书面认可文件，在增加保函金额/或保函展期的情况下，委托人还必须相应增加/或延长对担保人的保障，否则担保人不能接受委托人的修改申请。

九、担保费用

委托人在此保证，在签署本担保协议书时，一定按照下列规定向担保人支付担保费、担保基金及其他有关费用：

1. 担保费：

（1）担保费以担保金额为基数，根据借款合同确定的借款期限收取担保费，按年率__%计收。

（2）担保费计费按月计算，不足一个月的按一个月计费，在开具担保函时一次性收费。

2. 担保基金：

（1）担保基金以委托人××××年度经担保人指定的会计师事务所进行审计的税后利润为基数，按××%（百分之××整）比例计收。

（2）委托人在上述年度审计报告完成之日起一个月内，就应对确认的上述年度税后利润向担保人计提担保基金，如确有特殊原因，可以通过协商适当延长，但最长不得超过上述年度审计报告完成之日起三个月。

（3）委托人如果在规定的时间内没有就上述年度税后利润向担保人提交担保基金，担保人对委托人下一年度的税后利润同样拥有提取不低于××%（百分之××整）的权利，并同时承担与上年度同样的责任与费用。

3. 滞纳金：

委托人应按时交纳担保费等费用。推迟交纳有关费用未获担保人同意的，担保人按费用总额每天向委托人收取1‰的滞纳金。

4. 逾期保费：

委托人应在借款合同到期日还清所有借款及相关费用，若逾期未还款，则应向担保人交纳逾期保费。逾期保费以委托人借款金额及利息等相关费用总额为基数，按年率3%（百分之叁整）每月计收，不足一个月的按一个月计费，推迟交纳逾期保费未获担保人同意的，担保人按逾期保费金额每天向委托人收取1‰的滞纳金。

5. 其他费用：

担保人因开具保函而发生的超过正常情况下的其他费用（如担保人在对委托人进行检查所发生的费用等），由委托人支付。

十、适用法律

本担保协议书适用中华人民共和国有关法律，受中华人民共和国法律管辖。在本担保协议书履行中，如发生争议、纠纷，有关各方首先应协商解决。协商无法解决时，可向××××市的法院提起诉讼。相应的判决对协议各方均具有约束力。

十一、协议生效

本协议一式××份，每份共6页，委托人、担保人各执一份，公证和登记机关各执一份，经当事人各方法定代表人签字并加盖公章后生效至双方义务履行完毕后失效。副本按需制备。

本协议于开首所述日期由下列两方正式签署。

委托人：（公章）

法定代表人：（签字）

联系人：　　　　　电话：　　　　　传真：

担保人：××××××××有限公司 （公章）

法定代表人：（签字）

联系人：　　　　　电话：　　　　　传真：

## 二、反担保协议的内容

反担保协议的内容与担保协议的内容基本相同，主要包括：签订反担保协议的时间、当事人（甲方与乙方）、担保事由、反担保人（乙方或债务人）的意愿、声明和保证、违约事件、保函项下的索赔、担保费用、争议处理方式和适用法律等。

反担保协议的范本见附件X。

## 附件 X：

### 反 担 保 协 议

甲方：上海×××资产管理有限公司

乙方：上海×××集团有限公司（原上海×××有限公司）

华夏银行上海分行（以下简称"华夏银行"）和乙方于××××年×月×日就房产

开发项目签订人民币 5000 万元贷款合同（见附件一）。应乙方要求，甲方和华夏银行上海分行于××××年×月×日签订最高额为 4600 万元的保证合同（见附件二）。

应甲方要求，对上述担保，乙方同意出具反担保，特在此不可撤销地和无条件地向甲方作出如下保证事项：

一、乙方同意上述保证合同的全部条款；乙方保证通过和华夏银行就上述贷款金额另行设定抵押担保，在三个月内提前解除甲方为乙方设定的上述担保。

二、华夏银行要求甲方交存的 10% 保证金由乙方提供，乙方按照甲方要求将款项转入甲方在华夏银行的保证金账号，存款利息归甲方所有。

三、乙方按照担保期间支付甲方担保费用。担保期在 3 个月以内的，按担保金额的 ××× 计算；超过 3 个月不足 6 个月的，按担保金额的 ××× 计算；超过 6 个月不满一年的，按担保金额的 ××× 计算。在贷款入账后当天，由甲方提供发票后一次性收取担保费用。

四、乙方自愿将现有的位于×××路××号××幢×层共 2041 平方米的商铺按照人民币 4600 万元的总价以预售方式转让给甲方，并且共同办理房地产预售合同登记手续，有关单据和回执由甲方保管；在乙方为附件一项下贷款办好抵押担保手续，华夏银行确认甲方附件二项下担保责任解除后，甲方立即无条件配合乙方办理房地产预售合同登记的注销手续；相关费用全部由乙方承担。

五、甲方为乙方实际提供担保期限为 3 个月，如出现担保逾期，乙方应提前 15 天说明情况，逾期不得超过一个月。在担保逾期 1 个月，即实际担保期满 4 个月以后，甲方即有权处置上述房地产预售合同项下的所有房产，在办理有关手续或转让时，乙方应无条件予以配合。

六、甲方按照本协议第五条处置上述预售合同项下的房产所获得的价款，用以支付甲方因此产生或可能发生的贷款本金及其利息、担保费及其利息、房产拍卖和转让所需的全部费用，以及为追偿甲方损失所发生的律师费、诉讼费等一切费用；不足部分，乙方仍然承担继续赔偿责任；如有多余款项，则多余部分应全部退还乙方。

七、附件一、附件二是本协议的组成部分，也不排除其他相关文件对本协议的支持作用，但有关甲方为乙方提供保证的期间以本协议第五条约定为准。

八、本协议自开立之日起生效，直至甲方按照附件二项下应付款项和因此产生的各种损失全部得到清偿之日失效。

九、在履行本协议过程中如有争议，应尽量通过协商解决，经协商未能圆满解决时，将在甲方营业地法院提起诉讼。

十、本反担保协议一式 4 份，甲乙双方个执一份，公证机关和银行各执一份。

附件一：

附件二：《最高额保证合同》

附件三：

附件四：

| 甲方： | 乙方： |
|---|---|
| 法定代表人： | 法定代表人： |
| 住所： | 住所： |
| 邮编： | 邮编： |
| 电话： | 电话： |
| 传真： | 传真： |

## 本章小结：

投资者（包括债权人）都希望从投资中获得合理回报、债权人希望按期收回贷款本息，这些理论听起来容易，但要真正实现确是很难的。项目建设开发经营期间有诸多不确定因素，因此投资者一般希望项目公司或债务人提供相应的担保。

按照作用，项目融资担保协议可以分为：建设期担保协议和贷款期担保协议。按照担保人承担的责任，融资担保协议可以分为：直接担保协议、间接担保协议、或有担保协议和意向性担保协议。

担保协议是一种从属合同，在实际工作中，其文本形式千千万万，且一些担保协议都不是独立的法律文书，而仅仅是主合同的一部分。

## 本章重要概念：

担保 保护 保证 抵押物 义务 抵押 担保契约 承诺 转让 押金质押 留置权

## 思考题：

1. 融资担保协议的种类。
2. 担保协议的基本内容。
3. 反担保协议的基本内容。

# 第七篇　政府投资工程
## 项目融资

# 第二十章 政府投资工程项目融资的渠道

政府投资项目大多数是为社会提供公共产品，也就是主要提供社会大众所必需的非盈利的项目，同时也可能会包括一些虽盈利，却难以收回投资或投资回收期较长的基础设施项目。另外，政府投资项目也可能涉足部分高风险、高收益的高新技术产业项目等。因此，政府投资项目的产品或服务都是准公共品或公共品。

随着我国从计划经济向市场经济的转变，政府投资工程项目的融资渠道也在发生着改变，其演变过程大体可以分为四个阶段：①改革开放以前，政府投资工程项目的资金主要来自政府财政投入，额度和比例由国家统一规定，渠道单一，资金投入不足。②20世纪80年代，宏观政策趋向灵活，国家设立了城市维护建设税和公用事业附加费（简称"两项资金"），并开始征收过桥费、占道费等税费，但融资模式仍是政府主导。③20世纪90年代，融资渠道开始拓宽，特别是各地方政府利用土地收益和预算外收费来充实城建资金，使得城市建设步伐大幅加快。但是融资仍依靠政府行政指令，缺乏市场机制。④21世纪以来，出让土地收入、银行贷款、负债建设等市场融资方式成为主流，经营性基础设施建设的资金，开始采取发行企业债券、企业上市和私人投资等方式筹集，融资渠道大大拓宽。

下面我们分节来介绍政府投资工程项目的几种融资渠道，从中可以看到政府投资工程项目的融资渠道演变的过程以及各自的特点。

## 第一节 财政支出

### 一、我国政府投资工程项目的财政投入

改革开放以前，政府投资工程项目的资金主要来自政府财政投入。改革开放以来，随着我国经济快步发展，城市化进程也逐渐加快，政府投资工程项目的资金需求越来越大，但是由于各种原因，政府在其负责的投资工程项目中目前还在充当重要的投资者。以城市基础设施建设项目为例，我们通过一些数据来看一下政府财政支出在这类项目中

作为其重要的融资渠道之一。

2004 年，中央和地方财政（含两项资金）城市建设投资总额 719 亿元，14 年间增长了 5.4 倍（1991 年为 134 亿元）。但由于城市基础设施建设需求的急剧增大，预算内投资占城建资金的比重由 1991 年的 50% 下降到 2004 年的 27%，再加上各种政策性收费再投资，政府投入占城建资金的比重仍然很大。我国近几年城市基础设施建设资金结构如图 18-1 所示，其中政府资金主要包括国家预算内资金、中央和地方财政拨款、城市维护建设税、公用事业附加费、市政公用设施配套费以及其他资源费和收益等；社会资金主要是指国内外贷款、债券、股票等。可以看出，社会资本开始逐步进入，但是同时还应该看到，我国政府职能的市场化改革还需进一步完善，政府在城市基础设施投资领域仍然介入过深，政府财政支出已远远不能满足日益增长的政府投资工程项目的资金需求。

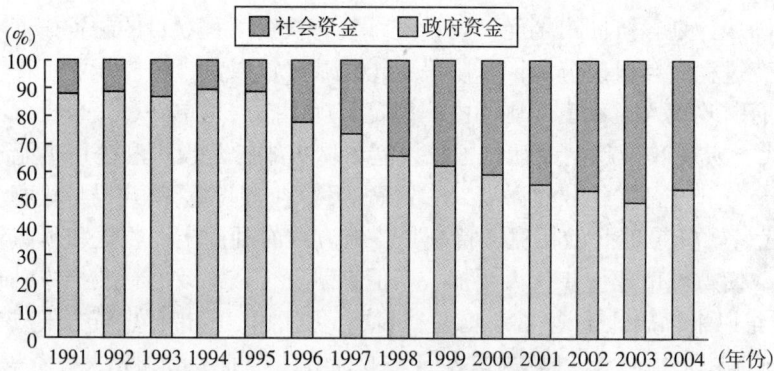

图 20-1 我国城市基础设施建设资金结构

## 二、美国政府投资工程项目的财政投入

同样，以城市基础设施建设为例，来了解美国政府财政支出投入到该类项目的实施情况。美国实施联邦、州和县三级财政管理，从而其城市建设资金的来源途径也相应地分为三类：联邦政府拨款、地方财政及其他资金。

1. 联邦政府拨款。各级政府事权和财权划定以收益范围原则和效率原则为依据。联邦政府主要负责涉及国家全局或需投巨资的公益性城市基础设施项目，并据此向地方政府提供拨款、贷款和税收补贴。如与全国性道路交通关联的基础设施建设均由联邦财政投资，地方财政提供一定比例的配套资金即可。联邦政府的财政支持绝大部分是有条件的（如不准挪作他用），目的是协调和引导地方政府投资。

虽然美国联邦政府对地方城市基础设施的绝对投资较大，但总的看来，投资比例并不算高。据统计，20 世纪 50 年代初期约为 20%，1977 年攀升至 40%，20 世纪 90 年代又下降到 25% 左右。

2. 州政府与地方政府：城市建设资金筹措的主导力量。美国州一级政府及州以下的地方政府是城市基础设施投资的主角。其资金来源包括税收、基础设施企业的收入、市政债券、赞助捐赠等。但地方政府财力同样是有限的。为此，美国建立了一套行之有效的基础设施投融资机制，几乎所有的地方政府和地方政府代理机构均通过组织发行市政债券和创新性的社会资金融资模式来募集大量低成本社会资金。

# 第二节 政府债券融资

## 一、政府债券融资的分类

政府投资工程项目通过债券融资主要可以分为两类，即中央政府发行的国债和地方政府债券，两者都是以各级政府的税收能力作为还本付息的担保，其主要区别在于发债的主体不一样，前者为中央政府，而后者为地方政府。

地方政府债券（也称"市政债券"）是指地方政府依据自身的信誉及信用、以承担还本付息责任为前提筹集资金的债务凭证。国际上对市政债券进行再一次分类，即把市政债券分为一般责任债券和收益债券两大类，其中一般责任债券和本文中对市政债券的界定是较为一致的，而收益债券是指为特定的具有一定收入的城市基础设施项目融资而发行的债券，一般由地方政府的附属机构发行。本文对市政债券的界定是指严格意义上由地方政府发行的债券，不包括收益债券，本章第三节中提到的由政府融资平台发行的债券基本上和收益债券的含义是一致的，我们称为市政收益债券。

西方国家中有财政收入的地方政府及地方公共机构发行的地方债券，一般用于交通、通信、住宅、教育、医院和污水处理系统等地方性公共设施的建设，这类地方政府债券的安全性也较高。按国际惯例，投资者购买地方政府债券所获得的利息收入免交所得税，这对投资者有很强的吸引力。在美国，市政债券市场已与股票市场、国债市场、企业债券市场并列为美国四大资本市场。但是，不同国家对地方政府发行市政债券的规定存在诸多不同之处。

## 二、中国政府债券融资的发展历程

从中国政府发行债券的历史看，大致可分为如下几个阶段：

1. 20 世纪 80 年代末至 90 年代初。这个时期，随着城市建设的进一步发展，许多地方政府为了缓解财政压力，曾发行过地方债券来筹集资金进行城市基础设施的建设。

2. 1993 年开始，国务院明文禁止地方政府发行债券。到了 1993 年，地方政府可以发行市政府债券的做法被国务院禁止了，原因在于担心地方政府承付的兑现能力不足。此后 1994 颁布的《中华人民共和国预算法》第 28 条明确规定"除法律和国务院另有规定外，地方政府不得发行地方政府债券"。而在 1998 年曾采用转贷方式发行过准地方债券，即中央政府发行国债筹资，然后通过商业银行以高于国债的利率转贷给地方政府，由地方逐年归还，所有资金不计入财政赤字，属于预算外资金，既没有列入中央预算，也没有列入地方预算，只做了账务记录。

3. 2009 年地方债券发行的背景和做法。从 2007 年开始，为应对金融危机，很多国家出台了巨额金融救市计划。我国政府根据国内外经济、金融形势也出台了规模为 4 万亿元的经济刺激计划，其中，中央政府投资 1.18 万亿元，其余资金来源于地方政府配套投资和私人部门投资，各地政府也相继推出总金额超过 18 万亿元的地方经济刺激计划。但随之而来的是地方政府配套资金困难凸显。地方经济和社会事业的平衡发展，仅依靠现有经济来源和中央转移支付已经难以为继。地方政府迫切希望通过发行债券来缓解资金需求，解决眼前融资难、贷款难问题。在上述特殊背景下，为保障地方经济增长和缓解地方财政压力，中央同意发行 2009 年地方债券。

本次发行的具体做法是，由财政部以记账式国债发行方式代理发行，实行年度发行额管理，2009 年总规模控制在 2000 亿元以内，还本付息和发行费也由财政部代办。但地方政府要承担还本付息责任，及时向财政部上缴本息、发行费等资金，未按时上缴的，财政部与地方财政在办理年度结算时如数扣缴。同时，必须列入地方预算进行管理，报地方人大审核、监督，构成地方债务，这样，透明度更高，中央代发还可以降低发行成本，提高地方政府债券信用等级。发债后续工作是确定各省分配额度，主要依据是其偿还债务能力。一是依据中央政府扩大的公共投资当中需要地方政府建设的配套设施，二是依据当地经济和财政的综合平衡，即对债务（包括过去的债务）承受能力的考量。现在具体份额已经公布，分配方案体现了对地震灾区和西部的倾斜。中央强调募集资金首先要为中央重点项目做好配套；其次要对地方重点民生项目进行投资，重点用于教育、卫生等公共领域，不得用于经常性支出。

## 三、地方政府债券融资面临的问题分析

从中央和地方经济进一步发展所需要的资金需求来看，通过特殊方式发行的 2000 亿元地方债券只是杯水车薪，远远不能满足地方需求。而地方政府直接发行债券面临如下问题。

首先，地方政府发行债券筹集资金面临着法律方面的障碍。由于《预算法》严禁地方政府举债，2009 年中央代理发行债券在技术上规避了《预算法》中的法律问题，表明了中央谨慎允许地方政府发行债券的态度，更体现出防范风险的考虑。但是发行范围受到一定限制，并且中央代发地方政府债券也存在着一定隐患，比如会导致权力过度集中于中央，可能会出现寻租行为等。

其次，各级地方政府在财政收入与支出的高度透明化、统一化和规范化方面有待改进，各级地方政府的信用等级还没有被市场认定，这势必会对发行市政债券造成影响。这就要求建立中央和地方相互独立的分权财政体制，同时完善宏观调控的手段和管理体制。

最后，要正确看待政府发行地方债券，不能只顾眼前利益而不顾长远利益。地方政府不能只考虑到财政压力和本届政府利益最大化而盲目发债，不考虑债务偿还和使用效果，这样做极大可能诱发政治和道德风险，进而导致地方财政乃至中央财政出现风险。各级地方政府应该清楚地认识到发行债券只是扩大地方融资的一种渠道，只能解决暂时的资金需求和财政压力，不是长久之计。地方政府财政压力的根本改善一方面要靠节俭行政开支，最重要的是要鼓励民间创造财富以及创造条件吸引民间资本进入到政府投资领域。

## 第三节 构建地方政府融资平台

在中国现有的法律框架下，地方政府直接发行市政债券受到严令禁止，于是地方政府通过新的途径构建地方政府融资平台来筹措资金。

### 一、地方政府融资平台的概念及其发展

所谓地方政府融资平台，就是指地方政府通过划拨土地、注入优质资产、国企股权等方式，组建一个资产规模和财务状况达到融资标准的公司。该类公司以地方财政对公司的注资受益权、补贴甚至偿债基金等作为保证，通过向银行贷款或发行企业债券等方式来筹借资金，并将这些资金重点投向市政基础设施建设、公司事业、公益性项目等。这类公司有两种：一种是完全由当地财政出资成立的非经营性国有独资公司，实行收支两条线的资金管理体制，投融资和债券偿还完全依靠财政，属于非营利性企业；另一种是政府控股的经营性公司，除了受政府委托承担当地公益类城市基础设施建设外，还从事部分与城市建设相关的业务，有一定的经营收益，但收入来源以财政拨款为主。此类公司名称各异，通常有城建投资公司、城建开发公司、资产经营管理公司、基础设施投资公司以及资金管理特设机构等，代表当地政府从事城市基础设施项目投融资和城市经营管理。

地方政府建立融资平台为市政基础设施融资，最早可以追溯到1992年7月上海成立的上海城投（上海市城市建设投资开发总公司），并且在2008年底2009年年初引起高度关注。为了应对全球金融危机的冲击，中国政府在2008年底出台了4万亿元的投资刺激计划，其中中央政府投资1.18万亿元，其余则由地方政府配套实施。统计数据显示，截至2009年5月底，全国各级地方政府融资平台的负债总额已经达到5万亿元，

这项巨额融资有力地保证了各级政府投资项目的顺利实施，对于扩大内需，促进发展起到巨大的作用。

## 二、地方政府融资平台进行融资的主要途径

1. 贷款融资。当政府决定投资某个项目时，除了必要的财政拨款外，可以通过地方政府融资平台进行融资。首先，要考虑的是向银行进行贷款，由于这些融资平台一般都是国有独资或控股的单位，有政府的信誉和财政收入在背后做担保和支持，一般都能够比较容易地从银行获得贷款。并且，当政府投资多个项目时，融资平台通过打包贷款进行融资，这样就可以起到统一借贷、融通资金的作用。也就是可以把借贷到的资金根据不同项目的进展程度和资金需求来统筹安排，分阶段地保证融资平台负责的几个项目的资金需求。

地方政府通过融资平台向银行贷款具有如下特点：

（1）多个项目进行打包后统一贷款，投资大、建设周期长。一些地方政府为了扩大融资规模，不但将近期规划的所有城市建设项目全部列入打包项目，而且将一些长达10年以上的中长期规划项目、甚至未纳入城建规划的项目也列入其中，打捆项目建设具有变动的可能性。同时，由于地方政府在项目建设期间只能安排少量自筹资金，因此银行贷款在城建总投资中的占比较高，一般达到数十亿元的规模，贷款偿还期一般在10~20年。

（2）打包贷款项目本身收益率低，偿债来源主要依靠土地出让收入。目前打捆的城建项目中，道路、桥梁及公益类配套设施占比较大，这类项目本身产生的收益较少，偿债来源主要依靠土地出让收入，以及部分财政预算外收入。而其他类项目如给水、煤气、电力、通信等属于收益类城市建设项目，因此对于这些项目，地方政府往往不需要将其打捆申请贷款。

（3）一般由政府通过各种方式进行还款保障。在打包贷款运作初期，由于打捆项目贷款额大，很难找到合适的担保单位和可供抵押的有效资产。在实际操作中，多数项目采取了地方政府出具还款承诺的保证方式。由于暂无其他办法解决该类贷款项目的偿债保证，各个银行在确认地方财政收支状况良好、具备偿债能力，且按照要求设立偿债基金专户后，对这种还款方式也加以默认。从2004年开始，财政部和有关部门开始关注该承诺行为，考虑到会给地方政府带来隐性负债和偿债风险，对该类还款保证行为进行了限制，并且禁止地方财政部门进行相关承诺行为。但是为了能够融到资金，地方政府和财政部门往往以各种变通的方式进行，如由地方财政直接向出面借款的融资平台公司进行注资，以增加其还款能力。

2. 发行市政收益债券。除银行贷款外，融资平台公司还可以选择发行债券进行融资，这类债券通常被称做市政收益债券，一般与特定项目相联系，其还本付息能力主要来自投资项目自身的收益，比如自来水、城铁和机场的收费等，是和地方政府发行的市

政债券有严格区别同时也有联系的一种债券，其特点可以概括如下：①发行人必须是地方政府融资平台公司，如市政建设公司等。②所筹集的资金必须用于基础设施的建设，而不是用于发放工资、弥补行政经费和社会保障资金不足等方面。③偿债资金来源于项目自身的收益，也不排除政府给予一定限额的补助。④享有特殊的优惠待遇，一般免缴或减收利息税。⑤采取市场化的运作方式。

目前，美国、日本等发达国家已经形成了较为完善的市政收益债券市场，市政收益债券与国债、企业债券、股票、投资基金等一起，共同构筑了完整统一的证券市场。市政债券成为这些国家地方政府融资的重要途径，在地方基础设施建设中发挥着非常重要的作用。其中，美国是世界上市政债券最发达的国家。美国的市政债券起始于 19 世纪 20 年代，在第二次世界大战之后发展迅猛。近几年，美国每年新发行市政债券 3000 亿美元左右，流通中的市政债券总量在 1998 年即达到了 1.5 万亿美元，在流通中各类债券总量中的比重超过了 10%，而其中市政收益债券自 20 世纪 70 年代之后发展更为迅速，占全部市政债券的比重已经超过了 50%。根据美国《1986 年税收改革法案》的规定，此类市政债券的利息收入免缴联邦所得税，因而对投资者具有较大的吸引力。我国在此方面的实践也卓有成效，例如，1999 年 2 月，上海市城市建设投资开发总公司发行 5 亿元浦东建设债券，筹集资金用于上海地铁二号线一期工程建设；1999 年 4 月，济南市自来水公司发行 115 亿元供水建设债券，为城市供水调蓄水库工程筹资；1999 年 7 月，长沙市环线建设开发有限公司发行 118 亿元债券，筹资目的是用于长沙市二环线工程的建设。

除此之外，地方政府融资平台还可以通过发行中期票据和短期融资券，发起设立产业投资基金等方式融资，同时随着融资平台公司的发展，可以通过 IPO 上市融资。比如，有数据显示，截至 2009 年 7 月，北京国有资本管理中心已成功发行 150 亿元的企业债券和两期共 200 亿元的中期票据，融资期限分为 3 年期、5 年期、7 年期和 10 年期等，融资成本显著低于同期银行贷款 2 个百分点左右。

由此可以见证，地方政府融资平台发挥了极其重要的融资功能，但是与此同时，通过地方政府融资平台进行融资使得融资平台公司资产负债率很高，具有很大的财务风险，并且，融资平台公司主要也是通过向银行贷款或发行收益债券等债务融资或债券融资的方式进行融资，融资渠道还比较单一，融资成本也较高，这些日渐暴露出来的问题要求政府融资必须进行创新，来拓宽现有的融资渠道。下面的章节就主要介绍几种可以运用在政府投资工程项目中的项目融资模式。

**本章小结：**

政府投资项目大多数是为社会提供公共产品，也就是主要提供社会大众所必需的非营利的项目，同时也可能会包括一些虽营利，却难以收回投资或投资回收期较长的基础设施项目。另外，政府投资项目也可能涉足部分高风险、高收益的高新技术产业项目等。因此，政府投资项目的产品或服务都是准公共品或公共品。

随着我国从计划经济向市场经济的转变，政府投资工程项目的融资渠道也在发生着改变，其演变过程大体可以分为四个阶段：

改革开放以前，政府投资工程项目的资金主要来自政府财政投入，额度和比例由国家统一规定，渠道单一，资金投入不足。

20世纪80年代，宏观政策趋向灵活，国家设立了城市维护建设税和公用事业附加费（简称"两项资金"），并开始征收过桥费、占道费等税费，但融资模式仍是政府主导。

20世纪90年代，融资渠道开始拓宽，特别是各地方政府利用土地收益和预算外收费来充实城建资金，使得城市建设步伐大幅加快。但是融资仍依靠政府行政指令，缺乏市场机制。

20世纪以来，出让土地收入、银行贷款、负债建设等市场融资方式成为主流，经营性基础设施建设的资金，开始采取发行企业债券、企业上市和私人投资等方式筹集，融资渠道大大拓宽。


**本章重要概念：**

财政拨款 城市维护建设税 公用事业附加费 市政公用设施 政府债券 公共产品 准公共品 政府融资平台


**思考题：**

1. 不同时期我国政府投资工程项目的融资渠道。
2. 政府投资工程项目债券融资的优缺点。
3. 地方政府投资工程项目融资的主要途径。
4. 国外政府投资工程项目融资的经验。

# 第二十一章 政府投资工程项目融资方式

## 第一节 BOT 项目融资模式

### 一、BOT 项目融资模式简介

1. BOT 模式的概念及思路。BOT 是 Build、Operate、Transfer 三个英文单词第一个字母的缩写，是一种主要用于公共基础设施建设的项目融资模式。其最初的雏形产生于 17 世纪的英国，至今已有 300 多年的历史，19 世纪初，美国也采用这种方式来修建桥梁、电站或运河，但是 BOT 这个概念是在 1984 年由当时任土耳其总理的厄扎尔正式提出的。后来，国际上许多大型项目都采用过 BOT 项目融资模式进行融资与建设。

BOT 项目融资模式的思路可以概括如下：政府就某个基础设施项目与非政府部门的项目公司签订特许权协议，授予项目公司来承担该项目的融资、建设、经营和维护；在协议规定的特许期内，由项目公司运营项目以回收项目投资、经营和维护等成本，并获取合理回报；特许期届满后，项目公司将该项目无偿地移交给政府部门。

2. BOT 模式的具体形式。世界银行在《1994 年世界发展报告》中指出，BOT 有以下三种具体形式：

BOT 形式：即 Build（建设）、Operate（经营）、Transfer（转让），私人部门根据政府的要求来建设项目，项目建成后，在特许期内经营项目，经营期满，将项目移交给东道国政府。

BOO 形式：即 Build（建设）、Own（拥有）、Operate（经营），私人投资者根据政府赋予的特许权，建设并经营某个项目，但是并不将该项目移交给政府。

BOOT 形式：即 Build（建设）、Own（拥有）、Operate（经营）、Transfer（转让），私人投资者建设某个项目，项目建成后，在规定的期限内拥有项目的所有权和经营权，特许期满后，将整个项目包括所有权和经营权一起移交给政府。

除此之外，BOT 模式还有一些变通形式，比如 BLT 形式、TOT 形式、BTO 形式等。

BLT 形式：即 Build（建设）— Lease（租赁）—Transfer（转让），指项目由私人投资者建成之后，由政府作为出租人将该项目租赁给该私人投资者，租赁期满后，把项目重新移交给政府。

TOT 形式：即 Transfer（转让）、Operate（经营）、Transfer（转让），公共部门将建设好的项目有偿转让给私人投资者（包括所有权和经营权），由私人投资者进行经营，在约定的期限内通过经营回收全部投资并得到合理的回报，合约期满后，把项目的所有权和经营权一并移交给政府。

## 二、BOT 模式的参与者

1. 项目的最终所有者（项目发起人）。项目发起人是项目所在国政府、政府机构或政府指定的公司。

从项目所在国政府的角度，采用 BOT 融资结构的主要吸引力在于两点：①可以减少项目建设的初始投入，政府部门可以将有限的资金投入到更多的领域；②可以吸引外资，引进新技术，改善和提高项目的管理水平。

在 BOT 期间，项目发起人在法律上既不拥有项目，也不经营项目，而是给予项目某些特许经营权和融资安排的支持。在融资期结束后，项目的发起人通常无偿地获得项目的所有权和经营权。由于特许权协议在 BOT 模式中占据关键性地位，所以有时 BOT 模式也被称为"特许权融资"。

2. 项目的直接投资者和经营者（项目经营者）。项目经营者是 BOT 融资模式的主体。项目经营者从项目所在国政府获得建设和经营项目的特许权，负责组织项目的建设和生产经营，提供项目开发所必需的股本资金和技术，安排融资，承担项目风险，并从项目投资和经营中获得利润。

项目经营者的角色一般由一个专门组织起来的项目公司承担。项目公司的组成以在这一领域具有技术能力的经营公司和工程承包公司作为主体，有时也吸收项目产品（或服务）的购买者和一些金融性投资者参加。

因为在特许权协议结束时，项目最终要交还给项目发起人，所以从项目所在国政府的角度，选择的项目经营者要满足如下标准和要求：

（1）项目经营者要有一定的资金、管理和技术能力，保证在特许协议期间能提供符合要求的服务。

（2）项目经营要符合环境保护标准和安全标准。

（3）项目产品（或服务）的收费要合理。

（4）项目经营要保证做好设备的维修和保养工作，保证特许权协议中止时项目发起人接收的是一个运行正常保养良好的项目，而不是一个千疮百孔的烂摊子。

3. 项目的贷款银行。BOT 模式中的贷款银行组成较为复杂。除了商业银行组成的贷款银团之外，政府的出口信贷机构和世界银行或地区性开发银行的政策性贷款在 BOT

模式中通常也扮演很重要的角色。

贷款的条件取决于项目本身的经济强度、项目经营者的经营管理能力和资金状况，但是在很大程度上主要依赖于项目发起人和所在国政府为项目提供的支持和特许权协议的具体内容。

### 三、BOT 模式的优势

一般说来 BOT 融资方式有如下优势：

1. 有利于减轻国家财政负担，加快基础设施建设。BOT 融资模式主要应用于资金需求量较大的基础设施项目，政府财政往往难以支付。采用 BOT 模式可以动员国内外民间资本和私人资本进入，弥补了基础设施项目的投资缺口，大大加快了城市基础设施建设。

2. 有利于避免政府的债务风险。BOT 项目所需资金由项目公司自筹，广泛吸收民间或国外的闲置资本，也可以由项目公司从银行贷款，而不是政府直接从国外银行进行贷款来完成，政府虽在一定程度上、一定期限内失去了对项目产权的控制，失去了一部分财政收入，但最大限度地做到了风险规避。

3. 有利于更有效地利用外资及借鉴外来先进的技术和项目管理经验。BOT 方式是一种利用外资的重要方式，有助于推动我国利用外资的产业结构升级。另外，国外投资者的参与，可以把新技术、新设备运用在基础设施的建设运营中，在项目的合作过程中，东道国政府很容易就学到国外先进的技术和管理经验。

4. 有利于提高项目的运作效率。项目公司将在特许期内经营项目，为尽快收回成本并取得利润，同时为了避免 BOT 项目的高风险，项目公司考虑到自身的利益，更加有动力提高项目的运作效率，进而克服政府直接投资基础设施项目业绩不佳的状况。

### 四、BOT 模式在中国的运用

BOT 项目融资模式在 20 世纪 80 年代初被引入我国，在一些大型的水力、电力项目中开始应用。近年来 BOT 模式在中国引起了广泛重视，并且在若干大型基础设施项目融资中获得了应用。从 1993 年开始，采用 BOT 模式融资建设基础设施项目，引进国外先进技术和管理经验就成为了我国基础设施项目开发的一个热点。例如，深圳沙头角 B 火力电站项目是我国第一个事实上按照 BOT 模式进行的项目融资，而广西来宾电厂 B 厂项目是 1995 年国家计委选择的 BOT 试点项目，北京第十水厂 A 厂项目是中国供水行业签订的迄今为止投资规模最大的 BOT 项目。

另外，自 2006 年以来，中国又有更多的项目采用 BOT 项目融资模式。例如，2 月 23 日，中国水利水电建设集团承建柬埔寨甘再水电站项目；3 月 10 日，北京市政集团首个 BOT 污水项目开工；4 月 3 日，中冶集团与云南省交通厅签订高速公路合资 BOT

协议书；5 月 8 日下午，四川推出 3 条 BOT 高速公路招标项目等。此外，在 2008 年奥运会的场馆建设中，超过一半的项目选择了 BOT 项目融资方式。

虽然中国在运用 BOT 模式上取得了一定的成效，但也存在着一些问题，主要表现在以下几个方面：[①]

1. 政策不明确、法律不健全，缺乏完善的 BOT 法律法规。中国目前专门关于 BOT 项目融资方式的立法仅有 1995 年对外贸易经济合作部发布的《关于以 BOT 方式吸收外商投资的有关问题的通知》和国家计委、电力部、交通部联合下发的《关于试办外商投资特许权项目审批管理有关问题的通知》这两个规范性文件。同时，现行外资立法对采用 BOT 模式的适用范围限制过严，外汇管理法规阻碍着 BOT 模式的顺利实施，加上审批程序过于烦琐，严重挫伤了投资者的积极性。另外，目前国内还没有制定针对内资 BOT 的法律法规，国内社会资本被排除在外，没有得到与外资同等的地位。

2. 政府担保问题。目前，中国经济正处于转轨时期，在中国实施 BOT 项目存在着很大风险，如汇率变动风险、利率风险、法律政策风险等。BOT 项目投资者往往要求中国政府在特许授权的法律文件中做出种种担保，但在中国现行法律法规中，涉及政府担保的内容很少，大都只局限于项目公司外汇兑换与汇出的保证，以及项目公司因政策变化而受损失时允许其延长经营期的保证，而对于其他一些私人投资者所关心和期望的诸如限制竞争保证、投资回报率保证等，都没有做出具体规定，这势必将给政府和投资者进行 BOT 项目谈判带来很大困难。

3. 外汇问题和收入的保证问题。有关外汇的一个难点是外汇的汇兑问题。由于目前人民币在资本项目下仍是不可自由兑换货币，而 BOT 项目所得收益主要表现为当地货币，偿还融资贷款时又必须将本国货币兑换成外汇汇出境外，因此，项目发起方仍会要求中方对其收入外汇的可兑换性做出担保。另外，由于国内市场风险的不确定性，投资方希望与政府签订一份长期销售协议或保证最低收入的项目购买协议。该最低收入将至少足以弥补项目的建设成本和融资成本。而实际操作中可能会出现收入的最低标准难以兑现。

4. 股权安排问题。在 BOT 项目中，一旦特许经营期满，项目将移交给政府，不存在外商永远占有的问题，因此国家对外商投资基础设施项目的股权做出限制性规定虽然原则上是正确的，但过分敏感却没必要。同时，由于项目的建设、运营直接决定了投资回报率的大小，所以投资者十分重视控股权的占有。因此，在 BOT 项目股权安排问题上，政府可以对 BOT 项目加强监控，而适当放开对控股权的限制。

5. BOT 人才缺乏问题和管理协调问题。目前，人才缺乏是 BOT 模式在中国不能迅速推广的重要原因。BOT 模式是一项系统工程，在项目建设的资金筹措、合同谈判、生产经营管理、项目实施以及相应政策的制定等方面，都有一套独特的运行规则和方法，它涉及国际经济、贸易、金融、法律等多个领域的知识，对政策性和技术性的要求都很

---

① 潘兰兰：《项目融资中的 BOT 模式》，《商场现代化》2006 年第 35 期。

高，要求复合型人才来实施，以确保项目的顺利进行，这是项目得以成功执行的基本人力条件。而中国 BOT 的专业人员相当匮乏，没有一支专业队伍，对 BOT 方式基本规则不熟悉，在项目谈判中很难维护自身的利益，项目的成功率也较低。

# 第二节　PFI 项目融资模式

## 一、PFI 项目融资模式简介

PFI (Private Finance Initiative)，英文原意为"私人融资方案"，在我国被译为"民间主动融资"，是英国政府于 1992 年提出的，在一些西方发达国家逐步兴起的一种新的基础设施投资、建设和运营管理模式。PFI 是对 BOT 项目融资的优化，指政府部门根据社会对基础设施的需求，提出需要建设的项目，通过招投标，由获得特许权的私营部门进行公共基础设施项目的建设与运营，并在特许期（通常为 30 年左右）结束时将所经营的项目完好地、无债务地归还政府，而私营部门则从政府部门或接受服务方收取费用以回收成本的项目融资方式。

PFI 融资模式具有如下特点：

1. 适用领域广泛。PFI 模式不仅可以应用于经营收益性的城市基础设施，还可以应用于非营利性的城市基础设施。

2. 拓宽融资渠道。建设资金的投入不足，已经成为困扰政府的严重问题，PFI 模式有效引入私人资本，可以拓宽基础设施投融资渠道，实现投融资方式的多元化，加快基础设施建设步伐。

3. 提高项目建设效率。根据世界银行的有关统计，政府投资基础设施的低效率是一个普遍问题。在 PFI 模式下，通过引入私营企业，将市场中的竞争机制引入基础设施建设，能极大地提高建设效率。采用 PFI 模式可以学习并采用私人部门的管理、技术和知识优势，节约建设成本，提高效率和降低产出成本，使社会资源的配置更优化。

4. 转移项目风险。在 PFI 模式下，私营企业和私有机构组建的项目公司负责基础设施建设项目的各项工作，项目进行过程中各环节所产生的一系列风险，有相当大的一部分，如经济风险、建设和运营风险，转移给了私人企业，同时私人企业还要承担部分法律政策风险、社会风险，这在很大程度上降低了公共部门的投资风险。

## 二、PFI 的应用形式和实施程序

1. 应用形式。根据资金回收方式的不同，"私人融资方案"在英国存在以下三种形式：

（1）向公共部门提供服务型（Services Sold to the Public Sector）。私营企业则结成企业联合体，进行项目的设计、建设、资金筹措和运营，而政府部门则在私营部门对基础设施的运营期间，根据基础设施的使用情况或影子价格向私营部门支付费用。也就是公共部门向私营企业付费购入指定的服务。而私营企业基于通行车辆的"影子通行费用"（Shadow Toll）向公共部门（道路厅）收取费用以回收所投资的资金。

（2）收取费用的自立型（Financially Free-standing Projects）。私营企业进行设施的设计、建设、资金筹措和运营，直接从设施使用者那里收取费用，以回收成本，公共部门仅参与项目的计划和认可。例如，公立医院的停车场，设定停车费用的上限，由私营企业自由经营，独自承担风险。另外，还有收费桥梁、博物馆等均适用这一类型。

（3）合营企业型（Joint Ventures）。由公共部门和私营企业建立联合体，公共部门对项目的非经营部分（即项目的公共服务部分，如解决交通拥挤、地域再开发等）给予一定的补助，项目的建设和运营则由私营企业负责。

2. PFI 的实施程序。通常情况下，"私人融资方案"在英国城市建设项目中的实现过程可以主要概括为如下 14 个步骤：①确定融资需求。主要确定如下问题：是否真的需要私人融资参与？没有其他可选方案吗？②评估选择性方案。此时主要的内容是对可选择方案的研讨、代替方案的评价，还要考虑控制预算。③融资方案、参考项目和市场调研。主要包括确定适用"私人融资方案"的项目，介绍项目的概况和类型，进行市场调查以及财政部对策委员会的参与。一个融资方案应包括如下内容：界定正寻求的服务；融资方案概述；参考项目的确定；获得一定的顾问咨询委员会。④建立小组。主要包括公共部门要办理正式手续，成立项目小组，充分利用社会的技术和资金。⑤在欧共体官方刊物上登公告。公告主要包括合同通告和信息备忘录。广告应包括对项目足够的解释以吸引任何相关的供应商，包括寻找"私人融资方案"方式、提供评估要求的明确信息、大致的中标标准、符合欧共体的相应法律条款以及项目获取程序。⑥制定战略。即公共部门公告中标者的选拔程序。⑦投标人资格预审。即对收到信息备忘录、感兴趣并提交了相关资料的回应者，应参照中标人的最低要求审核其技术能力、经济及财务状况、服务能力。通过对投标者的事前审查，编制一览表。⑧确定投标人。即确定最终投标者的选拔，重新编制一览表（包括价格等具体事项）。⑨对初始评估方案进行改进。即进一步深入研讨，并与公共部门独立实施的情形（即 PSC）进行比较和评估。⑩谈判邀请。即与投标者进行交涉，明确要求提供的服务、期限、支付方法等合约条款和竞标评价基准。这可视为是对第五步中的信息备忘录的发展。对复杂的项目，这个过程一般需要 3~4 个月。⑪与投标者商谈。即合约条款的进一步研讨，投标者提供最终方案。⑫选择理想的投标人和最终评估。即选拔最终中标者并进行财务条款的交涉；查验风险是否转移，VFM 是否最大化。⑬授予合同。签订合约后，在欧洲共同体官方报纸上对此进行公告。⑭合同管理。依据合同确定的双方之间新的长期运营管理关系进行项目管理。

### 三、PFI 与 BOT 的区别

虽然 PFI 来源于 BOT，也涉及项目的"建设—经营—转让"问题，但作为一种独立的融资方式，与 BOT 相比其不同之处主要体现在如下几个方面：

1. 项目主体单一。PFI 的项目主体通常为本国民营企业的组合，体现出民营资金的力量。而 BOT 模式的项目主体则为非政府机构，既可以是本国私营企业，也可以是外国公司。所以，PFI 模式的项目主体较 BOT 模式单一。

2. 项目管理方式开放。PFI 模式对项目实施开放式管理，首先，对于项目建设方案，政府部门仅根据社会需求提出若干备选方案，最终方案则在谈判过程中通过与私人企业协商确定；BOT 模式则事先由政府确定方案，再进行招标谈判。其次，对于项目所在地的土地提供方式及以后的运营收益分配或政府补贴额度等，都要综合当时政府和私人企业的财力、预计的项目效益及合同期限等多种因素而定，不同于 BOT 模式对这些问题事先都有框架性的文件规定，如土地在 BOT 模式中是由政府无偿提供的，而且在 BOT 模式中，一般都需要政府对最低收益等做出实质性的担保。所以，PFI 模式比 BOT 模式有更大的灵活性。

3. 实行全面的代理制。PFI 模式实行全面的代理制，这也是与 BOT 模式的不同之处。作为项目开发主体，BOT 公司通常自身就具有开发能力，仅把调查和设计等前期工作和建设、运营中的部分工作委托给有关的专业机构。而 PFI 公司通常自身并不具有开发能力，在项目开发过程中，广泛的应用各种代理关系，而且这些代理关系通常在投标书和合同中即加以明确，以确保项目开发安全。

4. 适用范围不同。BOT 采用财源自立模式，通过经营收费维持运营成本，一般用于收益性较高的基础设施建设；而 PFI 既可用于收益性较高的基础设施建设，也可用于收益性不高的社会公益性项目。另外，BOT 多用与外资引进项目，PFI 则主要用于国内民间资金及私人资金运用上，已成功地应用于多个国家的许多行业和领域，如芬兰的收费公路、瑞典的轻轨铁路、葡萄牙的桥梁、英格兰到苏格兰的格拉斯哥道路建设、英国国家储蓄系统和监狱等项目都是典型的成功案例。

5. 合同期满后项目运营权的处理方式灵活。PFI 模式在合同期满后，如果私人企业通过正常经营未达到合同规定的收益，则可以继续拥有或通过续租的方式获得运营权，这是在前期合同谈判中需要明确的；而 BOT 模式则明确规定，在特许权期满后，所建资产将无偿地交给政府拥有和管理。

6. 降低政府的风险。在 BOT 中政府部门要承担设计风险，而且经常约定最低投资回报率，一般需要政府对最低收益等做出实质性担保。在 PFI 中由私人企业承担设计建设风险、需求风险、经营风险、技术老化风险、商业风险等非系统风险，而政府部门则是承担政策风险、法律风险等系统风险，这就发挥了政府部门与私人企业各自的优势，使风险降到最低。

另外，也有学者对 BOT 与 PFI 模式的优缺点进行了比较，具体如表 21-1 所示。

表 21-1　BOT 与 PFI 模式的优缺点比较

| 模式 | BPT 模式 | PET 模式 |
|---|---|---|
| 优点 | ①组织机构较简单，政府部门和私人企业协调容易；②项目回报率明确，严格按照投标价实施，政府和私人企业之间的利益纠纷少；③减少东道主国家的外债负担。 | ①项目管理方式更开放，实行代理机制更有效的提高建设效率和服务质量；②有效进行风险分担，设计、建设、经营风险由私人企业分担，而政策、法律环境等风险由政府部门承担；③拓宽融资渠道，缓解财政预算不足的压力；④项目的过程中，政府一直具有一定的控制权。 |
| 缺点 | ①资格预审及招投标程序复杂，项目前期过长，费用过高；②项目运行机制不够灵活，不利于私人企业引进先进技术和管理经验以提高生产效率和提高服务；③要求私人资本具备很强的经济实力（大财团），准入条件较高；④在项目特许期间，政府部门失去对项目的控制权。 | ①国内信用等级、法律等不完善，使得政府部门确定私人合作公司存在较大难度；②项目的经营的收益分派、政府补贴等要与私人协商确定，就可能存在利益纠纷。 |

资料来源：孙丰旋、吴贤国：《BOT 与 PFI 融资模式的比较研究》，《价值工程》2006 年第 11 期。

# 第三节　PPP 项目融资模式

## 一、PPP 项目融资模式简介

所谓 PPP，是英文 Public-private Partnerships 的字母缩写，中文译作公私合作融资模式，在这种融资模式中，公共部门与私人部门结成伙伴关系共同来提供传统上由公共部门提供的公共项目或服务，双方通过协议明确各自的在项目中的权利和义务，共担风险，以最大限度发挥各自优势，实现"双赢"，甚至是"多赢"。

PPP 作为一个完整的项目融资概念，其最原始的形式是起源于 BOT 模式，而较早的、比较正式的 PPP 模式出现在 1992 年英国保守党政府提出的"私人融资计划"（Private Finance Initiative，PFI）中。当时，PFI 模式大多用于运输部门的建设（在英国曾高达 85%）。可以说 PPP 是在 BOT 和 PFI 的基础上发展起来的，可以适用于多种基础设施项目的建设。

PPP 是近几年国外较为流行的基础设施投融资模式，确切地说，PPP 不是一种固定

的模式，而是一系列可能的选择，主要有以下八种典型方式：[①]

1. 服务协议（Service Contract）。对一些特殊的公共基础设施，政府可以将服务转包给私人企业，政府公共部门仍须对设施的运营和维护负责，承担项目的融资风险，这种协议的时间一般短于 5 年。

2. 经营和维护协议（Operate & Maintenance Contract）。政府与私人企业签订运营和维护协议，由私人企业负责对基础设施进行运营和维护，获取商业利润。在该协议下，私人企业承担基础设施运行和维护过程中的全部责任，但不承担资本风险。该模式的目的就是通过引入私人企业，提高基础设施的运营效率和服务质量。

3. 租赁—建设—经营（LBO）。政府与私人企业签订长期的租赁协议，由私人企业租赁已存在的基础设施，向政府交纳一定的租赁费用，并在已有设施的基础上凭借自己的融资能力对基础设施进行扩建，并负责其运营和维护，获取商业利润。在该模式中，整体基础设施的所有权属于政府，因而不存在公共产权问题。

4. 建设—移交—经营（BTO）。政府与私人企业签订协议，由私人企业负责基础设施的融资和建设，完工后将设施移交给政府，然后，政府把该项基础设施租赁给该私人企业，由其负责基础设施的运营，获取商业利润。在此模式中，也不存在基础设施公共产权的问题。

5. 建设—经营—移交（BOT）、建设—拥有—经营—移交（BOOT）。这一方式见前面所讲的 BOT 项目融资模式的内容。

6. 扩建后经营整体工程并转移（Wraparound Addition）。政府与私人企业签订协议，由私人企业负责对已有的公共基础设施进行扩建，并负责建设过程中的融资。完工后由私人企业在一定的特许权期限内负责对整体公共基础设施进行经营和维护，并获得商业利润。在该模式下，私人企业可以对扩建的部分拥有所有权，因而会影响到基础设施的公共产权问题。

7. 购买—建设—经营（BBO）。政府将原有的公共基础设施出售给私人企业，由私人企业负责对该基础设施进行改建、扩建，并拥有永久性经营权。

8. 建设—拥有—经营（BOO）。见前面 BOT 项目融资模式的内容。

上述八种模式根据其各自的特点适用于不同的项目，其中，服务协议（Service Contract）和经营和维护协议（Operate & Maintenance Contract）这两种模式适用于已有设施项目，租赁—建设—经营（LBO）、扩建后经营整体工程并转移（Wraparound Addition）和购买—建设—经营（BBO）这三种模式适用于对已有设施的扩建项目，而建设—移交—经营（BTO）、建设—经营—移交（BOT）、建设—拥有—经营—移交（BOOT）和建设—拥有—经营（BOO）适用于新建设施项目。

另外，虽然在上述几种操作方式中有些具体的方式，比如 BOOT 或 BOO 既可以运用在 BOT 项目融资模式中，也可以运用在 PPP 项目融资模式中，并且 BOT 模式也可以

---

[①] 李秀辉、张世英：《PPP 与城市公共基础设施建设》，《城市规划》2002 年第 7 期。

作为 PPP 项目融资模式的一种操作方式，但是它们之间还是有很大的区别的，主要体现在组织机构在动作程序等方面，具体请见下面 PPP 模式与 BOT 模式的区别介绍部分。

## 二、PPP 模式的结构特点

1. 政府通过政府采购的形式与特殊目标公司签订特许合同（特殊目标公司一般是由中标的建筑公司、服务经营公司或对项目进行投资的第三方组成的股份有限公司），由特殊目标公司负责筹资、建设及经营。

2. 政府通常与提供贷款的金融机构达成一个直接协议，这个协议不是对项目进行担保，而是向借贷机构承诺将按与特殊目标公司签订的合同支付有关费用。这个协议使特殊目标公司能比较顺利地获得金融机构的贷款。

3. 由于协议内容的不同，PPP 的实施形式也有很多。一种极端形式是，私人部门提供几乎所有的资金，承担工程带来的主要风险，如建筑成本风险、延期风险以及由项目收益率的下降和比预期更高的运营成本所带来的风险。另一种极端形式是，私人部门只是设计建设一个被许多参数限定好了的项目，并且只对其中某一固定的收入进行运营。较为普遍的情况是，私人承包商承担设计建设的风险以及延期风险，但是政府承诺的收益足以弥补工程的竞价成本和运营成本。

PPP 模式不同于传统的承包做法。后者是让私人部门来运营一个曾经为公共部门运营的项目。在这种情况下，私人部门不提供资本，也不存在责任和控制权的转移。PPP 也不同于完全的私有化，在私有化的情况下，除去一些必要的规制外，是不需要政府的，或者政府在项目中的重要性应该是最小化的。而在大多数的 PPP 项目中，政府一般都扮演着重要的角色。

在过去的 20 年里，所有的工业国家都面临着对公共服务需求的增长和巨大的财政压力。虽然政府财政资金的缺乏是 PPP 模式出现的主要原因，但是 PPP 不仅意味着从私人部门融资。PPP 最主要的目的是为纳税人实现"货币的价值"（Value For Money），或者说提高资金的使用效率。PPP 能够通过许多途径来使纳税人的"货币"更有价值：①私人部门在设计、建设、运营和维护一个项目时通常更有效率，能够按时按质完成，并且更容易创新。②伙伴关系能够使私人部门和公共部门各司所长。③私人部门合作者通常会关联到经济中的相关项目，从而实现规模经济效应。④能够使项目准确地为公众提供其真正所需要的服务。⑤由于投入了资金，私人参与者保证项目在经济上的有效性，而政府则为保证公众利益而服务。

风险分担是 PPP 的一个突出特点。经验表明，合适的风险分摊对于一个项目的成功至关重要。PPP 关于风险分担的理念是不断变化的。在早期的 PFI 阶段，强调的是将风险全部转移到私人部门。但是通过一段时间的实践，人们发现让各方面承担其所能承担的最优风险将会更有利于项目的发展。PPP 的风险分担理念解决了传统公共部门建设不能处理好项目风险的问题。

简而言之，PPP模式的最大特点是：将私人部门引入公共领域，从而提高了公共设施服务的效率和效益，避免了公共基础设施项目建设超额投资、工期拖延、服务质量差等弊端。同时，项目建设与经营的部分风险由特殊目标公司承担，分散了政府的投资风险。适当有组织的PPP还能够使政府得到更好的财政控制。利用私营合作者所拥有的专门技能，通过PPP项目，公众可以得到设计得更好的公共基础设施。另外，从宏观的角度看，PPP通过让私人部门在传统的政府领域发挥比原来更为重要的角色，刺激了经济活动。PPP也使得在一个市场中获得的经验和技巧能够为其他市场所共享，提高了市场的运作效率，为经济的长期发展提供了动力。

## 三、PPP项目融资模式与BOT、PFI项目融资模式的区别

虽然PPP项目融资模式与BOT和PFI项目融资模式都是通过把私人资金引入公共设施建设，扩展融资渠道来解决政府部门对公共基础设施建设资金不足的问题，但由于各自组织机构、运作程序等方面存在不同，三种项目融资模式之间还是存在着较大的区别的，下面来逐一进行比较分析。

1. PPP项目融资模式与BOT项目融资模式的不同之处。

（1）组织机构设置不同。在BOT项目融资模式中，其参与者公共部门与私人企业之间的地位不是平等的，是在一种等级制的关系中，由政府或其他公共部门把项目的特许权授权给私人企业，私人企业在公共部门规定好的框架内负责项目的建设和运营。BOT项目融资模式的组织机构设置如图21-1所示。

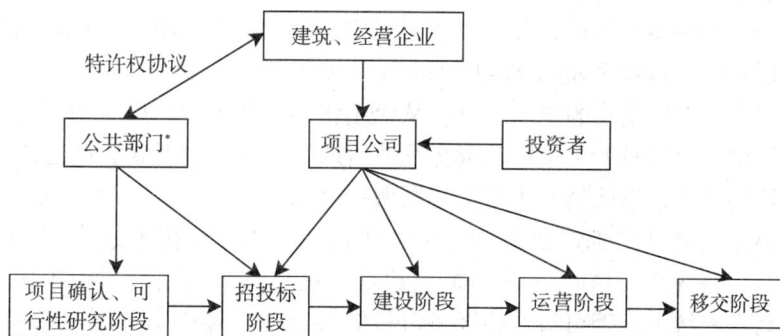

**图21-1 BOT项目融资模式组织机构形式图**

注：* 此处的公共部门一般为项目的发起者。

资料来源：蒋先玲：《项目融资》，中国金融出版社，2008年，第236页。

从图21-2中可以看到在PPP项目融资模式中，公共部门和私人部门之间存在一个相互协调的机制，双方之间是平等的合作伙伴关系，共同参与管理整个项目的实施过程，包括在对项目的确认和可行性研究分析阶段以及项目的招投标阶段，私人部门也有一定的决策权。PPP项目融资模式的组织机构设计的目的是合作双方努力达到一种"双

赢"或"多赢"的状态，而在 BOT 项目融资模式中，其组织机构的设置中没有体现相互协调的机制，双方都是为了追求自身利益的最大化。

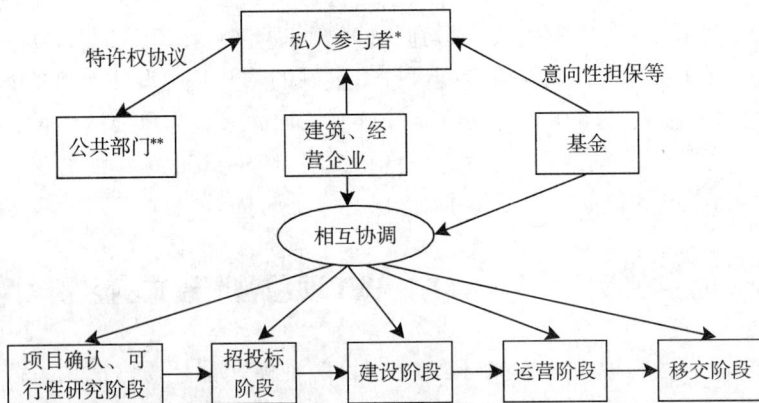

**图 21-2　PPP 项目融资模式组织机构形式图**

注：* 此处私人参与者一般为投资财团；** 此处的公共部门一般为项目的发起者。

资料来源：蒋先玲：《项目融资》，中国金融出版社，2008 年，第 237 页。

（2）运行程序不同。PPP 项目融资模式与 BOT 项目融资模式的运行程序也存在着差别，在 PPP 项目融资模式中，首先由公共部门选择项目合作公司，这时私人企业就参与进来了；然后公共部门和私人企业共同协商来完成项目的其他环节，主要是确立项目、成立项目公司、招投标和项目融资、项目建设、项目运营管理、项目移交等环节。而在 BOT 项目融资模式中，首先由公共部门确立项目，然后进行招投标，在项目的招投标阶段私人部门才开始参与项目，并负责项目融资、项目建设、项目管理和项目移交等环节。这两种模式的运行程序如图 21-3 和图 21-4 所示。[①]

2. PPP 模式与 PFI 模式的异同之处。从 PFI 和 PPP 两种项目融资模式的发展过程来看，PPP 项目融资模式是 PFI 项目融资在发展后期的一种转变形式，两者既存在着相同之处，也有不同之处，下面就其主要的异同做一分析。

（1）主要相同之处：都广泛采用了资金价值（VEM）评价方法。在 PPP/PFI 模式下，进行项目经济评价的核心就是 VFM 解决最大化。VFM 评价要求解决如下两个基本问题：该项目在经济上是否可行？在经济可行的基础上，该项目应采用何种融资模式？

首先判断项目在经济上的可能性如何，采用的指标主要有净现值（NPV）和内部收益率（IRR）。项目的净现值是反映项目经济可行性的绝对指标，而内部收益率是反映项目经济可行性的相对指标。如果净现值大于或等于零，就意味着该项目的投资效果比较好，项目在经济上是可行的。如果内部收益率大于或等于社会折现率，表明项目的经济效益达到或者超过了要求的水平，因此认为项目是可以接受的。然后在肯定项目经济可

---

[①] 蒋先玲：《项目融资》，中国金融出版社，2008 年，第 238 页。

```
确立项目                          选择项目合作公司
   ↓                                  ↓
招投标                            确立项目
   ↓                                  ↓
成立项目公司                      成立项目公司
   ↓                              ↙        ↘
项目融资                      招投标        项目融资
   ↓                              ↘        ↙
项目建设                          项目建设
   ↓                                  ↓
项目管理                          项目管理
   ↓                                  ↓
项目移交                          项目移交
```

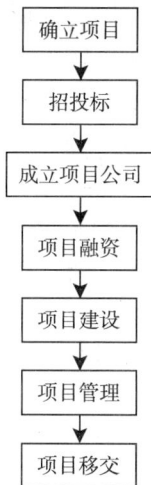

**图 21-3　BOT 项目融资模式运行程序**　　　　**图 21-4　PPP 项目融资模式运行程序**

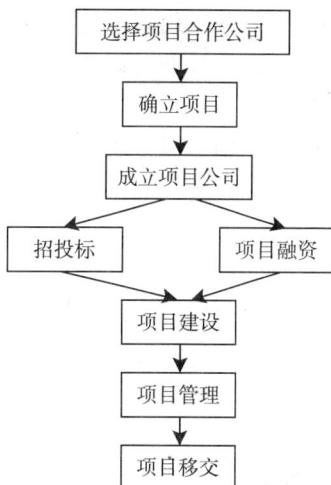

行性的基础上，接下来要考虑的是采用传统的政府接投资还是 PPP/PFI 模式？如果采用 PPP/PFI 模式更优，那么应该如何选择最佳的私人部门。

VFM 评估方法目前在国外许多国家的 PPP/PFI 项目评估中广泛使用，在项目前期评价中，VFM 评价用于项目决策，包括融资方案的比选论证、私人部门的选择和风险管理方案的确定等；在项目后评价中，VFM 评价用于绩效审计，考察项目对于既定目标的实现程度以及项目的可持续性等方面。英国是 VFM 评估应用最广泛、发展最完备的国家，下面就英国的运用实践做一简介。

在英国 PPP/PFI 实践中，VFM 评估主要用于备选方案的比较和选择，即在参考以往同类项目的经验数据的情况下，通过比较提供该公共服务的不同模式的潜在收益，对各备选方案进行评估比较，从中选择能够提供最大 VFM 的方案。从评估方法框架上看，英国的 VFM 评价主要采用的是费用—效益分析（CBA），并引入了公共部门比较值（PSC）作为衡量的标准。公共部门比较值是指假定在公共部门提供同一服务的情况下，经过风险调整后该项目所花费的总费用。若 PPP/PFI 模式下项目生命期的总费用小于 PSC，表明该模式能够提供较大的 VFM，具有可行性；反之，则表明该项目不适合采 PPP/PFI 模式。为了规范 VFM 评估的操作，英国财政部（HM Treasury）于 2004 年公布了《资金价值评估指南》（Value for Money Assessment Guidance），其中对 VFM 的评估程序做了标准化的规定。这一标准程序由三个阶段构成，第一阶段是投资评估，第二阶段是项目层面评价，第三阶段是采购层面评估。[①]

（2）主要不同之处：平等合作，共担风险。由于 PFI 模式的组织机构设置与 BOT 模式存在相似之处，也就是说，在 PFI 模式中也没有公共部门与私人部门协调的机制，私

---

① 黄怿炜：《PPP/PFI 项目的资金价值（VFM）评价》，《财经界》2006 年第 6 期。

人部门也是在公共部门确定好项目后在招投标阶段才开始参与项目，那么项目的融资风险以及项目的建设管理及运营风险一般都是由私人部门来承担，这样政府部门就在很大程度上转移了项目的风险，但是过度地转移风险在一定程度上会制约私人资本的积极性，从而会影响到项目的顺利进行。那么在 PPP 项目融资模式中，公共部门与私人部门之间形成的是平等的合作伙伴关系，双方共同参与到项目的整个过程中，包括项目的招投标以及项目的融资阶段，其间政府向借贷机构做出承诺，将按照政府与项目公司签订的合同支付有关费用。这样，双方合作者各司其长，平等合作，避免了私人部门承担更多的风险，同时公共部门在承担风险的同时，获得应有的收益。

总之，PPP 项目融资模式与 PFI 项目融资模式最大的不同就在于双方之间的合作关系得到了改变，共担风险，平等合作，共同促成项目的完成。

### 本章小结：

BOT 项目融资模式的思路：政府就某个基础设施项目与非政府部门的项目公司签订特许权协议，授予项目公司来承担该项目的融资、建设、经营和维护；在协议规定的特许期内，由项目公司运营项目以回收项目投资、经营和维护等成本，并获取合理回报；特许期届满后，项目公司将该项目无偿地移交给政府部门。

PFI 是指政府部门根据社会对基础设施的需求，提出需要建设的项目，通过招投标，由获得特许权的私营部门进行公共基础设施项目的建设与运营，并在特许期（通常为 30 年左右）结束时将所经营的项目完好地、无债务地归还政府，而私营部门则从政府部门或接受服务方收取费用以回收成本的项目融资方式。

PPP 融资模式是公共部门与私人部门结成伙伴关系，共同来提供传统上由公共部门提供的公共项目或服务，双方通过协议明确各自的在项目中的权利和义务，共担风险，以最大限度发挥各自优势，实现"双赢"，甚至是"多赢"。

### 本章重要概念：

BOT 融资模式　PFI 融资模式　PPP 融资模式

### 思考题：

1. BOT 融资模式及其运行的特点。
2. PFI 融资模式的应用形式与适用领域。
3. PPP 融资模式与 PFI 融资模式、PPP 融资模式的关系。

# 实 训 练 习

1. 资料。

经过多方论证研究并获得政府批准，某私人资本决定新建一座乳制品生产企业，其设计生产能力为：每天生产 300 吨奶粉（8 吨原奶生产 1 吨奶粉），300 吨鲜奶。资金需要量为 21 亿元，其中原奶生产投资为 8.1 亿元，加工包装设备投资为 10.725 亿元，销售及冷藏运输设备投资为 0.85 亿元（如下表所示）

**乳制品项目及其投资构成一览表**

| 项目构成 | 投资金额 | 备　注 |
|---|---|---|
| 投资总额 | 21 亿元 | 未考虑办公生活等设施的投资 |
| 原奶生产投资 | 饲养奶牛 13.5 万头，每头 0.6 万元，合计 8.1 亿元 | 未考虑养殖场房屋建筑物和设施的投资 |
| 加工包装设备投资 | 厂房 6000 万元，鲜奶生产线 5250 万元，奶粉生产线 96000 万元，合计 107250 万元 | 未考虑设备安装工程和其他设施的投资 |
| 冷藏运输销售投资 | 运输 2700 吨原奶、300 吨鲜奶、300 吨奶粉的冷藏运输车 110 台（每台载重 30 吨，每台 50 万元），投资 5500 万元，冷藏库投资 3000 万元 | 未考虑房屋建筑物和设施的投资 |
| 流动资金投资 | 13250 万元 | |

2. 要求。

运用所学知识，为该项目设计可行的融资方案，并明确其投资结构、融资结构、资金结构和信用结构。

# 参考文献

［1］曹晋生著：《企业发展中的银行融资》，经济管理出版社，2002年。

［2］陈晓红、郭声琨主编：《中小企业融资》，经济科学出版社，2000年。

［3］陈享光著：《融资均衡论》，中国金融出版社，1997年。

［4］储祥银、章昌裕主编：《国际融资》，对外经济贸易大学出版社，1996年。

［5］方晓霞著：《中国企业融资：制度变迁与行为分析》，北京大学出版社，1999年。

［6］胡小平主编：《中小企业融资》，经济科学出版社，2000年。

［7］干春晖、刘祥生编著：《企业并购理论、实务、案例》，立信会计出版社，2002年。

［8］龚维新编：《国际融资》，立信会计出版社，1997年。

［9］国际劳工局著：《小型/微型企业担保基金操作指南》，中国国际经济技术交流中心等译，经济科学出版社，2002年。

［10］蒋先玲编著：《项目融资》，中国金融出版社，2001年。

［11］荆新主编：《企业融资学》，中国财政经济出版社，2001年。

［12］孔淑红编著：《风险投资与融资》，对外经济贸易大学出版社，2002年。

［13］李扬、杨思群著：《中小企业融资与银行》，上海财经大学出版社，2001年。

［14］李荣融主编：《外国投融资体制研究》，中国计划出版社，2000年。

［15］刘红梅、王克强著：《中国企业融资市场研究》，中国物价出版社，2002年。

［16］刘淑莲著：《企业融资方式、结构与机制》，中国财政经济出版社，2002年。

［17］刘一丁等编著：《现代企业金融》，中国金融出版社，2000年。

［18］刘振亚主编：《美国债券市场》，经济科学出版社，2001年。

［19］刘继忠编著：《资信评估概论》，中国社会科学出版社，1994年。

［20］刘新来主编：《信用担保概论与实务》，经济科学出版社，2003年。

［21］刘彪著：《企业融资机制分析》，中国人民大学出版社，1995年。

［22］林汉川、夏敏仁主编：《企业信用评级理论与实务》，对外经济贸易大学出版社，2003年。

［23］林加奇主编：《第三条融资渠道》，江西人民出版社，2002年。

［24］林祖基主编：《资本市场融资与运作》，海天出版社，1998年。

［25］林树众编著：《利用外资与发展外向型经济》，中信出版社，1991年。

[26] 卢福财著：《企业融资效率分析》，经济管理出版社，2001 年。

[27] 卢家仪等编：《项目融资》，清华大学出版社，1998 年。

[28] MBA 必修核心课程编译组：《理财：资金筹措与使用》，中国国际广播出版社，1997 年。

[29] 梅强、谭忠明等著：《中小企业信用担保理论、模式及政策》，经济科学出版社，2002 年。

[30] ［美］亚历山德拉·里德·拉杰科斯、J. 弗雷德·威斯顿著：《并购的艺术融资与再融资》，张秋生等译，中国财政经济出版社，2001 年。

[31] ［美］M. Fouzul Kabir 等著：《大项目融资》，朱咏等译，清华大学出版社，2005 年。

[32] 欧志伟、张玲钤主编：《2001 远东企业资信评级报告精要》，上海财经大学出版社，2002 年。

[33] 潘敏著：《资本结构、金融契约与公司治理》，中国金融出版社，2002 年。

[34] 彭冰著：《资产证券化的法律解释》，北京大学出版社，2001 年。

[35] 沈艺峰著：《资本结构理论史》，经济科学出版社，1999 年。

[36] 沈沛主编：《资产证券化的国际运作》，中国金融出版社，2000 年。

[37] 沈沛、许均华、刘敏著：《信贷资产证券化》，中国金融出版社，1998 年。

[38] 施兵超著：《新中国金融思想史》，上海财经大学出版社，2000 年。

[39] 石新武著：《资信评估的理论和方法》，经济管理出版社，2002 年。

[40] 孙黎等编：《国际项目融资》，北京大学出版社，1999 年。

[41] 孙茂强、李传良主编：《融资担保》，经济科学出版社，2001 年。

[42] 王宁著：《企业融资研究》，东北财经大学出版社，2002 年。

[43] 王一著：《企业并购》，上海财经大学出版社，2001 年。

[44] 王开国等编著：《资产证券化论》，上海财经大学出版社，1999 年。

[45] 王昕主编：《中国直接融资方式的发展》，中国计划出版社，2000 年。

[46] 文宗瑜、唐俊著：《公司股份期权与员工持股计划》，中国金融出版社，2000 年。

[47] 吴少新著：《储蓄转化投资的金融机制分析》，中国经济出版社，1998 年。

[48] 吴晶妹著：《资信评估》，中国审计出版社，2000 年。

[49] 新平、夏红主编：《融资指南》，中国物价出版社，1998 年。

[50] 谢德著：《融资实务与案例》，九州出版社，2002 年。

[51] 闫小彦、王中华编：《新编国际融资方式》，首都经贸大学出版社，1999 年。

[52] 杨开明编著：《企业融资理论、实务与风险管理》，武汉理工大学出版社，2004 年。

[53] 杨亚达、王明虎著：《资本结构优化与资本运营》，东北财经大学出版社，2001 年。

［54］叶永刚主编：《固定收入证券概论》，武汉大学出版社，2001 年。

［55］叶旭全主编：《员工持股计划最新操作实务》，企业管理出版社，2000 年。

［56］应惟伟、里维宁著：《中国企业融资研究》，中国金融出版社，2000 年。

［57］〔英〕Clifford Chance 法律公司著：《项目融资》，龚辉宏译，华夏出版社，1997 年。

［58］俞铁成著：《公司紧缩》，上海远东出版社，2001 年。

［59］岳军、冯曰欣、闫新华编著：《公司金融》，经济科学出版社，2003 年。

［60］张旭明等编：《项目融资理论与实务》，中国经济出版社，1999 年。

［61］张超英、翟祥辉编著：《资产证券化：原理·实务·实例》，经济科学出版社，1998 年。

［62］张玉明著：《资本结构优化与高科技企业融资策略》，上海三联书店，2003 年。

［63］张耀麟著：《银行进出口贸易融资》，中国金融出版社，2000 年。

［64］张宗新著：《中国融资制度创新研究》，中国金融出版社，2003 年。

［65］张极井著：《项目融资》，中信出版社，1997 年。

［66］张昌彩著：《中国融资方式研究》，中国财政经济出版社，1999 年。

［67］中国经济技术投资担保有限公司信息研究中心编：《2001 中国担保论坛》，经济科学出版社，2002 年。

［68］周首华等主编：《现代财务理论前沿专题》，东北财经大学出版社，2000 年。

［69］朱顺泉著：《企业资信评级方法创新及应用》，西南财经大学出版社，2002 年。

［70］朱怀念著：《国际项目融资法律问题研究》，武汉大学出版社，2002 年。

**图书在版编目（CIP）数据**

项目融资/杨开明主编. —北京：经济管理出版社，2010.5

ISBN 978-7-5096-0982-8

Ⅰ.①项… Ⅱ.①杨… Ⅲ.①基本建设项目—融资 Ⅳ.①F830.55

中国版本图书馆 CIP 数据核字（2010）第 090490 号

出版发行：**经济管理出版社**

北京市海淀区北蜂窝 8 号中雅大厦 11 层

电话：(010)51915602　　　　邮编：100038

印刷：三河市海波印务有限公司　　　　经销：新华书店

组稿编辑：房宪鹏　　　　责任编辑：徐 雪 赵 杰

技术编辑：杨国强　　　　责任校对：蒋 方

787mm×1092mm/16　　　　24.25 印张　　528 千字

2010 年 7 月第 1 版　　　　2012 年 1 月第 2 次印刷

定价：43.00 元

书号：ISBN 978-7-5096-0982-8